JN091752

THIS THING CALLED LIFE

NEAL KARLEN

FOREVER IN MY LIFE

ニール・カーレン　大石愛里 訳

TOYOKAN BOOKS

シャツなしでも、靴なしでも、神を賛美する心はここにある

「僕に黒人音楽を作れと言うな」
©Photofest,1980

『アイ・ワナ・ビー・ユア・ラバー』ソウルチャートで初の1位、
初のゴールドディスク ©Photofest,1979

天才科学者フランケンシュタインが作り出した怪物
©Greg Helgeson, 1980

独特で挑発的な少年。ワーナー・ブラザース・レコードの経営陣が初めて見た彼のステージ。ミネアポリス
©Greg Helgeson, 1979

『オール・ザ・クリティクス・ラブ・ユー・イン・ニューヨーク』。
ザ・レボリューションのギタリスト、デズ・ディッカーソン、ベーシストのブラウン・マーク、不明、プリンス
©Greg Helgeson, 1980

切れのある動き：
グランド・ファンク・レイルロードを聞いて、
『ソウル・トレイン』に合わせて踊りながら
育った結果だろうか？
©Greg Helgeson, 1980

「僕に話しかけてるのか?」
©Virginia Turbett

「一度嫌になると、そのまま二度と会わないようにすることが多かった」　©Photofest,1980

ウェンディ・メルヴォワンとリサ・コールマン。

「ウェンディは僕の姉妹みたいな感じ」

「リサと僕は陰陽なんだ。

僕がしかめっ面をしているときに、彼女は笑ってる」

©Tommy Smith III

巧妙なパフォーマンス、モーリス・デイ
©Tommy Smith III

映画『パープル・レイン』でザ・タイムのリーダーとして
一躍注目を集めたモーリス・デイ。
「僕が本当に怖いと思った、唯一のバンド」と
プリンスは言った
©Tommy Smith III

アポロニアとプリンス、『パープル・レイン』1984年
©Warner Bros./Photofest

『パープル・レイン』。40年以上もスピーカーやステージ上の高所から厚底靴を履いたまま飛び降りていた。
その結果、両股関節置換手術を受けることになり、そして鎮痛剤中毒になった　©Warner Bros./Photofest

プリンス、一人で戦う
©Tommy Smith III

『アンダー・ザ・チェリー・ムーン』の詐欺師クリストファー・トレイシーを演じるプリンス。
映画は1986年に、ゴールデン・ラズベリー賞で『ハワード・ザ・ダック暗黒魔王の陰謀』とともに、
最低作品賞を同時受賞。けれども『キス』『サムタイムズ・イット・スノーズ・イン・エイプリル』を含む
サウンドトラックはプラチナアルバムとなった
©Warner Bros./Photofest

新世紀「昔に比べると、ずっと優しくなったと思う」
©Photofest

NeAL

小学3年生のような字で書かれた手紙の宛名
©Neal Karlen

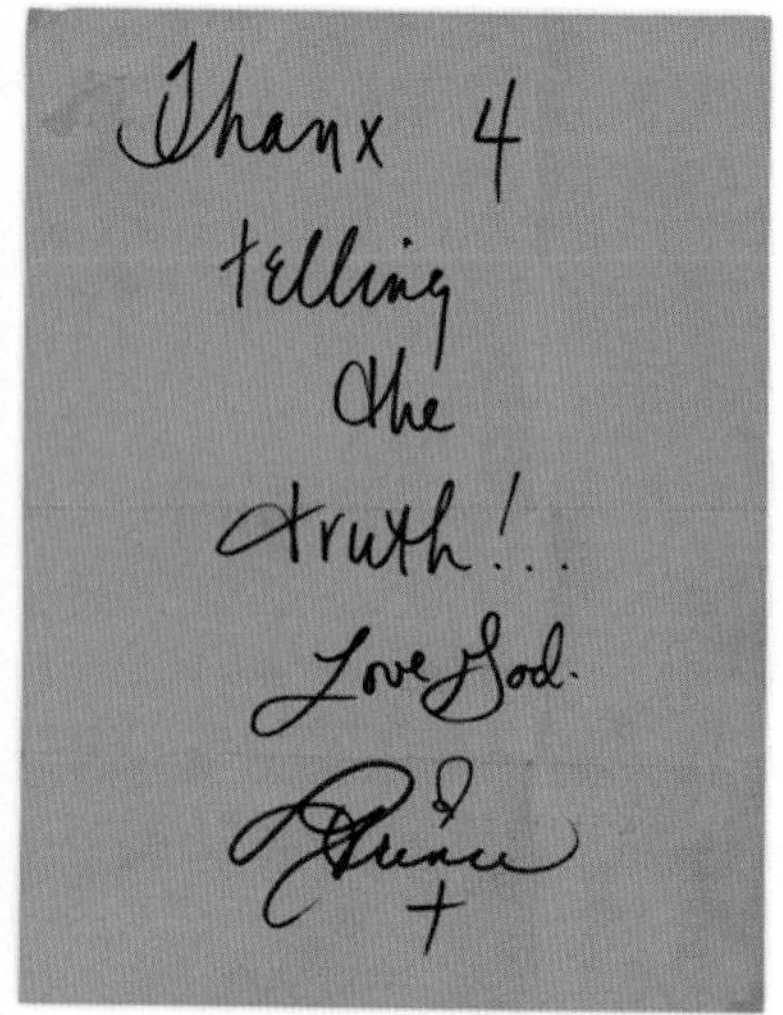

Thanx 4
telling
the
truth!...
Love God.
Prince

ハリウッドスターのような華やかな書体。
小学生の頃から練習していたらしい
©Neal Karlen

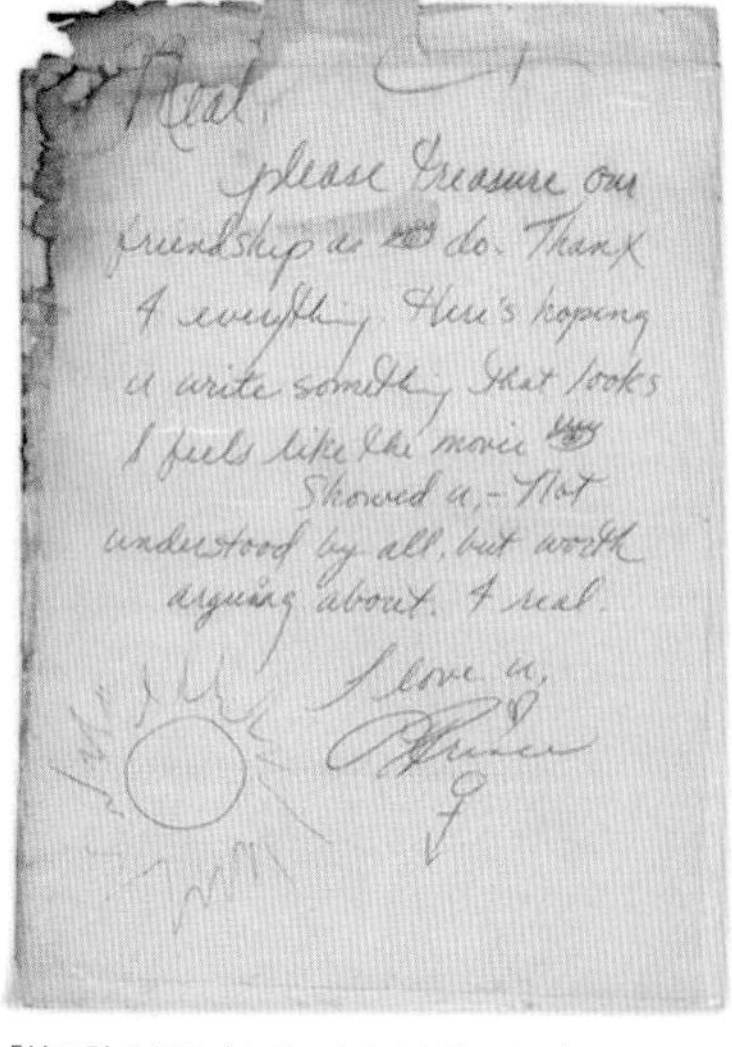

Neal,
please treasure our
friendship as I do. Thanx
4 everything. Here's hoping
u write something that looks
& feels like the movie
Showed u, - Not
understood by all, but worth
arguing about. 4 real.
I love u,
Prince

「焼け跡の灰の中に失ったものを見つける」
人嫌いで有名だったプリンスだが、
友達の大切さ、「ありがとう」と相手に伝えること、
いつも自分が正しい必要はないということを知っていた
©Neal Karlen

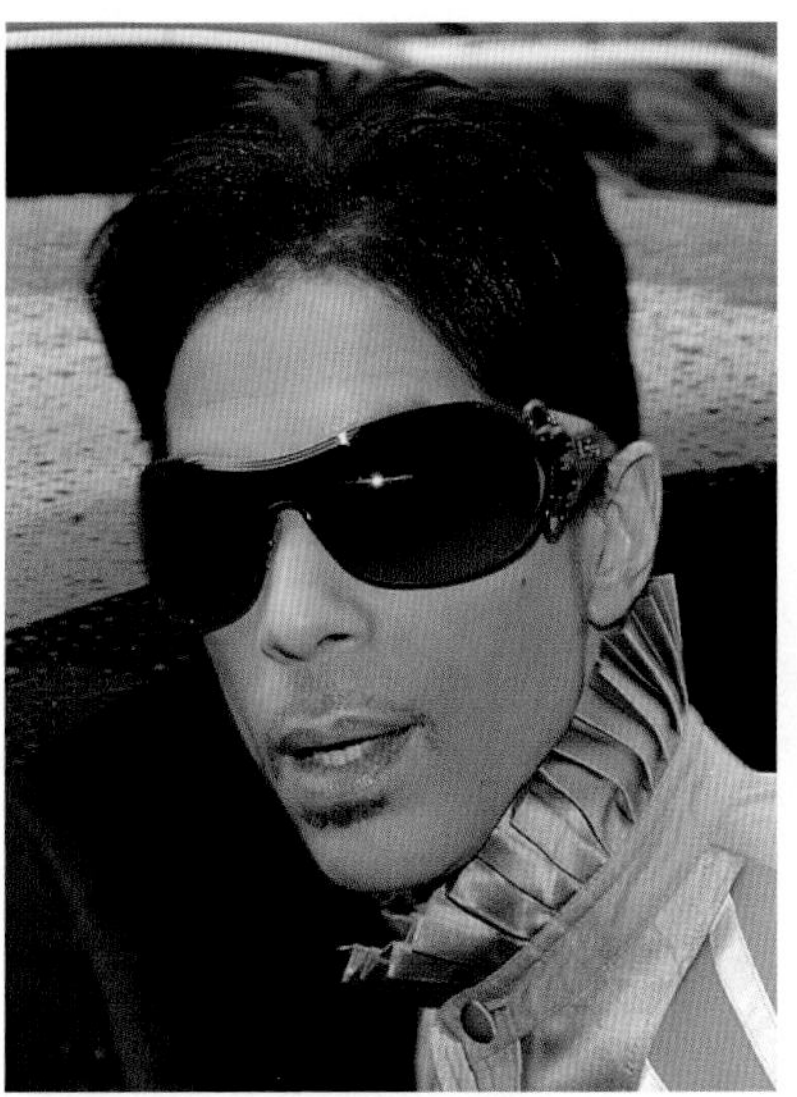

2009年、50歳。伝説になることが重要なんだ
©Nicolas Genin, CC BY-SA 3.0

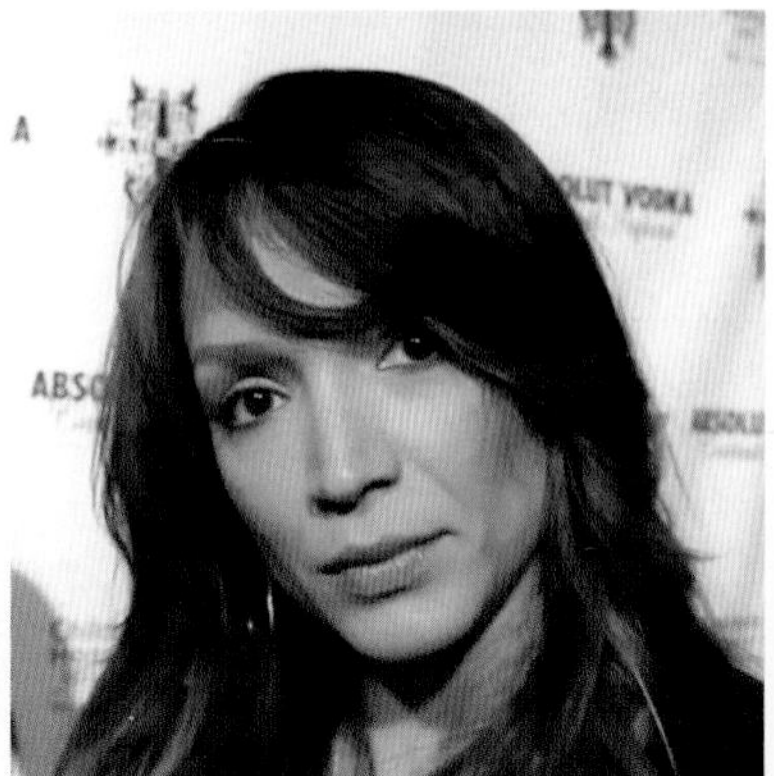

若くしてプリンスの花嫁となったマイテ・ガルシアも
自分の道を歩む大人の女性に。
彼らの息子アミールは、生後わずか一週間で逝去した
©RumorFix, https://creativecommons.org/licenses/by-sa/3.0/

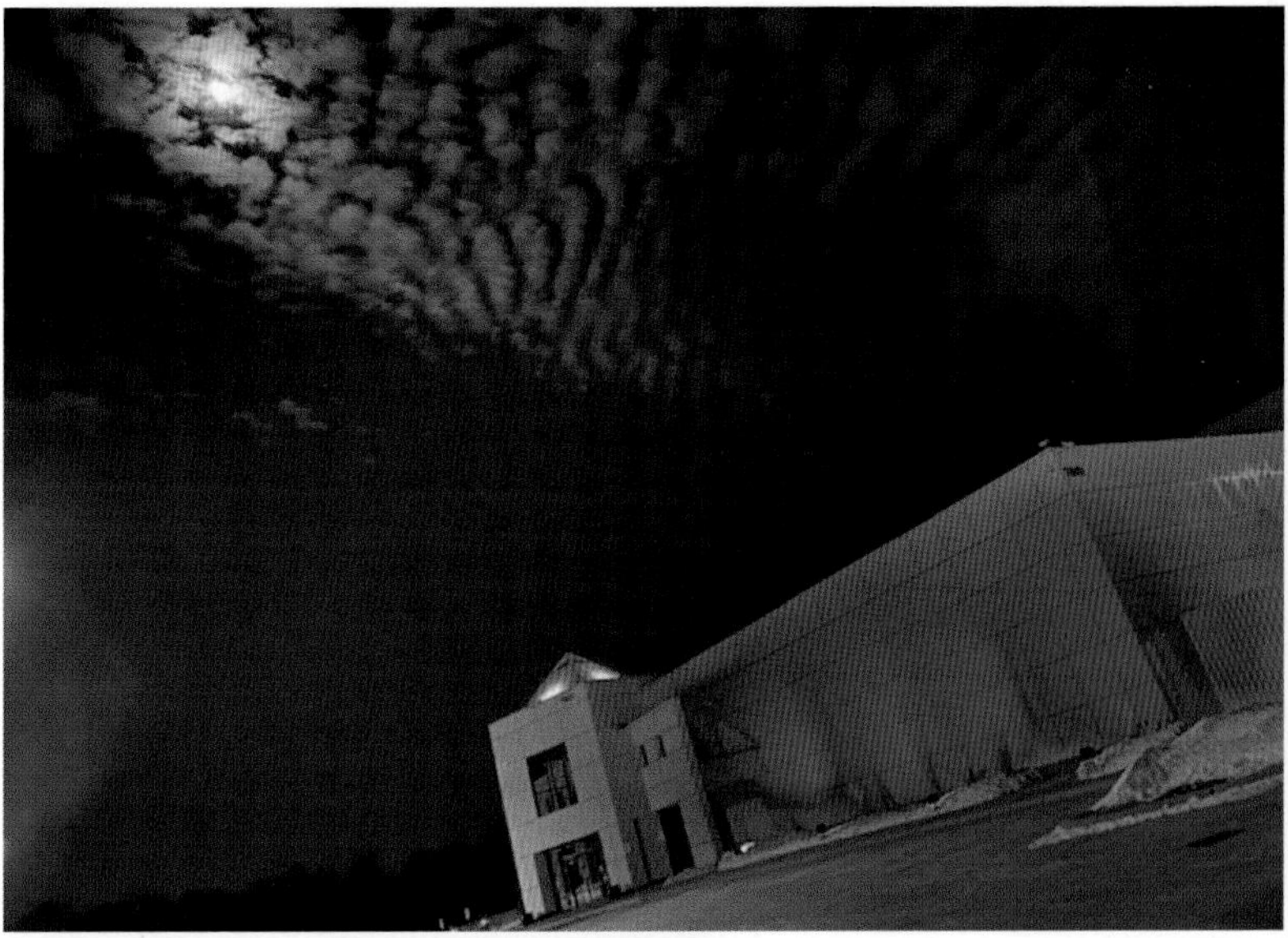

「ペイズリー・パークは、一人になりたいときに行く心の中の居場所」
その言葉通り、彼はひっそりとした場所に建てた自分のザナドゥ城にこもった　©Michelle Kasimor Streitz, 2020

プリンスがこの惑星上で最も気に入っていたレコード店、
ミネアポリスのエレクトリック・フィータス。
最後となったツイートでも、スティービー・ワンダーの『トーキング・ブック』、
ジョニ・ミッチェルの『HEJIRA/逃避行』、サンタナの『サンタナIV』など、
買ったばかりの6枚のレコードを嬉々として紹介していた
©Michelle Kasimor Streitz, 2020

『ベイビー・アイム・ア・スター』
——プリンスが『パープル・レイン』で舞台とし、
有名になったミネアポリスのナイトクラブ、
ファースト・アベニューの外壁。
金色に塗られたプリンス星が輝いている
©Michelle Kasimor Streitz, 2020

ミシェル・カシモール・シュトライツへ
そう、君のことだよ、ミシェル

世界中の人に知られているのに一人だと感じる。不思議じゃないか？

――アルバート・アインシュタイン

contents

［主な登場人物］

プリンス・ロジャーズ・ネルソン……ミュージシャン
ニール・カーレン……著者。ローリング・ストーン誌の記者
アンドレ・シモン……ベーシスト、音楽プロデューサー。プリンスの幼なじみ
リサ・コールマン……プリンスの元バンド「ザ・レボリューション」のメンバー。キーボード担当
ウェンデイ・メルヴォワン……プリンスの元バンド「ザ・レボリューション」のメンバー。ギター担当
スザンナ・メルヴォワン……歌手。プリンスの元恋人。ウェンデイの双子の姉
アラン・リーズ……ペイズリー・パーク・レコードの元代表、プリンスの元ツアー・マネージャー
ジョン・L・ネルソン……プリンスの父親。ジャズミュージシャン
マティ・ショウ……プリンスの母親
マイテ・ガルシア……プリンスの最初の妻。元ベリーダンサー
アミール・ネルソン……プリンスとマイテの息子

前奏曲（プレリュード）

床に倒れる前には、心臓が動きを止めていたと思いたい。

何の変哲もないエレベーターの中一人で死んでいくなんて、そんなこと感じる間などなかったと信じたい。

プリンスは生まれ育ったミネアポリスで死んだ。典型的なアメリカの住宅地区で、黒人や白人、それから他にも様々な人種が入り交じったクレヨンの箱のような場所だ。彼はこの場所を愛していた。この場所も住民も同じように彼を愛していたが、それを伝える前に彼は逝ってしまった。

僕たちは出会ってから三十一年間、近づいたり離れたり、時にはまったく連絡を取らない期間もありながらそれでも共に歩んできた。最後に電話で妙な会話をしたのは、彼が他界する三週間前だった。そんな僕がプリンスのことで確かだと言えることが一つだけある。プリンスが最も怖がっていたこと、彼がたった一つ恐れていたことが「一人で死ぬこと」だったのだ。

死ぬ場所なんかどうでもよかったと思う。ミネソタ州チャナッセン（ミネアポリス郊外）に一棟丸ごと所有する建物、そのエレベーターの中だろうが、ツアー中に泊まったパリの豪華絢爛な首相のためのスイートルーム――プリンスの滞在のために当然改装され、ホテル側は何を思ったのか、彼が喜ぶと思ってリベラーチェ（ピアニスト、派手なコスチュームで有名）のリビングルームを再現した――であろうが、それは問題ではなかった。

ただ、一人で死ぬのは嫌だと言っていた。

死ぬこと自体を拒絶していたのではない。むしろその日を準備して迎えたいのだ、とすごく昔、一九八五年だったと思うが、僕にそう告げたのだ。

プリンスの言葉や考え方、行動を語ると「お前になんで分かる？　プリンスが話すはずがないだろう。お前、本当に見たのか？」などと疑われる。

少なくとも僕の場合は、前述したプリンスの言葉にしてもそうだが、僕自身が実際見たり聞いたりしたことを語っている。もう前世のようにも感じるずっと昔、僕はローリング・ストーン誌、そしてニューヨーク・タイムズに、かなりまとまった量のプリンスの記事を書いていた。彼とのインタビュー記事をはじめとして、彼について――彼の考え、世界観、バンドのこと、当時親交があった人、どんな髪型にしていたか、履いていた靴底の厚さは何センチだったかを――書いていた。

プリンスは、僕が知る中で最も孤独を感じていた人物だ。そしてまた、僕は彼ほど厳密にその人生を区分けして生きる人に会ったことがなかった。その区分けされた一画に彼がなぜ僕を入れる気になったのか、いまだによく分からない。プリンスと本当に近い関係にあった人たちは、彼が他の誰と仲が良いのか知らなかったし、自分が「本当」の友達なのかということさえ確信できていなかったと思う。彼には「好きな人」がそんなにいなかった。なぜ僕を煙たがらなかったのかは今も分からないままだ。

一九九〇年代になって、僕はプリンスから離れると決めた。

プリンスと縁を切ったのではなく、ただ彼について書く依頼を断り、彼の周囲でふらふらしているのをやめたのだ。当時ロックと呼ばれる分野では、彼の記事ぐらいしか本当の意味で注目を集められるものはなかった。それなのに、そういった仕事を手放そうと決めた僕はよっぽど勇敢だったのか、もしくはただの考えなしだったのだろう。

僕はまだ若くて、自分は「真の」ジャーナリストを目指すべきだ、「まともな」ことを書くべきなのだと考えていたのだ。エンターテインメントについて書いているということが、ただの学生生活の延長のような気がした。金が絡んでいるという違いがあるだけで、すべてを「格好いい」「格好悪い」の二択で判断する世界、そんなところから離れる必要があると思ったのだ。

そしてこのまま彼のことを書き続けたら、プリンスの人気に頼っている記者以上に見られることはないと感じた。野球でスター選手に追従する報道関係者と同じように、僕も軽蔑した目で見られるようになるだろうと思ったのだ。当時のプリンスは僕以外のインタビューを受けていなかったし、僕たちはプライベートでも一緒に過ごしたりしていた。彼が厚底の靴を履く真の意味を話したのは僕くらいかもしれない。だから、自分がロック界のごま擂り野郎と呼ばれるようになると恐れたのだ（「厚底の靴は背が低いから履いてるんじゃないんだ」一六〇センチ弱のミュージシャンは僕にそう言った。「女の子たちが、そういうのに夢中になるからさ、だから」。一九八五年のことだ）。

だから、プリンスについて書くのはそのとき以来になる。書かないと決めてからずっとそれを守ってきた。例外として、プリンスのインタビュー記事を書かなくなってから数年後に、いくつか彼自身に頼まれ一緒に共作したものはある。それらはすごく馬鹿げている依頼だったから、人の目に触れることもないだろうと思ったのだ。

その一つが、一九九〇年代に書いた夜明け（The Dawn）というロック歌劇の脚本だ。一九九四年にビデオ版として『スリー・チェインズ・オブ・ゴールド』というタイトルで発表された。過去のミュージックビデオに寸劇を挟んで一つのストーリーとしてまとめる実験的な試みだった。しかもこれは彼の最初の妻だったマイテへのプレゼントでもあった。砂漠という背景、プリンセス（マイテ）が、神秘的で魅力的なプリンス（彼自身）にロマンチックに求愛されると設定したのは彼だ。

内容はともかく、本当の天才というものが才能を作品化していく瞬間を間近で見るという、言葉では表現できない貴重な経験をした。

「僕を雇うってこと？」と僕は聞いた。プロとしての仕事であるなら後で売ることもできるのだ。僕は彼の記事を客観的な記者として、もう二度と書けないことが分かっていた。僕が彼について何かを書くとしたら、たくさんの前置きや、暴露話、公私混同を含んだものになってしまうからだ。

「いや、雇わないよ。だけど、僕とオペラを作ったと言えるよ」そう彼は答えた。

それも悪くない条件だと僕は思った。そして何十年もたった今振り返ってみても、これほど僕の人生に大きな影響をもたらした経験は他になかった。

プリンスの声明書を書いたこともあった。彼はそのときまさに、自分の名前をあの興味深い記号に変えようとしていて――当時は彼とマネージャー、そして僕だけがそのことを知っていた――知らない人を紹介するような様式で背景を説明して彼の声明書としてまとめたのだ。ペイズリー・パークの庭にタイムカプセルを埋める、声明書も遺言書とか他の物と一緒にそこに入れると彼は言っていた。本当に埋めたのかは知らないが、タイムカプセルが存在したことは確かだ。

僕は声明書を古いフロッピーディスクにコピーしてミネアポリスにある倉庫にしまった。どうするべきか分からない思い出の品はみんなそこで眠っているのだ。

僕はいつもプリンスに言っていた。正直なところ僕を友達ではなくて、同じミネアポリスに住む知人、彼がいつも起きている夜中に同じように目が冴えている稀な存在と思っているだけだろう、と。僕の大好きな彼の曲のタイトルを使えば、僕は『準備はできている、始めよう（原題：Willing and Able）』という感じで、プリンスの真夜中の電話をまるで当然のことのように受けたたし、しかも孤独や死についての話を嫌がらなかったのだ。

僕は、一九九〇年のローリング・ストーン誌、プリンスが表紙になった特集記事——三回目の、そして僕が最後に書いた彼の記事——の導入部分でも、彼の電話について記述した。

「電話が鳴った。時計は朝四時四十八分を表示している」

「『もしもし、プリンスだけど』聞こえたのは、ロンドンのホテルで同じ階に泊まっている彼のはっきりした声だ。『起こした？』」

僕が彼の電話で起こされるなんてことはなかった。いや、実際何回かはあったと思う。どちらにしろ僕はいつもプリンスからの電話が嬉しかった。たとえ彼がすごく孤独を感じて気持ちが沈んでいてその電話の間ほとんど言葉も発せられない状態だったとしても。僕は彼に、真のジャーナリストになりたいと話した。プリンスのヒモとみなされるニールではなくて、ナサニエル・ウエスト（一九〇三－一九四〇年アメリカの風刺的作家）になりたいと言った。プリンスはウエストをまったく知らなかったが、僕の言いたいことはちゃんと分かっていたようだった。

その後も僕たちは連絡を取り続けた。

年に何回も真夜中に電話で、数分から数時間話をした。手紙をもらうこともあった。紫色のペンで書かれていたこともあったし、紫色の便箋だったこともあった。僕が「まともな」ことを書いた本が出版された八回のうち二回は、送り主が不明の紫色の花束を受け取った。三十一年の付き合いの中で、記事の出版に関する仕事で顔を合わせたのが二十～二十五回ほど、仕事以外で二人で会ったのが三十～三十五回程度だったと思う。夜中に電話で話した回数は何百回にも及ぶはずだ。彼の電話を僕が受けなかった（呼び出し音が聞こえなかった）ことも五十回ほどはあっただろう。プリンス以外にはかけてこない時刻と、その「非通知」番号が僕の携帯に表示されていた。

彼の手紙に対する返事はいつもペイズリー・パーク宛てにしていた。彼がそれを受け取っていたのかは分からない。ペイズリー・パークに昔訪れていたときさえ、そこでいったい何が起こっているのか僕にはまったく分かっていなかったのだ。

彼に関する最後の記事を書き上げる一時間前。僕は編集者にプリンスから受け取った古い手紙をスキャンして送った。「ニールへ。僕は君という友達がいることに感謝している。君も同じ気持ちだといいと思う」という表象文字入りの文（「I」の代わりに、目(eye)が描かれている）で始まり、「本当(4real)だよ。君を大切に思っている」という言葉で終わっている手紙だった。

自分でもどうして送ったのか分からない。たぶん、僕は彼という人物をちゃんと知っていて、本当の友達なのだということを編集者に知っておいてほしかったのだろう。または単に、もう一度読んで心の整理をしたかったのかもしれない。

どちらにしても僕はミネアポリスの他の大勢の人々と同じように、彼の存在が自分にとって宝であったということを本人に伝えそびれてしまった。

彼が一度、天国の存在を信じているのだと僕に話してくれたことがある。そして天国のドアを開けたらきっとそれは地球とまったく同じに見えると思うと言った。一九八五年九月十二日のローリング・ストーン誌の記事になっている。

プリンス、もし君の推測が正しかったなら、最後にもう一度だけ電話をかけてきてくれないか？

君に言い忘れていたことがあるんだ。

僕も君のことを、とても大切に思っていた。

プリンスが他界して一週間たったとき、彼に伝えればよかったと思った言葉だ。その後も悔しい思いは消えなかった。

重要なことを言わずに済ませてしまうというのは、実はミネソタ州住民に典型的な傾向と言われている。嫌な顔を見せず表面的には穏やかさを保ち、その裏に凶暴なまでの受動的攻撃性と卑劣さを隠している住民の気風を指摘した「ミネソタ・ナイス」という言葉も存在するくらいだ。

少し時間がたつと今度は、プリンスが二度と僕に電話をかけることができない、こちらの様子を知るはずがないことを有り難く思うようになった。他界と同時に彼はその虚構の世界で永遠に生き続けることになり、神格化され、商品化されたのだ。プリンスが、キリストのように復活できないことに感謝していた。彼の名前や思い出や誇りとしていたことを人々がどのように扱ったかを彼に知られたくないからだ。もし知ったら、彼は救いようのない気持ちになっただろう。

けれどもジョージ・フロイド事件（二〇二〇年五月）が起こり、僕はプリンスが墓場から帰ってきて、「ミネソタ・ナイス」の裏にあるものと戦ってくれないかと願うようになった。

この事件はミネソタの笑顔の裏の最も醜い顔が露呈したできごとだと言える。この町には二面性が根付いているのだ。「人種差別を笑顔でごまかしている」と描写したのは、一九九八年にソマリアから移住して来た女性だ。二〇二〇年六月、事件の数日後のニューヨーク・タイムズに掲載されていた。

アフリカ系アメリカ人のフロイドが死亡したのは、ミネアポリスの白人警官が、膝で彼の頸部を約九分間もの間押さえつけて窒息させたためだ。事件が起きた舗道はプリンスが通った高校から徒歩で行ける距離で、僕の住んでいるところからも三キロメートルほどの場所だった。

ここ何年もの間彼が戻ってこないことに感謝していたのに、この事件をきっかけに、彼がいたらとまた願うようになってしまった。

ミネアポリスの凍てつくような厳しい冬が好きだ、外から「嫌な奴が入って来ないから」とプリンスはよく言っていた。ミネアポリスが世界中でニュースになり、最悪の敵は実は内部で育っていたことに対して彼だったら何と言うだろう、どんな歌詞を書いて歌い演奏しただろう、と想像した。

プリンスは年をとるにつれ政治に深い関心を持つようになっていった。自分の死も遠い未来ではなかった二〇一五年には『ボルティモア』を発売した。二十五歳の黒人フレディ・グレイが「魅力ある町（チャーム・シティ）」とも呼ばれるメリーランド州ボルティモアで、警察による拘束中に死亡したこと、それがその後一週間以上の抗議運動と暴動に発展したことに対してのメッセージを込めた曲だった。グレイが他界した後一ヶ月もたたないうちに、プリンスの曲がネット上で配信された。「誰にも邪魔されることがなかった一日。まあ悪くない日だったと言うべきだろう。少なくともボルティモアのあの日と比べたら」とプリンスは歌った。その通りだと思う。聴きやすく明るいゴスペル調の旋律の中に、繰り返し抗議を唱える声を入れ込んだその曲をプリンスが録音していた場所、ミネアポリスの一日は、少なくともボルティモアよりはましだったはずだ。

この曲が配信された翌日、プリンスはボルティモアで「平和への集い（Rally 4 Peace）」と題して約三時間公演した。『パープル・レイン』の演奏中に曲を止めて観衆に語りかけた。「社会のシステムが狂ってしまっているよ」「次にボルティモアに来るときは、君のホテルを選びたい。空港からの送迎は、君が製造した車、君が所有している車がいい」彼の観衆はいつもの通り幅広い年代のいろいろな人種の集まりだった。「君」は黒人かもしれないし、白人かもしれない。若いか、または年寄りであるかもしれない。現実に「目覚めて」いるか、まだ眠ったままかもしれない。それでもプリンスが語りかけた「君」なのだ。

このボルティモアの事件から五年後、僕はジョージ・フロイドがほんの数日前に死んだ舗道に立ってプリンスのことを考えていた。かつては、地図上の一点でしかなく簡単に見過ごされていたこの場所が、今は世界中の注目を集めてしまっていた。生きていたらもうすぐ六十二歳になるはずのプリンスだったら、そんな自分の故郷について何と言っただろう？

答えは分からないが、プリンスだから何か素晴らしいことをしていたはずだ。絶妙なダンス曲を作ってフロイドの葬式に間に合うように発表したかもしれない。

彼が踊る様子をもう一度見たい、と切に思った。

1・記憶喪失者の回想録

アップタウンに来なよ、自由になれるよ。

——『アップタウン』プリンス（一九八〇年）

二〇一九年冬

「プリンスについての本？　また？」

ここは僕が住むミネアポリスのアップタウン地区、行きつけのセバスチャン・ジョーというカフェだ。今何を書いているかという質問に答えた僕に対して、そう友達が聞いた。

そうだ。また、プリンスについての本なのだ。

プリンスという天才。世界のあちらこちらで天才と呼ばれて名を馳せる人たちさえも崇めずにはいられなかった才能。流行を先取りする人たちが「ヒップ」だと夢中になった。ファッションからファンク、コメディのような喧騒まですべてを網羅し、ジャンルを飛び越えた文化の象徴となった。彼が死んだというニュースが広まると、エッフェル塔や雑誌ニューヨーカーの表紙、ニューヨーク・タイムズの一面、そして出身地のミネアポリスの街中は、彼のイメージカラーの紫色で飾られた。

「そうなんだ。またもう一冊、彼についての本だ」そう僕は答えた。

彼が死んでからもう二年以上たっているのだから、誰かがすでに、プリンス他界後のできごとを記録した本を書き終えて出版を待っていてもおかしくない。

友達は本当に不思議そうに、「彼についての本なんて、もう十分すぎるほど出ているだろう？　この質問、気に障ったらごめん。でも、どうして書こうと思ったの？」

少し考えた後僕の口から出たのは、「もっともな質問だよ。自分でもよく分からないんだ」という言葉だった。

気持ちが沈んでいくのが分かった。テーブルに散乱していた資料とノートをまとめて、リュックにノートパソコンをしまった。カフェを出て、下を向いたままのろのろと歩き、六区画先の自分のアパートに向かった。

アップタウン。プリンスがずっと昔、このミネアポリスの居住区にちなんだポップスを作ってから有名になった場所だ。

部屋に着いて電気をつけた。まだ午後の日差しも明るいのに気持ちがひどく落ちていた。シャワーを浴びて気分を変えようとした。熱いシャワーのしぶきを体に感じながら天井を見上げていたら、急に涙が溢れてきた。

「何て答えればよかった？」天井に向かって、プリンスに対して叫んでいた。

原稿の締め切り七十八日前だった。それまで抑えていた感情が爆発したのだ。

もちろん彼が答えてくれるはずもなかった。けれども声や幻想の代わりに、ある記憶が分かりきった答えのように頭の中に浮かんだのだ。紫色の封筒に入った紫色の紙、そしてプリンスのまるで子供の落書きのような字で書いた「Neal」という宛名。彼が初めて僕にくれた手紙だ。僕は彼が他界したときに、それをデパートで買った安い額に入れて仕事部屋の壁に掛けた。見やすいけれど隠れてもいる場所で、生前のプリンスの生き方を象徴しているように思えた。

プリンスとの最初のインタビュー記事がローリング・ストーン誌に掲載された後だった。封筒の宛名の僕の名前は小学生のような文字で書かれていたけれど、中に入っていたカードに並んだ文字は蛍光色の魅力的な書体だった。中学生の頃からこういうふうに書いていたらしい。

「本当のことを書いてくれてありがとう（Thanx 4 telling the truth）！　神の恵みがありますように。プリンス」

それまで一度も、インタビューをした人から感謝の手紙をもらったことはなかったし、「本当のことを書いてくれてありがとう！」と言われたこともなかった。思いもよらなかったできごとで忘れられない。

だから僕の答えはそこにあるのだと思う。本当のことを伝えたい、だから僕は書いているのだ。

1

記憶喪失者の回想録

この本はノンフィクションだ。

断言してしまうには厄介な題材だとは分かっている。プリンスは、隠された部分が多く理解するのが最も難しいとされる人物の一人だ。だから彼はいろいろな名前で呼ばれた。天才、道化師、神、悪魔、不可解だとか、ふざけた人物だとも言われた。彼は真実の表現者でもあり、虚構の世界の制作者でもあり、そしてその中間にあるすべて、でもあったのだろう。そのプリンスについて書く、そしてその内容が事実に沿っていて正確だ、と僕は主張しているのだ。

それから、これは僕が大学やジャーナリズムのプログラムで時々講義をする「創造的ノンフィクション」という種類には属さない。創造的とは程遠いものなのだ。もしこの本が多少の評価をされるとしたら、創造的であるということよりも正確さという点であることを願っている。

また、これはメズ・メズロウ（クラリネット・サクソフォン奏者。ジャズの虜になり、当時多くの実力者が集まったクラブやバーで交友関係を広げた）スタイルのノンフィクションでもない。メズロウは一九四六年に出版されたクラシックジャズ回想録『リアリー・ザ・ブルース』の著者だ。彼の名前を引きあいに出すことすら恐れ多い。彼の回想録は驚きに満ちたその人生を垣間見られる素晴らしい本で、二〇一六年には、ニューヨーク・タイムズの音楽評論家ベン・ラトリフによる品格のある序文を加えて再出版された。ラトリフは次のように言っている。

「回想録と真実とは微妙な関係にある。真実かどうか確認するということは、特にそれが世間に知られていない人物やできごとである場合には、難しい。この本の中では、たとえばメズロウが『ジャムセッション』という言葉の始まりに一役買ったという部分、そして彼がルイ・アームストロングをハーレムで有名にした張本人だ、という部分である。この本の中のできごとが必ずしも正確な記述とは限らないことは、読者も承知の上なのだろう」

メズロウがかなり誇張していたとしても、それによってこの回想録の素晴らしさが失われることはない。結局のところ、これはあのメズロウが書いたものだからだ。

そして最後にもう一つ、この本は僕が過去に書いた記事を切り張りしたものではない。おそらく簡単にできることだろうが、そんな本に意味を見出せないのだ。切り張り仕事とは、過去に出版された話や言葉をそのまま使って本を仕上げてしまうこと。この本の中でローリング・ストーン誌の記事を引用した部分は明確にしてある。そしてそれはまた、その部分の事実関係がきちんとチェックされているということも意味している。当時のローリング・ストーン誌は事実確認にとても厳しく、その担当部署は業界第一と言われていたからだ。

それに作家としてそんなに優れているわけではない僕が、三十年前の自分が書いた記事をそのまま使う勇気などない、というのが正直なところだ。

ミネアポリス出身者は、こうやって最初に謝っておいてから物事にとりかかることが多い。あまりに長々と抗弁しすぎだと思うかもしれない。でもプリンスと真実との関係においては、どんなに抗弁してもしすぎることはないと思う。彼のこととなると、信用できる情報源から書かれたはずの記事同士なのに相反してしまうことなどが本当によくあるのだ。

信用できる情報源、つまりプリンスと親密だった人々のことだが、そんな人たちに対してもプリンスは感情をうまく表現できていなかったことを知った。アラン・リーズは長い間プリンスと働き、重要な仕事は常に任されていた人物、プリンスが心を許して信用した数少ない人間の一人だった。リーズは二〇一七年に公開されたプリンスの伝記的ドキュメンタリー『ビートに抱かれて（原題：When Doves Cry）』の中で、彼は相手を傷つけずに自分の感情を表現する方法を知らなかった、と愛情を込めて懐かしそうに回想している。

「キム・ベイシンガーが、プリンスとしばらく付き合っていただろう。彼女がミネアポリスに住んでペイズリー・パークに事務所を構えたりしてさ。でも、その関係が理由は何にしろ、突然終わってさ」リーズは続ける。「そんなある日、自分の事務所に行ったらプリンスが僕の机に腰掛けていた。だから『よう、プリンス。お前大丈夫か？』と声をかけたのさ。そしたらプリンスはカッとなって『大丈夫って何だよ？』と憎々しげに言い放って、そのまま事務所から出て行ってしまった」

「彼は人から同情されることをすごく嫌っていたんだ。俺はただ、肩貸そうか？という気持ちだったのさ。分かるだろ。友達としてさ、大丈夫か?と聞くよな。それに対して彼は『大丈夫って何だよ?』って憤慨したんだ」

一方では、彼の幼なじみアンドレ・シモンからのこんな情報もある。シモンはプリンスとかなり長い間連絡を絶っていたが、彼の他界前の一年間は昔のような友達関係を取り戻していた。シモンによればプリンスは「親しくなると心を開く奴」らしい。ただプリンスがひどい態度をとったリーズもとても親しかったことは間違いないので、どちらにせよプリンスの行動は矛盾している。

シモンはまた「俺にとっては有り難かったよ。なぜかって、俺自身が、いろいろな面でこいつとは気が合う、分かり合えると思える友達が少ないからだよ。プリンスは、そういう数少ない人間の一人だった」と話した。

プリンスは、親しくなると自分の感情を打ち明けたり、真夜中に生と死について語ったりする人間だった。けれども同時に、心配してかけられた優しい言葉に対して、悪意のある言葉を投げつけて相手を傷つけてしまうような人物でもあったのだ。

彼と周囲の人たちの関係性には一貫したものがまるでなく、その態度があまりに相反するので同じ人間とは思えないほどだった。彼に雇われたわけではなく一定の距離があった、という僕の状況は幸運だったのだと思う。僕はただ彼について書く、という仕事があっただけでそれ以外はまったく望んでいなかったのだ。依頼された仕事が終われば彼について書く必要はないし、「彼の友達」という自分でも確証のないことについて話す必要もなくなると思っていた。それがどうしたことか、今僕は彼について書いている。矛盾している。けれどもいろいろな意味で、矛盾はプリンスの本質そのものだ。彼はあまりに無知で同時に驚くほど賢い。人に対して冷たく、そして優しい。

だから僕は、僕の前にいたプリンスだけを知っている。

僕のアパートの居間。あちこちに紙が散乱していた。床に置かれた旅行鞄とその内側の仕切りに目がいった。三つある仕切りはすべて色あせ、ひどい割れ目もついていた。コロンバス・アベニューの店頭に飾られていたその旅行鞄は、当時は輝いていて栄光を約束しているように見えた。店は、マンハッタンのアッパーウェストサイドにあり、僕はかつてそこから目と鼻の先の距離に住んでいたのだ。ミネアポリスからはとても遠い場所だ。

長い間使い続けて無下に扱われた鞄はもうぼろぼろだった。当時は使い勝手のよかった仕切りも折れ曲がってしまっていた。数え切れないほどの量の紙束を重ねて入れていたから重みに耐えられなくなったのだろう。六回分ほどのインタビューの記録だ。一回のインタビューは数日間に及んで、掲載されたものもそうでなかったものもあった。

何冊ものノートが古いスーツケースから飛び出している。この二年間何度も並べ直しているので、もう順番も何もなかった。居間に散らばる紙切れをまとめれば「プリンスの物語」が見えてくると思っていた。それはもしかしたら間違いなのかもしれない。「プリンス」を一つの話としてまとめること、彼の人生を理路整然と説明することなどできないのかもしれない。

床に転がっているもう一つの旅行鞄。そこに入っているのは別のインタビュー記録だ。一九八六年型の旧式のプリンターで印刷されたその紙には、見直しの際に飲んでいたコーヒーの染みがついていた。いつ誰とのインタビューだっただろうと気になりページをめくってみた。ザ・レヴォリューションのリサ・コールマンとウェンディ・メルヴォワンとのインタビューだった。印刷された紙は六十ページ、一九八六年のローリング・ストーン誌の特集だ。その下に見えるのは、プリンスの言葉を書き留めたインデックスカード。彼が他界した二〇一六年四月二十一日、その三週間ほど前の会話だった。

鞄にはまだたくさんインデックスカードが入っていた。日付と何かの記録、実際の言葉を書き留めたもの、思いついたことを単になぐり書きしたもの、かなりの長文になっているものもあった。夜中に電話をしながら、受話器を抱えながら書いたものが大半なので、何を書いてあるのか読み取りにくい。読めても意味が分からないものも多かった。

別のスーツケースにはトイレットペーパーの切れ端の束が入っている。二十五年以上も前になるが、プリンスが一九九〇年の『ヌード』ツアーでヨーロッパにいたときの記録だった。ローリング・ストーン誌のインタビューのために彼のツアーに同行したのだ。彼が宿泊していた場所、パリの豪華ホテルのスイートルームや、スイスの古城を改築したホテルで、何かを書くときには彼から隠れなければならなかった。用をたすふりをして、洞窟のようにも見えるトイレの中でトイレットペーパーに走り書きをするのが唯一の手段だったのだ。

プリンスが、最初のインタビューを開始しようとしたまさにその瞬間、会話を録音したり書き残したりするのはダメだと言ったのだ。冗談を言ってからかっているのかと思ったが、そうではなかった。

大変なインタビューだった、本当に。

このツアーのインタビュー記事を最後にして彼が他界するまでの三十一年間、僕は一度も彼の言葉を記事にしていなかった。

スーツケースのトイレットペーパーの束の下には、メモ用紙が束になって重なっていた。僕は実際のできごとから数日後、数ヶ月後、数年後でも、思い出すたびに書き留めておくということをしていた。はがきサイズのインデックスカードも見えた。日付が入っている。これは、僕たちが小さい頃実は出会っていたのだとプリンスが話していたときの記録だ。お互い思春期に入る少し前、十一歳か十二歳頃だろう。奇妙な偶然だ。

出会ったのはおそらく一九六〇年代後半。ミネアポリスの北側、ほとんど黒人しかいない地区。一番にぎやかな大通りがプリマス・アベニューで、そこにあったファーストフード店の駐車場が子供たちの溜まり場だった。僕もプリンスも、グループは違ったがそこに集まる子供の一人だった。移民であった僕の祖父母の家が、すぐそばのオリバー・アベニューにあったのだ（友達は陰で僕をキャスパー〈一九九五年の映画『キャスパー』の主役で子供のおばけ〉と呼んでいたらしい。プリンスが、にやにやしながら教えてくれた。これもカードに記録してあったことだ）。

重ねられた紙束、彼の言葉やその場のできごとを書き取った記録たちは、プリンス――圧倒的な存在感と虚無感を持ち、境界と境界のはざまにいるようで、そして矛盾に満ちていた彼――の人生を伝えるための宝の山だった。

プリンスと僕の会話を録音したテープもいくつかあった。一番古い日付は一九八五年。一度テープを書き起こすために出だしの部分を聞き直したが、それっきりでそのまま三十年ほどたってしまった。

彼が他界した後一年間ぐらいはこのテープを聞き返そうとしていたが、まるで亡霊の声を聞いているようで耐えられなかった。彼の声だけではなく過去の自分の声が、その「すべてうまくいくさ」という気楽さが、逆に僕を暗い気持ちにさせたからだ。僕は当時二十六歳でプリンスは二十七歳、二人ともこれが最初で最後と信じていた恋愛の真っ最中だった。

ロック歌劇を録音したフロッピーディスクもあった。二人でそのアイデアについて話していたらプリンスが気に入ったらしく、きちんとした作品にしようと決めたのだ。彼の作品の中でこれほどひどい批評を受けたものはなかったが、そんな記録を僕は密かに誇りに思っている。ディスクの下にあるのは「もし彼のヒット曲アルバムが出たら」という架空の設定で書いた僕のライナーノートだ。

まだキャリア半ばの僕が彼の履歴をまとめたのだ。もちろん表に出ることはなかったし、プリンスが見たら嫌悪していたに違いない。実際のヒット曲アルバムが発売されたときには、あの賢明なアラン・リーズによる解説が添えられていた。彼は、ジェームス・ブラウンのツアーマネージャーをしたり、ペイズリー・パーク・レコードの代表をしたりなど経験豊富な人物で、解説者としても信頼が大きかった。

居間には大きな肩掛けのバッグも置いてあった。ドン・ジョンソンがドラマで着ていたジャケットが流行った頃に人気があったものだ。バッグの中身は、僕とプリンスがただ二人で話していたことを書き留めたノートだ。それは公式でも非公式でもなく、そういった会話は彼が他界する数週間前まで続いていた。

これらの会話に導かれて今僕は何百枚もの原稿をまとめている。一日十四時間、ここ二年間ほぼ毎日机に向かっていた。あらゆる記憶、会話、言葉、彼の変化、僕の内省、そして僕が信頼する人から聞いた彼の話に向き合っていたのだ。

部屋全体が、嵐が去った後のように荒れていた。

使い古したみすぼらしい旅行鞄から紙やノートが溢れ出していた。プリンスの人生、行動、言葉や記事が火山から流れ出す溶岩のように見えた。まるでこの素晴らしいアーティストが僕たちから静かに離れていこうとしているようだった。

そして僕は、そうはさせるかという使命感に駆られていた。僕たちは互いに、どちらかが何か間違った態度をとったときには、からかったりまたは意地悪く追求したりして相手に絶対に分からせるという手段をとっていた。だから今僕は書くことで、静かに消えようとするなんて間違ってると彼に思い知らせようとしているのだ。プリンスの知り合いで悪くなかったことと言えば結局、彼という人間を知ったことだけだった。

そして彼を知るというのは本当に楽しいことだったのだ。

記者としてプリンスに直接インタビューする機会をもらい、それによって二十六歳の頃から地元の新聞にひどいことや個人的なこと、間違っていることを書かれてきた。それはそんなに楽しいことではなかった。プリンスと直接話せる近い距離にいたことでやっかみを受けた。そんなことになったのもプリンスのせいと言えなくもない。だから少し仕返ししてもいいんじゃないかと思う。プリンスはこのまま歴史からそっと消えようと計画していたのだろうが、僕がそれを許さない。

それに、彼も本当は書かれることを望んでいるのではないかとも思うのだ。

「本当のことを書いてくれてありがとう！」という彼の言葉が頭の中で響いていた。

少し眠った後で頭がすっきりしたので、大量の紙の束に目を向けた。プリンスとの非公式のインタビューの記録だ。彼が他界するまでの三十一年間に二人で特に何の目的もなく行っていたもので、録音することもあったし覚え書きを残すこともあったのだ。彼に愛され、一時ではあろうと彼を愛した人たちの回想を記録したものも残っていた。

一時はプリンスを崇拝していたが、後に近寄りたくもなくなったという人たちがいたのは確かだ。プリンスが人を思いやるということを学び始めたのは、一九九九年も終わってからだった。すべての人が利害関係のみで行動するわけではないと、彼はその頃やっと気づいた。それまでは、相手が自分に対してひどい態度をとるのは彼らが自分から欲しいものを得られなかったからだ、自分のせいではないと判断することが多かった。

プリンスが間違っていたとは言わない。ただ彼のために働いたり、彼のバンドのメンバーだったりするのは大変だったと思う。長い間プリンスのバンドでサックスを担当していたエリック・リーズがこう言っていた。「コンサートのリハーサルをすると、演奏を開始して三十秒ごと、一分ごとに彼が演奏を止めるんだ。気に入らないところを直して、また再開。そして一分ぐらいたつと、また演奏を止める。それが永遠に続くんだよ。毎日八時間から十時間」

プリンスは当時人の状況や気持ちを考えることがあまりなかったのだが、そうしたいとは思ってはいたのだろう。一九九八年、特に孤独を感じていたときだったに違いない。彼が僕にこう言ったのだ。「彼らは、僕と一緒に何かすると注目を浴びる。けれどそこから先は僕には決められない。でも注目され続けないと僕を非難して嫌悪するようになる」

彼はまた、孤独感が完全に消えたことなどなく、頭に次々に浮かぶ創造的なアイデアの裏にずっと存在している、と話していた。天賦の才能の裏に潜む苦しみだと思う。

「頭の中はピンボールマシーンのようなんだ」と彼は言った。「考えすぎて、頭の中にいろいろ浮かびすぎて眠れないときがある。これもできる、あれもできる、ってさ。このバンドと何かできないだろうか、いつこのステージをしようか、とか。とにかくたくさんのことだよ。加えて恋愛のこととか。食事しないといけないのか？　食べなくても生きていければいいのに、と思うよ」

他人の感情というのも、その彼の言う「考える」ことに入っていたのかは分からない。

彼が他人を大切に思ったりその気持ちを考慮したりすることを覚えたのは二〇〇〇年からだ。一九九九年、彼はニューヨーク州で雑誌アップタウンと他二誌のファン雑誌、ウェブ上の彼のファンサイト九つに対して商標権侵害を訴えていた。当時アトランタ在住でプリンスのアルバムの宣伝を担当していたロン・ハーバートは「事情をきちんと把握した後、必要に応じてプリンスには自分のファンを訴えるべきじゃないと伝える」と説明した。

このときのプリンスの行動はまさに矛盾の極みだと思う。彼はいつもファンのことだけは大事にしていた。自分が創造する魅惑的な世界を彼らと共有するために行動しているようだった。その大切な人たちに対して彼は訴訟を起こしたのだ。

2・最後の電話

二〇一六年三月

「もしもし、プリンスだけど」受話器から間違えようのない声が聞こえた。間違えようはないが、何かが違った。

その声はプリンスとそっくりだった。この後三週間半で命を失ってしまった彼の声に似ていることは間違いなかった。だけど、違うのだ。うまく説明できないけれど、三十一年間で慣れ親しんだ彼の声には何かが欠けていた。

驚くほどプリンスに似た声だったが、その声色には決定的な何かが足りないことは確かだった。受話器の向こう側にいるのが誰だとしても、とてもうまくまねている、そんな感じだった。ラスベガスでの伝説的アーティストたちを再現した『レジェンド・イン・コンサート』で見た、プリンスをまねした演者のようだった。留守番電話に録音された声だとは気づかずに思わず会話を続けてしまうときのように、その声には本物との差がほぼなかった。

そうだ。ほぼ違いはなかった。

2
最後の電話

自分がもともと神経過敏であることは分かっていた。けれどもこのとき、理由もないのにすごく動揺していたのを覚えている。落ち着けと自分に言い聞かせた。十ヶ月も話していなかったから感覚が戻ってないだけだ。いつものように彼が今日どのプリンスなのか、どんな気持ちなのかを瞬時に判断して会話すればいいだけだと自分を諭した。彼の声は彼らしくなく、まるで折れて先が丸くなった鉛筆のように、平べったく抑揚がなかった。

考えすぎだ、と僕は思った。いつも問題のないところに問題があると疑い、些細なことをずっと気にしている僕のこの性質は簡単には治らないのだ。

電話越しのプリンスに対していつものような挨拶も返さずに口籠もっていたので、プリンスがイライラしたようにもう一度繰り返した。

「もしもし、プリンスだけど」

「どこのプリンスだよ？」僕はやっと、何十年も続く僕たちのお決まりの挨拶を彼に返した。

「あのプリンスだよ」とプリンスが返答した。苛立ちがくつろいだ調子に変わった。

僕たちのこのお決まりの挨拶は一九八五年に始まった。そのとき僕には「もしプリンスが僕を気に入れば」彼をインタビューし、それがローリング・ストーン誌の特集になるという話があった。プリンスは生来のレーシングカー並みの性急さを発揮し、僕の乗ったニューヨークからの飛行機はまだ着かないのか、とミネアポリスの僕の実家に電話したのだ。電話をとった母は、初めて電話をかけてきて僕の居場所を探ろうとするこの男を怪しみ「プリンスって、どこのプリンスさんですか？」と聞いたのだ。

「あのプリンスだよ」と彼は答えたらしい。

数時間後家に着いた僕は母親から「あのプリンス」から電話があったと告げられたのだ。彼女はそのときからずっと、嫌味とかではまったくないのだが、彼をそういうふうに呼び続けた。「あのプリンスによろしくって言っておいてね」のように。

当時の彼は『パープル・レイン』のヒットで世界中が熱狂する大スターになっていたが三年間公式なインタビューを受けていなかったし、今後も受けることはないと宣言していた。僕はと言えば、インタビューの話が確定ではなく彼が僕を気に入るかどうかで決まることなんて知らなかった。この数週間前にローリング・ストーン誌の特集のために、彼のバンド、ザ・レヴォリューションのウェンディ・メルヴォワンとリサ・コールマンのインタビューを済ませていた。だから、彼女たちが説得してプリンスはインタビューをついに承諾したのだと勝手に考えていた。

裏話を聞いたのはずっと後になってのことだった。結局、プリンスがポール・ピーターソンと組んだもう一つのバンド、ザ・ファミリーでボーカルだったスザンナ・メルヴォワンの「彼と話してみたらどう？」という言葉が決め手となったらしい。スザンナはウェンディと一卵性の双子で、当時プリンスとは随分長く付き合っていた恋人だった。数々のプリンスの伝記に彼女はプリンスと婚約までしていたと記されている。実際にこれは事実で作り話ではない。スザンナは自分をしっかり持っていてプリンスに意見することができ、言わば彼を地球（プラネットアース）につなぎとめておける唯一の女性だった。

スザンナのために、または彼女について彼が書いたとされる曲は『ナッシング・コンペアーズ・トゥ・ユー』『ビューティフル・ワン』『フォーエバー・イン・マイ・ライフ』『イフ・アイ・ウォズ・ユア・ガールフレンド』などだ。そして神話的と言っていいだろう『ウォリー』もある。別れたスザンナへの気持ちを込めたバラードで、録音を担当していたエンジニアのスーザン・ロジャースによれば言葉にできないほど素晴らしい曲だったらしい。けれどもプリンスは録音後すぐにこの曲を消してしまったそうだ。

インタビューの話が出た当時、まだプリンスは「インタビューなし」の誓いの下に活動していたので、ウェンディとリサが彼に代わって質問に答え、プリンスは彼女たちと表紙を飾るだけという設定だった。けれども彼女たちはスザンナに、プリンスはインタビューを受けるべきだと話した。これは業界では信じられないほど寛大な行為なのだ。彼女たち自身の特集の機会をプリンスのために譲るということだからだ。

ローリング・ストーン誌で特集される機会はまた来るかもしれないし、もう二度と来ないかもしれない。有名な雑誌の表紙を飾る機会を一度でも逃してしまうとなかなか次の機会は訪れないもので、ロックの世界ではローリング・ストーン誌の特集を他人に譲るなどあり得ない話だった。

けれどもウェンディとリサはプリンスに譲ろうとしたのだ。彼女たちはスザンナと話し、そしてスザンナがプリンスに僕と会うことをすすめた。そうして僕はと言えば、プリンスのスタジオでリハーサル室をうろうろしたり、彼と話をしてみたり、卓球をして遊んだり、敷地内のいろいろなところを一緒に歩いて回ったりしていた。そんな二日間を過ごした後、彼はインタビューでもう一度話をすることを承諾したのだ。


「やあ、元気?」僕は電話越しのプリンスにそう返答した。二〇一六年、三十一年後だ。電話を受けてからもう一分ぐらいはたっていたが、彼から日中に電話が来た事実に焦って頭の中が混乱し、彼が何を話していたのか聞いていなかった。

「疲れてる」長い沈黙の後、彼がそうつぶやいた。「ずっと眠っていたい感じだよ」

正直に言うと、ここ十年の間プリンスの活動にはあまり関心を払っていなかった。彼がどの新しいアルバムのことを話しているのか、今回のツアーでどこに行ったのかなど知らなかった。彼はよく午前三時頃に衝動的にペイズリー・パークに人を集めて歌い始め、最後には集まってくれた熱心なファンにパンケーキをご馳走したりして、日が昇る頃に演奏を終えていたらしい。そこにも僕は一度も行かなかった。けれどもプリンスはそういった僕の態度をあまり気にしてないようだった。

2

最後の電話

僕はベッドに腰掛けながらプリンスが電話をかけてきた理由を聞いていた。当時彼が好きだったコメディドラマ『ジ・オフィス』の再放送で、僕が聞いたら大笑いするような場面があったから、と彼は言った。

「プリンスはコメディドラマが好きだった」アンドレ・シモン（旧姓アンドレ・シモン・アンダーソン）は二〇一八年に話してくれた。シモンはプリンスの中学からの親友で一緒に音楽を作っていた仲間でもあった。一九七〇年代中期には彼の実家にプリンスが一緒に住んでいたこともあった。アンドレはプリンスにひどい裏切りを受けたことがあったが、それでも彼のたった一人の友達、世間一般で認められる意味での本当の友達だったのだと僕は思っている。

「プリンスについてみんなが分かってないことがたくさんあるんだ」とシモンが言った。プリンスが他界した後初めて彼と話したときのことだ。「彼はアメリカ人の典型と思われるようなものも大好きだったんだ。『ハッピー・デイズ』を欠かさず見ていたよ。『ハッピー・デイズ』、信じられるか？」シモンはプリンスの大好きだったテレビ番組の名前を次から次へと並べ立てた。「『ザ・ジェファーソンズ』、それから『ウェルカム・バック・コッター』なんてずっと見てた。『名探偵ジョーンズ』も大好きだったんだ。本当だよ」

『名探偵ジョーンズ』は僕も覚えていた。一九七〇年代、かなり昔のドラマだ。そして年老いたバディ・イブセンが偏屈な老探偵役だった。イブセンは『ビバリー・ヒルビリーズ／じゃじゃ馬億万長者』でジェド・クランペットも演じている（このドラマもプリンスのお気に入りで、再放送まで見ていた。ジェドの金髪の娘、エリー・メイ・クランペットがセクシーだと言っていた）。

シモンは言った。「よく彼をからかったよ。『そんなドラマばっかり見ているなんて時間の無駄だよ。何も得るものなんかないぞ』なんてね。そうすると、彼は笑って『でも、すごく面白いよ。お前も見た方がいいよ！』と言うんだ」シモンは続けた。「彼はドラマを見るのが本当に好きだった。知っている人は少ないけれど、一緒に暮らしたらもちろん生活習慣って分かるだろ。ドラマにはまっていたのは間違いない」

プリンスには信じられないほど多くの習慣と、理解不可能な矛盾があった。たとえば、あんなにも現実世界からは遠く離れていると感じさせるのに、完璧なまでにドラマのせりふ（『ハッピー・デイズ』の登場人物フォンジーの、ハワード・カニンガムへのお決まりの挨拶「やあ調子はどう、カニンガム氏！」）のまねをしてみたりするのだ。

たとえば、プリンスがサヴァン症候群ではないかと思っている人の前で、ドロシー・パーカーの最高傑作とも言われる短編『大柄なブロンド美人（原題：Big Blonde）』の引用をしてみたりする。または、誰かとその日のニューヨーク・タイムズ一面の話をしていた次の瞬間に、無知とも思われるような――イルミナティが宇宙を動かしている――ことを話し出したりするので、聞き手としてはもう困惑するしかなかった。

その日プリンスがどのプリンスなのか、どんな状況でどんな気持ちで、その時間に何が必要なのか、そして相手がどんな反応を見せるか、で彼は変わると僕は感じていた。ただ僕はプリンスの精神科医ではないし、ラビ（ユダヤ教指導者）でも、告解を聞く司祭でもないし、もちろん彼の目付け役だったわけではない。僕は僕の知っている彼しか知らなかったし、それがどのくらい狭い範囲だったのかも理解している。その範囲外の彼については何を知らないかさえ、まったく分かっていなかった。

昔あまりに何度も「プリンスの友達」と紹介され続けたので、自分の正気を保つために僕はできるだけ彼の生活と距離を置いて目立たないようにしていた。僕たちが友達同士だと明言したこともなかった。

プリンスと最後に話した——電話で話した——ときにも、彼はただ『ジ・オフィス』の一場面を僕に再現して聞かせたかったのだ。この番組は、ペンシルベニア州のスクラントン市、製紙会社での様々なできごとを題材にしたコメディで十年ほどテレビで放送され続け、Netflixでも何年もの間最も人気のあった番組だ。

年取った変人の上司を演じるクリード・ブラットンが、プリンスが勝手に悪態語の代名詞にしている「マンマ・ジャンマ（mamma jamma）」をせりふの中で使ったらしい。それは僕たちがまだ若かった頃——すべてがうまくいくのが人生だと信じていた頃——から気に入ってよく使っていた言葉だった。彼がこの言葉を使うたびに僕が大笑いせずにはいられなかったから、彼は時には僕を「マンマ・ジャンマ」と呼んだりもした。

プリンスと関係があった人たちはみんな彼とこのような隠語を共有していたのではないかと思う。プリンスは自分の影響力の使い方を熟知していて、二人だけの言葉があるとその相手との距離感が近づくと分かっていた。つまり彼は仕事仲間を自分の手下のように動かす一方で、あだ名や隠語を共有し自分と特別な関係だと思わせる方法を知っていたのだ。

ケネディ元大統領も同じことをしていた。彼の前には誰もベン・ブラッドリーを味方につけることなんてできなかった。ブラッドリーは海軍出身で後にワシントン・ポストの編集長となり、ニクソン元大統領を辞任させたウォーターゲート事件の記事を監修し発信した勇敢な人物だ。ケネディは、自身の大統領就任時代そしてブラッドリーが週刊誌ニューズウィークのワシントン局長を務めていた頃、彼を「ベンジー」と愛着を込めて呼んでいた。そうすることで、公正なジャーナリズムの象徴と大衆に崇められていたブラッドリーを自分の同朋にすることに成功した。

プリンスは正道から離れた統治思想を説いた十六世紀の古典、ニッコロ・マキャベリの『君主論』を読んでいた。彼の信仰は時によって変わったが、マキャベリの格言「愛されるより畏怖された方がいい。もし両方手に入れられないとしたら」を信条として行動し続けていた。

2
最後の電話

つまりプリンスは人を、特に彼に雇われた人をすぐに最悪の気分にさせたが、同時に彼らに特別感を与える方法も知っていた。僕の例で言えば、彼と共有していた「マンマ・ジャンマ」という言葉がその役目を果たしていたのだ。出会った頃彼はかなり頻繁にこの言葉を言っていたのだが、もともとは自分があまりに罵り言葉を多用していたので、「マンマ・ジャンマ」で代用することによってそれらを減らそうという試みだったのだ。

「マンマ・ジャンマ」はジャズ界隈またはアフリカ系アメリカ人が使う隠語だ。プリンスがその言葉を使うようになったのは、彼が『パープル・レイン』の成功でロックという境界を超えたスターの階段を上り始めようとしている初期の頃だった。曲の歌詞のことはさておき、興行的な成功のために話し言葉ぐらいは少しましなものにするべきだと思ったようだ。

僕は、プリンスがあの滑らかな声で「マンマ・ジャンマ」と言うのを耳にするのが好きだった。出会った頃からずっとだ。そして彼もそれを知っていた。でも、プリンスに郷愁という感情はあまりなく、もう随分前にこの言葉を使うのもやめていた。だから二〇一六年の春に、電話越しで何年ぶりかにこの言葉を聞いて、僕の中で何かが変だという気持ちが一層高まったのだ。

そんな気持ちを落ち着かせながら時計を見た。午後一時。これは絶対におかしいのだ（ミネアポリス住民だったら「いつもと違う」と濁して表現するところだ）。

僕はプリンスにとって「夜中の、何となく不安定なとき」の人間で、電話をかければコメディや地元のアメフトのチーム、恋愛、結婚、死などについて何でも話す相手だった。そしてその時間帯はたいてい夜中三時から明け方六時の間だったのだ。

僕は彼の「日中、テレビ番組やスポーツニュースについて気ままに話す」ための人間ではなかった。何十年もの間彼は真夜中に電話をかけてきて、挨拶の後には「起こした？」と聞いた。まるで僕がうたた寝中だったか、真剣なクロスワードパズルの真っ最中だったかのように、とても申し訳なさそうに聞くのだ。

僕の推測では、彼にとって「昼間の」人間は、彼が略語を使ってビーエヌ（ＢＮ）と呼ぶ「大きい黒人たち（Big Negroes）」だ。ビーエヌとは彼の好きな犯罪ドラマ『ホミサイド 殺人捜査課』で使われた言葉で、この原作者デイビッド・サイモンは後に彼の大好きだった『ザ・ワイヤー』を生み出した人物だ。『ホミサイド』は、ボルティモア警察と犯罪組織との追跡劇がリアルに描写されたドラマなのだ。この中でアフリカ系アメリカ人の強盗に遭った被害者の白人たちが犯人の特徴を聞かれると、たいてい「大きい黒人、大きなピストル（Big Gun）を持っていた」という表現しかできない。警官たちはこれを略して供述書に「ビーエヌ（ＢＮ）、ビージー（ＢＧ）」と書き込むのだ。

僕たちの間では、「ビーエヌ」がプリンスの護衛たちを意味するようになった。プリンスは密かに彼らを僕のビーエヌたちと呼んでいたので、つられて僕まで、大きな男たちが小さな雇

2
最後の電話

い主を守ろうと目を光らせている様子を説明するときに「ビーエヌが」と言ってしまったこともあった。プリンスはそんな僕を面白がっていた。

だから僕はこの時間になぜプリンスがビーエヌたちに電話をかけていないのか、疑問に思ったのだ。それに彼の「朝一緒にいる女性たち」はどこにいるのか？　なぜ彼は「昼間の人たち」と一緒にいないのだろう？　彼の両親が他界する前は、プリンスはその時々の特別な女性（たち）を朝早く実家に連れて行ったりしていた。この時間はそういう人たちとそういうことをして過ごしているはずだったのだ。

プリンスの、どんな時刻であろうが電話をかけるという習性は、マキャベリの思想に従って強制君主的な行動に出ているわけではなかった。ミネアポリスと合わせて双子の都市（ツインシティーズ）と呼ばれる隣の都市、セントポール出身のF・スコット・フィッツジェラルドは、随筆集『The Crack-Up』に「魂が闇夜をさまようのは、いつも午前三時。そして、それは来る日も来る日も繰り返されるのだ」と書いていた。けれども、プリンスにとっての午前三時は、自分の存在価値を疑って恐怖に襲われているときでもなく、ただいつもと変わらず頭が働いている時間というだけだったのだ。

彼はこの時間帯を自虐的になったり精神的に混乱したりするためではなく、単純に日中の作業の続きをするために使っていた。そうして彼は、三十九枚のアルバムと四枚のサウンドトラック集を発表していった。その総売上数は一億枚を超え、数々のグラミー賞を受賞し、アカデミー賞も一度取った。もちろん、紫を「プリンスの色」として定着させてしまうといった驚くべき功績もあった。

それにしても彼はいつ眠っていたのか？　午前中、午後、最長で数時間、と彼を知る人たちは言った。真実は分からないが、彼のこの習性は中学の頃にはもう始まっていたらしい。「周囲の人たちはみんな僕がどんな生活を送っているか知っていた。ずっと作業していたんだ。彼らが眠っている間に曲を作っていて、彼らが起きてきたらまた何か思いつく。今も昔も変わらない」

一九八五年の初めてのインタビュー時にも、自分が死ぬときは原因はおそらく極度の疲労で、真夜中に働いたまま逝くのではないか、と自嘲気味に語っていた。語りながら彼は、検死官の取り調べを待つ屍体のように、録音機器の上に自分の体を伸ばして死人のふりをしてみせた。

プリンスが他界する数週間前にかけてきた電話の最中、この妙な感覚など気のせいだと自分を落ち着かせようとしたし、ただの考えすぎだと自分に言い聞かせた。けれどもこの僕たちの最後の会話で、プリンスは彼の多面的な人格の中の一つ、本当の彼につながる何かを言葉にしようとしていたのだ。そして僕は、彼の声が薬物を過剰摂取して死ぬ間際のロックスターのようだと感じたことを、自分の頭の中から無意識に消去していた。少なくとも電話中は。今でもこの会話が僕の脳裏から離れない。

電話中、プリンスが僕のリクエストに答えて『ジ・オフィス』のスタンリー・ハドソンのまねをしてくれた後、少し気分は落ち着いていた。ハドソンは無愛想なアフリカ系アメリカ人で、若い頃ブラックパンサー党（黒人解放主義を掲げる政党組織）に属していたという役柄だ。会社の同僚の困った欠点をぶつぶつ言いながら受け入れ、オフィスで人々が悪気なく口にする黒人差別的言動にも耐えている。プリンスはドラマのいくつかの場面、僕の一番好きなシーン――スタンリーが憤慨して大きな声を出す――も再現してくれた。この場面のスタンリーが自分の父に似ていると言っていた。

溌剌としたドン・キング（マイク・タイソンなどを手がけたボクシングのプロモーター）のまねもしてくれた。その頃には僕もいつも通りの気分になってきていた。そして彼は「じゃあまた連絡する」と言って電話を切った。そのとき僕は、『ハッピー・デイズ』のフォンジーのまねも頼めばよかったなどと思っていた。

彼のフォンジーのまねが大好きだった。

「今度話すときに頼もう」そう思った。

けれども、今度なんて二度と来なかった。プリンスが変な時間に電話をかけてきたことが、その後頻繁に頭をよぎり気になってしょうがなかった。でも僕には他のことでもそういうふうに思い返しては気にする癖がある。プリンスがどんな理由で僕を気に入っていたのか知らないが、いつも冷静沈着だからではないことだけは確かだ。だから、予測不可能なプリンスのことだから大したことではないはずと自分に言い続けたのだ。

おかしさを感じていたのは僕だけではなかった。彼は他界する前の一年間で以前仲が良かった人たちの何人かとまた連絡を取り合っていた。彼らしくなかったのだ。僕に電話をかけてきたときも過去の友達に連絡を取ったと言っていた。彼が何かの終わりか始まりを示唆しているなんて思いもしなかった。僕が少し過去にこだわりすぎなのは分かっている。僕は自分が存在しなかった過去まで懐かしく思うような人間だし、他の人の郷愁をまるで自分の気持ちのように感じたりする。

そして状況は突然もっと深刻な方向へ進んでいった。プリンスの電話から一週間後、アトランタでのコンサートを終えた彼の乗った飛行機がイリノイ州のモリーンで緊急着陸したのだ。オピオイド（鎮痛剤）の大量摂取を、インフルエンザによる体調不良の悪化と称して大事を取った。数年前には五十九キロぐらいあった体重も五十キロちょっとに減っていた。

モリーンでの奇妙な一件が報道された後、彼を昔から知っている友人は誰もプリンスと話すことができなかった。アンドレ・シモン、プリンスの幼なじみでここ一年元のような関係を取り戻していた彼もそのうちの一人だ。シモンは連絡を取るために、嘘の口実——今事情があって家に帰れなくなっている、数日間ペイズリー・パークに泊まりたい——まで作って何度もプリンスの携帯にメッセージを送った（彼や彼の妻、子供たち、家や仕事、実際は何一つ問題はなかった）。

アラン・リーズも連絡を取ろうとした。リーズは何年もプリンスのために働き、映画『パープル・レイン』の製作管理、プリンスの大規模なワールドツアーの総責任者、そしてペイズリー・パーク・レコードの代表を務めた誰よりもプリンスに信頼されていた人物だ。モリーンの一件を不審に思ってペイズリー・パークに電話をしたが、プリンスとは話せなかったし事情も聞けなかった。

「俺がよく知っている人間たちと話した。でも彼らが大丈夫だと言ったんだ。でも記者発表で話しているみたいな感じだった。だから何かが起こっていると感じたんだ」

プリンスと仕事でもプライベートでも親しかったリーズでも、それ以上何一つできることがなかった。

そして、プリンスは逝ってしまった。

2

最後の電話

一九八五年、プリンスは僕をペイズリー・パークの建設予定地に連れて行った。ミネアポリス・セントポール都市圏に隣接した何の特徴もない名もない地域、有名とは言えない州の、目立つとは言えない場所だった。彼は予定地を指差しながら、自分の夢と何を建てたいかなどを語った。それを聞いていた二十六歳の僕は、理由もまったく分からないが、ぞっとする感覚を覚えていた。

ペイズリー・パークはそれからまもなくして本当に建設された。約六千平米の土地に一千万ドルをかけて、制作のための空間と室温調整つきの保管倉庫を作り上げた。そこにはいくつもの巨大な録音室、防音スタジオ、練習部屋が含まれていた。そしてペイズリー・パークは絶対的な孤高の城にもなっていた。あのときまだ何もなかった土地、自分が未来に死ぬ場所をじっと見つめながら、プリンスはその未来を予想するかのように、「ペイズリー・パーク」の概念は「一人になりたいときに行く自分の心の中の場所」と話していたのだ。

僕は、未来が見えるなどということを信じていない。けれどもあのときプリンスに連れられて予定地に行ったとき、僕の頭に浮かんだ画像は偶然にしてはできすぎていた。それは、『市民ケーン』でケーン役のオーソン・ウェルズが、「ザナドゥ城」と呼ばれる彼の邸宅で看護師に付き添われ孤独に死んでいく場面だったのだ。ケーンはザナドゥ城を、永遠に続く周囲の興味や批判から逃れるための休息所として建設した。結局プリンスは自分が本当に望んでいた場所を手に入れて、そして映画のケーンと同じように一人で死んだ。ただ一つ違うのは、ケーンは「薔薇のつぼみ」——幼少期の記憶——に思いを馳せながら他界したということだった。このことについては後でまた記述する。

作家レイモンド・チャンドラーは『大いなる眠り』を死の代名詞として使ったのだが、プリンスが望んでいたのは「大いなる孤独」と言えると思う。そして大いなる孤独を手に入れた彼

2
最後の電話

はそのまま一直線に大いなる眠りの方向へと進んでしまったのだ。

プリンスが他界したときにその場には少数のスタッフしかいなかった。カーク・ジョンソンがその一人だ。当時五十一歳の彼は、プリンスにとってただ一人の同世代のスタッフだった。彼は自分の雇い主に何かが起こっていると気づいていたらしい。ジョンソンは少なくとも、プリンスの状態が見るからに悪いことに気づいていて行動を起こしていた。

プリンスが薬物の過剰摂取で意識不明になったので、ジョンソンはコンサート後ミネアポリスに戻る専用機を緊急着陸させた。機上には、歌手で師弟関係にあったジュディス・ヒルもいた。彼女は、朦朧としたプリンスが意識を失う直前に言った言葉が「疲れているんだ。神様に呼ばれてる気がする」だった、と後に捜査員に語っている。

モリーン空港で緊急着陸後、ジョンソンがプリンスを機内から担ぎ出し、救急員がその場で彼にナロキソン（オピオイド拮抗薬）を注射した。一回目では効かず、もう一度打った後プリンスが目を開けた。

「大丈夫か？」救急員がプリンスに聞いたが、彼からの返事はなかった。

「大丈夫だ」プリンスの代わりにジョンソンが答えた。

プリンスは後に、なぜ回復させたのだとジョンソンに怒りをぶつけたらしい。

それからジョンソンは、プリンスの依存症を地元の医者に対処させる一方で、サンフランシスコの仕事関係者に紹介された、ロサンゼルスの薬物リハビリセンターに緊急の救援を依頼した。

だがその救援が到着するのが遅すぎたのだ。二〇一六年四月二十一日、後に明らかにされたその朝の詳細の中でも、ペイズリー・パークからカーバー郡警察への緊急通報ほど悲しいまでに真実を描写しているものはなかった。通報をしたのは医学部進学課程の学生アンドリュー・コーンフェルド。彼は、カリフォルニア州ミル・バレーの薬物治療の第一人者と見なされているハワード・コーンフェルド医師の息子だ。ハワードは当面の仕事を済ませた後に急いでミネアポリスに向かうと返答し、その間、まだ本科入学のための勉強中であった自分の息子に様子を見させておこうとしたのだ。

世界的に有名なヘイゼルデンという依存症治療センターの緊急病棟もすぐ近くにあった。けれどもジョンソンの要請により、父の指示とはいえアンドリューは、学生の立場で違法にもナロキソンを携えて、カリフォルニアから飛行機で駆けつけることになったのだ。父がカリフォルニアでの仕事を終えて到着するまでの間プリンスの世話をすればいいのだと、彼は腕時計の時間を二時間進ませて——アメリカ中部夏時間に合わせて——プリンスのもとに向かった。

通信指令員　：こちらは911です。あなたの場所は？

アンドリュー：もしもし、ええと、ここの住所は何だろう？　救急車が必要なんだ。

2
最後の電話

通信指令員　：分かりました。
アンドリュー：意識がない人がいる。
通信指令員　：はい。住所は？
アンドリュー：ここは、プリンスの家なんだ。
通信指令員　：分かりました。誰か住所を知っている人は？　郵便物がどこかにないですか？
アンドリュー：ああ、そうか。ちょっと待って。
通信指令員　：はい。あなたの携帯からは住所が特定できないので探してください。
アンドリュー：分かった。ええと、そう、彼は死んでいるんだ、ここで。
通信指令員　：分かりました。住所を教えてください。
アンドリュー：分かってる。分かってるよ。探してるんだ。
通信指令員　：落ち着いて。
アンドリュー：みんな、錯乱状態になっているんだ。
通信指令員　：みんなが動揺しているのは分かります。でも——
アンドリュー：分かってる、探しているんだけど。
通信指令員　：はい。彼がどのように死んだか分かりますか？
アンドリュー：分からないんだ。分からない。
通信指令員　：はい。

アンドリュー：ええと、そうだミネアポリス、ミネソタ州。プリンスの家だよ。
通信指令員：ミネアポリスにいるんですね。
アンドリュー：はい。
通信指令員：住所は見つかりましたか？
アンドリュー：ああ、そうか。誰か！　すみません、ここのアドレスは？
女性の声：７８０１
男性の声：７８０１
通信指令員：どこの７８０１ですか？
アンドリュー：ペイズリー・パークだ。僕たちはペイズリー・パークにいる。
通信指令員：ペイズリー・パークにいるんですね。分かりました。ペイズリー・パークならチャナッセンです。その人と一緒にいるんですね。その人は――？
アンドリュー：ああ、プリンスなんです。
通信指令員：はい。
アンドリュー：その人が。

僕はプリンスがその生涯に、モーツァルトの再生から悪魔の再来まで、本当に様々な名前で呼ばれているのを聞いてきた。けれども少なくとも僕が知る数十年の間には、彼がこんなふうに呼ばれることなんて滅多になかった。ただ「その人」と。

3・死者の力

その場所には静かな沈黙が押し寄せた。

彼の情熱で動かされていた波は静まり、彼は彼の崇拝者たちの一部になった。

［中略］

死んだ者の言葉は生きている者の中で形を変えていく。

――『W・B・イェイツへの追悼（原題：In Memory of W.B. Yeats）』W・H・オーデン（一九四〇年）

社会とは、生きている順応者と死んだ厄介者に敬意を示すものである。

――『神経症患者の手帳（原題：The Neurotic's Notebook）』ミニヨン・マクローリン（一九六〇年）

3 死者の力

二〇一六年四月二十一日

プリンスは二〇一六年の四月二十一日、夜明け前に他界した。時刻はあやふやで、おそらく四時ぐらいなのではと言われている。「夜明け」はいつも彼にとって特別なものだった。映画『パープル・レイン』でも、エンドロールのキャスト・スタッフ名後に「君が夜明けを見ることができますように」という言葉を入れていた。

神様の啓示だとか復活だとかそういう意味を全部含めて、プリンスは夜明けを見るために生きていたと言えるだろう。それなのに。

ペイズリー・パーク・レコードが死亡を確認し、その日の午前中にはAP通信から世界中にニュースが発信された。僕が彼の死を知ったのは、午後一時だった。今朝はやけに携帯の着信が多いと思ったぐらいでメッセージをきちんと確認していなかったからだ。

その日の午後、コメディアンの友達エリザベス・エスが僕の家のドアを叩いてニュースを伝えてくれるまで、何も知らなかった。聞いた瞬間足が震えて、何十年もの間忘れていたことを思い出していた。僕がまだニューヨークで見習いの記者をしていたとき、ある年上の編集者が言った言葉だ。僕はニュース雑誌の死亡記事を担当していたので、事務所の誰よりも早くそういった情報を受け取っていた。亡くなったニュースを同僚たちに伝えると、たとえその故人が有名ではなくても、皆一様に「本当なのか？　信じられない」とすごく動揺したのだ。そんな彼らの反応について編集者に話した。「それが、たった今死んだという事実が持つ力なんだよ」彼はそう言った。「その力を侮らないことだな。たった今死んだという事実には力があって、すべての人の心が動かされる」

エリザベスにプリンスが他界したとき一人だったのかと質問して、自分の口から出た言葉が奇妙に響いたのを覚えている。僕は「原因は何か？」ではなくて「一人だったのか？」と聞いたのだ。

そう、エレベーターの中でと彼女は答えた。

「苦しまずに一瞬だったのかな？」と僕は聞いた。

彼女は、それは分からないと答えた。

エリザベスが去った後、祈ったのも覚えている。祈ったのだ。目をきつく閉じて両手を強く、指が白くなるまでしっかり組んで。彼が床に倒れこむ前に意識を失っていたことを願った。

もう一つ、僕の九十二歳の父が電話してきたことも覚えていた。

「自殺なのか？」彼は聞いた。

違うよ、と僕は答えた。「たぶんインフルエンザが悪化したんだ」

プリンスは時々熱にかかったように「死」に取り憑かれることがあった。だから彼は自分の意思で逝ったのだろうか？　またはすでに抗いようのない状況が見えて、その流れに抵抗するのをやめてしまったのだろうか？　分からなかったし、一生知りたくもないことだった。

彼は昔から死という言葉を口に出していた。初めは一九八五年だった。それは大成功を収めた映画に続いて行われた豪華な『パープル・レイン』ツアー、その早期終了を決定した直後のことだ。「時々ステージで疲れを感じた。もしかしたら終わりまでもたないんじゃないか、とか思ってた」とても小さな声でそう言ったので彼の痛みが伝わってきた。

「ステージで怪我するだろう。たとえばギターで腕を打ったり、柱から間違った方向にジャンプして足を捻ったり……とにかく、それで僕がステージ上で死んだって誰も気づかないんじゃないかと思ったんだ」

僕はそんな彼を笑わせたくて『ドロシー・パーカー作品集（原題：The Portable Dorothy Parker）』をペイズリー・パークの彼宛てに郵送したのを覚えている。彼女の有名で辛辣な詩『レジュメ（原題：Resume）』の部分に印をつけた。自殺する方法を一つひとつあげ、それらがいかに苦しくて、難しく、醜い結果になるかを考えて結局諦める、という詩だ。

彼はこの詩を暗唱していた。当時の彼はまだ僕がすすめるものを読んだし、いろいろな人からの様々な提案もよく受け入れていたのだ。パーカーの詩を送ったのは、彼が電話で死を口にした次の日だったと思う。

『レジュメ』の中でパーカーは、ピストルは法律に反し、ロープは切れる可能性があり、ガスはひどい臭いがするなどと列挙し「生きていた方がましだ」と結論づける。

その封筒には作品集と一緒にパーカーの『大柄なブロンド美人』も入れた。プリンスが『ドロシー・パーカーのバラッド』（一九八七年のアルバム『サイン・オブ・ザ・タイムズ』）を書いたとき、その作家のことを知らなかったと言われたが、この短編を読んでもう一度彼の曲を聴いてみれば意見が変わるかもしれない。

プリンスは感傷的になるタイプではなく、彼の冗談は時に辛辣だった。自分が他界したと同時に、突然かつての英雄たちと同じ神殿に祀り上げられたのを見たら何て言っただろう。二〇一六年四月二十一日午前十時八分、ＡＰ通信社の「速報：歌手・プリンスがミネソタ州の自宅で死亡」というツイートが始まりの合図だった。

その後数日間で彼のアルバムの売上は生前の記録の四万四千パーセント増となった。数字の間違いではなく、本当に四万四千パーセント増加したのだ。ビルボードでは『ザ・ヴェリー・ベスト・オブ・プリンス』が一位、『パープル・レイン』が二位、他にもう一枚のアルバム、計三枚が上位十位に入った。

彼が生きていたら、こんな状況に対して「この転機は売上に貢献したな」と皮肉交じりに、にやりとしながら言うだろう。そして様々なレコード会社関係者やロックスターたちが自分の中の「プリンス」を語るのを聞きながら、過去の英雄たちの死後の狂騒に思いを馳せたに違いない。エルヴィス・プレスリーがトイレで他界した一九七七年。後年スキャンダルにまみれたマーティン・ルーサー・キングだが、逝去を境に一九五七年の抗議運動当時のような人気を取り戻したことなどだ。

実際二〇一六年のプリンスのアルバム売上数は、アメリカ国内のどんなアーティストよりも勝った。ドレイクやアデルさえも彼の記録には届かなかったのだ。そのうちの二百万枚以上は彼の他界後の売上で、デジタル配信ではこの年五四〇万曲が購入された。CDアルバムとデジタルアルバムを合わせても百万枚以上売り上げたアーティストは過去に存在しなかった。

彼の他界後すぐに、雑誌ニューヨーカーが「プリンス・天才の謎」と題した編集後記を載せ、雑誌ピープルの表紙タイトルは「プリンス：音楽的天才の私生活と突然の死」と謳った。週刊誌ニューズウィークは「プリンス：音楽的天才の生と死」、出版社コンデナストは「プリンスの才能」というタイトルでそれぞれ追悼特別版を出版した。「世界で最も質の高い音楽雑誌」と銘打つイギリスの月刊音楽雑誌Qは、最新号を「プリンス：天才の肖像」と題し、インド版のローリング・ストーン誌は「プリンス：ロックスター、ファンクの神、天才」というタイトルをつけた。

皆がプリンスを天才と呼ぶ。

けれど実際のところ、いったい彼はどんな人物だったのか？

『星の王子さま』の著者アントワーヌ・ド・サン＝テグジュペリは「あなたを敬い愛する人は

誰ですか？　その人たちを見ればあなたという人が分かります」と言った。

もしこれが本当ならば、プリンスの場合はどうなるのか教えてほしいのだ。オバマ元大統領はプリンスの死を知って「『強靭な精神があればルールを超越できる』とプリンスが言った。彼のように強く、果敢で、創造的な精神を持った人はいない」とツイートした。一方でトランプ元大統領もこの歌手の死に対して「プリンスとは何度も顔を合わせる機会があった。稀に見る才能を持った素晴らしい男だった。遺憾だ」と同じように称賛を込めたツイートをした。この二人の意見が一致するなどおそらくプリンスのこと以外にはなかっただろう。

プリンスは全世界からの崇拝を受け、皆が彼を敬い愛した。だからこそ逆に彼という人物が分からなくなるのだ。しかも僕たちは、何十年もの間、彼を創造的原動力としてではなく奇抜なことをする人物というイメージの中に閉じ込めてしまっていたのだ。

アメリカ合衆国下院議員（ニューヨーク地区）のアドリアーノ・エスパイアートが彼の祖母によって少しひねりが加えられたサン＝テグジュペリの言葉を引用していた。「彼女は、よく『Dígame con quién caminas, y te diré quién eres――あなたと一緒に歩いてくれる人は誰ですか？　その人たちを見ればあなたという人が分かります』と言っていた」

誰もがプリンスの隣で歩きたいと思っていたがプリンスは誰かと寄り添って歩くことがなかった。誰かと短期的に親しくなるということはあった。けれどもプリンスと急速に親しくなることは「プリンスの元友達」という出口に一直線に向かってしまうことも意味したのだ。

プリンスの死亡証明書にはフェンタニル（オピオイド鎮痛剤）の過剰摂取が原因と記されているのだろうが、彼が死んだ理由はそれだけではない。原因は多数で、その一つは生きる活力を失ったということだ。そして悲劇的に、けれどもとても自然な流れで、それは受動的な自殺へつながっていったのだ。

プリンスの一部はすでに死んでいた。彼は二人の子を失ったことから完全に立ち直ることがなかったからだ。最初の妻マイテとの間の二人の子供を一人は流産で、もう一人は先天性の欠陥によって生後一週間で失ってしまった。「誰も僕のために生きてくれない。僕も誰のためにも生きていない」と彼がつぶやいたことがあった。それは僕も彼も自己憐憫と自己嫌悪に苛まれ、不満を並べ立てていた真夜中の電話の最中だった。なぜか二人とも思い描いていた家族を手に入れられず、そしてそれについて責められるのは誰でもなく自分たちだけだった。

活力や意志がなく希望を失っている彼の声、死を思わせる声を聞いたのは、それ以前に一度だけだ。状況自体は感情的になるようなものではなかったのだが、僕はその後二度とペイズリー・パークを好意的に見ることはもちろん、受け入れることすらできなくなった。それは一九九一年。ミネアポリスでスペシャルオリンピックスが開催されて、開会式での演奏を終えたプリンスがペイズリー・パークでパーティを開いていたときのことだった。

僕はペイズリー・パークが嫌いだった。その地域の唯一の存在だったチャナッセン・ディナー・シアターは、今では世界規模の総合エンターテイメント施設だが以前はそうではなかった。だから当時何もなかったこの場所にとって、ペイズリー・パークは文化的オアシスとなったのだ。けれども僕は、ペイズリー・パークがまだできたばかりでそうやって輝いていたときでさえ、好きにはなれなかったのだ。

パーティにはボビー・シュライバーが来ていた。スペシャルオリンピックスを、多くの支援を集める慈善活動として確立させた中心人物であるユニス・ケネディ・シュライバーの息子だ。僕はこのような人々、とてつもなくきらびやかな人々の後ろでただ時間を潰していた。誰一人知ってる人がいなかったし、ここが僕のいるべき場所ではないことは少しの疑いもなく明らかだったけれど、彼らがエレベーター前で話していたので僕は唯一の出口をふさがれていたのだ。

シュライバーはこの後交わされた会話を正確に覚えていて、後に雑誌GQの記者クリス・ヒースに語っている。ヒースは二〇一六年終わりにプリンスと親しかった人々の口述を集めた優れた記録をGQに掲載したのだ。プリンスがその夜エレベーターから出てきたとき、僕はたまたまウォーレン・ベイティのすぐそばに立っていた。

プリンスが近づいてくるとベイティが「君の音楽が大好きだよ」と声をかけた。プリンスは「僕も君の映画が大好きだよ」と返答した。ベイティは続けて「会えて嬉しいよ。しかも君の家！　素晴らしいよ」と褒めた。

そのとき突然、まるで体からすべての空気が抜けてしまったかのように、プリンスが見るからに意気消沈して言ったのだ。「うん、まあ、そうだね。でも、僕は背が低いし」そう言った彼の声は死人が話しているか、またはユダヤ教の伝承に出てくるゴーレム――魂を持たないで動く泥の化け物――のようだったのだ。

なぜベイティのパーティでの褒め言葉が彼をあんなにも消沈させたのかまったく分からなかった。プリンスが去った後シュライバーが「悲しくないか？　プリンスは本気で言っていた」とつぶやいたが、ベイティは何事もなかったかのようにもう次の話し相手を探していた。プリンスは歩き去り、ベイティは知り合いの方に向かい、僕は一人その場に立ちすくんでいた。

その後長い間ペイズリー・パークには行かなかった。

彼を追いつめたのは、子供を亡くしたことだけではなく、ひどい腰の痛みであったことも僕は確信している。何十年もの間、ほとんど踊るのが不可能な厚底の靴でスピーカーから飛び降りたりしていたのだ。ステージで公演するアーティストとしては珍しくない職業病なのだが、手の込んだ演出のために起こる数々の事故もその痛みに拍車をかけていた。

しかも他界前の数ヶ月間は、ずっと働かせ休ませることのなかった腕の麻痺がひどくなっていた。ピアノやギターを今後どのくらい弾き続けられるかも分からない状態になっていたのだ。『プリンス：栄光と躍進（原題：The Rise of Prince）』の共著者アレックス・ハーンとローラ・ティバートによると、彼はレコーディング史上、ギターとピアノの練習や演奏に誰よりも時間をかけたアーティストだったらしい。

「オスカー・ワイルドは、人は愛するものを殺すと言った」。ジョージ・プリンプトンが、ドキュメンタリー映画『モハメド・アリ：かけがえのない日々（原題：When We Were Kings）』の中でそう語っていた。この映画は年をとって衰えていくアリが、狡猾さ、失わない闘志、そして「ロープ・ア・ドープ」と呼ばれるようになる独自の戦法で、無敵と思われたジョージ・フォアマンに勝利した過程を追った作品で、アカデミー賞を受賞している。

プリンプトンは続けてこう言うのだ。「でもアリの場合は、反対だったんだと思うよ。彼が愛したものが彼を殺したんだ」。アリの生涯には驚くほどたくさんの困難が降りかかった。

プリンスもまた、自分が愛したもの――踊ること、ギターを弾くこと、ピアノ、そして父親になる夢――に殺されたと言っても過言ではないと思う。ボクシングはアリに栄光をもたらしたが、何度となく頭を打たれ脳細胞を損傷したことが後の彼の病状につながったとも言える。そしてプリンスも、ただ一つ熱愛しずっと忠誠を尽くしたものは彼の音楽で、結局それが彼の身体と精神を痛めつけ死をもたらした。

「彼はもう疲れきっていたわ」と九十四歳のパトリシア・カシモールは言った。パトリシアは『サイン・オブ・ザ・タイムズ』と『ラヴセクシー』ツアーで彼のステッキや装飾品を作ったミシェル・カシモール・シュトライツの母親だ。

プリンスは疲れ果てていたのだ。

プリンスと、どちらが先に逝くかによって残された相手は何をするべきか、という賭けのような話をしたことがあった。彼が他界する三年前だ。もし僕が先だったら——僕はプリンスがB・B・キングのように生涯現役で、九十三歳ぐらいになっても演奏していると確信していたけれど——プリンスが、僕の出身高校セント・ルイス・パークで昼食後に無告知で演奏することにした。一時間と言っても彼は結局三時間演奏するから、生徒が授業に戻ることはないだろう。

もし万が一彼が先に逝ったら僕が何をするべきか、という問いに「地元の新聞に記事をたった一つでいいから書いてよ」とプリンスは言った。

何十年も前から彼について書くことをやめていたのだが、断れなさそうだったので了承した。彼が逝ってしまった後、僕は約束を守ることもせずに何もしなかった。彼が先に逝くことはないと確信していたから僕は賭けに同意しただけだった。だから僕はただ困惑して、動けなかった。

『ジ・オフィス』にこんなシーンがある。賭け事中毒の経理社員ケビンがカメラに向かって言うのだ。「もし勝率が一万分の一の賭けに誘われたら、とにかく賭けるべきだ。たとえばジョン・メレンキャンプがいつかオスカーを受賞したら、僕はすごく金持ちになれるってわけさ」

（一）僕がプリンスより長く生きることになる、または（二）一人の歌手の死で（たとえそれが知人であっても）僕の感情も思考も麻痺してしまう、なんて五万分の一の確率の賭けのようなものだった。有り金を叩いて賭けていたら僕は今頃大金持ちだっただろう。

プリンスは他界する数週間前、ペイズリー・パークのいくつかのパーティに姿を見せている。子供の頃初めて習ったピアノ曲だという『チョップスティック』を弾いたり、亡き父ジョン・ネルソンの思い出話をしたり、その父が、不幸せな家庭生活の元凶はプリンスそして彼がピアノを弾くことだ、と厳しくとがめたことを語ったらしい。

また彼はコンサートで、黒人霊歌の『時には母のない子のように（原題：マザーレス・チャイルド）』をよく歌っていた。ただの憶測だと言われるかもしれない。でも、父に暴力をふるわれた少年だったら、守ってくれなかったとして母を責めるのも当然だと思ってしまう。

歌手であった彼の母マティ・ショウは、後に公立学校のソーシャルワーカーとなった。ジョン・ネルソンのバンドで歌っていた彼女は彼と結婚し子供たちを産んだ。プリンスのことを心の底から誇りに思っていて、彼が自分の「激しい性質」は彼女から引き継いだとインタビューで批判したりするのも気にしていないようだった。マティがポルノ映画の相当な中毒で、彼女のコレクションが女性の生態や性的倒錯の教科書になった、という完全な作り話を記者にしたこともあった。そんな彼に対してマティは動じることなくいつも堂々としていた。彼女には何回か会ったが、いつも「まったく、あの子は！」などと笑いとばしながら彼を弁護したのだ。

そんなマティの性格上、彼女に事実確認するときには注意深くする必要があった。彼女は、プリンスの口から出たことならすべて事実でよい、という態度だったからだ。彼女に話を聞くときは、僕はかなり長い時間をかけた。もし僕が何か考えを述べたら彼女はそれが礼儀だと考えて僕に同意してしまうからだった。十年ぐらい待ってやっと彼女の方から話してくれたことがあった。プリンスが紫を彼の色と決めたのは『はろるどとむらさきのくれよん』が大好きだったから、ということだ。

一九五五年にクロケット・ジョンソンが書いたこの有名な童話の主人公は、幼いハロルドという男の子だ。ハロルドは紫色のクレヨンを持っていて、それで描くものすべてが現実になる。クレヨンで窓を描いて家から抜け出し、海を描いてヨットで進む。疲れたら心地よいベッドを描いて誰にも邪魔されずに、すやすや眠ることだってできるのだ。

プリンスが、紫を選んだ理由はこの童話が大好きだったからと僕に言ったとき、信じられなかった。すぐに真に受ける記者たちに向かって彼がいつも投げかける戯言のように聞こえたからだ。

マティに僕から聞くことはできなかった。すでに他のいくつかの点で事実確認をしようと質問して失敗していたのだ。もし僕が、「プリンスが子供の頃好きだった本って『はろるどとむらさきのくれよん』だった?」というふうに彼女に質問したら「彼は何て言ってたの?」と聞くに決まっているからだ。

そして彼女は笑って「そうね、プリンスがそう覚えていると言うなら、それは事実よ。何て言っていたの？　あなたに何か話したんでしょう？」と言うはずだ。

マティが話してくれたのは一九九〇年代のある日、プリンスと一緒に朝、彼の両親の家に行ったときだった。彼には朝両親を訪ねていくという習慣があった。そこで僕はマティと話をしていて——後で洗面所でノートに書き留めた——彼女にプリンスが子供の頃「ごっこ遊び」が好きだったかたずねたのだ。

「そう、ごっこ遊び、大好きだったのよ」とマティは答えた。「それで彼の大好きだった本が『はろるどとむらさきのくれよん』。あの本覚えてる？　たぶん彼が六歳か七歳のときだったと思うわ。ジョンが彼をハネウェル、彼の仕事場に連れて行った頃だから。当時『仕事場に家族を招待する日』のようなものがあったの。そこでジョンは自分の仕事をプリンスに説明したのよ。この話プリンスから聞いた？」

彼から同じ話を聞いていたが、あまりにできすぎている気がして作り話だと思っていた。まだプリンスについて書く仕事をしていたときだったので、マティから話の確認が取れて、これで記事が書けるとすごく嬉しかった。彼の真実を記事にしてお金を得ることに何の後ろめたさも感じていない頃だったのだ（もっともプリンスについて何か書きたいと思う記者にとっては、確証があるかどうかはそんなに重要ではなかった）。

続けてマティは、ジョン・ネルソンが仕事について息子に何と説明したのかを話してくれた。ネルソンはハネウェルで雇われた初のアフリカ系アメリカ人で、プラスチックの成形工として働いていた。サーモスタットで有名になったこの会社は、ベトナム戦争当時はクラスター爆弾を作動させる時限装置とナパーム弾を製造していた。

マティは二〇〇二年に亡くなった。彼女はネルソンと一九六八年に離婚してからすぐにヘイワード・ベイカーと再婚したのだが、葬式でプリンスはベイカーに友好的に接していた。プリンスは、ベイカーが親切で良い心を持った義理の父だったと二十代に入ってからは認めている。ただベイカーが何かの罰として六ヶ月の間彼を客間に閉じ込めていたという話は止めず、そのときにピアノを練習した、思春期前の彼には他にすることがなかったから、と言っていたのだ。

六ヶ月間客間に閉じこもってピアノを練習した、というのは事実だ。プリンスが記者たちに言い忘れていたのは、閉じ込めたのがベイカーではなく、自分の意志で閉じこもったということだった。

プリンスは他界する何年も前から彼にとっての自由は手に入れていた。少なくとも、金はあり創造し続けることができた。批評家たちも「彼の才能は枯渇していなかった。ラ・ブレア・

タール・ピッツ（ロサンゼルスにある古代の化石が眠る天然アスファルトの池）にはまだ埋められていない」と口々に称賛していた。二〇〇四年までには、彼が常軌を逸してしまっているような長い期間もあった。よく分からない曲を出したり、売上がまったく伸びなかったり、自分の名前を記号にしたりしていた。でも、それは彼なりの方法で、ベッドに横になりながら世間の騒音をやり過ごそうとしていた期間のようにも思えるのだ。

二〇〇四年、ウォール・ストリート・ジャーナルは「スターが戻ってきた」という見出しを載せた。音楽業界で笑い話のようになっていたプリンスがアルバム『ミュージコロジー』を発表し変化を遂げたのだ。このアルバムはすぐに音楽チャートの第四位に駆け上がり、彼にとって数年ぶりに成功したアルバムとなった。売上もやはり彼らしいものだった。ロニン・ロによる二〇一六年の増補改訂版『プリンス：その音楽と素顔（原題：Prince: Inside the Music and the Masks）』によれば、『パープル・レイン』は過去二十年の間に二千五百万枚、一九五〇万ドルを売り上げたらしいが、『ミュージコロジー』の売上は、二〇〇四年だけでも百四十万枚、九一〇万ドルと過去の常識を超えるものだったのだ。日刊紙サンフランシスコ・クロニクルは、「かつてロックンロールに革命をもたらしたプリンスが、ロックの常識を覆し勝ち残った証拠だ」と述べた。

勝ち残ったのは素晴らしい。でもそれで彼に何がもたらされたのだろう？　彼がすべてを懸けて勝ち取った創造的・経済的自由が彼に幸せをもたらしたとは言いがたい。フランスの思想家ジャン・ボードリヤールはこう言っている。「いつも同じだ。自由を手にした後は自分が誰かという問いから逃れられなくなる」

プリンスは他界してしまったので、こう聞き直そう。彼は誰・だ・っ・たのか？

24・『キル・ゼム・アンド・リーブ』（新装版）

プリンスが生きて、死んで、また死者として復活して、彼についての記録やその人生についての批評が彼の他界後山ほど出版された。彼の音楽についてより、彼の人生についての記事の方が多かった。入念に調査してまとめた伝記や回顧録、彼自身の草稿をまとめた自伝などが出版された。本屋の棚は証言録や、恨みまたは好意的な思い出話で溢れた。彼の歴代のアルバムの分析や、コミック本や大人向けの塗り絵まであった。いわゆる病跡学の観点から、プリンスのありとあらゆること、たとえば彼の小さなイボから過失、公的な場での失敗を分析している記事などもあった。彼を聖人化した伝記もたくさん見かけた。神が創造した二人の息子のうちの一人がキリストでもう一人がプリンス、少しばかり失敗してしまった方の息子だ、という使い古した昔の冗談のような結論に達していた（これはエルヴィス・プレスリーに関して最初に使われた言い回しだったと思う）。

ベン・グリーンマンは、プリンスの一周忌に『ディッグ・イフ・ユー・ウィル・ザ・ピクチャー』を出版したのだが、この本には「調べたこと」や「彼の人生への敬意」だけではなく

「苛立ち」が含まれていると言った。それはプリンスの音楽を言葉で何とか表現しようとするとき、そして彼の人生をまとめようとするときに感じる苛立ちなのだ。たとえばプリンスは十代のときに友達の家に居候していたのだが、原因の鍵となる彼の育った環境についてはほとんど情報がなかった。また、彼が他界した後で、成人後の人生についてはいろいろな情報が出てきたが、それらはあまりに独特だったり相反していたりする。だから彼については何が事実で何が作り話なのかを判断するのがとても難しいのだ。

プリンスと親しくしていた人たちもみんな、自分は実はプリンスについて多くを知らないと感じていたようだ。僕が「彼のほんの一部分だけしか知らないという気持ちがいつもあった」と話すと、彼らは深いため息をつきながら、自分も同じように感じていたと言ったのだ。

プリンスを直接知っていた人たちの話は信憑性が高いのだが、それでも彼と長い間連絡を取っていない場合がほとんどだった。つまり何年も前に、短い期間彼と濃密な時間を過ごしたということなのだ。

それでも彼らの努力でプリンスが何者かが説明され、彼の総括的な情報が集まったようだった。僕よりずっと勤勉で、才能があって、素晴らしい記者たちが皆、彼について書いていた。それでも刻々と変化した彼の要素すべてをつかみきれているものはないように見えた。

あの男、プリンス

複数の顔を持つ男、プリンス
「プリンス・ロジャーズ・ネルソン」という商品
本名プリンス・ロジャーズ・ネルソン
スキッパー（あだ名）・ネルソン
ロジャー・ネルソン
ロジャーズ・ネルソン
プリンス・ネルソン
荒くれ者の王者（His Royal Badness）――ミネアポリスの記者マーティン・ケラーの言葉
発音不可能な記号
かつてプリンスと呼ばれたアーティスト
かつてアルバムを売り上げたアーティスト――ジェイ・レノ（コメディアン・テレビ司会者）の独白より
同心の友ネルソン――エホバの証人信者から

プリンス

プリンスは役を演じるのがとてもうまかった。ただまねをするのではなく、実際にその人に変化する、またはその人として生きると言ってもいい。少年時代からずっと人を観察し、まねをするという技術を磨いてきたからだ。防衛反応として、人の内面の動きや特徴をすごく正確につかめるようになっていったのだと思う。

遊び人。色男。ならず者。崇高なまでの純真さ。暴君。いい奴。面白い男。紳士。彼は僕たちの目の前で姿を現したり消したりできる手品師のようだった。死ぬまで忠誠を誓える友達であるかと思えば、最も古くからの友達と簡単に手を切り、二度と口をきかない男だったりした。

またプリンスは、貧民街で捜査に奔走する私立探偵ジョン・シャフト(一九七一の年映画)のように、生き抜く鍵となるのは騙すか騙されるかではなく、相手が弱点を自分から見せるように仕向ければいいと学んでいた。必要に迫られれば汚いやり方も厭わないのが戦うということだったのだ。

彼は誇り高く恐れも知らなかった。一九九三年に、スターとして最適だった自分の名前を変えてしまった。崇拝していたモハメド・アリが、カシアス・クレイという本名から改名した一九六六年にどんなに人々から嘲笑されたかを知っていたのに。プリンスは聡明だったが問題を抱えていた人物で、啓示から答えが導かれることを希望した崇拝者、そして神と夜明けを待ち望んでいた地上の息子だった。

モーツァルトのような、ジェームス・ブラウンのような、天才。

常軌を逸した変な男で、そして「プリンス」という役を演じていた。

時には僕らのような普通の男だったし、あるいはアンドリュー・コーンフェルドの緊急電話中の言葉を借りれば「ほとんど姿を見せない人物」だった。

彼は何者だったのか？

プリンスにとって、真実を隠すのはそんなに難しくなかった。作り話を自分史として語っていたのだ。誰も彼の生活の全体像を知らなかったし、仕事や師弟関係によって彼と親しくなったとしても、密接な関係が長く続くことは稀だった。たとえば今週誰かを親友と呼んでも、来週になったらまったく話さなくなる、という状況が普通だった。そして彼の中で一度の拒否は永遠の拒否を意味した。彼自身が二十七歳のときに「人との関係を自分から切って二度と話さないということが多かった」と認めていた。

彼の死後たくさんの人々が、親しい友達の話をするようにプリンスのことを語るのを聞いた。その人たちの大半は最後に言葉を交わしたのが随分前なのにもかかわらず、まるでついこの間まで彼とたわいもない話をしていたかのように語っていた。

大学の友人たちの再会を描いた映画『再会の時（原題：The Big Chill）』で、ウィリアム・ハートが演じた役が親しい仲という概念を鼻で笑う場面がある。彼は、長い間会っていなかったケビン・クラインが演じる友人に喧嘩を吹っかけるのだ。クラインが「僕らはずっと昔からの長い付き合いだろう。だからこんな言い争いなんか……」と場を収めようとするのをハートは無愛想に遮って「違うだろ。ずっと昔に、僕らはお互いを短い期間知っていただけだ」と言い放つのだ。

だから僕も、これらの人々は「ずっと昔」プリンスのことを「短い期間」知っていただけだと言い直したい。

彼らの信頼できる情報が広まり、しかもそこに、プリンス自らが話していたあまりにも多くの嘘も加えられていた。結果としてプリンスの伝記や文献にはびっくりするような誤りがたくさん含まれているのだ。

彼は音楽業界に入りたての頃、育った環境について嘘ばかり話していた。そのことについてはアルバム『パープル・レイン』の一年後の一九八五年、本人も「記者をからかっていたのさ。今日僕がどんな音楽を作ったのかに集中してほしかった。僕が崩壊した家庭で育った、なんていうことじゃなくて」と話していた。

二〇〇四年になる頃には、彼の中でこれらの報道と何らかの決着がついたようだった。その年に彼はロックの殿堂入りし、式典ステージ上で歴史に残る素晴らしい演奏をした。またこの年のツアーの興行収入とアルバムの売上はどちらも第一位を記録した。

この業績にもかかわらず、その年に得たものは何かという質問にプリンスは、自分の生い立ちなどの話が消えたこと、と答えているのだ。「これまでありとあらゆることを書かれて、もう何が本当なのか誰も分からなくなった。だからこれからは、ただ一つ本当だと思えること、僕の音楽に目を向けてくれるだろう」。プリンスは嬉しそうに言ったのだ。

ジェイムズ・マクブライドは、ジェームス・ブラウンの伝記『キル・ゼム・アンド・リーブ——ジェームス・ブラウンとアメリカの魂の探求』の中で、バディ・ダラスにインタビューしている。ダラスは、ブラウンの代理人として長い間一緒に働いていた人物だ。彼は「ジェームス・ブラウンを知ることはできなかったよ。彼は知ってほしいなんて思っていなかったんだよ。二十四年間一緒に働いたけれど、彼ほど心の内を見せない人間に会ったことがないな」と語った。

今でも自分がどのくらいのプリンスを知っていたのか分からない。

父親のネルソンは後年、プリンスの昔の家、紫色の家に住んでいた。二〇〇一年に彼が他界したとき、プリンスは真っ先にその家を取り壊してしまった。有名な話だ。プリンスは人でも物でも、必要性がなくなったり対処するのが面倒になったりするとすぐに壊して消去してしまう傾向があった。

ただプリンスの行動はここでも矛盾している。ネルソンの在宅看護師によれば、彼は何ヶ月も毎日深夜に病気の父を訪ねていたらしい。僕はこの事実をプリンスが他界して三年たってから知った。訪問する者が他にいない面会時間に姿を現す愛に溢れて思いやりのある息子が、一方ではすべてを破壊する張本人となるのだ。不必要で不幸な部分を忘れるだけでは飽き足らず、自分の歴史から抹消せずにはいられなかった。どのようにこの二つの顔が同じ人間の中に共存していたのだろう？

プリンスが、自分の死後に三億ドルもの財産がどうなったのかを知ることができなくて本当に良かったと思う。親族がこぞって取り分を争い、弁護士たちが作品の財産権にたかり、友達と称する人々が彼はこういう人間だったと各々主張した。けれどもこれは、遺言書を隠すという彼の最後のいたずらがもたらした結果でもあった。

一九九三年にプリンスは、遺言書をペイズリー・パークの下に埋める予定だと僕に言った。彼に頼まれたので添付する声明書のようなものをまとめたのだが、七ページにもなった。なぜ遺言書を隠そうと考えたのだろう？　欲深い親族が場所を探そうと必死になれば面白いと思ったのか？　そしてうまく隠しすぎてしまったのだろうか？　実は遺言書なんてはじめからなかったのだろうか？

どんな天才でも頭が働かない日もあるし、考えたことがうまくいかないこともある。プリンスの冗談はすごく面白かったが、笑わせようと狙ったことがいつも面白いとは限らなかった。彼が製作した映画のように――『アンダー・ザ・チェリー・ムーン』『グラフィティ・ブリッジ』の興行成績を見てほしい――彼の意図通りの結果にはならないこともあったのだ。

ペイズリー・パークはすでに他者の手に渡ってしまったが、もしあの広大な敷地を掘ってみれば彼の遺言書が見つかると僕は信じている。ただその費用で財産の残りなどなくなってしまう恐れもある。いずれにしても彼が遺言書を準備していたと僕は賭けてもいい。彼は僕に五千ドル払って、彼の話を聞いて声明書としてまとめる仕事を依頼してきたからだ。彼が遺言書を準備したと言ったときに僕はそれを信じた。僕がたった一つ彼に関して何か特別な能力があるとしたら、それは彼が嘘をついているときにはたいてい見抜けるということだったのだ。そして彼はその依頼をしてきたときに嘘をついていなかった。映画『グラフィティ・ブリッジ』の重要な鍵として使うほど、彼にとって遺言書は大きな意味を持っていたのだ。

彼の他界後、本や記事がたくさん出版された。一九八四年の『パープル・レイン』の躍進から定期的に記事にされてきた彼の生活や作品の分析についての本が復刊したりもした。「プリンス文学」というジャンルができたと言っても過言ではない。けれどもこれらの作家たちの幅広い知識と熱意をもってしてもプリンスを表現するのは難しいのだ。まるで立体派（キュビズム）の絵――その様々な角度や陰影、色彩や空白について延々と議論を交わすことができる――のような結果になってしまうからだ。

彼の音楽についてはどうなのだろうか？　僕たちは彼の音楽をどう表現することができるのか。

二〇〇四年三月十六日付ロサンゼルス・タイムズが、ニューヨークのウォルドーフ＝アストリアホテルでの「ロックの殿堂」記念式典とコンサートの様子を記事にした。その冒頭に「躍動的なファンクの神秘、プリンス」とあった。

適切な表現だと思う。「躍動的なファンクの神秘」とはいったい何だ？　という疑問はさておき、プリンスに使う言葉として間違ってはいないと思う。彼のようなミュージシャンを表現するのはやはり難しいのだ。ギターをかき鳴らし、ピアノを弾き、交響曲ができるぐらいの様々な楽器を自由自在に扱う。リズムと共に踊り、過去の恋愛を歌ったバラードで人々を泣かせた。その歌声は、時にはマディ・ウォーターズのような正真正銘のブルース、時には魅惑的なアーサ・キットのように、変幻自在で幅広い。一方で、びっくりするほど性的なことを歌詞やタイトルにして物議を醸したと思えば、これまで誰も聞いたことのなかったような音を世界中のあちこちから見つけ出して使ったりもしていた。

彼が取った数々の賞はロックンロールの世界での彼の位置を確立させた。一億枚のアルバムを売りロックの殿堂入りを果たした事実からも、彼がすべてを手に入れていたということは明らかだ。

近年の記事の中で僕が素晴らしいと思ったのは、ピッチフォーク（アメリカの音楽メディア）に二〇一九年に掲載されたものだ。ロックの殿堂入りをしたアーティスト二百二十一名の順位付けで、プリンスはジェームス・ブラウンに次いで十二位だった。

ブラウンがプリンスの前に来るのは妥当だろう。けれども、プリンスにはブラウンが成し遂げたことをすべてこなせる才能があったことは忘れてはならない。加えて、彼は広大無辺な曲を書き、ギターの技術はこのリスト上のどんなアーティストにも劣らず、時に天使のように時に悪魔のように歌うことができた。冒険心がある一方で確信的な、ロック、ポップス、ソウルの演出家であり作曲家だった。彼はロックという概念に張り付いていた虚勢やこじつけの皮をするりと剝がして、自分用の礼服に仕立てた。彼はそれを特別なステージで（または単に気が向いたときに）見せてくれた。

またヴィレッジ・ヴォイス紙の音楽批評家で編集者だったロバート・クリストガウの言葉も、使い古されて格言のようになるほど秀逸だった。一九八〇年発売のアルバム『ダーティ・マインド』について「ミック・ジャガーは、すぐに家に帰る準備をしておいた方がいい」と結論づけたのだ。

これ以上に彼が音楽業界へ与えた影響をうまく表現した言葉はないだろう。本当に彼の音楽というものは、時によってパンクでファンク、ニューウェイブでノーウェイブ、ラップでサップだった。空想的で学術的で、心を鷲掴みにする言葉、予想不可能な展開を含んでいた。嫌悪感を催す曲もあれば、誰にでも愛される曲もあり、驚きや時には嘲笑のもととなった。交響曲だったり、ただの耳障りな音だったり。痛々しくもあり、素晴らしくもあり、強固だった。典型的ハードロック、よくある鼻歌のような曲。聴いたことのない曲、聴いても飽きることのない曲。天性の才能と馬鹿さ加減が同等に存在した。ゆったりとした心地よさの中に、灼熱の太陽の下で踊るような躍動感を感じたりした。これ以上ないほど退屈な曲だってあった。攻撃性があったり毛嫌いされたりしながら、その曲たちの幅は何層にも広がり、音楽の世界のすべてを網羅してしまっているようだった。

それがプリンスの音楽だ。

そして彼には、音楽業界で生き抜くために不可欠な資質である度胸、完璧なまでの厚かましさがあった。嫌味とか軽蔑とかでは決してないのだ。音楽業界に多少は足を踏み入れた者として、今は亡き伝説の音楽評論家レスター・バングスの言葉を引用させてほしい。彼はロックンロールをこう定義づけたのだ。

主要三和音をギターで弾けるようになればいい。それだけさ。歌がうまいかどうかなんて考えなくていい。ニール・ヤングが「歌える」か？　ルー・リードは？　ボブ・ディランは？　ロックンロールやパンク、どんな名前で呼んだっていい。必要なことはただ一つだけ、度胸があるかどうかなんだ。ロックンロールっていうのは心構えなんだ。それさえあれば演奏できるよ。誰が何と言おうともね。

プリンスは、その心構えと度胸を持っていた。そして他に追随する者がいないほどずば抜けた音楽の才能もあった。だからまだ飲酒も許されない少年だったのに大手のレコード会社に発掘され、しかもまったく動じることなく性のタブーを主題とした数々の曲を発表していったのだ。

子供のような大人だったプリンスは、どんな楽器でもその道のプロ顔負けに演奏することができた。そして度胸と言えばこんなことがあった。

プリンスは一九八一年、二十三歳のときに、ザ・ローリング・ストーンズのロサンゼルス・メモリアル・コロシアムでのコンサートの前座に選ばれたのだ。アルコールとドラッグに酔った十万人を前にしたステージ。しかも大部分を占めるのは雄々しい白人の男たちだった。汗だくになってバンドの登場を待っている彼らの前に、ビキニの革パンツとブーツ、トレンチコートで姿を現し演奏を始めたのだ。

歌い出した小柄なアフリカ系アメリカ人は、彼らにとっては突然出没した火星人のようなものだったのだろう。何本ものウィスキーボトルがステージ上のプリンスに向かって投げ込まれた。前座は二回の予定で次は二日後だったが、そんなひどい反応を受けてプリンスは、やってられるか、とミネアポリスに飛び去ってしまった。

宣伝担当のビル・グラハムはプリンスの気持ちに同情しつつも「もし戻らないとしたら、音楽の道以外に何をするつもりなんだ？」と聞いたそうだ。その答えが見つからなかったので、プリンスはロサンゼルスに戻ったのだ。プリンスが一度目の前座ステージから去った後、グラハムは才能を見抜けない観客に激怒し（彼は怒ると凄まじいと有名なのだ）、その十万人に向かって怒りの声をあげていたらしい。

それがプリンスという男だ。

ファンや批評家、専門家たちを一同に虜にする彼の魅力を分析しようとすること、十代で初のアルバム『フォー・ユー』を録音した彼のようなミュージシャンを適切な言葉で批評できると思うことがそもそも間違っているのかもしれない。『フォー・ユー』のライナーノートによると、すべてのボーカルはもちろんのこと、彼は二十種類の楽器を弾いているらしい。エレキギター、アコースティックギター、ベース、シンセベース、シンギングベース、ファズベース、電子ピアノ、ピアノ、ミニモーグ（シンセサイザー）、ポリモーグ、アープストリングアンサンブル、アープ・プロソロイスト（シンセサイザー）、オーバーハイムフォーボイス（シンセサイザー）、クラビネット（電気式キーボード）、ドラム、シンドラム（打楽器シンセサイザー）、ウォータードラム（アフリカの打楽器）、スラップスティック、ボンゴ、コンガ、フィンガーシンバル、ウィンドチャイム、鉄琴、ウッドブロック（木製の打楽器）、ドラム・ブラシ、ベルツリー、手拍子、指鳴らし、などが彼の演奏として記されている。ミネアポリスで育ったアフリカ系アメリカ人がどうやってクラビネット[注]なんかを学べたのか見当もつかない。

また、分析することが一層難しいのが一九九〇年代の、音楽界ではあまり重要視されていなかった頃のプリンスだと思う。その頃の業界は地殻変動レベルで変化し、ヒップホップが主流になっていた。楽器など一つも弾けなくても、音程が外れていても、他のアーティストの作品と似通っていてもスターになれた。「アーバン・ディクショナリー」（俗語が載っている辞書）でそのときに流行っている俗語と意味を調べて、適当な言葉で韻を踏めればそれでよかったのだ。

プリンスの音楽に対しては異なった観点から見た方がいいのかもしれない。普通の批評家の標準的な規則に沿って、誰が、何を、なぜ、いつ、どこで、どのように、と彼の音楽を分析するのを諦める。代わりに、どのように華やかな数々の曲たちが――無作為に、彼が選んだわけでもなく――彼の人生の様々な局面に流れこんできたのかを感じてみる。プリンスの現実や空想の世界、過去や現在や未来の中に曲が流れこんでくる様子を想像するのだ。彼の曲の主旋律は、騒がしい祭りのようなものから世界の終わりを予期させるようなものまで幅広く、曲の中には彼の分身、女性的で神秘的な「カミーユ」から、顔を出さないプロデューサー「ジェイミー・スター」まで、様々な人格が登場するのだ。

僕にとってのプリンスは、『オズの魔法使』の舞台に立つ、どこまでも人間らしい人間だった。カーテンを上げて、信じられない世界を見せてくれた。けれどもカーテンが下りてそこにたたずむ彼は こちらが心配になるほど生身の人間の姿をさらしていたのだ。彼がどんな人だったのかと聞かれると、僕はいつも「僕が知る人の中で、最も孤独だった人」と答える。とても簡単な言葉だが真実だ。彼の情報が欲しくてたまらない人たちも、この言葉で満足してくれた。彼の内情のようなものを感じられるからだろう。驚くような事実ではないが、彼をこんなふうに表現する人は少なかったのだ。彼らにそれ以上打ち明けようとは思わない。友達のことだから。自信を持ってそう認める勇気が僕にはなかったけれども。

魔法使いの影を追うように、僕はプリンスを彼がいない場所で思い出した。たとえば、ジョン・レランドが二〇〇四年に出版した『ヒップという概念の歴史（原題：Hip:The History）』

原注　クラビネットは鍵盤を押し、その振動が電子音に変換された後、アンプで増幅されスピーカーから流される楽器。ルネサンス時代のクラビコード（ピアノの前身）が基となっている。主にファンク、レゲエ、ソウルで使われている。もし興味があれば、デイヴ・ハンター著『365 Guitars, Amps & Effects You Must Play』（二〇一三年）を読むと十分すぎる情報が得られる。

という本がある。誰が格好いい（ヒップ）とみなされたか、その現象の意味することと理由について歴史を追って考察している。賢明で面白く、人情味に溢れた本だ。

僕はこの本を読んでいるときにプリンスを思った。実際に本に彼の名前が載っていたわけではない。他の人だったら、自分が「格好いい人物」として載っていないことを侮辱として憤慨したかもしれないし、レランドもこう言っている。「正しい本の読み方は、後ろから。まず自分の名前が索引の中にあるか調べるのだ」

けれどもプリンスだったら逆にこういった本に名前が出ないことを目指した気がするのだ。彼は、ヒップと呼ばれるような集合体の索引に五十音順で並べられる人物ではないと思う。一九六五年にボブ・ディランの名前をその他大勢と一緒に並べることがなかったように。あのとき手の届かない高い場所にいたはずのディランが二十年後、『ウィー・アー・ザ・ワールド』の録音でその他大勢と同じ位置に立つのを見たときは、なんだか悲しかった（プリンスは、有名人や伝説的人物たちが一堂となったこの慈善には参加しなかった。彼がいくらありったけの時間や努力や想像力をかけて素晴らしい作品を残しても、このときの彼の選択を人々の記憶から消すことは難しいようだ。彼は慈善を拒否していたわけではなく、ただクインシー・ジョーンズとマイケル・ジャクソンによって制約された、音楽的自由がない状況が嫌だったのだ。当日自分のスタジオで静かにしていればまだ良かったのに、抜け出して夜の街に繰り出し、ひどい騒ぎとなったのは彼に落ち度があるのだが）。

レランドは次のように「ヒップ」の概念を説明している。「『ヒップ』はアメリカで人々や思想がやみくもにぶつかり合うことから生まれる。様々なものが社会に一緒に放り込まれる。それは結果が分からない実験をしているようなものだ。黒人、白人、移民、知識人、社会から外れた若者、犯罪者、性、道楽。『ヒップ』はどこからでも生まれる。黒と白の間で揺れ動くもので、他との対比によって確立したり、または模倣から始まったりする。それは、異種世界も矛盾も結合するのだ」

この概念が、まさにプリンスそのものを象徴していると思う。異種世界と矛盾の結合、彼が生み出したミネアポリス・サウンドも起源はアメリカの様々な場所にある。メンフィス、モータウン、ナッシュビル、フィラデルフィア、ロサンゼルス、ローレル・キャニオン、そして時にはミネアポリス。ザ・トラッショメンがあの画期的な『サーフィン・バード』をここで録音したのは『ジャック・ユー・オフ』発売の十五年前だ。

ロサンゼルスでは、ポップス・バンドたちがセックス・ドラッグ・ロックンロールに熱狂していたし、ニューヨークでは虚無主義的なノイズ・ロックのグループがステージで葬送歌を演奏しながら人類破滅を待ち望んでいた。プリンスの音楽は彼らに最大の敬意を示すこともあれば、完膚なきまでに叩きのめすこともあった。彼はメンフィスの音をナッシュビルの音で、モータウンの音で、スタックス／ヴォルトの音で、僕らの次元を超えた感覚で作り変えていった。

プリンスには、デューク・エリントン（作曲家、ジャズオーケストラを率いる）のように大衆の目が再度自分に向くときを待つ的確さがあった。ヒップホップが生まれ台頭していた時代を「辛抱強く」とは言えないまでも淡々と過ごす気品があった。そして、ホームラン打者として名を馳せたブルックリン・ドジャースのデューク・スナイダーのように持久力があり、能力を必要とされたときに発揮することができた。一九八四年の『パープル・レイン』や、二〇〇七年のスーパーボウル（アメリカンフットボールのＮＦＬの優勝決定戦）での演奏がそれを証明している。

彼の音楽やミュージシャンとしてのあり方について本当に多くの記事が書かれたが、プリンスが何を言いたかったかを的確につかんでいるものは少ないと思う。おそらく、彼に「言いたいこと」などなかったからだ。プリンスは「音」で何かを示したかったのでなくて「音色」であらゆる場所に行こうとしていたのだ。彼にとってその音色は天性の贈り物でもあり、天から課された重荷でもあった。それは彼の頭の中を四六時中支配していたからだ。

『パープル・レイン』で世界中の注目を集め出した頃、プリンスが「たとえば人生の終わりにさ、出したアルバムを一つひとつ取り出して、それぞれが僕を違う場所に飛ばしてくれたらいいと思わない？　そういうのって、すごくいいよね」と言った。

プリンスを、チャールズ・ミンガスやデューク・エリントンのような音楽の神とみなす人がいるだろう。彼の才能に畏怖の念を抱く――プリンスが自分の父に対してそう感じたように――人もいるだろう（一方で彼はジョン・ネルソンを悪魔だと罵っていたけれども）。

または、プリンスのことなどほとんど関心がないという人もいるかもしれない。そんな人たちでも、業界での彼の立ち位置が何度も上がり下がりを繰り返した様子を見れば、スターが作られる仕組みとその移り変わりの速さを理解することができると思う。ここ四十年でそのスピードは加速し「今日はスター、明日は名もなき人物」から「今朝はスター、昼前には名もなき人物」という世界に彼はいたのだ。

プリンスを嫌っている人もいるだろう。それでも彼の人生には魅了されると思う。実際彼のことを受け入れられない人は多かったし、人に嫌悪されるのが彼の才能の一つだと言いたくなるぐらいだった。「プリンスに対して曖昧な気持ちを持つ人がいないんだ。それがとても面白いと思う」とファンであるエリック・クラプトンは言った。「『ああ、彼ってまあいいよね』と言う人に会ったことがないんだ。みんな大っ嫌いか大好きかに分かれる」

たとえ彼の音楽を知らなくても、彼のことを好きではなくても、または報道された彼の様々な態度が受け入れられなくても、プリンスの華麗で悲劇的な人生を知ると、魅了されたり、悲しくなったり、または嫌悪感を持ったりして感情が動かずにはいられないと思う。または他界後の数日の間に、ロックンロールの歴史で前例のない壮大な復活劇を成功させることができたこの男に興味が湧くのではないか。

プリンスとはいったい何者だったのか？

異なる人格を持つ何人ものプリンスがいて僕はそのうちの数人を知っていた。とはいえ、僕だったら誰かがプリンスを知っていると言っても、序章と初めの三章を読んだぐらいでは信じない。だから代わりにどんなときにプリンスの構成要素に触れたと僕が感じたのかを話そうと思う。

僕は自然の流れとして歴史の中に埋もれていくことを望んだアーティスト、人々の前にさらけ出されたくないと思っていた彼らの中にプリンスの声を聞く。エミリー・ディキンソンからジェームス・ブラウンまで、様々な魂が大衆に見つかることを拒んでいた。ディキンソンは詩を書くことにもそして自分を隠すことにも長けていた。詩に日付を入れなかったし、自分の名前を記すこともほとんどなかったのだ。彼女は自身の詩「すべての真実を伝えなさい――けれども時間をかけて、少しずつ。まわり道をすることが深い理解につながるのです」に従ったのだろう。あからさまには表現しないということを極めていた芸術家だった。プリンスも彼女の言葉「簡単に解けそうな謎ならば、その価値などすぐに消える」を直感的に感じ取っていた気がするのだ。

そしてジェームス・ブラウン。ジェイムズ・マクブライドの著作『キル・ゼム・アンド・リーブ』の中に、ブラウンをそっくりそのままプリンスに置き換えてもいいような一段落がある。「ブラウンは決して彼の過去を共有しなかった」とマクブライドは言う。

記者が質問すると、彼は作り話で答えるか話題を変えた。伝記作家にこんな話をしたと思えば、他の記者にはまったく違うことを話す。それでどういう結果になったか？　彼の過去については数え切れないほどの相異なる話が掲載された。白人向けや黒人向け、史実としての記録やレコード会社の記録さえも同一ではなかった。彼自身の言葉であるはずの自伝にさえ「公式」と「非公式」版が存在したのだ。

プリンスも自分のことはだいたい出まかせで話していた。しかも、たとえその出まかせを取り除いて彼を見ることができたとしても、彼自身があまりに大きな矛盾を抱えていた。だから一人の人間として理解することが不可能だと気づくのだ。いろいろなプリンスが存在し各々が本当で、またすべてが嘘だった。

もちろん人格の矛盾はアーティストだけに見られるわけではない。ビル・モイヤーズは、民主主義擁護者として公共放送を支え確固たる地位を築いた人物だが、その十年ほど前にはジョンソン元大統領の報道官を務めていた。モイヤーズは「ジョンソンは私が出会った中で最も興味深いと思った人物の一人だ」と話していた。

彼は非常に度量が大きいと思わせた次の瞬間には信じられないほど狭量だったりした。女性たちは彼とダンスをするのが好きだったよ。ホワイトハウスでジョージ（ワシントン）以来のうまいダンサーだったからね。だけどひどく気の利かないときもあったし、ぎこちなかったり頑固になったりすることもあった。聖人のように行動するかと思えば、卑劣極まりないことをする。それらがすべて二十四時間以内に起こるんだ。だから一緒に働くのはとても大変だったよ。でも、それは私たち自身の拡大鏡のようなものじゃないかとも思った。そうじゃないか？　ウォルト・ホイットマン（自由詩の父と呼ばれるアメリカの詩人）が言うように、私たちは矛盾した行動ができる生き物なんだ。ジョンソンには素晴らしい矛盾があった。私は彼を心から敬愛していたんだ。

同じように、プリンスは僕が出会った中で最も興味深い人、いや「人たち」と言うべきだろうか。僕は彼が好きだった。けれどもいったい何人の彼が存在していたのか。だから必死で確かめようとした。

けれども結局分からないのだ。ただ、思っていたより大勢の彼がいたことは確かだ。彼が遊んでいるように弾いたビバップ（転調やコード変更が多いジャズの一種）のように、彼は複雑な人間だった。

プリンスが何者なのかを突きとめるのは難しい。僕が説明できる十人分ぐらいの彼の人格に、他の人たちからの描写を加えれば解明できるというわけではなかった。彼はすべての人に知られていて、同時に誰にも知られていなかったからだ。そんな人間をどうしたら説明できるのだろう？

プリンスは羅生門効果――複数の人々が一つの事実について異なる説明をする――を作り出していたと言える。ロックの殿堂入りを果たした二〇〇四年、彼はスピーチで、人は常に仕事とは離れたところに良き指導者と友達を持っているべきだと言った。その式典での有名なギター演奏を終えた後、彼があれは僕のことだと話してくれた。おそらくまったく同じことを何人かに言ったのだと思う。

彼の自己中心的な性格は有名だったし、その自尊心の高さは何があっても変わらないと思えた。ただ彼の自己愛はその他大勢のスターたちが持つものとは様相も程度もまったく異なっていた（とは言っても、一九八五年ロサンゼルスでのできごとはその他大勢のスターのような行動だった。『ウィー・アー・ザ・ワールド』の録音に参加せず、夜に出歩いてクラブで羽目を外していたときだ。弁明のしようもないが、あのときの彼は国際的スターとして頂点にいて、しかもすごく若かった。加えて彼は頭が切れるのにいつも驚くほど間抜けな行動をする男でもあった）。

この悪名高いできごとは別として、プリンスはどのように自分の人気を見ていたのか？　エセル・マーマンと同じように思っていたのだろうか？　力強い歌声で人気を博したマーマンは、一九五五年に自分の状況を次のように的確に表現していた。「ステージに出れば、そこでは世界のすべてが私を中心に回るのよ。そしてステージに上がらなければ、人々は私のことなどすぐに忘れるわ」

プリンスに人から認められたいという思いがあったのは確実だ。けれども彼は他人が彼について、自分でも分からない自分について理解しようとするのが嫌だったのだ。僕はいつもある程度の距離を保って彼について探ろうとしなかった。僕にとって友達は人生で最も大切なものなのだが、プリンスを友達と呼んでいいのか分からなかった。今なら分かるのだけれど、でも遅すぎた。

プリンスは、エホバの証人（キリスト教系の新宗教）の信者だった――そうでないとき以外は。熱狂的な菜食主義者だった――僕のアパートのすぐ近くのバーベキューレストランであばらの骨付き肉を頼んでいるとき以外は。つまり、プリンスはプリンスだった。そうでないときを除いては。

彼は罵り言葉を厳禁にするという決まりを作って、ペイズリー・パークに来る人々にその規則を守らせていた。だからそこでは罵りかどうか曖昧な言葉でさえ彼の口から出ることはなかった。でもたとえば彼が野菜ではなく肉を食べる気分になって、僕をあのレストランに誘い出したときなど数え切れないほどの罵り言葉を使っていた。

つまり誰一人としてプリンスの生き方や考え方の十五パーセント以上を知っている者はいなかったと言えるだろう。たとえ彼の十五パーセントしか知らなくても、それは十分に驚きに満ちていたのだが。だから僕は何年もの間友達に繰り返し言っていた。「読んだときに思わず『こんなの嘘に決まってる！』と叫んでしまいそうな事実をどうやって書けばいいのか」と。

たとえ意図していなくても、間違った情報や嘘や戯言は何度も記事にされることで事実として広まってしまう。僕が書くことにも同じ危険性があることは経験から分かっていた。プリンスの父のジャズバンドで歌っていた母マティ・ショウは、その歌声が、ビリー・ホリデイのようだと何十年も言われ続けた。本当のことを言えば、彼女の歌声が「なぜか少しだけビリー・ホリデイを思わせる」と最初に言ったのは僕だ。なぜホリデイを出したかと言うと（一）僕は彼の母の歌声などまったく知らなかった。そして（二）僕はホリデイをよく聴いていた、からだ。

それは擬似事実（ファクトイド）だった。これはもともと、作家ノーマン・メイラーがマリリン・モンローの伝記を書いたときに、疑わしい情報を集めた取るに足らない作品となったのでどうにか正当化しようと作り出した言葉だ。メイラーはこの新語を「ほぼ事実のようなこと」と説明した。ただ、擬似事実はそれが真実に近いから認められたのではなくて、印刷・出版されたから認められたのだ。

僕がプリンスについて書いた初めての記事。出だしでひどい間違いを記した。ローリング・ストーン誌に掲載されたプリンスのインタビュー記事だ。父が息子にひどい仕打ちをし、その過程で今の彼が作り上げられたという話が僕の頭の中に勝手にできていた（その推測が正しいことを確信したのは、その後三十四年たってからだ）。

「ジョン・ネルソンは今日六十九歳になった。そしてこの半隠居生活をする元ピアノ奏者が望むことと言ったらただ一つ、長男とビリヤードで対決することだ」

間違っていた。

プリンスはネルソンの長男ではない。二番目の妻マティ・ショウが初めて産んだ子供だった。ネルソンは十七歳年下のマティ・ショウに出会って最初の妻ビビアンと別れたのだ。ショウは若い頃のビビアンにそっくりだった。ネルソンの長男はジョン・ロジャー・ジュニアだった。

この記事のために僕たちが顔を合わせたとき、僕は二十六歳になったばかりでプリンスは二十七歳になったばかりだった。そしてジョセフ・ヘラーの二番目の小説のタイトルのように『なにかが起こった（原題：Something Happened）』のだ。

「プリンス・インタビュー：沈黙が破られた」というタイトルの僕の記事がローリング・ストーン誌の表紙を飾り、少し大げさな表現だが、僕の人生は狂い出した。

そのときから変な方向に進んでいったのだ。彼のおかげで。

僕がこの本を書くのは天才について記録したかったからだ。シカゴにいる友達で編集者のアリソンは僕にこの本を書くことを諦めさせようとメールを書いてきた。プリンスを好きでもない彼女が書いたこのメールを読んだとき、僕はますます書こうという気持ちになったのだ。

彼女のメールは次のような書き出しになっていた。

「自分が天才でない限り、天才について書くことは難しい」彼女は正直な女性だ。「プリンスは自分が他人と違うと感じていた。でもサヴァンだという考えはなかったと思う。私たちにとっては彼が言うことは何であっても驚きだった。言葉を発するときもあれば突然黙ることもある。彼が話し続けるかどうかなど誰にも予測できなかった」アリソンは続けた。

彼には私たちには決して見えないものが見えていた。だから彼ができたのは、自分の立つ場所からそれを私たちに説明することだけだった。彼がいたのは海底かもしれないし、秘密の洞窟か、ネパールの山頂かもしれない。とにかく私たちが絶対に行き着けない場所にいた。だから世界中の人は彼を愛して、彼が「彼」でいることを許容していたのよ。稀な状況だった。プリンスは、自身が芸術品だった。なぜ他の誰でもなく彼だったのか、私たちには分からないし彼だって分かっていなかったはずよ。

同じようなことがモーツァルトにも言える。彼もまた紫とビリヤードが好きだった。プリンスは小さい頃にずっとピアノを弾いていたために、モーツァルトと呼ばれてからかわれていたこともあった。

モーツァルトは「ヨーロッパで最も寵愛を受けた子供」だが「そんなんじゃなかったよ、僕は。むしろミネアポリスの北側で最も蹴っ飛ばされていた子供、ってとこかな」と二〇〇八年、プリンスは言った。

「あと、最も才能があった子供だな」と僕は言い返した。媚びたのではなくてただ事実を述べただけだ（それに、プリンスは下手なバンドメンバーを扱うときと同じように、ごまをする人たちに容赦ない態度を示した）。

「まあそうだな。ごめんな、才能があって」とプリンスは、ミネアポリスの北側に住む残りの住民みんなに向かって、そして世界に対して言い放った。そして「良かったことも多かったけど、ほとんどの人は僕を嫌っていたよ。まあ、別にいいんだけど」と言った。

僕がこの本を書くのは、無から音楽を創造する才能について話したいからでもある。ヴィレッジ・ヴォイス紙の記者の故ジャック・ニューフィールドの言葉を思い出した。政治面の調査報道で素晴らしい功績を残した彼はボクシングもその専門の一つにしていた。一九四〇年代から六〇年代にウェルター級及びミドル級の王者として君臨したボクサーのシュガー・レイ・ロビンソンについて、こう表現していた。

ロビンソンは単なる華麗なスタイルを持つボクサーではなく、戦う者たちにとって、これから自分が目指したいと思いを馳せるような新しい場所を作った芸術家だった。ルイ・アームストロングやフランク・シナトラ、マーロン・ブランドがそれぞれの分野でそうしたようにね。

同じことがプリンスにも言えると思う。彼は新しい場所、新しい空間、新しい人種のようなものを創造して他のアーティストやファンがそれらを享受できるようにしたのだ。そして彼はその合間の時間――彼の時間の一五パーセント――を平等に分けて、エホバの証人について話したり、ミネソタ・バイキングスに夢中になったり、または自分が何をしても父が満足しないことを憂いたり、そして「卓球しない？」と誘ったりすることに使っていただけなのだと思う。

僕はこの本で羞恥心についても語りたい。プリンスが僕と付き合い続けたのは、僕たちがどちらも羞恥心という感情でつながっていたからだ。僕の羞恥心はどうでもいいのだが、この感情がプリンスに死をもたらしたと言えるのだ。彼は不慮の事故で――どこから手に入れたのかも分からないオピオイドの過剰摂取で――死んだ。薬物は手段であって動機ではない。

僕はこの本で亡霊についても書いている。この世には生き続ける亡霊がいる。だから僕はプリンスとの会話の録音を聞くことに耐えられなかった。そのテープの中では二十六歳の僕と二十七歳のプリンスが生きている。

この本はまた、燃えてしまったものの原型をその灰の中から見つけようとしている話だ。自分の友達が誰か、誰が自分を大切に思っているのか。そして、その人たちに自分の愛情を伝えることについても書いてある。

そして、プリンスの一番好きだったテレビドラマ『ザ・ワイヤー』の好色な刑事バンクと、驚くほど手癖の悪いオマール、そして彼らの信念――自分のルールに沿って生きていくこと――についての話でもある。

またこの本は、孤独で幸せとは言えなくても、それでも素晴らしい人生を送ることが可能だということを証明している。

あのしゃがれ声のミュージシャン、マイルス・デイヴィスについても触れている。かつて多大な影響を受けたボクサー、シュガー・レイ・ロビンソンが後に試合で完璧に打ちのめされて、控え室で仰向けになり茫然としていたとき、デイヴィスはこう言い放ったという。「さっさと荷物まとめろ、レイ」

これを聞いたプリンスは「あいつ最低だな。才能はすごいよ。影響も受けたし感謝しているけど、もし同じ部屋で過ごせと言われたら耐えられないな」と言った。

デイヴィスは裕福な家の生まれだ。彼の父は歯医者で、イースト・セントルイスのアフリカ系アメリカ住民を相手にしてかなりの成功を収めていた。そして、父親は幼いデイヴィスをジュリアード音楽院に送った。そのためプリンスはデイヴィスを、有産階級の甘やかされた黒人だとみなして、デイヴィスを会話に出すときはいつも、彼の名前を言わず罵り言葉で代用していた。ペイズリー・パークを訪れる人たちに汚い言葉を厳しく禁じていた彼と同じ人物だ。

彼は映画界に入りたての頃のスパイク・リーに対しても同様の気持ちを持っていた。リーの映画が嫌いだったのではない。リーが裕福な学生たちが集うニューヨーク大学で学んでいたからだった。

ただ、リーについては彼の『ドゥ・ザ・ライト・シング』の一場面を見てから、気持ちが変わったようだ。恥ずかしげもなく人種差別をするピノを演じたジョン・タトゥーロと、リー自身が演じたムーキーとの会話。ピノが、プリンス——恥ずかしげもなく高慢な黒人——を好きだという矛盾をムーキーが問いただすと、ピノがこう答えるのだ。

「でも、プリンスはその辺の黒い奴ら（nigger）じゃないだろ」

「その通り」とプリンスはつぶやき、もっと嫌な呼ばれ方があったけどと言った。「スキッパー」というあだ名で呼ばれていた小さい頃、自分の名前つまり「プリンス」と呼ばれようものなら、激昂して猛烈な勢いで相手に殴りかかっていったらしい。

この本にはタイムカプセルとロック歌劇のことも書いてある。

そして魔法について。プリンスが歌ったように、ミネソタでは時々四月に雪が降ったり（スノウ・イン・エイプリル）する。

5・親愛なる父さん（その二）：悪い息子

「『ザ・クラッシャー』知ってる？」運転席のプリンスに聞いた。僕たちはミネアポリス市北側の主要路であるプリマス・アベニューをゆっくりと走っていた。『ザ・クラッシャー』はミネアポリスのバンド、ザ・ノヴァズが地元の英雄だったプロレスラーのクラッシャーに捧げて書いた曲だ。一九六四年に発表されたときにはその斬新さに驚愕した。この曲はなんと全米のポップチャートで八十八位に入ったのだ。

「知ってるかって？　アルバム持ってたよ！」とプリンスが答えた。

そうして一九八五年の六月、プリマス・アベニューを車で走りながら、僕たちは『ザ・クラッシャー』を歌った。二人ともクラッシャーの声、紙やすりでうがいをしているような声で歌っていた。曲は「敵をハンマーロックで封じ込めろ、七面鳥の首落としだ」の繰り返しで始まり「目ん玉をえぐりだせ」と続く。僕たちは歌い続けた。

誰に何と言われようと、この日彼と一緒に『ザ・クラッシャー』を歌ったことが僕の誇りだ。彼の遺言書に名前があるかどうかなど重要じゃない。遺言書の存在と僕の名前がその中にあるのかを聞かれるたびに僕はこう答えていた。

5

親愛なる父さん（その一）：悪い息子

「彼に関連した金なんて一生目にすることはないと思っている。でもこの先何が起こったとしても、僕は死ぬときに、ミネアポリスのプリマス・アベニューをドライブしながらプリンスと大声で『ザ・クラッシャー』を歌った、と言えるんだ」

僕の墓石にそう彫ってくれるならそれで十分だ。僕は本当に恵まれている。

プリンスは最高の息子でもあったし最悪の息子でもあった。

彼の父親ジョン・ネルソンはかつてステージ上で芸名「素晴らしきプリンス・ロジャーズ」を使っていて、その名前を息子につけた。ネルソンはいったいどんな父親だったのだろうか？　ネルソンにとって、これはただの芸名でもピアノを弾くときの外的人格（ペルソナ）でもなく、未来の自分だった。彼が一九九三年に話してくれたのだ。

「俺のような才能を持つ者にふさわしい名前だったんだよ」と彼は言った。

僕は冗談だと思って彼が笑うのを待っていたが、そうではなかった。

僕がネルソンにどんな印象を持っていたか？　僕は彼に会った瞬間に何か悪質なものを感じて当時の記事でも表現したのだがそれでも十分だったとは言えないほどだ。元ボクシングヘビー級王者で性暴力事件を起こしたマイク・タイソンが、元プロモーターのドン・キングを「彼は卑劣で陰険、不愉快極まりない最悪な男」だと表現したのだが 僕のネルソンに対する印象も同じだった。

ちなみにドン・キングは、クリーブランドの道端で男を蹴り殺したという犯罪歴もある男だった。

ネルソンは二十五年間、『パープル・レイン』の作曲者が自分だと主張していたらしい。

「あなたのような才能ある人物にふさわしい名前だったという意味ですか？」と僕は聞いた。

「そう信じていた。女性たちが熱狂的な歓声をあげて通り過ぎる俺を追いかけようとする、そんな日が近いうちに来ると思っていた。『あの素晴らしきプリンス・ロジャーズよ！』ってね」と彼は答えた。そう言ったネルソンは悔しそうでも悲しそうでもなかった。ただ起こるべきことが起こらなかった不公平な人生を苦々しく思っているようだった。そして自分はプリンスから彼の紫の家をもらう以上の扱いを受けるべき人物だと感じていた。

この会話の数年後、ロサンゼルスでプリンスと会っていたときのことだ。父親と話していいと言われたので、急いでミネソタ州にいるネルソンに電話をかけた。

呼び出し音が鳴っているときに、すぐそばでビリヤードをしていたプリンスが「やっぱりやめろ」というようにビリヤードのキューを左右に振ってきた。僕は別にネルソンと話す必要はなく、プリンスとのいつもの会話、公式でも非公式でもないインタビューを続けるだけでもよかった。でも僕はただ肩をすくめて「もう遅いよ」という動作をしてみせた。

プリンスは「電話、切れよ」と言ってきたが、受話器の向こう側のネルソンは、僕が質問す

5

親愛なる父さん（その一）：悪い息子

る前に、なぜかその答えのようなことを話し出していた。

「俺は早く生まれすぎたんだ。時代がついて来ていなかった」当時七十七歳だった彼は、そうつぶやいたのだ。

「あなたの息子も時代に先駆けて生まれてきましたよね」と僕は失礼にならないように言葉を選んで返答した。

「息子は違うよ。俺のおかげでちょうどいい時代に生まれてる」と言った後、ネルソンは沈黙して少し考えているようだった。そして格式高く滑らかな、説教をする牧師のような調子になって続けた。

「俺が彼にその名前をつけたのは悪意から、呪いだと息子は思ってる。彼が生まれて俺はバンドを続けられなくなった、俺のものだった人生を横取りした、とね。彼は間違ってるよ。『プリンス・ロジャーズ』は神からの贈り物だ。その贈り物を俺は息子に与えた。だから彼は成功したんだ。俺が一度もチャンスを与えられなくて達成できなかったことをね」

電話を切った後、僕から話の内容を聞いたプリンスは「神からの贈り物って言ったのか？」と意地悪く笑った。「『プリンス』っていうのは犬の名前、奴が好きでさえなかった犬だってことは言わなかったのか？」と聞いた。

聞いていなかった。

だから息子は父に与えた家を彼の死後すぐに取り壊したのだろうか？

プリンスは「生きている間に、十分なことはしたよ。死んだ後まで奴を背負っていくなんてまっぴらだ。あの家を通るたびにみんなが『ここがプリンスのお父さんが住んでいた家だって。プリンスの才能はすべてお父さんから受け継いだらしいよ』とか話すんだろ」と言った。

そして少し沈黙した後、「生きている間奴の名前を使い続けてやっただろ。作曲者として名前を記したりさ、実際いい曲なんて全然書けないのに」と続けた。「死んでまで奴の名前を生かし続けるなんてことはしないよ」

「父親を尊重すべきでは？」と、彼の最近のエホバの証人への改宗の真偽を問うように、神妙な面持ちで聞いてみた。

「尊重すべき？　もちろんあの才能の欠片もない嘘の塊を十分に尊重してたさ」と軽蔑を込めて言い放った。「奴には我慢できなかったよ」

僕があのとき彼の父に電話をしたのは、プリンスに頼まれて彼のタイムカプセルの声明書を書くという突拍子もない仕事をしていたからだ。ただ彼から何か父親としての一言をもらおうと思ったのだ。自分のホテルに戻ってから電話すればよかったと後悔した。そうすれば、僕の横でプリンスが父の一言一句を聞き取ってしまうこともなかったのに。

「すみません、ネルソンさん。もう電話を切らなくてはならないんです。僕たち今仕事をしてて、えっとまあ、タイムカプセルなんですけど」と会話を終わらせようとしたら、彼は、「『タイムカプセル』だって？　プリンスはタイムカプセルを埋めるのか？　どこに？　ペイズリー・パークか？　遺言書があるのか？　プリンスが遺言書があると言ったのか？　本当にあるのか？　お前があいつの弁護士なのか？　俺の名前が入っているか調べられるのか？」とまくし立てたのだ。

僕にとってジョン・ネルソンは本当に「卑劣で陰険、不愉快極まりない最悪な男」だったし、プリンスもまったく同じ意見を持っていた。

ただ激しい試合の後にお互いを称え合うように、プリンスが父を「卑劣な男」と表現しないときもあったし、そんなときの彼はネルソンを素晴らしい才能を持った人物だと称えていた。プリンスは自分とネルソンが同じだと感じてもいた。「僕と彼は一つで同じなんだ」と一九八五年の彼は言った。「彼は少しおかしいだろ。僕みたいにさ」

一九九四年に発売されたプリンスのアルバム『カム』の五番目の曲『パパ』は、歌というよりも虐待されている四歳児の悲痛な叫び声だ。「パンパン（平手打ちの音）」とか「赤ちゃんが泣き出す／どうか、僕を閉じ込めないで、何もしていないのに」というような歌詞がついている。こんな名前のついたアルバムの中に収められるような内容ではなくて、まるで家庭裁判所の供述文書のようなのだ。

プリンスのファンや批評家たちはこの歌詞の内容を真に受けず、ジョン・ネルソンが妻マティや息子のプリンスに暴力をふるっていた明白な証拠供述だともみなさなかったようだ（ネルソンがプリンスの妹タイカも叩いていたのかは僕は分からない）。

プリンスは僕に何度か、ネルソンが母と自分に暴力をふるっていたと話した。映画『パープル・レイン』のシーンはフィクションではなかったらしい。僕に嘘をつく必要などないから事実だろう。ただ映画では父は銃を自分の頭に向けて撃ち込んだ。そこは間違いなくフィクションだ。

ジョン・ネルソンから家族が肉体的虐待を受けていたことは事実で、だからおそらく映画を半自伝的作品と呼んだのだろう。

プリンスは「本当だよ。だけど言えないだろう、父親から殴られていたなんて」と言った。何時間にも及んだローリング・ストーン誌のインタビューの中でここだけは非公式になっていた。殴られたままで抵抗しなかった自分を恥じているということを話してくれたのだ。

七歳だったとはいえ、自分には殴られたままでいるか、何をしてでも安全な場所に逃げ込むかの二択しかないと分かっていた。応戦すれば状況が変わるかもしれないのに一つのパンチも返さなかった。それでますます自分は弱いと思うようになったと彼は言ったのだ。

一方でプリンスは映画公開当時、映画に入った暴力シーンを監督アルバート・マグノーリの想像力だと話していた。貢献してくれた人々のことを忘れることが多かったプリンスだが、まったく貢献していない人々を認知してしまうことも多い男だった。

「僕のひどい過去や、父がだれかれ構わず殴る場面は、監督・構成作家のアル・マグノーリの作った物語だ。話の流れが面白くなるから僕の育った背景も一部交ぜたことは確かだけれど、映画はフィクションなんだ。父は銃を使っていないし罵り言葉を使ったこともない。それに酒も飲まないよ」と語り、僕もそれを記事にした。

「父親が暴力をふるっていた」のは明白で誰もが分かることだろうと記事からは省いた。僕はそれで「子供への虐待」という事実を明白に表現した気でいたが、必ずしもそう受け止められたわけではなかった。

マグノーリはプリンスの嘘を喜んで受け入れて、映画の中に「ある子供（プリンス）」が父親から虐待される場面を入れたのは自分のアイデアだと主張した。しかも、この重要なアイデアを使うという条件で『パープル・レイン』製作の話を受けたと語り続けたのだ。

たとえば、ローリング・ストーン誌のデイビッド・ブラウンによるマグノーリへのインタビュー。記事はプリンスが他界した一週間後に掲載された。マグノーリの言葉に従うと、当時プロとしてまったく知られていなかった彼なのに、プリンスと初めて会ったときに「ある子供」が父から暴力をふるわれる場面を入れることを要求したらしい。当時を語るマグノーリの言葉から、彼がそのときのことを何か不思議な神の啓示のようなものとして捉えているのが分かる。

プリンスを一目見たときにマグノーリは「突然僕の頭の中に暴力の場面が浮かんだ。母との衝突、そして彼の父がミュージシャンで、曲を書いては箱の中に入れて隠してしまうという場面が次々に浮かんだ」と言う。そして彼とプリンスは一緒にドライブに。運転していたプリンスが急にブレーキを踏んで彼に聞く。「僕のことを知っているか?」「知らない」とマグノーリ。「じゃあ、僕の音楽は?」「『1999』だけは」。するとプリンスは「僕のことをまったく知らないのになんで僕の過去を知っているんだ?」と。

「『分からない。だけどもしその過去の話を映像にしていいのなら、素晴らしい映画ができると思う』と僕は答えたのさ。プリンスは『君にとってそれは重要なのか? 父が僕に暴力をふるったということが?』と聞き、僕は『重要だ』と答えた。すると彼はそれらの場面を含めて映画を作ることを了承したんだ」

マグノーリの引用の中に登場するプリンスの話し方は、僕が三十一年間知っている彼のものと似ても似つかない。どんな言葉を使うか、言葉のつなげ方や、どんな調子で話すかなどすべてにおいて。マグノーリは自身を、斬新な技法を駆使して『市民ケーン』を監督した二十五歳のオーソン・ウェルズのように見せたかったのだろう。けれども『パープル・レイン』における彼の影響力はそんな成功話とは程遠いものだった。

5

親愛なる父さん（その一）：悪い息子

実際の彼は、ありとあらゆる方面から非難されそして拒否され続けていた。この映画の製作指揮を務めていたアラン・リーズが、『パープル・レイン』三十周年記念で、映画についての素晴らしい本を出版したアラン・ライトと対談したときにも語っていた。「マグノーリとの問題もあった。製作陣は彼をあまり信用していなかった。彼には経験がなかったからね。でも彼は自分こそが監督だと思っていたから自分の状況に不満を抱えていて、突然撮影隊を困惑させる行動に出たりした」

マグノーリの頭の中に浮かんだという暴力シーンの一連の流れも、撮影が進む中でプリンスが変えてしまっている。

「プリンスはすべてをマグノーリから取り上げてしまっていたわ。彼が脚本を書いていた」とスザンナ・メルヴォワンは言った。「プリンスは、『いや、違う。僕の中ではそうじゃない。ルールなんて知るか。これは僕の映画だ、だから僕がやりたいようにやる』という感じだったわ」

「彼はせりふを読んで『何かピンと来ないな、僕が言いたいことが伝わらない』と言ったかと思うと」メルヴォワンは続けて語った。「いきなり床に座り込んで書き直すのよ。それをスティーヴ・ファーグノリ、（プリンスのマネージャー）に現場に持って行かせて、次の日には脚本が変わっているの。そんなふうにいつも彼が進む方向を決めてた。そして周りはそれを実現するように行動するしかなかったのよ」

そうして何度も改訂が重ねられ、幼い頃の家庭環境を匂わせる場面を入れた映画のストーリーは完成された。現実の世界ではというと、もちろんプリンスは暴力をふるった父を非難していたが、同時に彼を誰よりも守り支えていた、責める理由のない母に対しても卑劣な嘘を広めていったのだ。

プリンスは何年も実母の悪口を言い続けていた。長年のヘアスタイリストであったキム・ベリーに、母は薬物依存者で自分の貯金箱からお金を盗んだこともあると言ったり、他の記者たちにも彼女についてまったくの作り話を語ったりした。彼女が際どいポルノ映画を家のあちこちに隠していて、思春期前の彼がそれを見つけてしまったというような話などだ（この嘘は「礼儀正しい」という言葉の象徴のようなマティを知る人々にとっては、笑ってしまうほどバカバカしいものだった）。現実のマティはミネソタ州立大学の修士号を持ち二十年も学校でソーシャルワーカーとして勤め高く評価されていた女性だった。

そんな嘘を言い続けながらもプリンスは、二〇〇二年に彼女が亡くなるまで、他の誰の意見よりも彼女のアドバイスを大切にしていた。マティは幼い彼を歯医者や医者に連れて行ったり、父親が当てにならないので、十代の彼を一緒に仕事場に連れて行って働いたりする良い母親だったのだ。

なぜ彼は母親を責めたのだろうか？　著名な心療内科医で研究者のフィリス・チェスラーは

5

親愛なる父さん（その一）：悪い息子

雑誌タブレットで家庭内暴力に関して次のように説明していた。「犠牲者は環境の重圧に屈せず、暴力を耐え凌ぎ、次に進もうとします。［中略］けれども自分を守れなかった母親のことは決して許さないのです」

またフランスの歴史家・思想家フィリップ・アリエスは『死と歴史：西欧中世から現代へ』の中で「人は自分にとっての唯一の存在を失うと、世界を無意味と感じる」と説明している。マティはまさしく良い母親だった。けれどもプリンスにとっての「唯一の存在」ではなかった。それは彼に自分のステージ上の名前、好きでもなかった犬の名前をつけた父親だったのだ。

プリンスは父親に対して殺人でも犯しそうなほどの憎悪をあらわにするときもあれば、テレビドラマに出てくるような従順な息子になるときもあった。何がきっかけで変わるのか分からなかったし、プリンスのことだから理由など何もないようにも感じていた。

プリンスは最高の息子で、最悪の息子だった。

彼がどちらの態度をとったとしても、それは見ているだけで胸が痛くなるようなものだった。初めてプリンスと丸一日一緒に過ごした日は、彼の父親とも半日一緒だった。もうずっと前に息子に愛情を注ぐことをやめてしまった父親だと感じた。

「まったく変わってない」とプリンスが言った。一緒に過ごした二日目の話だ。僕たちは彼の運転する真っ白な一九六六年型サンダーバードで、ノース・ミネアポリス地区をゆっくり走っていた。ここは彼が生まれ育った場所、僕が子供の頃週末を過ごしていた祖父母の家がある場所だ。

「父は自分に素晴らしきプリンス・ロジャーズという芸名をつけたんだぜ」とプリンスが笑いながら言った。「もし自分がジェームス・ブラウンだったらいいよ。ソウルを生み出した男とか呼んだって。だってジェームス・ブラウンだぞ。分かるだろ？　本当に実力があるなら誇張じゃない」

「サチェル・ペイジ（史上最高と言われた黒人リーグ投手）がそう言ってたな」と僕が口を挟むと、プリンスは「いつから黒人になったんだよ。ペイジがお前を育てたのか？」と軽くいなして、「この辺は僕の庭みたいなものだ」と続けて言った。

僕は助手席から窓の外のなじみの景色に目を向けた。毎週末、プリンスが生まれ育った家から数区画しか離れていない祖父母の家を訪れていた。通りの名前はアルファベット順に並んでいた。彼の家はローガン（Logan）・アベニュー・ノース、モーガン（Morgan）・アベニューとニュートン（Newton）・アベニューを過ぎるとその次が僕の祖父母が住んでいたオリバー（Oliver）・アベニュー・ノースだ。僕は、小作農民でアメリカに移住してから五十年間、まったく英語を話さなかった父方の祖父を思い出していた。

プリンスは、まるでミネソタの良き市民の代表のように運転していた。決められたスピード

5

親愛なる父さん（その一）：悪い息子

を守り、ハンドルに置かれた両手は十時と二時の角度で、交差点できちんと停止し、周りに誰もいなくてもウィンカーを点滅させてから右に曲がった。

縄跳びをしている女の子たちや、バスケットコートですごいシュートを決めている少年たちで騒がしい通り。彼の実家に向かいながら、プリンスは事実か想像か、まったくの嘘か分からない思い出話を歌うような声で語り続けていた。

車がオリバー・アベニューとプリマス・アベニューの交差点に差し掛かったとき、僕は「ここだよ。ここに僕の祖父母が住んでいたんだ」と彼に教えた。

「いつ？」とプリンスが聞いた。

「君がここに住んでた頃だよ、ここから数区画先に住んでただろ」と僕は答えた。

「お前の祖父母ってユダヤ人だよな？　年取ったユダヤ人がこんなところに住んで何してたんだよ？」と彼が聞いた。

祖父母は、はるか遠くのヨーロッパから、なぜかあまり華々しいとは言えないミネアポリスにたどり着いた。もうこれ以上の移動はたくさんだと思ったのか、断固としてこの北側の地区から離れようとはしなかった。アフリカ系アメリカ人やスラブ系の同胞たちと、半世紀の間貧しいながらそれなりに平和に暮らしていたのだ。一九六〇年代、人種差別に対する夏の暴動でこの近隣が焼け野原になった後も、どこにも移らなかった。彼らが通っていたシナゴーグ（ユダヤ教の会堂）が歩いて行ける距離にあった。

プリンスと一緒に過ごした昨日が長く疲れた一日となったので、僕はこのときこのまま助手席で眠ってしまいそうになっていた。祖母のことを考えていた。一緒にいた十二年間で理解できた、たった一つの彼女の言葉のことだ。

それは「プロレス」という言葉。

毎週金曜日の夜、僕たちはテレビの前に一緒に座って十一チャンネルで「オールスターレスリング」の実況中継を見た。ミネアポリスの中心にカルホーン湖というとても大きな湖があるのだが、隣接するカルホーン・ビーチ館にあった独立放送局から放送されていたのだ（湖の名前の由来は、十九世紀中頃、サウス・カロライナ出身の政治家ジョン・C・カルホーン。彼は奴隷制を強く奨励したことで最も有名なのだが、ミネアポリス市は彼の名前を選んでしまって後悔はしていないのだろうか）。

プロレスは国際的な言語だったのだ。違う国からやって来た年寄りとアメリカ育ちの子供との間をつなげる言葉になってくれた。彼女が何を言っているのか分からなかったが、邪悪な日本人の「悪役」キンジ・シブヤを見ているときほど彼女が激怒している様子を見たことがなかった。シブヤが敵の目を目掛けて塩を投げると彼女は悲鳴をあげる。審判に向かって、ががらな声で「ほら見て、審判、そっちじゃないよ、こっち！　シブヤが。ああかわいそうに、

5

親愛なる父さん（その一）：悪い息子

何か投げつけたのよ！」ということを叫び、金切り声をあげてイディッシュ語（ユダヤ人の間で使われる言語）で何か言うのだ。

国のエリート層からしたら、ユダヤ人で小都市出身の彼女の情熱や偏愛などみんな、小さなシミぐらいのものだろう。スカンジナビア諸国やドイツまたは少なくとも「正統な」方のヨーロッパの血筋を持った、欧米側のヨーロッパから来た人々が大多数で、そうでない人々――イタリア人やスラブ人やユダヤ人――はミネソタ州では少数派だった。「正統でない」方からミネアポリスに移住して来た人々はだいたい、この辺鄙な北側の地区に隔離される仕組みになっていたのだ。

暴動が起こった後に、ミネアポリス北側の白人のほとんどがそこから離れてしまった。僕の祖父母は動かなかったのだが、同様にこの地に残ったアフリカ系アメリカ人たちがどのように見られていたのかを示す良い例がある。

一九七七年、プリンスがワーナー・ブラザース・レコードと初めて契約した五ヶ月後のことだ。ミネソタ・ツインズのオーナーだったカルヴァン・グリフィスはスピーチをしていた。会場はミネソタ州のワセカ、ミネアポリスから南へ約六十五キロメートル行ったところにある、人口九千二百人の町のライオンズ・クラブだった。

参加者の一人がグリフィスに、一九六一年にワシントン・セネタース（後のミネソタ・ツインズ）の本拠地をミネソタ州に移したのはなぜかという無邪気な質問をした。

グリフィスは、「それは、ミネソタ州には黒人が一万五千人しかいないと知ったからだよ」と答えた。当時最新の人口調査でミネソタ州の白人人口は九十九パーセント。会場にミネアポリス・トリビューン紙の若い記者ニック・コールマンがいて、彼の一言一句を記録していることには気づいていなかった。グリフィスは「黒人は野球の観戦なんてしない。その代わりプロレスの試合に行って大騒ぎしている。その騒ぎ方といったら見ているこっちが怖くなるぐらいだ。だから私たちはこの州に移った。真面目に働く素晴らしい白人ばかりだからね」と続けた。

僕はこの報道を知ってもまったく驚かなかった。ミネアポリスの商工会議所がどんなにこの町を偏見のない進歩的な場所として大々的に宣伝しようとも、ここは僕が住んだ場所の中で最も人種差別と分離がひどい都市なのだ（僕がこの文章を書いたのが、ジョージ・フロイドが殺された事件の前だということをはっきりさせておきたい。この事件があってから、ミネアポリスに潜む人種差別を指摘するということがちょっとした流行りのようになっているからだ）。

グリフィスの言葉で他にも僕を苛立たせたことがあった。それは彼がプロレスに敬意を払わなかったことだ。僕も、僕の移民白人の祖母も、プロレスの観戦が大好きだったのだ。

週に一度「オールスターレスリング」で悪役キンジ・シブヤを見ているときに、彼女の頭に血がのぼるということは確かだったけれど。

その頃、祖父母の家から数区画歩いた場所で、若いプリンス・ロジャーズ・ネルソンも同じチャンネルでプロレスを見ていたということだ。

「ムーラ」

思い出の世界から現実に戻った助手席の僕はプリンスに言った。実家に泊まっている僕をプリンスが車で迎えにきたのは朝の七時半だったから、僕は疲労で朦朧としていた。「ファビュラス・ムーラだよ」と繰り返した。

5

親愛なる父さん（その一）：悪い息子

「『ファビュラス・ムーラ』って言った？　お前ムーラを知ってるのか？　あの女性チャンピオン！　彼女ここで試合したことなかったよな」とプリンスが嬉しそうに言った。

僕はまだ眠気が覚めず、一瞬寝落ちしていたのかもしれない自分にプリンスが気づいていなかったことを願いながら「うん」と答えて、ごまかすように話し続けた。「ミゼットレスラーいたよな、インディアンの。覚えてるか？　ビリー・レッド・クラウド？」

「奴と、それからリトル・ビーバーだよ。あのミゼット・タッグチームのチャンピオン」とプリンスが即答した。

「けど、ここ出身の女性レスラーはいなかったよな。ムーラみたいな。でもなんで『ファビュラス・ムーラ』知ってるんだよ？　雑誌買ってたのか？」と僕は聞いた。

プリンスは僕の方を面白そうに見て「他にプロレスの雑誌買ってる奴なんていないと思ってたよ。小学校のときブルーノ・サンマルチノやチャンピオンのザ・シークを知ってるようなマンマ・ジャンマなんて僕だけだった」と言った。

「ロサンゼルス地区で、チャンピオンのベビーフェイスとヒールがさ」と疲れているのを悟られたくなかった僕はプロレス用語を使って話を続けた。ベビーフェイスは善玉レスラーでヒールが悪玉レスラーだ。時には善玉が悪玉に変化してしまうこともある。「覚えてるか？ベビーフェイスのカウボーイ・ジャック・ランザが突然ヒールのブラックジャック・ランザになったの？」と聞いた。

プリンスは覚えてると言った。一九七〇年初期のプロレスの複雑な状況の詳細を話せるのが嬉しそうだった。プリンスはその人生すべてが、プロレス用語で言えば「ケーフェイ」だった。「ケーフェイ」とは、「架空の世界を作り上げて楽しませる。役を演じきること」で、リングの外でも内でもその領域を決して侵してはいけないということを意味する。

プリンスは僕がプロレスの詳細を熟知していることにも驚いていたが、僕が彼の目の前で一瞬だとしても眠りに落ちたことにもっとびっくりしていた。プリンスは僕が彼との会話中に他のことを考えていると、いつでも見抜く男だった（彼自身が会話に集中していれば、の話だが）。

「マンマ・ジャンマ、聞いてるのか？」と彼。

「もちろん聞いてるよ」と嘘をつき「ブルーノ・サンマルチノだろ、それにどっちにしたって、

5
親愛なる父さん（その一）：悪い息子

今はインタビューじゃないし」と返した。

「そう勝手に決めたのはお前だろ、僕じゃない」とプリンス。

「僕が聞かなきゃいけなかったことはもう聞いたよ。予想以上のことを聞けたし、ローリング・ストーン誌が泣いて喜ぶよ」と僕。

プリンスは「そりゃそうだろ。彼らはきっとお前を手放したかったんだぜ。代わりに編集者に記事を書かせればいいってね」と笑った。忠実という形容詞から最も遠いと悪名高いプリンスが、他の誰にもできない方法で僕の立場を救ってくれたというわけだ。

「みんなが僕の話を聞きたくてしょうがないってのに、お前、僕といて眠り込むんだもんな」

そう言って大きな声で笑うプリンスは、王者モハメド・アリと、コメディで間抜け役を演じるジェリー・ルイスを交ぜたような感じだった。

「目を休めていただけだよ」と僕はつぶやいた。夜遅くまで彼と過ごしたのはまったく問題なかった。でもその翌日、つまり今日も朝七時三十分からドライブしようと誘われたのだ。抵抗したら「お前、他に何もすることないだろ？」と言われた。

それはそうだ。

「朝は起きるもんだろ！　そうしたら神様がどんなにたくさんの命くれるか知ってるか？」とプリンス。

「知らない。でもたぶん昼前にはくれないんじゃない？」と僕は答えた。

「数え切れないほどだよ」そう言ってプリンスは車のエンジンをかけた。そして「じゃあ明日、あの悪魔のような父のところにでも行こうぜ。『素晴らしきプリンス・ロジャーズ』の様子を見に行こう」と去って行ったのだ。

そんな流れで彼とのドライブになったのだが、車の助手席で話をしながら僕は本当に寝落ちしたのかもしれない。そして、録音のスイッチは切った覚えがない、だから記録としては大丈夫だとぼんやりと考えていた。頭の中ではなく、実際に声に出してしまっていたようだ。

プリンスが「録音してたのは知ってるよ。誰にもテープを渡さなきゃいいよ」と僕に向かって言ったのだ。

「渡さないよ」と僕は誓い「何を話してたんだっけ?」と聞いた。

「父親のことだよ。彼は『素晴らしきプリンス・ロジャーズ』と言えるだけの才能がなかったんだ」と吐き捨てるように言った。「それで、新しく生まれた赤ん坊と妻を食わせるために仕事を得なきゃならなかった。彼が落ちぶれたのは母親のせいもあるかもしれない。でも彼は誰でもなかったんだ。ジョン・ネルソンは九時五時で働く黒人でしかなくて、デューク・エリントンでもないし、素晴らしきプリンス・ロジャーズでもない。僕が生まれたと同時に素晴らしきプリンス・ロジャーズは彼自身を殺したんだ。音楽は自分の趣味ではなく人生だ、と言えなくなったからさ」

プリンスは「趣味」という言葉を、多くの人が「ナチス」と言うときのように敵意を込めて言った。

「テープ、誰にも渡すなよ。約束して」と彼は念を押した。

「約束するよ。誰にも渡さない」

5
親愛なる父さん（その一）：悪い息子

プリンスの話しぶりから、昨日の夜彼が僕を家に送ってから朝迎えに来るまでの間に、プリンスと彼の父の間に何かが起こったと察した。

喧嘩だと思う。

一夜にも満たない時間のうちに、彼の父親に対する気持ちが一八〇度変化してしまったのだ。父の誕生日だった昨日、プリンスは厳格な父を喜ばせよう、少なくとも仲良くしようとする従順で素直な息子だった。彼はまるで英雄を見つめる小さな子供のようだった。けれども今日は宿敵を嫌悪する男へと変わってしまったのだ。

国際的スーパースターの地位を確立したばかりの当時のプリンスは、神聖とも言うべき光を常にまとっているような感じだった。けれどもその日、家の前で待っていた父の姿を見た瞬間に彼を囲んでいた光は消えて、急に相手を威嚇するようなエネルギーが彼から湧き出してくるのを感じた。

ネルソンも僕たちが車を止めた瞬間にそれに気づいたのだろう。落ち着きと軽快さを漂わせていた表情が硬く重みを増したものになったのだ。僕はネルソンを、家族に対して陰険で暴力的な男としてすでに軽蔑していたのだが、それでもそんな彼の表情を見ると心が痛かった。

雑誌ニューヨーカーのアマンダ・ペトルシッチが、劇作家アーサー・ミラーの娘レベッカのドキュメンタリー（二〇一八年製作）について次のような批評を寄稿している。「子供たちにとっては年を重ね、父の顔つきが変わり弱々しくなっていくことは困惑でもあり恐怖なのだ。そして親にとって子供が失望の目で自分を見るというのは最も耐えがたいことの一つだと言える。それは心が張り裂けるような感情なのだ」

まさにこのときのネルソンの心情だったのだと思う。

「やあ、素晴らしきプリンス・ロジャーズさん」うんざりと、そして軽蔑した調子でプリンスがネルソンに声をかけた。

「おはよう」と彼の父は静かに、感情を抑圧した声で言った。

僕たちはそのまま外で話を続けた。

「当時はジャズで生活なんてできなかったんだ」ネルソンは弁解するように言った。「昨日話してなかったからさ」

まるでプリンスから僕に話すことを命じられたかのように、ネルソンは恥ずかしそうに説明を続けた。

まったく美しいものではなかった家族の状況を説明することで、素晴らしきプリンス・ロジャーズというクールな存在が、ジョン・ネルソンという、家族のために雇われ仕事をする平凡な男との共存を強いられたのだと僕に理解させようとしているようだった。どうして自分が会社に属し正社員として毎日働き、皿洗いと同じくらいつまらない仕事ができたのかを語った。

5

親愛なる父さん（その一）：悪い息子

実際のところネルソンは、プリンスが生まれるずっと前に、フルタイムのジャズミュージシャンであることを諦めなければならない状況だった。プリンスは彼の初めての子ではなく、彼の二度目の結婚でできた初めての子だった。卑劣さと親しみやすさを兼ね備えたネルソンは最初の妻を捨て、十七歳年下の歌手マティ・ショウの関心と愛情を手に入れたのだ。

ネルソンは自分が真に才能を持った正真正銘のジャズミュージシャンであるという思いを持ち続けていた。付き合い始めてすぐにマティはザ・プリンス・ロジャーズ・トリオで歌うようになったが、結婚してトリオを辞め、プリンスが生まれた。夫にもバンドを辞めろと言うようになった。もちろん彼女には「才能がないから」などと告げる勇気はなく、養う家族がいるのだからと言ったのだ。

「奴がそれを持っていなかったのは僕のせいじゃない」とプリンスが言った。

「それ？」と僕は愚かにもたずねた。

「それだよ」と少し苛立って彼が答えた。「さ・い・の・う、才能だよ。母も僕と二人だけのときは言ってたんだ。僕の父は『自分の頭の中では伝説なんだ』ってさ」

僕たちは彼の紫の家に戻って古いボクシングの試合のVHSのビデオを見ながら話していた。「強度の妄想癖」の象徴的人物、モハメド・アリの試合だった。

初めてプリンスと一日一緒に過ごしたとき、ネルソンがプリンスや母親そして彼の妹タイカ相手にどんな罪を犯してきたのかを理解した。彼らが当時のことを話したり、消極的に状況を理由付けしてみたり、積極的に否定したりするのを聞いていたら分かってしまったのだ。

その日の夜が終わるまでには、プリンスは頭の中でそれらすべての暗い過去を再演しているようだった。プリンス・ロジャーズ・ネルソンは、ただこの世に生まれてきただけでジョン・ネルソンの人生を変えた元凶として重罪を負わされていた。僕はプリンスの中に、一生消えない心の傷と、感情を守るためのいくつもの壁を感じた。

彼は、自分が無邪気に生まれてきたことで「家族」という森林が大火事に見舞われた状態になり、その結果何が失われたかを話してくれた。そして燃えた後の自分の遺灰の中に何を見つけたか——正確には何を創造したのか——を語ってくれた。

プリンスの最初の記憶は、父親の尋常でない怒りだった。外で見せるクールで饒舌で粋な人格とはまったく異なっていた。報道によって後にどのように表現されていたとしても、彼が酒を飲むというのは「飲まれる」ということだった、というのが真実だ。

ネルソンは自分の領域が侵されたと感じるたびに、妻と子供に対して暴力をふるった。プリンスが、近寄ることが許されていなかったネルソンのピアノを触ったとき、マティが、ただ夫のそばにいただけで、または何か質問をしただけで。

プリンスは事実を話していると僕は感じたのだが、事実と虚言の境を見つけるのは難しい。作り話だとしても彼は、少なくとも話をしている間は、自分にもその話を信じさせることができたからだ。そうすると聞き手は偽りではない正直で確かな空気を感じ取る。プリンスにとって、これは本当に強力な武器だと感じた。

でも、『パープル・レイン』が発売されて一年もたたないうちに、彼が自分の娯楽として以外では、あえて嘘をつく必要性もあまりなくなっていった。当時彼について書かれるほとんどの記事が作り話だったからだ。

一九六五年、プリンスが七歳のときにネルソンが家を出て、三年後に夫婦は離婚した。ネルソンは稀にしか養育費を払わなかったので、マティは三つの仕事を掛け持ちした。そしてミネソタ大学で社会福祉の学位を取るための勉強も始めた。

ネルソンがいかにひどい人間だったかは、ゴシップ番組の『ア・カレント・アフェア』の映像を見るとよく分かる。映像の一場面で、ネルソンはピアノに指を滑らせ無作為に不快な音を奏で、そして『パープル・レイン』を弾き始める。自分がこの曲にどんな影響をもたらしたかを話し、本来は自分が書いたのだと証明しようとするのだ。

彼の話は真実ではない。僕の大叔父のオージー・ラトナーは、ミネアポリスの裏通りへネピン・アベニューに、オージーズという名前の落ちぶれたストリップクラブを所有していた。彼が経営を握っていた一九四四年から一九六四年の間にネルソンがここで演奏したこともあったのだ。その頃から彼は自分が歴史に名を残すはずのジャズミュージシャンで、ただ皆に知られるチャンスがないだけだという幻想に包まれていた。

『ア・カレント・アフェア』で、当時ストリッパーたちの後ろで演奏しているときに、この革新的な曲『パープル・レイン』の原型となるものを作り出していったと示唆しているが、そんなことは起こり得ないのだ。オージーズやカーリーズやブラディーズ、どこであっても、このあたりの繁華街のいかがわしい店はミュージシャンの質など問題にしなかった。ただストリッパーの後ろで弾くだけだ。たとえ彼らがセロニアス・モンク（ビバップの創始者の一人とされているアメリカのジャズ・ピアニスト）とデューク・エリントンを交ぜたような最高作を作ったとしても、それらを試しに弾いてみることなど決して許される環境ではなかった。しかもへネピン・アベニューの繁華街では黒人ミュージシャンは白人の客と交じることさえ許されていなかったのだ。

ストリッパーたちのために挑発的な曲を演奏する。ただそれだけの役目でしかなかった。

ネルソンは子供を育て妻を養うために、ミネアポリスを本拠とした会社ハネウェルに勤めた。

5

親愛なる父さん（その一）：悪い息子

ハネウェルは温度調節器で世界中の人々に快適な生活、幸せをもたらす会社を謳っていた。けれどもベトナム戦争中のハネウェルの従業員はネルソンも含めて、温度調節器以外の製品も作っていたのだ。ハネウェルはアメリカ軍の大量破壊兵器の最重要部を提供し「ハネウェル・プロジェクト」として知られる、最も長く激しく続いた戦争反対の抗議活動の的となった。

ネルソンが酔ったとき、ハネウェルで戦時中何を製造していたのかをプリンスに話したことがあったらしい。僕に説明してくれたときのプリンスの声にはまだ当時の怯えが残っていた。ハネウェルのナパーム焼夷剤や「対人装置」と遠回しに呼ばれた武器は、ベトコン（南ベトナム解放民族戦線）や、ありとあらゆる階層のベトナムの市民、そして集落そのものを傷つけ、焼き払い、抹消したのだ。

クラスター爆弾、地雷、ミサイル誘導装置、そしてナパーム焼夷剤。彼の父はナパームを作っていた。

「息子、俺は地獄を作ってるんだ。それは地獄のようにオレンジ色の雨を降らせるんだよ」

仕事場見学の日、ハネウェルは簡潔に「産業上の供給を請け負っている」と説明しただけだったらしい。

ハネウェルはナパームという科学的に作られたゼリー状の油脂焼夷剤を供給していた。これを使った爆弾がベトナムの大部分と数え切れないほどの市民を焼き尽くした。高温で燃焼し、拭き取ろうとしてもさらに深く浸透していく、文字通り地獄の火だ。

「僕の父はナパームを作っていたんだ」。プリンスは、ネイパームと言葉を強調して発音した。プリンスは十一歳か十二歳のとき、ハネウェルの「家族参観日」に行った。「彼らは僕たちにビデオを見せた。ナパーム弾がジェット機からジャングルに落とされるんだ。ベトナムだったかどうかは分からないけど、すごく綺麗だったのを覚えてる。真っ青な空と飛行機と。それでナパーム弾が目の覚めるような緑の地上に落ちてオレンジ色の光があたりを輝かせる。でも彼らはそれが何かとか、実際何をしたのかとかは言わなかった」

「父が説明してくれたんだ。仕事から帰ってきてからね。『あれは地獄だよ。お前が見たのは地獄だ。ナパーム弾が緑の大地に落とされたのを見ただろう？　あの緑が命だったんだ。オレンジは地獄の色だ』」

会話の後で僕たちは『地獄の黙示録』を見た。中佐役のロバート・デュバルの有名なせりふがある。デュバルは「俺、朝ナパーム弾の臭いと一緒に起きるのが好きなんだよな。勝利の臭いって感じがする」と言って焼き払った集落を後にサーフィンに行くのだ。

プリンスのファンたちはもう何十年も『パープル・レイン』の意味について議論を交わしている。それが世界の終わりについてだと言う人たちもいる。世紀末という思想がいつも彼についてまわったからだ。

5

親愛なる父さん（その一）：悪い息子

「血しぶきが空に上がる。赤と青が混じると紫になるだろ。紫色の雨（Purple Rain）は世界の終わりなんだ。愛している人と一緒にいて、神を信じて委ねることでその雨をやり過ごすことができる」とプリンスは語った。

ロニン・ロは『プリンス：その音楽と素顔』の中で、紫は彼の五枚目のアルバム『1999』の中での主題になっていて、このアルバムによって彼と紫が同一化したと説明している。「プリンスは『紫』という言葉を使って、青空で繰り広げられる天使と悪魔の死闘を表現した。それは赤と青が混じることを意味する。彼はこの言葉をタイトルにした物憂げなダンスナンバー『パープル・ミュージック』も作っている」

アメリカの戦闘機はベトナムの青い空を飛び、眼下の人々の上に赤い地獄の火を落とした。プリンスの頭の中からはこの色が離れなかった。両面アルバム『1999』の発売を控えて、ロサンゼルスの経営陣のためにいくつか新しい曲を試作した後、プリンスは「自宅に戻ってきてまた、この新しい主題である紫色の空と核戦争への恐れというテーマに回帰していったのだ。また別のリズムをプログラミングして多数のボーカルを加えた。そして彼が見た夢、空が全部紫色になって人々が逃げ回る核戦争の終末、を表現した曲を作り上げた」とロニン・ロは解説している。

ネルソンはそんな会社でも、十分な給料をもらえさえすれば満足で何を作ろうとも気にしていなかった。給料の大部分を自分の洋服や他の女性のために使ったので、幼いプリンスはよく近隣の人々に食べ物をもらいに行ったりしたらしい。

ハネウェルが正社員に雇用した初のアフリカ系アメリカ人であったことにも興味がなかったようだ。彼は、尊敬するミュージシャンたちが自分の作曲とピアノ演奏を認めるときが来ないことを最も恐れていただけだった。ミュージシャンたちは毎日のように明け方まで演奏して生活している、自分も彼らと同様に振る舞っていいはずだと思ったかのように、昼過ぎまで寝ていたり派手な色のジャケットを選んで着たりした（雑誌エスクアイアで、アート・ケインが一九五八年に撮った歴史的な写真で、セロニアス・モンクが着ていたような色のジャケットだ。写真には、ジャズ界で頂点を極めた五十七人がハーレムの褐色砂岩でできた階段に一斉に並んでいる。有名なミュージシャンは全員そこに写っていた。ネルソンは自分がいないことに落胆していたようだ。数年後に彼に写真を見せて、誰に会ったことがあるか教えてくれと言ったら怒って拒否された）。

実際ネルソンは七十歳を超えても典型的なジャズミュージシャンのように生きていた。真にジャズに精通し、伝統を重んじる演奏家であるかのように着飾り振る舞っていた。デューク・エリントンやセロニアス・モンクと同等の才能を持っている、不公平にも輝く機会を与えられなかっただけだと信じていた。そして息子は自分のような才能や感覚、音楽に対する魂を持ち合わせていないとも感じていたのだ。

5
親愛なる父さん（その一）：悪い息子

一昔前素朴なユーモアで人気を博したサム・レヴェンソンは「才能は遺伝だ」と言った。ネルソンの場合には逆に自分の息子から才能をもらったのだ。「奴に才能がなかったのは僕のせいじゃない」とプリンスは言った。

僕たちが子供の頃を過ごしたあたりをドライブしているときだった。通り過ぎる道の名前が懐かしかった。旧友が庭で水をまいているのを見つけたり、プリンスが昔通った教会を通り過ぎたりした。彼と僕の母が通ったジョン・ヘイ小学校があった場所に、変形したバスケットボールのリングが立っているのを見たりした。

プリンスは「ハネウェルで最初に雇われた黒人だという以上に何も功績を残せなかったのが、なんで僕のせいなんだよ？　しかも、書いてもいない曲を自分のものだと主張するし。おかしいだろ」と言った。

彼の言葉は半分正しく、半分間違っていた。ネルソンが曲の著作権を盗んだわけではなくて、実際はプリンスがそれらの曲にネルソンの名前を記したのだ。

ほんの七十二時間前、僕はプリンスが自分のために働く数十人の人々の前で、父の愛情を求めている様子を目にした。ネルソンの条件付きでしかない愛情を求めて必死になる彼に心が痛くなった。彼らは、常に自分たちの前では絶対的支配権を握るプリンスが、教皇を前にした信者のごとく父に追従する様子を目の当たりにしたのだ。

ニューヨーク・ヤンキースの投手イーライ・グルバは、チームメイトでスーパースターだったミッキー・マントルについて「彼は自身のオーラの周りにさらにオーラをまとっている」感じだったと述べている。プリンスも同じで、国際的スーパースターとして醸し出されるオーラの周りをさらに覆うオーラのようなものを身につけていた。けれどもジョン・ネルソンを前にすると、そのどちらも消えてしまうのだ。

ネルソンを前にしたプリンスは行き場が分からずどこかをさまよっているかのように見えた。一九八〇年の『ダーティ・マインド』ツアーでギターをかき鳴らしていたプリンスはどこに行ったのだ？　一九八四年の彼のシングル『ビートに抱かれて』は、ブルース・スプリングスティーンの最大のヒット曲『ダンシング・イン・ザ・ダーク』を押さえて、チャートで五週続けて一位をとっていた。彼は、どんな楽器でも誰よりもうまく弾くことができ、挑戦してくる者に喜んで立ち向かい、必要ならば完膚なきまで叩きのめし、その人たちが自分の手の中で遊んでいるに過ぎないのだと証明した。実力のないバンドを再起不能にし、彼女を奪い、プライドをずたずたに傷つけ、軽蔑の笑みを浮かべた。

あのプリンスはどこに行ってしまったのか？

父親を前にしたときの彼の両極端な反応に驚いていた。もちろんそんなことを聞ける状況ではなかったし、プリンスはそんな僕の疑問には気づいていない様子で、父親の凡庸さを話し続けた。そして突然気分が晴れたかのように明るく、殺人的とまでは言わずとも悪意のある笑いを込めて言ったのだ。

「考えてみたら、音楽業界は僕が生まれたってだけでグラミー賞をくれたっていいぐらいだよな。だってあの男が音楽の道に進むのを遮ったんだから。引き算による足し算。意味分かるだろ？　けど奴はそれで僕を恨むようになるんだけど」。その後プリンスは静かに、まるでまだ運転を習いたての生徒のように注意深く車を走らせた。

「僕のことはただの言い訳だったんだ。非難できる誰かが必要だった。奴に稼げるだけの音楽的才能がなかったのは僕のせいじゃない」と落ち着いた声で言った。

「君をプリンスと名付けた。彼ができなかったことを君がすべて成し遂げられるように、って言ってただろう」と僕は言い返した。

「大嘘だな！」と彼は吐き捨てるように言った。

「小さい頃僕をプリンスと呼ぶ奴は、というか呼ばせなかったけど」。翌日の車の中。後部座席には、ほとんど言葉を発しない彼の父が座っていた。プリンスは話し続けた。「そいつらを殴ったんだ。すごく強く、思いもよらない方から一気にね。僕を犬の名前で呼ぶなんて許せなかった」

家でも外でもプリンスは「スキッパー」と呼ばれていた。生まれたとき、彼の母がつけたあだ名だ（マティはネルソンを「プリンス」と呼び続けた。プリンス曰く、平凡な才能しかなく有名でもなかった父を嘲るためらしい。自尊心が永久的に救いようがないほど傷ついていたネルソンは、慰めとしてステージ上で別の自分を作り上げようとしたのだろう）。

彼のあだ名は、ほぼずっと「スキッパー」だった。その後若い十代の彼は、平凡な会社員が公衆電話ボックスに入ってスーパーマンに変わるように、突如「プリンス」となったのだ。他の惑星から来た子供のような大人、大きなマンチキン（『オズの魔法使』に登場する小人たち）、誰も見たことのない力を持つ――そしてその力に苦しめられる――人物に変化した。

車の中のプリンスは、どうやって自分を実の名前で呼ぼうとする子供にパンチを出したかについて説明していた。「ただちょっと速くパンチを出すんだ」と、僕の腹を素早く打った。「パンチされると相手が気づく前にね」

そう言って彼は声をあげて笑った。プリンスは腹の底から笑うときと、皮肉っぽくにやりと笑うときがあった。どちらの笑い方もどこまでもすごく人間らしくて好きだった。

「そう、それで」とプリンスは息を吐いてから続けた「あのしょうもない男（マンマ・ジャンマ）がどうなったか分かるか？　奴の犯した罪は重すぎたから地獄みたいな生活が待っていたのさ」少し間を開けて、「僕が生まれた」と続けた。

5

親愛なる父さん（その一）：悪い息子

それから彼はまったく脈絡もなしに、僕の最初の記憶が何かとたずねた。

「テレビ中継中にジャック・ルビーが、リー・ハーヴェイ・オズワルド（ケネディ元大統領の暗殺実行犯とされている人物）を射殺したことかな。僕は四歳だった」と僕は言って数秒待って「君のは？」と聞いた。

「僕は一歳だった」と彼は答えた。「誕生日だったんだ。母親が膝に僕を乗せて父のピアノの前に座った。僕の手を鍵盤に乗せて、僕たちは『チョップスティック』を弾いてた。そしたら父が部屋に入ってきて僕の指を物差しで叩いたんだ。そして母を平手で殴った」

ここは記事にするだろうなと僕は思い、「ここは絶対記事になるよ」と彼に言った。

彼は「その前にこの話を聞きなよ」と言い返した。

「何だよ」

「どっちにしても、ここは記事にしちゃダメだ」

「分かったよ」記事にできないと言われて、すごくがっかりした。

「ベトナムについて。お前あの国について何か知ってるか？」

「うん、まあ」

「『僕を黒い奴（Nigger）と呼ぶベトコンはいない』って誰が言った言葉か知ってるか？」

「モハメド・アリだろ。ソニー・リストンをノック・アウトした映像、昨日一緒に見たよな」

「彼はそのときまだ本名のカシアス・クレイを使ってた」

「知ってる」

「格好いい名前だよな？　でも彼は名前を変えた。白人がみんな嫌うような名前、黒人だって嫌ってた。名前だけじゃない。その名前にしようなんて考える人間、彼のこともだ」

「そうだよな。勇気あるよ」と僕は言った。

知っていた。でもプリンスが何を話したいのかまったく分からなかった。

「覚えてるか？　昨日僕が、父は僕に似ている、少しおかしい、って言ったの？」

彼は話を続けていた。

「おかしかったんだよ。奴があの車を買ったのが。母には、それが必要だ、ミュージシャンの車なんだ、バンドのリーダーが乗るべき車なんだと言ってたよ。一九六五年に買ったんだ。白いコンバーチブル、サンダーバード。僕は七歳だった」

「僕たちはみんな食べるものも十分になくて、でも父は洋服を買って新しい車に乗っていた。正しいよ、あれはスターが乗る車だ。だけど、なんで奴が買うんだよ？　もうとっくの昔に音楽がただの趣味になって昔の記念品のようになった後でさ？」

「そんな嫌味言う必要ないだろう。あの頃お前には小遣いだってやってただろう」、ネルソンがやっと言葉を発した。

5

親愛なる父さん（その一）：悪い息子

　プリンスはずっと、まるで彼がそこにいないかのように話をしていたのだ。

「ほんとにおかしいのは、精神科行きぐらいのレベルでおかしいのが、マンマ・ジャンマが一度もその車を運転しなかったことなんだよ！　ぶつけるのが怖くて運転できなかったんだ。だから二十年たっても」彼は走行距離計を見て「三十五万キロしかいってないんだ」と付け加えた。

「これもらったの？」と僕は聞いた。

「去年の誕生日に紫のＢＭＷをあげた」と彼は答えた。車が交換だったのか、贈り物だったのかは分からなかった。

　プリンスはネルソンのおさがりの車を有名にした。ヒット曲『アルファベット・ストリート』のビデオの中で、この車は主要な役割を果たしているのだ。一方ネルソンは、ＢＭＷを車庫から出さずに隠していた。

　車の中のピンと張り詰めた空気の中で僕は腹が痛くなった。

　父親は何も言わないままで、息子に答えさせていた。

「昨日が二回目なんだよ。マンマ・ジャンマが車をガレージから出すのを見たのが」とプリンスが言った。

6・親愛なる父さん（その二）：良い息子

僕たちの手は似ている。僕たちは同じ夢を持っていて、時々同じような歌詞も書く。僕が何か書こうとして見上げると、彼が同じことをもうすでに書いてしまっていたりする……性格もすごく似ている。だけど彼は僕が今まで聴いたことのないような曲を書くんだ。すごく複雑な曲で、美しいメロディーがその複雑さの下に隠されている。僕はそれらを時間をかけてすべて引き出そうとする。だから一緒に作るとうまくいくんだよ。

――プリンスの父についての発言、雑誌エボニー（一九八六年）

二〇一七年四月二十一日、プリンスの一周忌、僕はようやく気を引き締めてこのまま一生できないのではと恐れ始めていたことにとりかかった。自分がプリンスに関して過去に書いたすべての出版物を再読したのだ。

書いてから一度も一文字も読み直したことはなかった。

初めての記事を書いたとき、僕は二十六歳で若くて愚かな記者だった。けれども記事の書き出しで、数日間ジョン・ネルソンと過ごして察したことを伝えようと試してはいたので安堵した。それは僕が今でもプリンスの物語の核心だと信じていることだった。

はっきり書いてはいないので誰も意味を分かってくれない可能性もあった。けれども当時のネルソンの自己愛は少しも隠されることなく、そして悪性の腫瘍のように周囲に悪影響をもたらしていた。そして彼は心から、プリンスの話すことが自分の話であるべきだったと思い、ローリング・ストーン誌の表紙は「ジョン・ネルソン・インタビュー：沈黙が破られた」となるべきだったと感じていたのだ。

もちろん僕はそんな題名をつけることはできなかったけれど、物語の鍵を握る重要人物であることは確かだ。

そしてこの物語の中では、プリンスはネルソンの後に登場する人物で、彼は自分が理想の息子であることを皆に証明しようとする。誕生日に父親が何を望んでもきちんと叶えようとし、彼の技術や表現力を熱烈に褒めるのだ。

「彼はビリヤードのキューの扱い方がすごくうまい」と、ノース・ミネアポリスの貧民街にある父親の家へ向かって運転しながら、プリンスは父親のビリヤードにおいての洞察力に対して心からの称賛を込めて言った。ネルソンの眼識についても「そうだな。彼は分かってるよ」とプリンスは言った。「何が必要なのか、何がいいものか見分けられる」

その日のプリンスは理想の息子だった。たいてい彼は良い息子だった。たいていの日、半日ほどは。でも、時には理想の息子であったことさえも嘘のように思えるほどの態度を見せた。プリンスは人と関わるときに、意図的に父親の態度を投影しているかのように見えた。ネルソンの暴力に屈し行き場のなかった怒りを投射しているようだった。ネルソンが子供時代のプリンスに対して向け続けた憤りを、彼は自分の中に取り込んでしまったのかもしれない。そしてそれが、友達や支援者、彼を慕う人、協力者、そして彼に取り入ろうとする人々に対しての態度に表れるのだ。人々をまるで子供のように扱い、非難し、裏切り、そして自信を消失させたりした。

ネルソンの犯した罪は重かった。本名を継がせるのではなく、自分のステージ上の名前を息子に与えた父親。プリンスは自分という存在自体が彼の前では簡単に消滅してしまうと感じていた。

今振り返ってみると、プリンスが父親を尊敬していて、六十九歳になっても眼識を失っていないと話したことを記事の最初に持ってくるべきではなかった。

プリンスがインタビューを了承した後の、僕の最初の質問に対する答えを書き記すべきだったのだ。

なぜ今になって話す気になったのかと聞いた僕に「僕が牢屋の中で暮らしていると、みんな

6

親愛なる父さん(その二):良い息子

に思われたくないからだよ」と彼は言った。

プリンスが自分の殻に閉じこもってるとか、生活や創作活動で自由を失っているとか、家に引きこもっているという記事を読んだことがなかったから変だなと思った。

刑事コロンボでなくても彼が何を言いたかったか分かるはずだった。けれども二十六歳の、あまりに世の中を知らなかった僕はそのときただ不思議に思っただけだった。

プリンスは牢屋の中にいた。

彼が「牢屋の中で暮らしている」と言った瞬間に、僕は頭の中でこの言葉を何度も反芻した。けれども、その意味することを聞いてはいなかった。言葉を受け入れ意味を見逃していた。そして感覚では察知していたのに、それを言葉にして記事にしなかった。

僕の記事は三段落の終わりになっても、彼が心理的なアルカトラズ(かつて連邦刑務所があった場所)に囚われていることに触れなかった。もし僕が、プリンスが育った興味深い複雑な時間に、誰がそばにいて何が起こったかにもっと注意を払っていたら、彼の心情を理解できていたのだろう。代わりに僕は彼の言葉だけに気を取られてしまった。それは「素晴らしきプリンス・ロジャーズの息子」であるために、起こった過去すべてをどうにか整理して正当化しようとしていただけなのだ。

そんな言葉は嘘でしかなかった。

プリンスは父親に愛情を注いだが、自分が同じように愛されているとは思えなかった。ミネアポリスに関しても同じように感じていて、「ホームシックになるんだ。家にいるときでさえ」は彼の口から何度か出た言葉だ（彼独自の言葉かと思っていたが、後にコメディアンのサラ・シルバーマンが同じ表現をしていた）。

ミネアポリスにずっと住んでいたいとも思っていなかったようだ。一九七六年に受けた出身高校のインタビューで、「ミネアポリス出身だよ。残念なことにね」と言っていた。

僕は記事をこう始めるべきだったのだ。「彼は子供の頃生活していた地区を静かにドライブしていた。ここでいじめを受け、生き抜くためのルールを学んだ。隣で運転をしているペイズリー柄のつなぎを着た彼は、事件の現場に戻るのは犯罪者だけではなく、時には被害者もそうするということを証明している」

ある意味でプリンスと父親は似ていた。父親の態度を見て子供は育つという言い回しは間違いではない。プリンスは「父はいつも口先がうまく人当たりが良かった。今でも変わってない」と言っていた。「いつもガールフレンドが途切れなかった。たくさんいたし、今でもいる。年なんか関係なくて彼よりずっと若かったりした」

家族にかけられた呪いのようなものかもしれない。ネルソンの三人の妻はみんな似ていた。肌の色が薄くて彼よりずっと若くて上品そうな感じだった。彼はまるで借り物を返品して交換た。

するような結婚を繰り返した。

そしてプリンスも、他界前の二十年ほどの間は父の好みに似た女性たちと一緒に過ごしていた。

それでもプリンスはミネソタ州の基準からすれば、十分に良い息子と言えたのだ。

彼は小さい頃父親が家族に恐怖をもたらしていたことを許した。「最初にレコード会社と契約したとき、僕の名前が記事になって少し金が入るようになったとき、許すことができるようになった。毎日食べ物を探す必要がなくなって僕は前よりずっといい人間になれた」と彼は語っていた。

そしてまた、それから何年もたち自分が紫の家に住むようになってから、ジャズ演奏家であった父親が昔何を必要としていたかにも気づいたようだ。

「僕が二階でピアノを弾いてるとするだろ、そのとき（料理担当の）ランデ・レイダーマンが階段を上がってくるとする」と彼は話し始める。

「彼女の足音はまったく違う次元で響く。自分の弾いているリズムと完全に異なるものが聞こえると、すごく変な感覚に襲われるんだ。芸術家の過敏さとか自分のことしか考えないとか勘違いされるけど、違う。僕の父親も同じなんだ。だから彼は他の人間と一緒に暮らすことが難しかったんだと最近やっと分かった。彼が何かをしたり考えていたりするとき、頭の中にいつも独自のリズムが流れていた。うまく言えないけど、脈が他の人とは違うリズムで体を駆け巡っている感じなんだ」

僕たちはきちんと整備された家が並ぶ道から裏道に入り、木製の車庫の前で車を止めると窓を開けた。木にゆったりと寄りかかっていたジョン・ネルソンは、実に格好良く年老いた『ブルース・ブラザーズ』のキャブ・キャロウェイのようで、襟のあるシャツにパリッとした白いスーツ、きちんとネクタイを締め、髪は整えられていた。笑みを浮かべてカフスボタンを少し触ってからこちらに手を振った。

息子が「誕生日おめでとう」と言うと、父は「ありがとう」と笑って答えた。誕生日だがケーキは食べないつもりだと言った。「今年はダメだな」と言って首を左右に振った後、息子を指差して「体重を五キロぐらい減らさなければならないんだ。ロサンゼルスの息子を訪ねたとき太ってさ。彼は、羨ましいぐらい食べるんだよ。でも運動するからな、私と違って」と話した。

それから父は息子に向かって、自分でビリヤード場まで運転する、そうすればお前たちに帰り送ってもらわなくていいからと言った。そして彼はこう僕に声をかけた「二年前の誕生日に何をもらったか見せてあげるよ」

彼は車庫の方へ歩きドアの取っ手をぐいっと引いた。そこに窮屈そうに止めてあったのは、特注の紫色をしたBMWだった。後部座席にはプリンスの最新アルバム『アラウンド・ザ・

6

親愛なる父さん（その二）：良い息子

ワールド・イン・ア・デイ』のレコード盤が置かれていた。父が慎重に車を車庫から出しているのを見た息子は、にこりと笑った。

「待って！」プリンスが何かを思い出したようにネルソンに声をかけた。サンダーバードの座席にあったテープをつかむと父に向かって大きな声で言った「聴かせたいものがあったんだ。これ、リサ（・コールマン）とウェンディ（・メルヴォワン）がロサンゼルスで録音したやつ」

彼のバンドメンバーの二人だ。プリンスが放り投げたテープを父は片手で受け止めて頷いた。二台の車は前後に連なってノース・ミネアポリス地区を走った。僕たちが振り向くたびに彼は手を振って笑顔を見せた。

プリンスはバックミラーで父の車を確認しながら「六十九歳には見えないだろ？　格好いいよな」と言った。自転車を引きながら歩いている黒人の子供が二人、車のそばを通り過ぎた。一人が軽い調子で「プリンスだ。調子どう？」と声をかけた。プリンスは頷いて「いいよ。君は？」と答えた。

ミネアポリスから住宅街イーデン・プレーリーに向かう分岐点。彼はかかっていた曲を別のものに切り替えて、バックミラーに目を向けた。ネルソンの車はきちんとすぐ後ろに並んでいた。「父は感情を表現するのが本当に苦手なんだ」プリンスはそう言って高速道路に乗った。

「父から一度も『愛してる』と言われたことがない。二人でハグしようとするだろ。そうすると、いつもチャップリンの映画みたいに頭がぶつかり合ったりするんだ。だけど少し前に彼が、いつも気をつけていろよみたいなこと、『お前に何か起こったら、俺の人生はそこで終わりだ』って言ったんだ。そのときはただ心配してくれてありがとう、としか思わなかった。しばらくの間その言葉が頭の中から消えなくて、その後気づいたんだ。それは彼にとって『愛してる』と同じ言葉だったのかもしれないってね」

数分後、二台の車はイーデン・プレーリーの工業団地内のリハーサル兼録音スタジオ（The Warehouse）の前に止まった。中ではプリンスのバンド、ザ・ファミリーのスザンナ・メルヴォワンとセント・ポール・ピーターソンが新しい曲やリズムを大音量で鳴らしていた。ドラマーのジェリービーン・ジョンソンが穿いているズボンぐらい、ピタリとまとまった格好いい演奏だった。一曲弾き終わるとメンバーたちは仰向けに床に転がり、電流が走ったかのように手足を震わせてみせた。

床に転がったままのメンバーたちに声をかけた後、プリンスはサウンドボードのそばに置かれたビリヤード台に向かった。バンドの次の曲に合わせて体を揺らしながらビリヤードの球の準備をしていた。ネルソンは周りをゆっくり見渡した後、まるでその道のプロのようにメンバーに向かって頷いてみせ、準備された球の様子を眺めて、手元のキューのチョークが塗られた先端を見た。肩をぐいっと引いてから狙いを定め、映画『ハスラー』のミネソタ・ファッツのような鋭敏さと技術で最初の球を打ちゲームが始まった。数分後、バンドはまだ演奏していて父はまだ球を打ち続けていた。息子の顔には笑みが浮かんでいた。

プリンスの出生に関しては様々な神話がささやかれている。聖なる幻想を壊してしまうかもしれないが、彼は子供の頃「グレート・ガズー」と呼ばれてからかわれていたこともあった。アニメ『原始家族フリントストーン（原題：The Flintstones）』に出てくる小型の、でも頭が不釣り合いに大きい宇宙人だ。その頃の髪型がアフロだったからだろう。不幸にも彼の人生は、父親が後にステージ上の名前を与えたときから決定されていた。単なる新生児として待ち望まれたわけではなく、父親の才能と策略を生かすという宿命を背負ったのだ。そんな彼の人生は、生まれる前から悪い方向に進むように設定されていたようなものだった。

キャリア初期のプリンスは、記者に嘘か本当か分からない話をすることが多かった。彼は五歳の頃にステージで「素晴らしきプリンス・ロジャーズ」としてピアノを弾く父を見て驚嘆し、自分の運命、目標、目的地を悟ったと言っている。この話を長い間繰り返すうちに詳細が加わった。繁華街のミネアポリスのクラブでその日の主役として演奏する父を母のマティと一緒に見に行った。彼は中に入れないので、外で待っている約束だったといった内容だ。

クラブの裏側の路地に一人残されてしまったという別バージョンの語りもあった。どちらにしても、プリンスは人の目を盗んでそっと忍び込んで、まるでコットン・クラブのような場面に遭遇したと話は続いていく。コットン・クラブはハーレム地区にあった伝説的高級ジャズ・

クラブで、そこではミュージシャンは全員黒人だった。客は富裕な白人、失われた世代で、フィッツジェラルドの小説に出てくるフラッパーたち（新しい流行を取り入れ自由奔放に振舞う女性たち）のように喪失感をやり過ごしていた場所だ。

映画『オズの魔法使』でドロシーが初めて魔法使いオズを見たときのように、幼いプリンスは初めてステージと観客を見て目が眩んだ。

そして彼の幻想の中では、そのステージの中心にいたのが父だった。彼の言葉で言えば、巧みに「鍵盤を操って」ピアノで華麗な演奏を披露していた。プリンスは父のいる華やかで輝く場所——客を求めるストリッパーが徘徊し、高級な売春宿としてオレンジ色の電飾が一帯を照らしている場所——に成功の絶頂を見たという。

プリンスがこんな物語を仕立て上げる一方で、ネルソンは、ストリッパーが踊るための演奏しかできない、つまらない状況だったことを認めていた。ネルソンとシャロン——初めの妻との間の娘でプリンスの義理の姉——が、血のつながりがあるというだけの関係なのにあれこれとプリンスについて話し続ける様子をユーチューブでも見ることができる。一九九一年の『ア・カレント・アフェア』の映像だ。

彼らの話は芸能ゴシップ番組のネタにもならないほど意味のない情報だった。ネルソンは自分の作る曲が時代を先取りしすぎていたと語っていた。けれども何年も前からミュージシャンとしてではなく会社員として生活していることは言い忘れていたし、ピアノを弾きたくなると家族の目を盗んで夜の街に出かけていくことも話していなかった。

一九六四年、ネルソンは五歳だったプリンスをミネアポリス公会堂に連れて行ったそうだ。プリンスはそこで見たものが、その後自分の魂と、そして休むことなく作り続けた音楽に最も大きな影響を与えたと話した。それはジェームス・ブラウンでもジョニ・ミッチェルでもスティーヴィー・ワンダーでもスライ・ストーンでもなかった。

モハメド・アリ。公会堂で有線放送された彼の試合を見たのだ。当時アリはまだ実名のカシアス・クレイを使っていて二十二歳の挑戦者にしか過ぎなかった。元犯罪者でマフィアとつながり、無敵だったヘビー級チャンピオンのソニー・リストンとの対戦の賭け率は七対一と、クレイは圧倒的に不利な立場だった。

アリに影響を受けたのはプリンスだけではない。アリに強く惹かれて彼が原動力の源になったと、スパイク・リーもアリのドキュメンタリー映画『モハメド・アリ かけがえのない日々』の中で話していた。リーによればアリは「特別だった。戦闘マシンで、ハンサムで、キレがあった。面白いし、カリスマ性があって、圧倒的に強かった」

プリンスは五歳のときから「黒人のスーパーマン」や「最強の人物」と様々な名で呼ばれたアリを見本に生きてきたのだ。このときの試合がプリンスの頭の中から消えることはなかった。プリンスはこの頃から、アリと同じようなハンサムな戦闘マシンとして踊り続けると決めていた。「アリ・シャッフル」のように自分の名前が付いたステップはなかったが、紫色を自分の色にした。アリのような気さくさは身につかなかったが、プリンスの沈黙は言葉よりずっと多くのことを語ったし、面白くてカリスマ性があった。そして最も重要なこと、どんな場所を選んだとしてもそこで他の追随を許さないほど自分も輝ける、と知っていた。

プリンスの生き方の見本になった人たちは他にもいた。デューク・エリントンやジョニ・ミッチェル。ただ、一時期憧れることがあっても必ず彼らに失望するときがきた。一度も失望することがなかったのはアリだけだ。

彼はジェームス・ブラウン、マイルス・デイヴィス、スライ・ストーンに憧れ、失望した。スティーヴィー・ワンダーのことはよく知らない、ワンダーの作品は好きだけど彼個人にはまったく興味がないとプリンスは言っていた。ワンダーの一番好きなホテルはどこかと聞かれたので分からないと答えると、彼は真剣な顔で力を込めて言った。「ホリデイ・インに決まってるだろ。あのホテルには部屋のパターンが四つしかないんだよ。彼らしいだろ？」

プリンスは彼がまだ「スキッパー」だった頃、そしてアリがまだ「カシアス」だった頃から、一度もアリ（チャンプ）に失望したことはなかった。もしチャンプが望めば、彼の家に飛んで行って庭の芝刈りもするとインタビューで話したほどだった。

百五十センチ弱の小柄な僕の母がアリのファンだという話をしたら、プリンスは嬉しそうに聞いていた（僕は彼女を『モハメド・アリ かけがえのない日々』の上映に連れて行った。母の日の贈り物として、アリと写真を撮って、黒人イスラム教徒版パンフレットにサインしてもらえるという特典付きのチケットを買ったのだ）。

アリが頂点に上るためには、当時無敵だった巨人ソニー・リストンを倒さなければならなかった。アリとは違い、このヘビー級のチャンピオンには鋭気も人としての魅力もなく、リングで踊るように戦うこともなかったが、決戦のリングに上がるリストンをBBC放送のアナウンサーは「世界で最も恐ろしい男」と呼んでいた。

その夜、その試合が、プリンスの人生を変えた。プリンスは（カシアス・）クレイが奇跡的にリストンからチャンピオンの座を勝ち取ったとき、リストンの魂までもが失われたのが実際に見えたと言っていた。

試合数日後、黒人のイスラム教徒である自分の立場を明確にするために、クレイは本名をモハメド・アリに改名すると発表。アリはクレイと呼び続ける記者陣に向かって「俺は君たちが望むような俺である必要はない」と言った。

プリンスはソニー・リストンとの試合と、試合前後のアリの態度を、音楽業界において自分を演出するときの手本とするようになった。そしてそれはまた、効果的に自分の人生そのものを隠してしまうことができる演出だった。

実際のところプリンスが本当にその試合をテレビ中継で見ていたのか僕には分からない。彼の父親は覚えていないと言ったし、彼の母親は「プリンスは何て言ったの？　ジョンと一緒に見たって言ってたの？　そう彼が話したならそうなんだと思うわ」と答えた。

プリンスが中継を見ていなかったとしても、彼はその試合の録画をおそらく数え切れないほど繰り返し見たし、たくさんの人に見せてもいた。だから真実がどうであれ彼はその試合の場にいたようなものだと言えると思う。

「マイアミビーチへ、ようこそ。この巨大なコンベンション・センターでは、今まさにヘビー級の王者をかけた歴史に残る一戦が始まろうとしています」というＢＢＣの放送で試合は始まる。プリンスはこのビデオを持っていて、彼の執拗な強制で僕たちは少なくとも十回以上は一緒にこの映像を見ていた。

「細かいところが重要なんだ」と、試合の映像をスローモーションにしながらプリンスが言った。「細部にすべてがつまってる」

僕もボクシングの細部の重要性についてはよく分かっていた。大学四年のときにヘビー級王者のジャック・ジョンソンについての論文を書いたからだ。二十世紀を迎えたばかりの当時、初のアフリカ系アメリカ人王者として脚光を浴びた彼に対しての感情は、人種的憎悪となって広がり、黒人からチャンピオンベルトを奪取しようと「白人の期待の星（Great White Hope）」の出現を待ち望む動きが高まった。

「そして今、陰湿で威嚇的な男、チャールズ・〝ソニー〟・リストンがリングに上がって来ました」と英国のアナウンサーが続ける。「王者、そして『世界で最も恐ろしい男』という名にふさわしい男です」

「対戦相手カシアス・クレイのようなはったりなど、彼には必要ないのです。元受刑者、リストンは行動で示す男です。道化師クレイを侮蔑の思いで見ていたことでしょう。クレイは自信満々な態度を崩していません。体重検査時にリストンに雄叫びを上げ、わめき散らし、侮蔑の言葉を投げ、二千五百ドル、約九百ポンドの罰金を受けた彼を人々は嘲笑しています」

「そして今、二一七ポンド（約一〇〇キロ）のカシアス・クレイがリングに上がりました。ついに真実が明らかになるときが来たのです。何ヶ月もリストンを罵倒し続けました。彼はリングに上がったら自分がどうするか、何が起こるかを予告し続けていました。今自分の言葉を自らの拳で証明するときが来たのです」

リング上は殺戮の場になると思われていた。小説家・エッセイストのサルマン・ラシュディがこう述べている。「リストンは、恐ろしい巨人で、殺人鬼で、言葉を発しない化け物だった。若いクレイは恐れ慄いてしまっても不思議ではないはずだったが、なぜか彼はそうならなかった。スポーツ記者たちは皆、クレイが悲惨に、おそらく命の危険を感じるほど殴られるだろうと心配していたことを覚えている」

けれどもこの試合の七ラウンドで、クレイはリストンを王者から引きずり下ろし、男としての気概そして生きる意志まで奪ったのだ。六年後、リストンはラスベガスの家でヘロイン過剰摂取で死んだ。

「ソニー・リストンには何も不満に思う資格なんてないんだよ」とプリンスは言った。「彼は何も考えてない単なる暴力的な男だったんだ。アリが世界に向かって、彼がただの暴力男だったと証明する、そのためだけにリストンは存在したんだよ。リストンが試合前にどんなに巨大に見えたか、それで試合後にアリがリングから降りて出て行って、残された彼がどんなに小さく見えたか覚えてるか？ 僕は自分のバンドが他のバンドにとってそんなふうな圧倒的存在になればいいと思ってるんだ」

彼は話すのをやめて、プリマス・アベニューの街並みを見ながら運転し続けた。

プリンスにとっては、その試合は一番好きな試合というだけではなく、彼が長い間何度となく繰り返し見て人生のあり方を学んだ教科書だったのだ。どのように演出すればいいのか、相手をどうやって喜ばせたり憤慨させたりするのか、どうしたら自分の完全なる支配を示せるのか、狂気が持つ潜在的な力、その証明方法を教えてくれたのだ。

僕は、プリンスがアリの試合前の様子を再現して見せてくれるのが好きだった。単純にまねをするのが面白いから、そして実際にステージ上の態度として効果的だからという両方の理由から、それは彼の習慣になっていた。彼のバンドのメンバーだったモーリス・デイが映画『パープル・レイン』で「モーリス・デイ」役を演じたときも例外ではなかった。デイに演技指導していたプリンスは、アリの様子をまねして見せて、彼がちゃんと演じられるまで何度も繰り返した。

「ソニー・リストンを見たって？」プリンスが試合前のインタビューに答えるアリをまねる。そっくりだ。「あいつの顔汚いよな？　奴は王者になるには顔が悪すぎるんだよ、王者は俺みたいに格好いい奴がなるべきなのさ！」

そしてその後、アリが試合前にリストンを侮蔑するために作った馬鹿げた詩をいくつか引用する。彼のアリのまねは彼の他の、たとえばビリー・クリスタルのまねよりはるかに似ていた。

誰が予想したことか
試合が始まると　人工衛星が打ち上がる
そうだ、観客はまったく夢にも思わなかった
自分の金を賭けたとき
ソニーの皆既食を見ることになるなんて！
俺は最強だ！

プリンスは運転しながら、また話し出した。「リングに入ったとき、リストンは三メートルぐらいの巨大な男に見えたんだ。でもリングを降りる彼は十五センチぐらいに縮んでしまったように見えた。彼はボクサーとしてそのときもう終わってたんだ。死んだようなものだった。彼も表面には出さなくても、心の中ではそれを分かっていたんだと思う」

プリンスは一九九七年にアリと面会し、今までで一番心が震えたのはどの瞬間かと聞いた。アリの人生には数え切れないほどそんな瞬間があったはずだ。世界中の人の前で信仰を公表したとき、歴史上最も有名な人物になったとき、彼の名前がヨーロッパの城からサハラ砂漠に立つ小屋まであらゆる場所でささやかれていたとき、アメリカ合衆国を敵とみなす国々を訪れ政治犯として囚われていたアメリカ国民を救済したとき、何億ドルものお金を寄付したり慈善のために集めたとき。

アリの答えは、一九六四年二十二歳のときのヘビー級世界王者決定戦。誰も倒せないと思われていたソニー・リストンを打ち負かしたときだった。

プリンスは「彼の声は小さくて言葉を聞き取るのが大変だった」とは言いつつ、アリが彼に話した内容はすべて覚えていた。

アリは過去に記者に対してこう言っている。

人生で恐れというものを感じたことが一度だけある。試合のゴングが鳴る前に審判がソニーと俺をリングの真ん中に呼んだ。審判が話している間、彼はただ静かにじっと俺を見ていた。俺のふざけた態度に対して「虫けら野郎、悪いがかなり痛い目を見ることになる」と言ったんだ。本気で言っているのが分かった。一ラウンドで彼と戦っているときが最も恐怖を感じた三分間だった。それまで誰も彼を相手に二ラウンド以上戦った者はいなかった。他にもっと重要なことがあるのは分かっている。神の意思やそのための行動とか。でも弱い一人の人間の俺が、一番興奮したのはそのときなんだ。

プリンスはまた、彼の詩についても話をしたらしい。バートレット引用句辞典（初版が一八五五年に出版されて以来、アメリカで広く親しまれ続けている名言、引用句の辞典）にも、一九七五年のアリの言葉が最も短い詩として掲載されている。ハーバード大学の学生たちを前にスピーチをしていたアリは、彼の詩を聞かせてくれと頼まれ、まず自分の胸に手を置きそしてその手を彼らに向け「俺？　俺たちだ！」と短い詩を披露したのだ。

「それが『格好いい』ってことだよ」プリンスは言った。

7・バットマンとブルース・ウェイン

やあ、ブルース・ウェインだ。
ずっと君に近づかないようにしてた、でもダメだ。
教えて……私たち愛し合うことになるの？

――『バットダンス』プリンス（一九八九年）

スーパーヒーローにとって問題なのは、公衆電話ボックスに入る前後の時間だ。

――ケン・キージー

『カッコーの巣の上で』の著者ケン・キージーは、一九六〇年代の反体制文化を主張する同胞たちが次の行動に煮詰まっていたことに対して、スーパーヒーローたちにとっての問題は、ゴッサムシティを救うための仕事がないときにどうやって過ごすかなのだと述べた。その時点で彼はこの素晴らしい小説をすでに書き終えていたので、自身は時間の使い方をきちんと知っていたと言えるだろう。

プリンスがスーパーヒーローに変身したのも、（プリマス・アベニューの）公衆電話ボックスだった。一九六〇年代半ばに起こった暴動でプリマス・アベニューは焼け野原になり、キング牧師が暗殺されたその四年後、十四歳になっていたスキッパー・ネルソンは電話ボックスの中で二時間泣き続けた。プリンスの話によれば、父親から二度と家に帰ってくるなと言われ、物理的な家を失っただけでなく、精神的な逃げ場所もなくなったのだ。

プリンスはその二時間を最後に、泣いていないと言っていた。スキッパーはその後父親の命令通り二度と家に戻らなかった。電話ボックスから出たスキッパーは新しい創造物「プリンス」になったのだ。

プリンスは記事にできる真実を話すと僕に約束していたので、この話は大まか正しい。詳細をのぞいては。いずれにしろ当時の若いプリンス・ネルソン、金も家もなく、小柄でアフリカ系アメリカ人、からかいの対象だった彼には、輝かしい未来など見えていなかった。

このプリンス創造の神話は次のように続いていく。プリンス・ロジャーズ・ネルソンは当時アメリカで最も白人の割合が高いと言われた都市の中心で行き場を失い、電話ボックスで二時間の号泣の後、立ち上がった。それからは二度と涙を流すことはなく、「プリンス」として生まれ変わった。

四十四年後、彼はペイズリー・パークで他界する。ペイズリー・パークは彼にとってずっと大きく豪華な電話ボックスで、そこに隠れたり潜伏したり、誰も見ていない間に人格を変えることができる場所だった。

一九七六年に、ジョニー・ウェイクリンがモハメド・アリについて書いた『ブラック・スーパーマン』という曲が発売され注目を集めた。アリの成り立ちを説明する歌詞は同時にプリンスの人生を語っているようでもある。

これはカシアス・クレイの物語だ
彼は名前をモハメド・アリに変えた
讃えよう、モハメド、モハメド・アリ
蝶のように舞い蜂のように刺す

プリンスは自分の誕生までの物語が、「黒人のスーパーマン」アリと似ていると感じていた。けれども生き残るためには圧倒的な力が必要だったという彼の過去は、『超人ハルク』の物理学者ブルース・バナーのものにより近いのではと僕は思う。

映画版では、怒りに狂うバナーが変身して緑色の怪物になり、正義のために戦うという物話しか語られない。だがコミック版では、もう少し細かな情報、どのようにバナーが力を得てハルクになったのかが説明されている。それが、電話ボックスから「プリンスという力」を得て歩き出した彼の過去と重なるのだ。

バナーもプリンスも十代の頃は普遍的で現実的な、誰もが共感できる人間としての感情を持っていた。普通の人よりずっと多感だったと言えるかもしれない。化学物質を使った大規模な実験中に爆発が起こり、紛れこんだ少年を助けようとしたバナーは、怒りだけを抱える怪物に変わってしまうのだ。

創造の物語としては、とてもよくできたものだと思う。プリンスも自分の歴史を語るときには少しよくできたものにしていた。

二〇一八年の六月、アンドレ・シモンと僕との会話の中でこのプリンス誕生物語が話題になった。三十三年前にプリンスが僕に真実として語った話だが、アンドレ・シモンはこのできごとを知らなかった。僕にとってこの話は「プリンスの人生」を理解するための鍵になっていた。もしこれが嘘ならば、僕が知ってると思っていたプリンスや他のすべての彼の「話」を疑わなければならないと思った。

一九八五年に初めてプリンスと話したときからずっと、この誕生物語がプリンスという人物を理解するための僕の基盤だった。僕の頭の中では、アフロヘアーの思春期の少年が電話ボックスでヒーローに変身したという物語が完成されていたのだ。

ミネアポリスの北側、マクドナルドの向かいの電話ボックスでのできごとが君の「誕生秘話」だ、と僕はプリンスにも説明していた。

「それが君にとっての、薔薇のつぼみだったんだ！」と言った僕に、「何？　薔薇のつぼみ？」とプリンスが答えた。

「知ってるだろ？　『市民ケーン』だよ、オーソン・ウェルズ。薔薇のつぼみが出てくるだろ」

「分かんないよ」とプリンス。

「無邪気さの喪失、終わりの始まりなんだ。終末。薔薇のつぼみだよ！」

「落ち着けよ。分かったよ、薔薇のつぼみだろ。見てみるよ」と彼は言った（実際、彼は五年後に映画を見てこの会話の意味を理解した）。そして『市民ケーン』についていろいろ知った後、この見解を気に入ったようだった。プリンスが初めてこの映画を見たのがいつだったのか分からないが、これは彼の最も好きな映画の一つになった。当時の彼は多くの映画を見ていたし、『アンダー・ザ・チェリー・ムーン』で失笑を買いつつも主役を演じ、笑える駄作の『グラフィティ・ブリッジ』を監督したりした。彼の最も好きな監督は「ウッディ・アレン。最終編集版の権利を持っているから」（一九九〇年代の話だ）。

シモンと僕が初めて会って話した場所は、ミネアポリスにあるカフェ、セバスチャン・

ジョーだった。カフェは、ルドルフというバーベキューレストランからフランクリン・アベニュー沿いに少し歩いたところにある。ルドルフはプリンスの一番好きだった地元のレストランで、彼は少人数でそこを訪れることもあれば大勢を連れて行くこともあった。シモンと僕は、それから何ヶ月かの間会うたびに、どちらかが必ず電話ボックスの話とその信憑性について話すようになった。

僕がシモンを説得して真実だと納得させるのではなく、彼自身で答えにたどり着いてほしいと思った。あり得る話だとか、おそらくそうだろうという程度ではなくて、これはどこからどこまでも正確な情報だと彼が自分で結論づけてくれることを期待していた。これはプリンスが僕に真実を話していたのか否かという僕にとって重要な問題だったからだ。

ローリング・ストーン誌　一九八五年

僕たちはよくそこのマクドナルドへ行ってた。お金がなかったから僕はただ店の外にいたんだ。店の周りにはいい匂いが漂っていた。金がないと人は怒りやすくなるし、自分の一番悪いところが出てくる。僕は若い頃すごく嫌な奴だった。自信もなかったし、だれかれ構わず攻撃的になった。彼女ができても、いつも喧嘩して二週間も続かなかったよ。

シモンは、ローリング・ストーン誌に掲載されて初めてこの話を知ったのだが、プリンスから聞いていなかったことには驚いていなかった。プリンスが彼の実家に移り住んだのは、この話の後しばらくたってからだったからだ。若いプリンスは、シモンが彼の母バーナデットと五人の兄弟と共に住む実家にもぐりこみ一緒に暮らしたのだ。はじめはシモンの部屋で、やがて地下にあった空き部屋で四年間過ごした。

ロサンゼルスの家にいたシモンと電話中に、祖父母の家の近く、プリマス・アベニューとオリバー・アベニューの交差点のマクドナルドに、よく行っていたと僕が口にしたときだった。シモンが「ああ、プリマス・アベニューの北側にあるマクドナルドのことか。プリンスの話もサウス・ミネアポリスにあるマクドナルドのことを言ってるのかと思ってた。そっちによく行ってたんだけど、電話ボックスなんてあそこにはないだろ」と言った。

「ああ、そうなんだよ」と僕は答えた。「ノース・ミネアポリスのマクドナルド。調べたら、一九九五年に取り壊されたらしい」

「そうか、それなら話が変わってくる。そっちのマクドナルドだったのか。分かった、それなら納得がいく」とシモンが言った。

プリンスの話は嘘ではなかったんだとほっとした。

「あ、でもそれでもプリンスは少し脚色して話してるけどな」と、彼は続けた。

「彼の父親は勘当なんてしてない。プリンスが母親と一緒に住むのが嫌になったんだ。理由は分からないよ。彼女は優しい、いい人だから。義理の父親だっていい人だったよ。彼はプリンスが望むようにさせていた。実の父親と違って、ピアノだって弾きたいときに弾かせてた。プリンスの言ってた義理の父への悪口は全部でたらめだよ。彼はいつも責める人を間違えてたんだ」

「それから……?」と僕は慎重にたずねた。

「プリンスは一文無しではなかったよ。父親から一週間に十ドルもらってたし、義理の父親も援助してたから」

シモンとの会話の後、プリンスの元婚約者スザンナ・メルヴォワンがゲストとして招かれたポッドキャストを聴く機会があった。インタビュアーは、プリンスが子供の頃家を追い出されどこにも行けず、いろいろな場所を転々としていたという話について質問した。どんなインタビューでもメルヴォワンの答えには一貫性があって信用できるのだが、そんな彼女が、笑ってこう答えていた。

「プリンスは好きなところに行けたはずよ。彼には家族と呼べる人が何人かいて、頼っていけば彼らはプリンスを受け入れたはずだから」

プリンスが他界する直前に彼と本当の意味で友達関係であった人物はシモンだろうと僕は信じている。けれどもシモンに直接会ったとき、彼はそれを否定した。僕たちは直接会う前に何ヶ月も、彼の妻キャサリンまで巻き込んでプリンスについての論争を繰り返していた。その後に、実際会ってどのくらいお互いを信用して話せるか試してみることにしたのだ。

プリンスとシモンの友達関係は、プリンスが有名になり、シモンを仲間ではなく自分のために働く者として扱おうとしたために壊れたようだ。シモンは人の指図のもとに動くようなタイプの人間ではないし、プリンスのように彼がそれまでいつも一緒に将来を語り合ってきた友達であればなおさらだった。ずっと後になって二人は和解し、そして本当に最後のときシモンはプリンスを孤独にせず命を救おうとした。

プリンスの過去を振り返ったり調べたりする作業の中で、プリンスに対して最も辛辣だろうと推測していたのがシモンだった。父親ジョン・ネルソンも有名な息子への不満を溜め込んでいたが、それは、彼自身が元凶で起こしたみじめな結果にすぎない。信仰心が強く神を畏れていたらしいのだが、それなら子供を自分に服従させるだけでなく尊重することを忘れるべきではなかったと僕は思う。

プリンスに裏切られたり捨てられたりしたような人々の中で、シモンほどプリンスを恨んで当然と思えた人はいなかった。ネルソンがプリンスを虐待したことで、プリンスはそれを最も近くにいる人にぶつけるようになったのだと、僕は考えていた。

シモンとプリンスは彼らが七歳か八歳の頃に出会った。一緒に地元のセブンスデー・アドベンチスト教会（キリスト教系の宗教）で歌っていたのだ。すぐにそれぞれ違う地区に移ったので数年間離れたが、ミネアポリスのリンカーン中学校で十代になってから再会したのだ。どちらも音楽が好きで、誰がどう思おうと気にしない態度も一致していたので、すぐに仲良くなったらしい。

「中学を終える頃には二人とも完全によそ者扱いだった。それが俺たちの絆になった」とシモンは言った。

冷酷な父親のせいで家を追い出されたと聞いたシモンは、彼の母親バーナデット・アンダーソンに相談した。アンダーソンはシングルマザーで地域の社会活動に熱心に貢献し地元ではよく知られている人物だった。

元夫フレッドとの間の子供六人を育てていたにもかかわらず、アンダーソンはプリンスを家に連れてくることを了承したのだ（プリンスがシモンの家に移って飾られていた写真を見たとき、シモンの父親フレッドがネルソンのバンド「ザ・プリンス・ロジャーズ・トリオ」でベースを弾いていたことに初めて気づいたらしい。二人ともそれまでそんなつながりをまったく知らなかったのだ）。

シモンの家に落ち着いてすぐ、彼のだらしなさに気づいたプリンスは地下の部屋に移った。それから四年間、二人は目についたありとあらゆる楽器を使って演奏し、音楽で生きていくという共通の夢を見ていた。

典型的な思春期の物語らしく、どちらが先に注目されても相手を一緒に連れて行くと誓った。そしてこの成長期の何年かの間に、荒々しい不良少年丸出しでステージに立つシモンを見て、プリンスはステージ上の存在感というものを学んでいった。

プリンスは内向的で、母マティの言いつけに従い宿題をきちんと提出するような良い生徒だった。一方シモンは外向的で近隣では逆らうべきではない人物としての評判もあった。車を乗り回し、捕まらない程度に盗みも働き、気に入らないことは喧嘩で解決していた。

プリンスは、頭の回転の速さと鋭い機転でからかいや暴力を免れ、また、力が強くて体も大きく威圧的なデュアン・ネルソンという兄がいたことも助けになっていた（異母兄と思われていたが、遺伝子的にはつながりがないと後に判明した）。デュアンがそばにいないときには、相手に一番効くようなひどい言葉や悪口を連発して、素早くその場から逃げ出すといった手段をとっていたようだ。

シモンは傲慢な態度をとる相手に対して、何か言うより先に手が出るタイプで、二度三度と相手を殴り、倒してしまった。卑怯な手など使わず正面から勝負するタイプだったのだ。プリンスはそんな彼から、人を惹きつけるための自信に満ちた態度、近寄りがたい雰囲気が持つ力、人に弱みを見せないことの必要性を学んだのだ。

プリンスは「そうだな、認めるよ。汚いやり方で戦ってた。でも僕の育ったところでは『公平』なんて言葉は存在しないんだよ。だからただやらなきゃいけないことをやった。躊躇してる暇なんかなかった。だから僕は一度もひどい目に遭わずにすんだんだ」と言った。ロニン・ロの本の中でバーナデット・アンダーソンもこう言っていた。「(プリンスは)不意打ちをして逃げるのよ。そうやって抵抗してた」

シモンはプリンスと同じバンドでベースを弾いていた。シースルーのズボンを穿いたシモン、ザ・レヴォリューション、プリンスがバンドとしてテレビ番組『アメリカン・バンドスタンド』(音楽とダンスのショー)に出演したことがあった。この番組で司会者ディック・クラークの質問に対して、プリンスはしゃべらずに手で数を示したり、表情を歪めたりして答えていた。クラークの中では、このインタビューはひどい失敗としてずっと記憶に残るものになった。クラークはその後何十年もこの話を引用し宣伝することができたので、それは成功とも言えるのだけれど。

プリンスは、独特な態度で相手を驚かせる方法もシモンから学んで身につけた。また、シモンの着ていた「下着で演奏する俺を見ろ」というような衣装——シモンのデザイナーの彼女がシースルーのズボンを彼のために何本か作った——も後に模倣するようになった。

そんな関係にあった二人なのに、プリンスは彼の四枚目のアルバム『戦慄の貴公子(原題:Controversy)』の中の一曲『ドゥー・ミー・ベイビー』のクレジットにシモンの名前を入れなかった。彼は傲慢にも、すべての曲を書き、すべての楽器を演奏したという表示にしてしまったのだ。

僕がシモンに連絡を取り始めた頃、プリンスがこの一九八一年のできごとについて語っている音声ファイルを彼にメールで送信した。プリンスは自分本位な態度への非難について、誤解だと説明したのだ。「誤植だったんだ。それでクレジットにバンドのベース奏者、シモンの名前がなかった」

ファイルをシモンに送ってしまってから、彼の気持ちを傷つけるひどい音声を送ってしまったことに気づいたのだ。自分が行き場がないときに手を差し伸べてくれた親友を、プリンスはただの雇われ者かのように、「バンドのベース奏者」と呼んだのだ。ザ・レヴォリューションとツアーに出る際にシモンに参加を促したのだが、給料を提示してシモンを他大勢の従業員のように扱った。友達に頼む態度ではなかったので、二人の仲に亀裂が走った。

プリンスはアルバムのクレジットについて明らかに嘘をついたのだと思う。アルバムで彼の友達の名前を間違って記載してしまうのは誤植と言えるが、完全に名前を省くのはもっと意図的なものだと感じる。

血を分けた兄弟のような仲だった友達にただのバンドメンバーの一人として扱われることに嫌気がさしたシモンは、それからまもなくしてプリンスから離れることを決めた。その後彼は自分の力で成功を収める。やがてプリンスのことも許せるようになったのだとシモンは語った。

7

バットマンとブルース・ウェイン

目の前にいるシモンからは、プリンスに対する恨みなどまったく感じなかった。「俺には愛する六人の子供と妻がいるんだぜ」と彼は言った。彼の長男は元妻の歌手ジョディ・ワトリーとの間の子供で、シモンはワトリーのヒット曲となった『ルッキング・フォー・ア・ニュー・ラヴ』の制作も担当した。プリンスほどではないとしても彼も十分に成功したと言えるだろう。「俺は自分のキャリアに満足してる。四枚のアルバムを作ったし、グラミー賞（新人アーティスト部門）も取った。リズム・アンド・ブルースの番付で一位になった曲も作った（『ドゥー・ミー・ベイビー』――クレジットはプリンスになっている）」と語るシモンに嘘は感じられなかった。

ミネアポリスのカフェ。黒のベレー帽をかぶりサングラス姿で、僕の目の前に座っている五十九歳の彼は、この空間で誰よりも格好いい雰囲気を醸し出していた。そして彼のように人生に満足して幸せそうな人物に出会うことは、僕の人生の中では稀なことだった。

彼は少し黙って宙を見つめた。旧友の人生を思い出しながら、笑ってこう言った。

「プリンスと、彼が有名になる過程っていうのは実際に素晴らしい物語なんだ。本当に。もちろん、時にその道は険しかった。俺はその場にいたんだ、彼が大変なことを潜り抜けていたこともよく分かってる。けど、その価値は十分にあったと思う。彼は自分を信じなかった人たちに、置かれた環境なんて乗り越えて頂上に行けると証明したから。それは美しい物語だよ」

そしてシモンは静かに横にいた妻の手を握りしめた。

ハネウェルの正社員として、ネルソンはかなり良い給料をもらっていた。「かなり良い」と言っても、それは一九五〇年代後半のミネソタにいた一般的なアフリカ系アメリカ人たちと比較すると、ということだ。それでも彼の複数の家族を養っていくためには十分ではなかった。

しかもネルソンは、粋なスーツやネクタイを買ったり（プラスチックの成形工なのに、いつもステージに出る直前のような服装でいた）、一九六六年型のサンダーバード・コンバーチブルを買ったり、ヘネピン・アベニューのストリップクラブで演奏した夜に気前よく散財したりしていた。

会社に雇われまっとうな正社員として働くネルソンを、マティはまだプリンスと呼んでいて、ネルソンは「彼女は俺を馬鹿にしていたのさ」と言っていた。

プリンスの異母姉シャロンが初めて彼と会ったのは、彼が十代になってからだ。シャロンは彼の一番好きな色はオレンジだと言っている。一方妹タイカは、彼は紫を正真正銘「王」にふさわしい色だから選んだと言った。

実際当時の彼は色の意味などに興味を抱いていなかったのだろう。彼は「スキッパー」として、または地元の人々の間では「ロジャー」または「ロジャーズ」としてただそこに存在していた。

彼の子供時代や思春期だった頃について、作り話はよく知られていて話題にもなるが、同時に嘘のような真実も多く、素晴らしく知的な、または面白い洞察を得ることもよくあった。

残念ながら、若いプリンスについて書かれた寓話的なフィクション記事から、真実だけを取捨選択することは不可能だ。相反する話が多すぎて泥沼にはまってしまう。

たとえば、セブンスデー・アドベンチスト教会に通っていた話は僕には脚色に感じるし、証拠など見つけられなかった。

プリンスや母親や父親からもその話を聞いたことがなかったが、バプテスト教会の話が出たことはあった。一九八五年の晴れた日曜日の午後。プリンスとドライブをしていたら、ノース・ミネアポリスのバプテスト教会の前を通った。そのときに、彼が小さい頃そこへ通っていたと言ったのだ。黒い礼服を着た写真家が、幸せいっぱいの花嫁と花婿、そして着飾った家族親類たちの写真を撮っていた。あまりに参加者が多くて教会の外の道路を使わなければ集合写真も撮れなかったようだ。

「見てみろよ」とプリンスは楽しそうに、そして少し懐かしそうに「誰が結婚したんだろう?」とつぶやいていた。

プリンスがセブンスデー・アドベンチストを信仰していた証拠がないとは言ったが、プリンスのレコード盤『サイン・オブ・ザ・タイムズ』を懐かしく手に取ったときに、気づいたことがある。セブンスデー・アドベンチスト教会の月刊誌が『サインズ・オブ・ザ・タイムズ』という名前なのだ。プリンスが他界した週に発行された号の巻頭では、プリンスが実際彼らのメンバーなのかを論じていた。

シモンとの電話での会話終わりに彼にも聞いてみた。「セブンスデー・アドベンチスト教会に通っていた話はどうなんだ?」

オーストラリアの博識なミュージシャン、ニック・ケイヴの「俺の人生だってかなり興味深い記事になるかもよ。君がいい質問さえしてくれればね」という教えに従って、とりあえず質問してみたのだ(ただしプリンスに限って言えば、彼へのインタビューの秘訣は黙っていることだった。彼の質問を彼自身に答えさせるのが一番だった。そして洞察力のある批評も必要だった。彼はごますりが嫌いだったので、試みた人たちは逆にひどい扱いを受けていた)。

「ああ、それな」とシモンが答えた。「俺たちが七歳か八歳の頃に行ってたよ。マティも一緒だったかは覚えてないけど、たぶん一緒だったかも。ジョン、彼の父親が信心深かったんだ。実際に俺たちの誰かが信者だったのかは分からない。でも、誰もがどこかに属したいと思っていたから。分かるだろ?」

プリンスが信仰していたとされるその他の宗教、エホバの証人についても明確なつながりを見つけることはできなかった。彼らの黙示録の週刊アップデートを調べてみても、ペイズリー・パークを訪れる団体観光客のために、プリンスの遺灰をその上空に高く掲げることを通例とする教義や慣習を示すような記載はなかった。

バットマンとブルース・ウェイン

ペイズリー・パークといえば、プリンスが他界するわずか二年前に、通報を受けたチャナッセンの警察が、このビルの鍵を持っていたのは、または自由に出入りできたのはプリンス本人だけだったと記述していた。

鍵を預けられるほど信用できた親族が一人もいなかったことに驚いた。プリンスが他界して二週間ほどの間、ペイズリー・パークをめぐる彼の親族の強欲さを見て吐き気がするほどの嫌悪感を抱いた。彼らはプリンスが生存中、または少なくとも彼が名声と金を持つ前は、条件付きの愛情しか示さなかった。そんな人々が、我こそはとプリンスが残したものを手にしようとしていた。そんな彼らのことだから、もし実現可能であるならば、彼の遺灰でツアーを行うことにも同意しただろう。マディソン・スクエア・ガーデンを使っての八回のショーだとしてもすべて売り切れたはずだ。遺灰は、『ビッグ・リボウスキ』のスティーヴ・ブシェミのように（プリンスはこのシーンを気に入っていた）コーヒーの空き缶に詰められ、酒場にあるような高い椅子の上に設置される。会場に大音響で流れるのは、引っかき傷があちこちについた中古の三枚組、彼のベスト盤だ。それは親族たちが、ミネアポリスの「エレクトリック・フィータス」──プリンスのお気に入りのレコード店──でセールで購入したものに違いない。

8・バスケットボール選手と成功者

僕は小さいかもしれない。でもダイナマイトだって小さいんだぜ。

――『データバンク』プリンス（一九九〇年）

もしプリンスの遺言書がペイズリー・パークの庭のどこかで見つかったら、彼の親族がどう反応するのかには興味がある。僕は彼に頼まれて、遺言書に添える声明書のようなものを書いたのだ。プリンスは『ラヴ・シンボル』として知られる、発音できない記号がつけられた彼の最新アルバムに入れると言っていた。このアルバムと遺言書、そして声明書を「タイムカプセル」に入れて埋めると言ったのだ。

僕がその話を信じている理由はいくつかあるが、プリンスを知る人にとっては、彼が金を払ったから、と言えば一番分かりやすいかもしれない。彼の意図を説明した七ページの紙に彼は五千ドル払ったのだ。僕が彼のために「仕事」をしたのは、このときだけだ。そしてプリンスは使うものにしか金を払わない男だった。

遺言書は存在するのだ。それとも、作り話だったのか？

いや、僕は確かに存在すると思う。

プリンスが同意した慈善事業への寄付というものは必ず支払われていたらしいが、僕への支払いに関しては当てにしていなかった。けれども、それはすぐに支払われたのだ。

だから、タイムカプセルはどこかに存在するはずなのだ。

声明書は、プリンスの人生を僕の言葉を使ってまとめたものだ。彼は、自分がすぐ死ぬことを予期していたわけではないが、僕が彼をインタビューする形で書いた「声明書」が欲しかったのだ。なぜプリンスとして知られた人物が死んで、発音できない記号となったのかという説明も含まれていた。この依頼について知っているのは彼の元護衛で後にマネージャーとなったギルバート・デヴィソンだけだ。

またこの声明書には、一九九〇年代の音楽業界は全体的に崩壊しているとする彼の考えが記されている。特にヒップホップの台頭により、一つの楽器も弾けない、歌もろくに歌えない人々がスターとして崇められることへの懸念。また、彼が業界で最も才能のある人物でそれに値する報酬を得るべきだということ、二十世紀のアメリカに生きる黒人がいかに窮境にあるかということが論じられている。

彼の母親マティは、プリンスがおおよそ一歳の頃に、庭の石ころを叩いてリズムをとっていたと語った。彼がミネアポリスの家の庭でリズムを奏でていたちょうどその頃、ボビー・ジマーマンはミネソタ大学の一年生だった。

ジマーマンの生家はミネアポリス市、ユニバーシティ・アベニュー・サウスイースト九一五番地で、プリンスの実家ニュートン・アベニュー・サウス五三九番地から車で約十分の距離だった。ジマーマンはシグマ・アルファ・ミューというユダヤ教団体の敷地内に住んでいた（現在はアルファ・カイ・オメガという団体が所在している）。客間に置かれたピアノで真夜中に騒音を奏で、簡単に言えばそこから追い出された。それから彼はボブ・ディランとしてウディ・ガスリー（フォーク歌手）を夢見てニューヨークへと向かうことになるのだ。

ディランはミネアポリスを離れ、音楽の聖地に移って自分を確立した。一方プリンスは、誰も知らない場所に誰も作ったことのない自分の聖地を作り上げなければならなかった。彼は人生のうちに何度かミネアポリスから離れようとした。彼の最初のインタビューとなったセントラル高校の新聞記事でも、できたらすぐにでもここから出て行きたいと語っていた。

高校卒業後すぐに、彼はニューヨークに移り住みレコード会社と契約を取り付けようとしたが、うまくいかなかった。また音楽業界に入ってからも、ロサンゼルスやトロントやスペインに買ったか借りていた豪邸に移り住もうとしたが、実現しなかった。ラスベガスを試したこともあった。

彼はまるで事件の現場に必ず戻ってくる当事者のように、いつもミネアポリスに帰ってきた。

労働者階級だった僕の祖父母は、田舎から出てきて遥々アメリカまでたどり着いた移民で、英語を学んだことはなかった。彼らはオリバー・アベニュー・ノース、ミネアポリスの北側に住んでいて、そのあたりに残っている白人は彼ら二人だけであるように見えた。修理修繕をしながら、小さくて心地よい家に住んでいた。

かつてこの地区では、同じ労働者階級としてアフリカ系アメリカ人、ユダヤ人、そしてスラブ人が共存していた。一九六六年にここで繰り返し起きた暴動によって、象牙色の肌をした人々のほとんどは他の住宅地へと追われることになった。僕の祖母は頑としてこの地区から動くことを拒否した。

「ロシアを歩き回ってここまでたどり着いた」と祖父が、祖母による半世紀前の旅の様子を通訳してくれた。「だからもう動くのはまっぴらだ。ここにいるよ」

祖父はそんな祖母と口論するのは無駄なことと判断したようだった。彼はトラックの運転手を退職した後、野菜を育ててピクルスを作ったり、シャバットワイン（ユダヤ教の安息日に飲むワイン）を仕込んだりしていた。彼はガラスの保存瓶に入れたそのワインをただで近隣の人々に配ったので、「ユダヤのワイン職人」というあだ名で呼ばれていた。そうして異国人であった八十歳代の祖父母は、この地区で皆に好かれ安全に暮らしていた。

祖父母の家のすぐ近く、オリバー・アベニューとプリマス・アベニューの角にデイリークイーンというアイスクリーム屋があった。プリンスがずっと後になって話してくれたのだが、僕が十二歳の頃に僕たちはここで初めて出会っていたらしい。プリンスが説明してくれたその日を僕は覚えていた。その週末、祖母が飾っていた蝋で作られた果物――ミカンとバナナだったと思う――を僕がかじって（ろうそくの味がした）歯型をつけた。そして怒った祖母に家を追い出されたのだ。

僕はただ、慕っていた六歳上の兄の命令に従っただけだ。彼は、偽物の果物を僕がかじったら祖母が面白がるだろうと言ったのだ。言葉を発する隙もなく外に放り出された。

十数人のアフリカ系アメリカ人たちがデイリークイーンの前に集まっていた。祖父母の、文化の違いをものともしない態度を僕も受け継いでいたのだろうか。僕は自然に彼らに交じって、いつの間にか始まったバスケットボールの対戦を見ていた。対戦しているのは僕よりずっと年上の、少なくとも三十センチは背の高い人たちだった。僕は足元に転がっていたボールを反射的に右手の人差し指の上で回し始めた。

何かに秀でたことのない僕が、自分でも能力があると感じたことが二つだけあった。それは（一）十六歳になったときにアップタウンのマクドナルドでフライドポテトを揚げていたこと、そして（二）指の上でバスケットボールを回転させたり、ドリブルでいろいろな技を見せたりすることだ。僕はこれらの技を、ハーレム・グローブトロッターズ（バスケットボールのエキシビジョンチーム——娯楽と競技性の両方を併せ持つ）を研究し練習して学んだ。ミネアポリスのスポーツセンターで行われる試合は毎年見に行った。十歳のときに、彼らがテーマ曲にしていたブラザー・ボーンズの一九四九年版『スイート・ジョージア・ブラウン』のレコードも買った。この曲に合わせて、メドウラーク・レモンやカーリー・ニールなどの選手たちが目を疑うようなすごい技術でボールを回し、ドリブルをし、ゴールを決めるのだ。

中学時代の初期で僕が覚えているのは、これらの技術を鏡の前で休みなく繰り返して習得しようとしていたということだけだ。指の上でボールを回せるようになったら、次はそれを順々に指の間で動かしていくことを学んだ。（ゴールの）バックボードをチームが使っていない間は、頭でボールを突いてネットに入れる練習もした。

プリンスの記憶にあったのは、この日のことだった。「プリンスが覚えていそうなことだよな」と僕の話を聞いたシモンは笑いながら言った。

僕はこの日を覚えていたものの、プリンスの記憶はなかった。

大人になった僕たちがミネアポリスの北側周辺をドライブしていたときに、なぜあの集団の中で技を見せて注目を浴びようとする厚かましさが自分にあったのか不思議に思う、と僕はふとつぶやいた。毎週祖父母の家に行くたびに、同じことをしていたのだとプリンスに教えたのだ。

すると「僕もその場にいた」と彼が言ったのだ。

嘘つけと思ったのをはっきりと覚えている。ただ僕の言ったことに対してオウム返しに答えただけなのだろうと思った。話を少し面白くしようと、または僕の気分を良くしてやろうと嘘を言ったのだとまで考えた。プリンスはその気になると人をおだてることもあったのだ。「みんなお前のこと、キャスパーって呼んでたんだぞ」とプリンスは人懐っこい白色のおばけの名前を出した。一人だけ「白人」だったからだろうか。

彼の答えが事実だったらいいと思う。大きなアフロヘアーのプリンスが僕の隣にいるのを想像した（僕もアフロヘアーだった。イスラエル系・ユダヤ系アフロヘアー、イスロだったのだ）。想像の中では、彼は僕のバスケットボールのテクニックを感心して見ている。二人でマッドドッグ・バションとかクラッシャーのようなプロレスラーの話をしたり、僕が邪悪なドクターXの足4の字固めをかけたりしている。そんな様子を何十年もたった今頭の中で思い描いていた。

初めてプリンスの運転で、ミネアポリスの彼が育った地区をドライブしていたとき、南側と北側の違いを説明していた彼に対して——これは録音テープに残っている——僕は「ああ、知ってる。祖父母がこっちに住んでいたから」と言ってオリバー・アベニュー・ノースの方を指差した。そしてワース公園を指して「ここでよく、そり滑りして遊んだ」と付け加えた。

プリンスは驚いたように「僕も行ってた。じゃあ、お互いのそりがぶつかり合って転げたこともあったかもね」と言った。プリンスは僕がミネアポリス出身だと知らなかったらしい。

「あのとき壊れたそりの弁償、まだしてもらってないよ」と僕は彼に冗談を言って、ついでに、僕の大叔父のオージー・ラトナーがヘネピン・アベニューで、オージーズといういかがわしいストリップクラブのオーナーをしていたという話をした。そのときはまだ、プリンスの父親ネルソンがプリンス・ロジャーズ・ネルソンという芸名で、何年も前にそこで演奏していたことは知らなかった。プリンスも何も言わなかった。


このとき、僕はあの瞬間を感じたのだ。

プリンスの心が開いた瞬間だ。どんな記者でも経験するだろう。それは話し手が自分を信用した瞬間で、「記事」だけのために話すのではなくなるときだ。友達がインタビューされると聞くと、僕はいつも、その瞬間には気をつけろと警告する。

ワース公園の前を通り過ぎるところで、僕はこの公園に関する陰惨な歴史について語っていた。かつて勢力をふるっていたミネソタの暴力組織は、逆らった人物を殺した後、この場所に遺体を捨てていたという。殺しのプロが関わっていたし、被害者が加害者より悪人であることが多かったから、ミネアポリスの警察は事件を報告するのに嫌気がさしていた。そこで隣の市のゴールデン・バレー警察に面倒な書類作成をさせればいいと考え、時々死体を何百メートルか隣の市の境界線まで引きずっていったらしい。

プリンスは一九六六年型のサンダーバードの運転席から僕の方を向いて笑った。それは心を許したときの笑顔だった。あの瞬間の笑顔だったのだ。


プリンスは面白くて頭の回転が速く、中学の頃から女の子に人気があった。ちょうどその頃彼は自分流の「格好いい（sick）」という信条を掲げ始めた。彼にとってそれは存在意義があるかどうかで、誰かがすでにしたことなら二度と繰り返す必要はないということを意味した。もし過去に誰もしていないのなら、なぜなのか調べて、そして自分が始めてみる価値があるかもしれない、ということなのだ。

プリンスは中学の頃すでに、他の惑星から来たような人物になる道を歩き始めていたようだ。過去に誰もしなかった新しいことをしたかったが、それでただの間抜けのように見えたり、「格好いい」を追い求めて変な奴になってしまったりということは絶対に避けたかった。「中学のときに目立つことが必要だって気づいたんだ。家で感じる孤独な気持ちを消すことはできないけど、外ではどんな役でも演じることができる。僕が演じているのか、僕自身なのか、それとも「格好いい」を体現してるのか、誰も分からなかったから」と彼は語った。

プリンスは発売されたばかりの『ラズベリー・ベレー』のビデオを僕に見せながら、「格好いい」の定義を説明してくれた。ビデオデッキの前に膝をついてテープを早送りして止めた。パッと花が咲くような可愛い曲が始まるとすぐに、プリンスが乾いた咳をして喉もとを押さえる場面になった。僕が、嫌いなマヨネーズを無理に食べると出てしまうような咳だ。

「これだよ、このことを話していたんだよ。僕はこれが格好いいと思ったから（映像に）入れたんだ。誰もこんなこと思いつかないだろう?」と彼は言い、少し黙って考えていた。「周りの人たちは僕たちがステージやレコードで馬鹿なことばかりしてると非難する。彼らは『格好いい』という観念が理解できないんだ」

「馬鹿なことって?」と僕は聞いた。

「すべてだよ」プリンスが答えた。

「音楽、ダンス、歌詞。彼らが分かってないのは、僕たちが意図的にやってるってことなんだ。馬鹿じゃない、格好いいんだ。『格好いい』って、誰もやらないことをやるってことだ。僕たちがダンスでステップを踏んでいたら、それは誰もやらないことだからだ。僕はいつもそういうことを探してるんだよ。格好良さそうなことを探すんじゃない、そんなの全然違う。ただ目立ちたいからというのでもない。何かするときに、それが誰かの二番煎じのような気がしたら僕は別のことをするってことなんだ」

ブライアント中学校でのプリンスはバスケットボールがうまくて有名だった。彼は驚くほどいい選手だった。体は小さかったが、信じられないような動き方をした。ブライアント中学最終学年のチームではシックスマン（ゲームの流れを変えるための控え選手）として座らされていたし、常に州大会で上位になるミネアポリス・セントラル高校でも、すぐに選抜チームの一員として選ばれるだろうとも噂されていた。

だがプリンスはそこで、父親と同じぐらい嫌う人間に出会ってしまったのだ。彼の名前はアル・ニューネスで、オール・ビッグ・テン（アメリカ北東に位置する大学十校の集まり）の選抜ガードとして選ばれた功績があり、ミネソタ大学の「スポーツの殿堂」入りを果たした人物だ。彼は当時のセントラル高校でバスケットボールのコーチをしていて、傑出した才能がありながらも一六〇センチ弱と小柄なプリンスに、この高校チームで活躍させるチャンスを与えなかったのだ。

プリンスと父親との関係は日ごとに変わり、険悪だったと思えばかなり長い間良好だったりした。けれどもニューネスに対してはプリンスが嫌悪を感じない日がなかった。「僕は彼が大嫌いだ。彼のことを考えていないときでもね」と彼は話した。

「反則だ！」プリンスが憤慨して叫んだ。ペイズリー・パークのバスケットボールコートで、ゴールに向かってドリブルをして、僕を抜いていこうとした彼の手首をわざと叩いたからだ。「反則じゃない」荒く息をしながら僕は答えた。「ただ格好いいことをしたんだ。僕はするべきでないことを選んだんだよ」

「それは『格好良く』ないだろ、『馬鹿な』ことだ」プリンスがむかついたように言い放った。

「『格好いい』は今まで誰も挑戦してないことをして、結果を出すことだろ。ズルじゃないんだよ」

「ゴールを取れないからって怒るなよ」と僕は言い返した。

一対一のゲームで反則なんて数えていられないのだ。もし厳しく反則を取ろうとしたら、毎回彼がボールを持つたびにゲームを止めることになる。遊び場のルールに従うならば、どんなに僕のやり方がひどかろうが、そんなにうるさく反則を叫ぶ彼は泣き言をいう弱虫とみなされるのだ。汚いやり方で戦うのは生き残るためで、そうしたいからではない。僕はこのバスケットボールの戦略を、常に補欠だった中学時代と、成長が止まった（僕は一七三センチ弱だ）高校二年時に徹底的に学んだのだ。

「反則！」彼がまた叫んだ。たぶん僕のした反則に対してだけではなくて、選手としての僕、もしかしたら記者としての僕に対しても、それから人間としての僕を反則だと言っているのかもしれない。プリンスは腹を立てていた。彼がこんなふうに怒ることは滅多になかった。でも僕たちのゲームではいつも怒っていた。

僕が彼に対して苦肉の策でしかない戦い方、執拗なそしてある程度効果的な反則をするしかないことをプリンスは自分への侮蔑と感じているようだった。彼は僕よりずっとうまくて少なくとも三十センチは背が高い選手たちを打ち負かしてきたというのに、不思議だ。

「お前、バスケットボール選手として戦うつもりはないのか？　無能な反則者として戦うのか？」とプリンス。「バスケットボール選手」という言葉をまるで「神」のような響きで、「反則者」を「悪魔」とでも言うように発音した。

プリンスがバスケットボールをするときはいつも厚底靴のままという話を記者たちが広めたので、それが通説になっていた。僕は雑誌GQのインタビューで、僕とのゲームではプリンスはいつもバスケットボールシューズを履いていたと真実を話した。他の記者たちが嘘を言っていると批判する気はない。ただ僕は、一度も神話が真実になったのを目にしたことがないだけだ。案の定、インターネットで検索したらすぐに、プリンスがバスケットボールシューズを履いてシュートを打っている写真を数枚見つけることができた。


プリンスは本当にうまかった。彼は十分に動けたし頭も働いた。つまりバスケットボールの才能があったのだ。だから僕たちは、彼の前世からの業と視野の狭いコーチが彼の気勢をそいだことに感謝すべきなのかもしれない。

ブライアント中学最終学年チームのコーチのリチャード・ロビンソンは、プリンスが、ゲームを組み立てる才能あるガードだっただけでなく、試合の残り数秒でゴールが欲しいときに頼れる選手だったと語っていた。彼は一か八かのときには必ずボールを欲しがり、そしてボールを追いかけたことで有名な選手だったのだ。

「勝負のときには、みんなプリンスにボールを託したよ」とロビンソンは話す。「彼のドリブルはすごかったんだ。運動神経が本当に良かったし、スピードがあった」

そしてコートの外では、とロビンソンは続けた。「彼は実に頭が良かったよ。勉強なんてそんなにしてなかった。一度学べば理解できたんだろうね」

実際それは事実だった。マティは彼の成績表を捨てずにしまってあって、一九九七年に僕に見せてくれたのだ。AとBが半分ずつか、またはAが三分の二ぐらいだった。僕はメモを取る代わりにマティが用意してくれた朝ごはんのシリアルを食べていて、その横でプリンスは、彼女の家に来るように頼んでおいた排水溝修理の人々が実際に来たのかどうか聞いていた。

ジミー・ジャム・ハリスはプリンスと長年の友達で、後にジミー・ジャムとして有名になった。ジャムは彼のバスケットボールのうまさをはっきりと覚えていた〈ジャムは仲間のテリー・ルイスと共にジャネット・ジャクソンやその他大勢のヒット曲を生み出したプロデューサーだ。一九八〇年にプリンスが二人を彼のバンド、ザ・タイムから解雇した理由については、あまり話したがらなかった。ザ・タイムは、プリンスの旧友のモーリス・デイをボーカルにして才能のあるメンバーを組み合わせたファンク版ザ・モンキーズ〈オーディションで作られたロックバンド〉だ。ジャムとルイスはアトランタで、SOSバンドのアルバムをプロデュースしていて吹雪で足止めをくらい、ザ・タイムのステージの出演に間に合わなくなってしまった。

その結果、解雇となったらしい)。

　ジャムはこう話してくれた。「プリンスは小さかったけれど、自分がすごい選手だっていう自信を持ってたんだ。ボールを自由に操り指示を出せる、そしてアッと驚くようなシュートもできるポイントガードだった。ステフ・カリーを見てるとプリンスを思い出すよ。あんな感じだったんだ。彼がコートに出ると女の子たちが『きゃープリンス!』って叫び出す。すごかった。俺たちが住んでたところって、そうだったんだよ。バスケットボールがうまいと尊敬された」


　僕の方はというと情けないもので、小学校を終わる頃までにはバスケットボールの技術も伸び悩み、選手としての姿勢もまったく身についていなかった。その後の上達の速度はまるで盆栽の木々のようにゆっくりしたもので、中学が終わる頃にはチームでのただ一つの僕の役割が、次のゲームに出る選手たちの練習相手になることだけになっていた。彼らは僕よりずっとうまかっただけでなく、揃いも揃って顔もよく目立ちたがりだった。彼らは簡単にその技術と正確さで僕を抜いてシュートを決めたりして僕はいつも恥ずかしい思いを味わっていた。

　だから彼らの動きを止めるためのたった一つの方法が、反則、「ズル」をすることだった。審判にファウルを宣告されるかどうかのぎりぎりのところで、シュートしようとする相手の手首を叩いたり、ドリブルする足を踏んで邪魔したり、パスを受けようとしている相手のシャツをつかんでバランスを崩そうとしたり、そういうことだ。

もちろん相手は「反則だ」と叫んで審判の注意を引こうとした。観客の女の子たちやチアリーダーたちも見ていた。だけど僕には他に方法がなかったのだ。それ以外のときは練習試合でさえ、ベンチに座って見ている側だった。技術がない代わりに横柄な態度を身につけ、チームメイトにベンチから応援と叱咤を送り続けるだけだった。

そしてコート脇でボールを指の上で回す練習を続け、チームが反復練習をしているコートの反対側で、回っているボールを頭突きでネットに入れようとしていたのだ。床の上数センチの低いところでドリブルし、足と足の間にボールをくぐらす技術を習得しようとしていた。

ウィンター監督は僕がそんな技を練習していることなど気にも留めていなかった。たとえ僕がチェロを練習していたって怒らなかったはずだ。僕のバスケットボール人生はそうやって中学の終わりと共に当然のごとく結末を迎えた。プリンスはその一年前に不当にもバスケットボールをやめていた。


彼が僕よりずっとうまい選手だったのに僕とゲームをすることを嫌がらなかった理由はただ一つ、僕の練習した技だった。

彼も指でボールを回せたが、僕の方がうまかった。僕は両手のすべての指を使ってボールを回してそして動かしていくことができた。腕と胸を使って円を描くようにボールを回し続けることだってできた。

「お前、バスケットボール全然できないくせに、それすごいよな」とプリンスに言われた。

彼が他界した後、一度だけ、プリンスがバスケットボールを指で回している写真をフェイスブックの「注目の写真」のページにアップロードした。集中しているように見える彼の隣で僕も同じようにボールを回している。写真の僕はおそらく三十歳ぐらいで、サングラスをかけ無関心を装っている。一週間後に写真はページから削除してしまった。僕たちの共有した歴史の中で、僕が彼と同じ空間に立ったと言えるのはこの瞬間だけだろう。僕は僕でしかなく、決して彼のいる世界には属していないのだ。


高校一年のときには、背丈の低いプリンスがバスケットボールを続けていくには難しい状況になっていた。たとえどんなに才能があっても一六〇センチ弱の選手が活躍できる場は少なかった。コーチのニューネスも彼の才能を生かす方法などに興味はなかったのだ。

もしプリンスがバスケットボールで成功者となっていたら、社会的にうまく機能しないような人生を送ることもなかったかもしれない。人から認められ崇められるために、尋常ではないほど音楽に傾倒していくこともなかったかもしれない。

一方でやはりこのようなできごとが彼に起こらなくても、プリンスは結局音楽業界で大成したような気もする。もし彼がバスケットボールを続けることができていたら、音楽的技術を完壁に習得する時間は限られ、数年ロックスターとして活躍するだけだったのかもしれない。人生の終わりまで音楽を書き続け、スターであり続けることはなかったかもしれない。でも結局彼はどんなことを選んでもそこで王者となり、また彼が選んだ場所が王座とみなされるという人生を送ったのだろう。

プリンスにとって楽器を弾いたり音楽を作ったりするのは難しいことではなく、そしてその技術は成熟したものだった。だからバスケットボールを続ける人生だったとしても、彼の異常とも言えるほどの集中力と完璧主義で音楽に向き合うことがなかったという違いだけで、結局音楽の技術で有名になっていたかもしれない。音楽業界で成功することをプリンスはよくプロレス用語を使って「人気を博す（gotten over）」と言っていたが、いずれにせよ彼は人気者になっていただろう。アイスホッケー界のウェイン・グレツキーや演劇界のシェイクスピア、スーパーヒーロー界のスーパーマンや物理学界のアインシュタインと同じように、プリンスはただ音楽の才能があったのではなく、その世界さえ超越したところに君臨した。

だから、僕たちはミネアポリスのセントラル高校の選抜コーチがニューネスだったという運命か、身長が一六〇センチ弱で止まったという遺伝子のいたずらに感謝するべきだとは思う。

アインシュタインは「もし物理学者でなかったら、ミュージシャンになっていたと思う。思考が音楽のように頭の中に浮かびあがる。音楽でできた想像の世界に生きていて、自分の人生を音楽のように見ているんだよ」と言った。もし彼が職業を選択するときに運命が少し異なる方向へ動いていたら、相対性理論ではなく音楽の天才が生まれていたかもしれない。

ピンボールの用語を使って言えば、プリンスはどんなゲームでも「完全勝利（ターン・オーバー）」していただろう。それは選んだゲームの最大値を超してしまうことを意味する。ただ、もしバスケットボールと音楽の両方を続けていたとしたら、多くの人が彼を畏怖の目で見ることもなかったかもと思うのだ。

仲間や他の人間にもっと好かれるような人物になっていたかもしれない。自分の進みたい方向に人々を導いていく能力と、同時に彼らを笑わせたり深く思考させたりする人格で、戯曲『セールスマンの死』のウィリー・ローマンが望んでいたように、人々から絶大なる好意を受ける人物となっていたかもしれない。

こんなふうに手の届かないものとして崇められ神格化されるだけではなかったかもしれない。自分が管理し護衛する牢屋の中に自分を押し込め孤独に生きるのではなく、人間らしいささやかな喜びを楽しむような人生を送ったのかもしれない。

ハワード・ヒューズ（アメリカの実業家で億万長者）のように隠匿生活を選んだプリンスが、他界前の数年間は公の場に姿を現すようになった。それはヒューズのように精神的に混乱したわけではなく、彼は自分を皆のいる世界に下ろそうとしていたのだ。

プリンスは、皆が彼と一緒にいると多かれ少なかれ「引け目を感じてしまう」と言っていた。

プリンスの生前そして他界した後も、彼の才能を表現するときによくモーツァルトの名前が出る。歴史的な観点から判断すれば同等とは言えないまでも、プリンスが自分の能力を知っていて鍛錬し、野望と熱意、自分を壊さない程度の自己規制を持って成功した人物だったことは明らかだ。こういった要素があったからプリンスは、どんなことを、誰を、どんな楽器を選んでいても——ギターを持つエリック・クラプトンか、またはファンクの世界のジェームス・ブラウンのように——多くの人から称賛されるミュージシャンやファンクスター、またはポップスターになっていた人物だ。

バスケットボールが彼の人生にとって生涯切り離せないものだったことは確かだ。作曲家でラッパーそして映像作家のデイビッド・DVS・シュワルツは二〇〇〇年にプリンスと仕事をし、二〇〇一年にかけて行われた『ヒット・アンド・ラン』アメリカ・ツアーでバンドメンバーとしても同行していた。

「俺たちは、ペイズリー・パークで曲を録っていたんだ。曲の制作状況を見たり、ツアーのリハーサルをしたりしてた。敷地内スタジオのすぐ横にバスケットボールのコートがあってさ。俺はプリンスが昔バスケットボールをしてたことは知らなかったんだ。ある日彼がふらっとスタジオに来てそのままゲームが始まった。その年と翌年も合わせると、そこで百試合以上はしたと思う。楽しかったよ。彼はうまかった」

「スタジオに行くときはバスケットボールもするだろうと準備する感じだった。曲を録音するっていうときは、試合もするってことを意味してたんだ。だからいつも運動用の服も車の中に入れていたよ。数時間録音やリハーサルをしたら休憩を取って、一時間ぐらいバスケットボールをしてから（仕事に）戻るって感じだった」

「プリンスはいつも言葉を使って挑発してきた。シュートを打つときは邪魔されたくないし、身長差があるから相手のシュートするボールを遮ることができないだろ。だから変なことを言ったり、妙な音を出してみたり、ぐるぐる走り回ったりして気を散らそうとするんだ。最初の頃はそうやって妨害されていたけど、慣れてきたら無視できるようになった」

十五歳になる頃にはプリンスはもう両親と一緒に暮らしていなかった。グランド・セントラルという最初のバンドそしてシャンペンという次のバンドを結成し、ありとあらゆる楽器を演奏するようになった。女の子の熱狂の対象になっていたし、良くも悪くも周りの人々と違う世界に住んでいるという兆しを見せていた。そして彼がバスケットボールのリーグ戦に参加するのも、この頃が最後になった。

バスケットボールではなく音楽の道に入ったというのは彼にとって正しい選択だったのだろう。けれども、バスケットボールを諦めなくてはならなかった経験は彼に深い傷痕を残し、それは彼の残りの人生において消えることはなかったのだ。

プリンスがコート上で戦えることを誰もが知っていたのに、ニューネスは彼を試合で試してみようとはしなかった。そのように無視されたことで彼は存在価値を否定されたように感じたのだ。まるでそれは、手が小さいからギターを弾いてはいけないとか、腕が短いからピアノを触ってはいけないと言われるようなものだった。

「アル・ニューネス」という名前を出すだけで、プリンスは憎々しげな目でこちらを見てきたものだ。

「あいつ、本当に最低な奴だ」とプリンスはずっと言い続けた。もしかすると、父親に虐待された怒りを別の「父親」のような人物を使って吐き出していたのかもしれない。ネルソンはプリンスにピアノを弾かせず、ニューネスは彼を試合に出さなかった。そしてプリンスはその後の人生でいつも何か悪いことが起きるたびに、その元凶となる人物としてまずニューネスを思い出すようになっていた。

「ニューネスは僕を試合に出さないことで満足感を得ていたのさ。分かるだろ?」プリンスは僕に向かってそう言った。「僕が試合に出ていたら州大会三連覇だってできたんだ。ニューネスがいなかったら、あの高校はトロフィーを取れてたし、僕もたくさん試合に出てたはずだったのに」

9・セントラル高校

プリンスは十四歳のときに友達とバンドを結成した。バンド名はソウル・エクスプロージョン、フェニックス、グランド・セントラルそしてグランド・セントラル・コーポレーションと様々に変わっていった。そして地域の中心人物だったアンドレ・シモンの母親バーナデットが、地元の公民館での集まりに彼らを出演させるようになった。

主要メンバーは、プリンスがギター、シモンがベース、シモンの妹リンダがキーボード、そしてプリンスの従兄弟チャズ・スミスがドラムだった。まもなくシモンの友達だったモーリス・デイが入り、スミスがバンドから外された。その裏切り行為に対して皆がプリンスを責め、プリンスはシモンを責めたらしい。デイの母ラヴォン・ドーハティが熱心にバンドの事務作業を請け負い、十七歳のときにプリンスは録音スタジオで演奏するという経験をすることになった。彼の従姉妹の恋人だったペペ・ウィリーのバンド、94イーストがそのスタジオを使っていたので一緒にプリンスたちをスタジオに入れてくれたのだ。

セントラル高校の校内新聞に掲載されたバンドの紹介文は、明解でとても適切な表現でまとめられていた。その後の多くの記者たち（僕を含めて）によって書かれた話とは違い、百パーセント真実だった。

学生記者のリサ・クロフォードの記事はプリンスの言葉の引用で始まる。「『僕はグランド・セントラル・コーポレーションというバンドで演奏しているんだ。もう二年になるよ』と、三年生のプリンス・ネルソンは言った。プリンスは七歳のときピアノを弾き始めた」彼の家庭が崩壊したときだ。「そして十三歳の頃ギターを始めた」

プリンスについて初めて書かれたこの記事の見出しは恐ろしいほど将来を予知していた。「『有名になるのは大変だ』ネルソン・インタビュー」

このインタビューから二年もたたないうちに、彼はワーナー・ブラザースとレコード契約を結び、新人としては異例の契約だとして大々的に宣伝されることになった。

彼がミネアポリスから出たいと思っていたことも分かる。「ここにいてバンドとして成功するのはとても難しいと思うんだ。いくらいいバンドだったとしても。ここには大きなレコード会社やスタジオがないから。もし僕たちがロサンゼルスやニューヨークのような大都市にいたら、もうとっくに人気が出ていたと思う」

記事に添えられている写真の中のプリンスは「インタビュー、もう終わりでいいだろ」とでも言うような目をこちらに向けている。彼のヒーローだったニューヨーク・ニックスのガード、ウォルト・フレイジャー（ファッションセンスにも優れていた選手）も認めてくれそうな格好、広襟のボタンアップシャツを着て眉をひそめていた。フィッツジェラルドの短編小説の題名『リッツホテルくらい大きなダイヤモンド』を借用すれば、「リッツくらい」大きなアフロヘアーと言いたいくらいの髪型だった。

早く終わらせたいようなプリンスの表情は正直な彼の気持ちが出ていたようだ。写真の下には、「プリンス・ネルソンが日課としているピアノの練習を始める前に、この写真を撮る時間をもらった」という説明があったのだ。

この記事からは、自分はスターだと思っているような傲慢さは感じられなかった。音符を習うなんてかったるいというようなビバップのスターを気取るのではなくて、後にきちんと音楽を教えるような先生になりたいという気持ちも語っていた。

「プリンスは耳で覚えて音楽を奏でる。『二回ぐらい教わりに行ったんだけど、僕には合わなかったんだ。耳から入ってくることは実行できるから、レッスンからも学べばすごく上達すると思ったんだけど』」

そして真面目な一言「音階はすべて学ぶべきだよ。すごく大事だ」

最後の段落では彼は予備プランまで話していた。「もっとずっと年をとってからだけど、最終的には大学で学んで教えたいと思ってる」。彼はクロフォードに、もしミュージシャンとして人気が出なければ、ミネソタ大学に行って学位を取り高校の音楽の先生になると話をしていたのだ。

プリンスは高校二年から三年まで、音楽教師キャサリン・ドープキーの授業に出席していた。現在九十七歳の彼女はミネアポリス市で二十年間教職に就いていたのだが、プリンスがセントラル高校で過ごした時期に彼女もそこに配属されていた。プリンスは彼女の発声とピアノの授業を取っていたが、合唱の授業だけは取らなかった。彼は彼女に「子供の頃嫌っていうほど教会に行ったから」と理由を告げたらしい。

ドープキーの記憶は明瞭で、若いプリンス・ネルソンのことでいくつか覚えていることを話してくれた。「彼の笑った顔を見たことがなかったわ。それに彼はまったく話さなかった。彼に何か教えたという感覚はないのよ。彼を笑わせられれば、少しでも笑顔を見ることができればよかったと思うの。荒れてるようには見えなかったけれど、笑わなかったのよ」

僕が彼女に、プリンスが一年の初めにバスケットボールのチームから外されたのだと教えるとびっくりしていた。「バスケットボールをしていたの？　でも彼、とても小柄だったわよね！　だから彼はすごく静かだったのかしら？　彼の口からバスケットボールという言葉なんて一度も聞かなかったわ」

発声の授業の初日、十数人の生徒にどんなことに興味があるのかを順番に自己紹介を兼ねて話をさせたそうだ。プリンスは「僕はロックンロールのスターになりたい」と言ったらしい。

ドープキーは「すごく鮮明に覚えているの。彼の言い方がとても真面目だったから。まるで弁護士や先生になりたい、と告げるような感じだったのよ」と言った。彼女は思わず「でもこのクラスではロックンロールは教えられないわよ」という言葉が出てしまいそうになった自分を抑えたらしい。「この若い男の子、こんなに華奢な彼からその言葉が出たのよ。だから『いい心意気だわ、頑張りなさい』と思った。だから『ああ、そうなの』とだけ言ったわ」

「教えられることなんてなかったの。彼はとても優れていたし、楽器も素晴らしく上手に弾いたわ。片手でシンセサイザーを操って、もう片方でピアノが弾けた。周りなんて比較にならなかった」と彼女はプリンスを思い出していた。

そして彼は彼女に、音楽理論を学びたいと頼んだらしい。そんな要請をしたのは後にも先にも彼だけだったそうだ。「他には何も彼に教えられることなんてなかったから」それを聞いた彼女は少し心が軽くなったそうだ。

音楽理論の本を探してきて彼に見せた。その本には理論の基本だけ、つまり異なる音符と音階についての説明や、全音符と四分音符と八分音符、そして和音と音程の例が載っていた。「あの基本的な理論はただ彼の知識の穴埋めに過ぎなかったのね。だって彼に本を見せたら、十五分くらい見た後で『ありがとう』って返されたわ」

そのとき初めて彼が笑顔を見せたということを彼女は覚えていた。

練習しているうちに自分で学んでしまったのだろう。プリンスはそれらの理論をすでに理解していて、ただ用語を知らなかっただけなのだ。

僕が手渡した一九七六年の校内新聞の記事で、彼が自分のクラスが好きだと言っているのを読んで彼女は嬉しそうだった。プリンスが音楽を目指す他の子供たちにアドバイスをしている箇所を読んで、「高校のピアノの生徒って、普通はみんなに音階の重要さを語るなんてことしないわよね。まあ、クラスの初日に、知らない生徒たちに向かってロックスターになりたい、と言うなんて特に稀なことよね」と面白がっていた。

彼女はプリンスが卒業して何年もたってからの、あるできごとも覚えていた。全国合唱コンクールの運営を手伝っていたときに、賞としてプリンスが何か記念品を寄付してくれないかと思い、ペイズリー・パークに手紙を送ったそうだ。「彼、私のことを覚えていたんだと思うわ」と彼女は言った。「数日後、彼の『神の御加護がありますように、プリンス』とサインが入った、とても大きいポスターが届いたのよ。嬉しかったわ。彼はきちんとした子だった、良い子だったわ。ただもっと笑ってくれないかなと思っていたの」

そして彼女にとって一番の思い出になっているのは、プリンスがシンセサイザーを家に持って帰っていいかと聞いたときのことだ。学校の規則に反していたので、自分がシンセサイザーを彼の家に持って行ってその日の夜に学校に戻しに行けばいいと考えたそうだ。そして午後九時半まで彼の家にいた。そのときに、彼のバンドと一緒になって、彼女はマラカスとタンバリンを鳴らしていたらしい。九十七歳の彼女は目を輝かせながら「私、プリンスと演奏したことがあるって言えるわね」と言った。

そして少し考えてから「笑っちゃうわよね。それが自分の名刺みたいになるのって。『私はプリンスとこれをした、あれをしたってね』」と付け加えた。彼女がプリンスと過ごした二年という時間ほど長くないとしても、彼を知っていた人々に共通して起こっている現象だった。

彼の他界後、記者たちが「プリンスの高校の音楽教師」を探しにやって来たらしい。けれども彼女は「黙っていたわ。だから彼らにも見つからずにすんだ」と話してくれた。そんなことより、自分の住む老人ホームのロビーに下りていって、同居人たちの前で演奏したり歌ったりする方が楽しかったらしい。彼女は笑いながら言った。「曲を耳で覚えて演奏できるのは幸運だわ。だって楽譜なんてもう読めないもの」

老人ホームでは、彼女は彼女でしかないからとも言った。「みんな私を私として知っているのよ。キャサリン、毎日ピアノを弾いて歌う人」記者が彼女を探し出すことはなかったが、それでも次第にホーム内で彼女の過去についての噂が広まったらしい。「そしたら突然私は『キャサリン、一九四〇年代の代表曲を楽譜なしで弾ける女性』ではなくなってしまったの。『キャサリン、『プリンスの音楽の先生だった女性』が私の名刺になったのよ！　こんな年寄りばかり集まっているところなのにね。しかも私は彼のことを本当に少しだけ、ずっと前に知っていただけなのに」

アンドレ・シモンもこの現象――プリンスを少しだけずっと昔に知っていただけの人々がその情報を仰々しく飾り立てて語る――に気づいていた。シモンは「彼が逝ったとたんに、いろんな人がプリンスとの物語を脚色して語り始めた」と言った。

彼らは歴史を書き直すんだ。たとえば、プリンスには従兄弟がいるけど、それまで自分が長い間プリンスと口をきいてないということをまるで自慢しているような調子で話してた。聞き手に同情してもらいたかったのか、それともプリンスを責めていたのか俺には分からない。彼はいつも「俺は奴と一九八六年に話したっきりなんだぜ」というようなことを繰り返し語っていたんだ。でもプリンスが逝った後、プリンスのことをたずねられたら「ああ、俺たちはすごく仲が良かった。いつも話してたよ」って言うんだ。

俺はいつも人と距離を置くタイプだ。簡単に心を開かなかったし今でもそうだ。人を信用していないんだ。でもなぜかプリンスとは違った。始まりは、彼が紙切れか何か書くものを探してて俺が取ってあげたとかそんな感じだったと思う。でも瞬間的に俺たちはつながったんだ。信頼してた。俺たちはいつも一緒にいたしお互いの言葉をお互いで終わらせている感じだったんだ。俺の母親も俺たちの仲の良さを笑いのタネにしてたし。

音楽っていう共通のものがあったのが大きかったことは疑いようもない。一緒にバンドをやっていると、そういう近さが生まれるから。ファンク・フェイスって俺たちは呼んでたんだけど、ただお互いをじっと見るんだ。そうやって真剣に見て全部理解してしまう。どこか別の場所で知っていたような、血のつながりがあったようなそんな感じでいつもお互いの顔を見てたよ。

本当にその絆がどこから来たのか分からないんだ。おそらく彼がどこにも属せなかったから、そして俺も同じだったからかもしれない。相手が同じような人間かどうかって分かるからさ。

あと思春期を一緒に過ごして生まれる親密さという近さもあった。初めて買ったギター、ベース、最初のガールフレンドなんかを全部知ってたし、一緒にバンドを始めてツアーに行った。相手の初めてのアルバムは自分の初めてのアルバムと同じだった。一緒にすべての初めてを経験したんだ。

分かるだろ、だからすごく寂しくなるんだ。彼は俺が本当によく知っていて近くで過ごした人間だから。もちろん時間がたつといろいろなことが起こるし変わる。人はそれぞれ自分の人生を生きていく。でもそれで気づくんだ。自分を本当に知っている人がほんの一握りになっているってことに。

俺はただ正直であろうとしてるだけなんだ。記憶力がいいから全部覚えているんだよ。本当に起こったことは何かとか何が起こらなかったのかとか全部さ。だから誰が話を作っているのか、嘘をついているのか知ってる。誰と話すべきか話さないべきか。時々少し知りすぎかとも思うけど。

　誰もがこの機会を利用して利益を得ようとしていたのが分かったし、俺はそれを邪魔する気もなかった。誰かを非難するのは俺の役目じゃないから。だけど真実を語らなければという責任は感じたんだ。プリンスだって立場が逆なら同じことをしたと思う。彼や彼のファン、彼が本当はどんな人なのかを知るに値する人々に対して責任を感じているんだ。そんなこと考えるな、放っておけとも思ったが無理だった。俺たちは十年間ずっと近くにいたからさ。あまりに一緒に過ごしすぎて、彼としばらく距離を置くためだけにガールフレンドの家に転がりこんでいたこともあったぐらいだ。

（あんな最期になったことに）罪悪感があるんだ。彼は彼なりのやり方でもう一度俺とつながろうと努力していたと思うんだ。プリンスは人気の頂点に達してスターの座とそれに付随した様々なものを手に入れた。もちろん良いことばかりじゃないから、誰を信じていいのか分からなくなる。（そして結局）彼は気づいたんだと思う。彼も俺も出会った頃と同じ人間なんだって。俺たちは全然変わってなかった。彼と会うと、離れていた時期なんてなかったみたいだったよ。

　プリンスが電話をかけてきて「ペイズリー・パークに来いよ」って誘うんだ。それで行くと「まだ帰らなくていいだろ」と言うんだ。俺は「無理だよ、二時間後に起きて子供たちを学校に送らなきゃいけないんだぜ」と答えていた。

俺の生活は前とはまったく変わったからさ。それでプリンスはすごくがっかりするんだ。そういえば二人で昔、いつか金持ちになったら地元に帰って来て貢献しようとか話してたな。

最後に連絡を取ったのはボビー・Z（・リヴキン、ザ・レヴォリューションのドラマーだった）を通してだった。（モリーンで）起こったことを聞いて嫌な予感がしたんだ。何かがおかしいってね。だからプリンスと話す方法を考えた。俺が今家を追い出されて住む場所が必要だって言おうと思った。プリンスとの近頃の会話がどうも気になってて、俺に何か伝えたがってるような気がしてならなかったんだ。そのことは（妻の）キャサリンとは話していたんだけど。

俺の中でプリンスは、いつもすごく健康的な奴というイメージだったんだ。薬物もやらなかったし、酒もあまり飲まなかった。そんな彼がそばにいたから、マリファナを吸ったり、ワインを飲んだりしただけでも俺は罪悪感を感じたものだよ。昔俺はそういういろいろなことに首を突っ込んでいたから、もし彼といなかったらきっと警察に捕まって罰せられる側にいたかもしれない。俺にとってプリンスはいつも自己管理ができている奴という感じだった。だから彼がここ二ヶ月ぐらい体の調子が悪いと話したときも、深刻な病状だとは考えなかったんだ。会うといつも、あまり気分がすぐれないとは言ってたんだけど。

でもその次に会ったときに俺が「調子よくなった？」と聞くと、「うん、いいね」って答えたんだ。

だから快調でないことは分かってたけど、あまり深く考えずに風邪か何かだと思ってた。でも（モリーンでのできごとを）聞いたときハッとした。彼がずっと何を言おうとしていたのか聞かなくてはと思った。いろんな人に連絡したんだ。でも誰からも返事がなかった。

やっとボビー・Zとつながったときに「お前よくプリンスと話すだろ、何が起こってるんだよ？」って聞いたんだ。ボビーは、プリンスと話したクエストラブ（ドラマー、ディスク・ジョッキー）が彼は大丈夫だと言っていた、と答えた。でもボビーがプリンスと話してたんじゃない。だから、（プリンスの妹）タイカと話して状況を教えてくれと頼んだんだ。

そしたらプリンスからテキストメッセージが来た。「僕は大丈夫だよ。すごく忙しい。今度カリフォルニアに行ったら、会おうな」って感じの内容だった。

それが最後で後は連絡がなかった。何かがおかしいことは感じてたけど、死ぬなんてまったく考えてなかったよ。頭をよぎりもしなかった。でも誰かがそばにいないといけないような気がしたんだ。プリンスと最近話をしたこととか彼の様子を振り返って考えてた。それで彼のそばに行くべきだと思ったから、キャサリンにそう話をしてた。もしプリンスのところに行くとしたらすぐには帰って来ないと思うってね。プリンスの世界に飛び込むって、そういうことだから。

彼が死んだときは表現できないほど悲しかった。ただ近所を歩き回って彼とのいろんな会話を思い出していた。

でも俺たちはもう子供じゃないってことにも気づいたんだ。彼はああいう立場にいた人間だし、俺がいろいろ言うべきじゃない、いつまでも俺の前にいた彼の人となりに固執するのをやめないと、とも思った。

（俺たちの）間には言葉にしないままにしたことが多すぎるんだ。俺や彼の人生の中で最も重要だった時期のこととか、ちゃんと振り返って話すべきだった。俺がバンドを辞めたときのこと、どんなふうだったかについても言わずにいた。俺も彼もいつか話す機会があるって思ってたんだ。

プリンスと会う回数が多くなってきていたし、会ったときに過ごす時間も長くなっていた。ぎこちなさがなくなって二人でいるのが自然になっていたし、会えばいつも一緒に何かしようって話をしてた。最後に会ったときも俺はただいつものように冗談ばかり言って、彼をからかったりしていただけだった。

一緒に成長していく中で、俺たちはお互いにいつも競い合ってもいた。二人とも競争心が異常に強かったんだ。二〇〇三年に撮ったドキュメンタリーがあるんだけど、そこでバンドの他のメンバー、モーリスやウィリアムやテリーにインタビューしてるんだ。

みんな、プリンスがすべて仕組んだように話すんだよ。彼がバンドメンバーを集めて、音楽を選んで、それを演奏させたとかね。俺が気になるのはいつも、そういうところだった。プリンスは内向的な奴だ。俺はそうじゃない。だから前に出て行って「聞けよ、これはこうするべきだ……お前はここにいろ」とか言ってたのは俺だよ。

（プリンスについての記事で）嫌なのはそういうところなんだ。さっきも言ったけど、記事の書き方で、その場にいなかった人々はそういうものだと信じるだろ。プリンスについては、こう聞いたとか、これを見たとかいう話が、正しくないことがよくある。

シンディ・ストーヴァーはプリンスと同世代、彼の母親がソーシャルワーカーとして働いていたエジソン高校に通っていた。そして毎日一時間事務の仕事を手伝っていたので、マティを時々訪ねてくる「ロジャー・ネルソン」という息子と顔見知りになった。

彼のことをマティ・ベイカーの息子ロジャーとして覚えていたの。「プリンス」ではなくて。マティが彼のことを誇りに思っているのは感じたわ。「これが私の息子よ」と彼をまるで自分の宝石のように扱ってた。「今日息子を連れてこなくちゃいけなくてとか、うちの息子がどうしたこうした」っていう何でもない言い方じゃなかったのよ。マティはいつも、彼のことをすごく誇らしく思っているように見えたわ。

当時の私は、ミネアポリスの北東部で白人ばかりに囲まれて何も知らずに育った女の子でしかなかったから、違う人種の子と話すなんてすごいとか思ってた。私はマティのことが大好きだったから、マティの息子ということで彼のことも尊重してた。彼の髪型はすごく大きいアフロだったの。それまで黒人の人たちと接する機会もなければアフロだってそんな近くで見たことなかったわ。だから彼と話している間髪を凝視していたのを覚えてる。彼はきっと、私がどこを見ているのかと不思議だったと思うわ。

彼は自分がミュージシャンだって言ってた。ギターを弾き歌を歌うって。それについては本当によく喋ってた。

彼をいい子だなあと思っていたわ。すごく内省的で静かだった。彼は、会えば話をして楽しい時間が過ごせる、そんな子だった。

彼は自分をしっかり持っているような感じがしたわ。思い上がっているとか、うぬぼれが強いとかではなくてレコード会社と契約することについても自信を持っていたの。ロサンゼルスに行くこととかそこで何かが起こることとかを確信しているようだった。聞いていて「そんな夢みたいなこと」とは思っていたけれど、彼をただのおめでたい人だとも思ってなかったの。現実を見ていない感じではなかったから。

彼と最後に話したとき、彼は「すごく大きなことが起こってるんだ。たぶんロサンゼルスに行くことになるかもしれない。僕すごく有名になると思うんだ、これがきっかけで」と言ったの。

私たちはまさに「プリンス世代」だから、青春時代を通して彼の音楽が流れていたのだけれど、妙なことに私はプリンスと、マティの息子のロジャーが同じだと気づかなかったの。私はプリンスの熱狂的ファンだったし繁華街で『パープル・レイン』の撮影をしていたのも見に行った。ただ二人が結びつかなかったの。彼はスターになっていて、マティのオフィスで座っていた大きいアフロだった普通の男の子とは同じには見えなかったのよ。

それで誰かが私に向かって「ああ、あれマティ・ベイカーの息子だろ？」って言うから「エジソン高校のマティ・ベイカーのこと？」って聞いたの。そしたら「そうだよ」と言うから「でも、彼女の息子の名前はロジャーよ」って。彼らは「そうだ、それがプリンスなんだよ」って言ったの。

10・十代の映像作家

プリンス以上に運や大ヒットを切望していたのはレコード会社だった。運を味方にして十代の少年を見つけ、また売れることを願って必要なものをすべて与え、そして成功に導いた。人生には時々正当な実力主義が働くことがあって、ふさわしい人々との出会いをもたらしてくれるものなのだ。

ワーナー・ブラザース・レコードの会長モー・オースティン、社長レニー・ワロンカー、プリンスという三者が出会って素晴らしい関係が始まりそして（しばらくの間は）続いた。

彼らは自分たちの運命を信じ売れると確信していた。だから、プリンスの初主演映画『パープル・レイン』の製作費用が予算を超過しお蔵入りする寸前だったときにも、オースティンはワーナーのトップに掛け合い、投資家たちに懇願し、不足分の百万ドルを集めて、この不確かな企画を完成まで持ち込んだのだ。

オースティンとワロンカーの、自分たちの直感に従って才能を発掘し伸ばす、という戦略は素晴らしい結果をもたらすことが多かった。記者ロバート・ロイドは、ワーナー・ブラザース・レコードの詳細な歴史を追った記事の中で、オースティンの戦略を大まかに言って「独創的、流行の先駆けになるような人物と契約する」と記し、そして「それまで、ヘンドリックスほど破壊的な、グレイトフル・デッドより幻覚的な、ジョニ・ミッチェルほど内省的で繊細な、タイニー・ティムよりまっとうに奇妙な音楽を作る者などいなかった」と説明していた。それは、すでに何が「格好いい」のかという明確な信念を持つ十代のミュージシャンにとっては、またとない受け入れ先だった。

しかもこのレコード会社は時間をかけることを厭わなかったのだ。ジョニ・ミッチェルの一九六八年のアルバムはビルボードチャートで一八九位、そして同年グレイトフル・デッドは八十七位が最高で、ザ・キンクスのアルバム『サムシング・エルス』は一五三位だった。オースティンは発掘したアーティストたちを信じていたし、そうでなければ契約を結ばない人物だった。ワーナー・ブラザース・レコードは売れるまで待つことができる会社だったのだ。

オースティンはまた、数々の難しい性格のアーティストたちをうまく扱ってきた人間だった。ミネアポリスからやって来た名もないプリンスが頑固に振る舞っていても、膝の上に乗って騒ぐ子犬を撫でているようなものだったのだろう。オースティンは、フランク・シナトラの帳簿係として業界に入ったものの、一九六〇年代初期にはシナトラのレコード会社リプリーズの社長を務めた実力派だった。

その実力をよく表しているのが一九六二年の一件だ。シナトラ、ディーン・マーティン、サミー・デイヴィス・ジュニアの三人がシカゴのヴィラ・ヴェニスというナイトクラブの開店を祝い、ステージで歌う契約があった。このクラブのオーナーはこの地のマフィアの大ボス、殺し屋で精神病質者のサム・モモ・ジアンカーナで、彼は後に顔面に六発もの銃弾を撃ち込まれ、棺桶の蓋を閉めたまま葬式を進めるほかなかったという人物だ。

ステージへの報酬が支払われない代わりに、シナトラはジアンカーナから、三人の出演を録音したアルバムを、マーティンも所属するリプリーズから発売する許可を得ていた。アルバムは『マフィアによるヒット曲集』というタイトルになるという冗談もささやかれていた。

公演の一週間前、アルバム制作管理者のオースティンは、急遽最終調整のためにシカゴへ飛んだ。問題が発生したのだ。シナトラの度重なる横柄な態度に対してジアンカーナは不満を募らせていた。シナトラは、カリフォルニアから出向く自分とマーティン専用の電車を用意しろと要求し、ジアンカーナの怒りが頂点に達した。怒りのあまり卒倒しそうになったらしい。

オースティンは落ち着きを失うこともなく、シナトラとジアンカーナ双方のあまりに強く、そして傷ついた自我をなだめることに成功したのだ。さらにこの元公認会計士は、アルバム録音の技術監督としても優秀であることを証明していた。アルバムは結局発売には至らなかったが、彼が虚栄心の強いスターを扱えると同時に事業主としても秀でていることを表明した。一年もたたないうちに、ワーナー・リプリーズとして合併した会社の経営を担うようになった。

10
十代の映像作家

この十五年後、プリンスと契約を結ぶまでに、オースティンはその公正さと誠実さによる影響力と評判で、業界において確固たる地位を築いていた。「モー会長」と言えば業界で知らない者はいなかった。

そんなオースティンの許可により、若いプリンスは必要なものをすべて与えられた。自分でアルバムを制作したいと言ったのですぐに準備が整えられた。彼があれほど早く初めてのアルバムをまとめてしまうとは、ワロンカーもオースティンも想定していなかったのだが。

プリンスは自分で曲を作るだけではなく、すべての曲に使うすべての楽器も演奏したいと告げた。しかも、自信だけはあるが名も知られていないこの新人を観察しようと、ワロンカーとオースティンがサンフランシスコのスタジオを訪問した際、そこから追い出してしまったりした。それでもプリンスの契約は切られなかった。

プリンスも彼らのことを認めていた。二人は典型的なレコード会社のずる賢い経営陣ではなく、自分を理解しているようだったからだ。ワロンカーはプリンスが何を求めているか、何を優先的に制作していきたいかを理解してくれたし、プリンスはバーバンクの本社に行ったときは必ず最初にオースティンの部屋に立ち寄ってあれこれ話をしていたらしい。

ワロンカーとオースティンは「資質」を持っている、そうプリンスは語っていた。彼らは、アルバム二枚以上の契約を結ばないのが慣例の音楽業界で、アルバム三枚の契約をプリンスと結んだのだが、それ以上にプリンスにとって決め手となったのは、彼らの「資質」だったそうだ。

レコード会社の経営陣として資質があるというのは、才能を発掘する「耳」を持っているということだ。音楽業界の歴史の中で誰も「資質」を明確に説明できる者はいないのだが、無限の可能性を持つアーティスト（たいてい子供のように振る舞う）と競合会社（たいてい泥棒のように振る舞う）と消費者（適当な刺激を与えれば、おとなしい羊のように従ってくれる）とのバランスを保つことができるということも含まれている。

ワロンカーとオースティンのような「耳」を持つ者は他にいなかった。『トイ・ストーリー』などの映画音楽の作曲家として有名なランディ・ニューマンがまだシンガー・ソングライターとして駆け出しの頃、そのプロデューサーをしていたのもワロンカーだった。

ワロンカーとはそういう人物だ。そしてプリンスの所属レーベルの責任者として、オースティンを伴って彼のレコーディングの様子を見に行ったのも、単なる事務的な確認作業をするためではなかった。ワロンカーは『ソー・ブルー』を聴いて――円熟した生音で作られた、彼がいかに幅広い音楽性を持っているかを感じられる曲だ――「ベースはどうしたんだ？　この曲好きだよ。でもなぜベースを入れないんだ？」と聞き、何を優先してアルバムを制作したいかたずねたそうだ。

10
十代の映像作家

プリンスはベースを意図的に入れなかったのだ。レコード会社と契約を結んだときにプリンスが伝えたのは「黒人音楽を作れと言うな」ということだったのだが、『ソー・ブルー』はその表明のような曲、ジャズ調の生音とその音調の変化によって彼の底知れない商業的可能性を見せつけた曲だった。

そんなやり取りの後、二十歳のプリンスはオースティンとワロンカーを、好意と敬意を示しながらも、スタジオから追い出してしまった。プリンスのマネージャーのオーウェン・ハズニーはミネアポリス・スター・トリビューン紙で、これでプリンスは終わりだと思った、と語っていた。

ところがオースティンはプリンスの厚かましさに感銘を受けたらしい。シナトラでさえ彼をスタジオから追い払うなんてことはしなかったのだ。

ワロンカーはイディッシュ語で言う「セイチェル（sechel）」、音楽に対する「耳」だけでなく「賢明さ」も兼ね備えていた。この事件に対して「問題ないよ、大丈夫さ」と、監督不行き届きを心配するハズニーに告げたらしい。「彼が何をしようとしているか分かるから。彼を支援する。心配するな」

ワロンカーはプリンスが自身の言葉「黒人音楽に限定させない」を表明していることを理解していたのだ。しっとりとした白人向けのクロスオーバー・ジャズを演奏した次の瞬間には、いとも簡単に黒人が喜ぶようなファンクを奏でることもできる逸材であることが分かっていたのだ。

ワロンカーとオースティンはプリンスの才能を確信したからスタジオを追い出されても彼を支援し続けた。

一九八三年八月二十日

ザ・ビバリー・シアターで、ジェームス・ブラウンとマイケル・ジャクソンとプリンスが同じステージに立ったのが成功だったか失敗だったかという議論は、現在に至っても決着がついていない。プリンスのパフォーマンスは良かったのか悪かったのか？　ユーチューブの映像を見た個々の判断に任せるしかないだろう。プリンスの踊りは格好良かったのか、それともただのぎこちない動きだったのか？　ギターはただ妙な騒音を出しただけだったのか、即興的な演奏として客席を盛り上げたのか？　複雑な判定を迫られた野球の審判になったような気がしてしまう。

ジャクソンはダンスのステップを踏んで観客を喜ばせた後、ジェームス・ブラウンのそばに寄って、客席の中にいたプリンスもステージに呼ぼうと耳打ちをした。ブラウンが言われた通りにプリンスの名前を何度か繰り返して呼ぶと、しばらくしてやっと、とてつもなく頑強な体つきのボディガード、チック・ハンツベリーの背中に乗ったプリンスがステージの方へ向かってくるのだ。

ギターを受け取った後のプリンスについて、自発的なコラボレーションによる魔法のようなパフォーマンスというより、歴史的瞬間を台無しにしたという感想を持つ人が多いようだ。プリンスは、たとえ「ジェームス・ブラウン」であったとしても、人に指図されるのが嫌だったから、しかもブラウンは彼が誰なのか知らない様子だったから、という説明をする批評家もいた。

一九八三年、ブラウンがプリンスを知らなかったとは到底思えないが、もし事実であったならばプリンスにとっては耐えがたい屈辱だったはずだ。真相はどうであれ、ファンクの息子はソウルの父のステージで行き当たりばったりの突飛なギターをかき鳴らし、よく分からない動きをしながら、セットの一部だった街灯に寄りかかり観客席の方へ倒してしまう。そんな三人のステージは伝説とは程遠い結果となり、単なるユーチューブの一映像として残ることになった（プリンスの『デリリアス』は、『リトル・レッド・コルヴェット』『１９９９』に続きその年三度目の上位二十位入り、その週のランキングでは上位十位に入っていた。そんな自分をブラウンが知らないなんて、ジャクソンの執拗な要求に応じてステージに呼んだだけなんて、という嫌悪感を態度で示したのだというのが一つの説だ。一方のジャクソンはというと、ソウルの父に呼ばれてとても嬉しそうにパフォーマンスしてみせていた）。

三十歳で雑誌の記事を書くために、僕の永遠のヒーロー、ウィリー・メイズ（プロ野球選手）に会うことになったとき、プリンスが「ヒーローには会わない方がいいぞ」と僕を戒めた。「ジェームス・ブラウン。分かるだろ。モハメド・アリ以外は、どんなヒーローも会ってがっかりさせられたから」

プリンスはマイケル・ジャクソンが大嫌いで馬鹿にしていた。だから一九八七年の共演の誘いに対しても一笑に付しただけだった。悪の殿下とポップス界の王様が『バッド（Bad）』のミュージックビデオに一緒に出演、そしてジャクソンがプリンスへ「お前の尻尾はつかんでいる（Your butt is mine）」と歌って曲が始まるという内容だった。

もちろんプリンスがこの提案を面白いなどと思うわけがなかった。ジャクソンと言えば、プリンスが彼についてよくしていた話がある。ジャクソンに卓球をしようと誘ったら、卓球をしたことが一度もなかった彼が了承したという内容だった。おそらく作り話だし、普通の有名人だったら話すのも恥ずかしいと思うのだが、プリンスは、たとえ嘘であってもそういった話をものまねを交えながら再現するのが好きだったのだ。ジャクソンのおぼつかない動きのまねをし「ヘレン・ケラーが動いてるみたいだったよ！」と言って話を終えていた。

プリンスはマイルス・デイヴィスを公に称賛していたにもかかわらず、彼に会いたいとも思わなかったらしい。称賛の感情は嘘ではないが、彼は才能を人物像から切り離して見ていたので、その人物と同じ部屋で一緒に過ごしたいというような気持ちではなかったのだ。

10
十代の映像作家

「プリンスと、マイルス・デイヴィスのための曲を作ったんだ。『キャン・アイ・プレイ・ウィズ・ユー?』ってタイトルで」とサクソフォン奏者のエリック・リーズがモビーン・アザール著書『プリンス』の中で語っている。「マイルスの、ワーナー・ブラザースで最初のアルバムの『トゥ・トゥ（一九八六年）』のためだった。マイルスのスタッフ陣でプリンスの曲を是非とも入れたいと思っている人たちがいたから」

「マイルスのトランペットが入った後のその曲を聴いて、俺が『マイルス・デイヴィスのレコード目録に俺の名前が載るってことか！』と言ったんだ。そうしたらプリンスが、デイヴィスのアルバムに参加することについてどう思うかと聞いてきた。そのときに彼はもうマイルスのアルバムには載りたくないと決めていたっていう感じがしたよ」

一方のデイヴィスも、他のミュージシャンと共作することに積極的ではなかった。一九五八年の音楽雑誌ダウンビートのインタビューで、デューク・エリントンとマックス・ローチとチャールズ・ミンガスが共演した『キャラバン』を聴いて「言う言葉も見つからないよ。まったくダメだ。曲がめちゃくちゃになってるよな」と非難している。

そしてデイヴィスとブラウンはお互いを嫌っていたらしい。デイヴィスは誰も好きな人がいなかったのではないだろうか。「マイルス・デイヴィスとジェームス・ブラウンはどちらも協調性がなく理不尽な人物だと評判で、とても似ているように思える。そしてお互いに距離をとったところから相手を尊敬しているのだ」とジェイムズ・マクブライドは鋭い視点でまとめたブラウンの伝記『キル・ゼム・アンド・リーブ』の中で分析していた。

彼らを知る人々は同じような言葉を使って彼らを表現する。表面的には何事にも動じないように見えるが、内には繊細で優しく忠実で、自尊心があり傷つきやすく、何とかその痛みを避けようとする心がある。様々な魔法や手品のような技を使ったり隠したりすることで、皆に「いつも心得ている」と思わせていた。けれどもその見せかけが彼らを蝕んでいったのだ。痛みを避け続けるというのは簡単なことではなく、人を疲労させるのだ。

「ブラウンを理解するには、彼の故郷アメリカ南部が本音を言わないことで有名な土地柄であることを忘れてはならない」というマクブライドの文はまるでそっくりそのまま、まったく考えが読めないスカンジナビア系のミネアポリス住民に当てはまるような気がする。

「その土地を歩く人々は、黒人でも白人でもマスクを二重にも三重にも重ね、しかもその下にもマスクをつけている」とマクブライドは言う。「彼らは人の目を欺くことなどお手のもの、変幻自在に自分を変え、魔法のようなことをしてみせたり、楽しい祭りに連れて行ってくれる。目の前で瞬間的に、心優しい少年になったり、どこから見てもきちんとした弁護士になったり、優れた学者や素晴らしいミュージシャンや歴史に残る活動家に姿を変える……蜃気楼のようなこの土地は、稀有な才能で人々の人気を集める人格を生み出すのだ——オプラ・ウィンフリー（テレビ司会者・慈善家）がまさにこれを象徴する一人だ」

ミネアポリスもまた蜃気楼でできていて、目に見えるものが実物ではない。そしてプリンスがまさにその象徴的人物だった。

音楽業界で成功するための才能においては、プリンスには何も問題はなかった。ありとあらゆる楽器を演奏できることに加えて「見せる」ことに関しても直感的な才能を持っていた。

これまでもずっと演じてきたという背景も味方していた。作り話の世界の永住者になったのは、はじめは自分を守るためで生きるために必要に迫られて選択したことだった。だからその後母親マティ・ショウをほとんど娼婦のような女性に仕立て上げて、そのために性的に歪んだ少年という自分を作り出して演じることも、彼にとっては難しくなかった。実際のマティは、尊厳を持って生き、社会的にも評価の高い素晴らしい女性だったのだ。

音楽業界に入りたての頃なぜあんなに嘘を並べ立てたのか、ローリング・ストーン誌のためのインタビューで彼の家に訪れたときに聞いた。なぜ新人として厳しい批評の目にさらされたあの時期に、わざわざ作り話をし続けて記者を混乱させたのか？

「嘘をついていた」とは言わず、記者を「からかっていた」と彼は答えた。プリンスは一度ボクシングのプロモーター、ドン・キングについて、ほら吹きの詐欺師ではなく演出家だと説明してくれたことがあった。キングはすべてを誇張して表現し、重要であるかのように人々に思わせただけなので、その「だまし」は演出家として仕方のないものだと。

なぜ自分を称賛する批評家たちに真実ではない話ばかりしたのか？「はじめの頃は、記者をからかうことが多かったよ。彼らには音楽のことに焦点を合わせてほしかったから」とプリンスは答えた。「重要なことはその日僕が何を作ったかだろ。僕は過去に生きているわけじゃない。だから自分の昔のアルバムも聴かないんだ」

音楽記者たちが最近人気が出てきた新しいミュージシャンの音楽以外に他に何に興味を持つと言うのか？「崩壊した家庭に育ったこと。僕にしたらそんなのまったく重要だと思わないんだよ」とプリンスは答えた。

欠損家庭で育ったという理由だけで、長い間嘘や間違った情報を流す必要がなぜあったのか？一九六八年に父親と母親が離婚したといっても、離婚など珍しくもなかったはずだ、そう僕は思った。

けれども、プリンスとこの会話をした数週間後に気づいたのだ。彼は両親の離婚のことを話していたのではなく、言葉通り崩壊した家——有毒で機能不全、そして狂気に満ちた家族——のことを意味していたのだと。

マキャベリは『君主論』の中で狂気と支配力の関係について「時には狂気を刺激することで

よい結果がもたらされる」と述べている。一九六二年に発表された未来学者ハーマン・カーンの大著『考えられないことを考える（原題：Thinking About the Unthinkable）』では「少し狂っているように見える」ことが敵をしりごみさせる有効な手段になり得ると論じている。

リチャード・ニクソンはこれを「狂人理論」と呼んだ。

これらの論理に従ったとしても、問題なのは、プリンスがふりを一生続けたことだ。だからプリンスがいったい誰だったのか、僕たちは（彼自身でさえ）分からなくなったのだ。プリンスは「人を驚かせること」が持つ力についての確固たる哲学があり、またそれを畏敬していた。彼の「格好いい」という概念も同じことを決して繰り返さないということだ。

そして彼が人生を通して本当に信仰していたのは、セブンスデー・アドベンチストでも仏教でもメソジストでもエホバの証人でもなかった。

「ケーフェイ（kayfabe）」

二十世紀初頭に見世物芸人や詐欺師が使ったこの言葉は、後にプロレス界に取り入れられた。

一九五〇年代のテレビ業界で、ミルトン・バール（俳優・コメディアン）の次に最も有名なスターと言えばおそらくプロレスラーのゴージャス・ジョージだ。モハメド・アリ、ジェームス・ブラウン、リトル・リチャード、ボブ・ディランが皆、自分の人生に最も影響を与えた人物としてジョージをあげていることからも彼の影響力の強さがうかがわれる。プロレスラーになぜそこまで影響されるのかと驚かずにいられないのではないだろうか？

現在でもプロレス界の用語として使われているケーフェイは、客に対して「ふり」をし続け、目の前で起こっていることが演出や作り事ではないと信じさせる技法を意味する。ケーフェイではふりは絶対に見破られてはいけない。マイク・エディソン（作家）は「ケーフェイは目にするすべてが真実だという幻想」だと言った。そして次のように説明している。

「ふり」を続けるとは、テレビの中で、嗜虐的な海兵隊の訓練軍曹がロシアの異教徒と戦っているとしたら、現実でも彼は嗜虐的な軍曹であり、その異教徒が冷戦でアメリカを負かす最大脅威なのだと考えさせることだ。つまり、ロケが終わっても子供のＰＴＡに行ったり庭の芝刈りをしたりなどしない。ロケ先のホテルのバーで一緒に酒を楽しむことなどあり得ないのだ。

プリンスはケーフェイを生きる必要に迫られていたのではないだろうか？　いつもそのままステージに飛び出して行けそうな服装だった。携帯は持たないという話。子供の頃のてんかんが治ったのは神の仕業。恋人にはいつも泡風呂を準備するという話。ストリキニーネをお遊び程度にまたは中毒的に使用するという話。

そして、彼の父親は決して自分と母親に暴力などふるわなかったという説明。これらすべてはケーフェイだった。本当のように思えるかもしれないが、実際のプリンスを知る人は「ふり」だと知っている。

プリンスはケーフェイの変幻自在な生き方に惹かれていた。ベビーフェイス（善玉レスラー）からヒール（悪玉レスラー）へ、そしてヒールからベビーフェイスへと変化する。ヒールたちは公共の場でベビーフェイスたちと宴会しているところなど決して見られてはいけない。それは「ケーフェイを破る」ことなのだ。


ケーフェイという概念はプロレスやプリンスだけのものではなく人生を演技で生きる人誰にでも当てはまるものだ。幻想は決して打ち砕かれてはならない。猛々しく強力なオズの魔法使いをカーテンの裏から映し出していたのは、実は人を喜ばせたい一心の、小さく弱々しいマーヴェル教授だというような舞台裏は明かされてはならないのだ。

ミッキー・マントルはケーフェイを生きてアメリカ中から愛される野球選手であり続けたし、「男らしさ」の象徴とされ女性を魅了したロック・ハドソン（人気俳優・同性愛者）の人生はケーフェイそのもので悲劇的だった。ルーズベルト元大統領と妻エレノアはケーフェイの結婚生活を続けた。映画『パープル・レイン』で「モーリス・デイ」役を演じたモーリス・デイも、ケーフェイだ。

そして演じていることを決して他人に見破られてはならない、というルールは時には命まで脅かす。いつの間にか自分が作り上げたケーフェイを信じてしまうという状況に陥ったりもする。

マイク・エディソンはプレイボーイ誌の創刊者ヒュー・ヘフナーの痛ましい例をとって、ケーフェイの代償を説明している。「二〇〇五年、ヘフナーが七十九歳で『ザ・ガールズ・ネクスト・ドア』というリアリティ番組に出演していたとき、視聴者たちは豪邸で彼がガールフレンドたち（時には同時に七人に及んだ）と馬鹿げた暮らしをしている様子を見ていた。画面の中の彼は、冷笑的で無思慮な年寄りで、自分で作り上げたケーフェイから離れられなくなったようだった」ヘフナーはプロレス用語で言えば「仕掛けの標的」になってしまったのだ。僕は、プリンスにも同じことを感じるのだ。そしてそれが結局彼を殺した原因の一つだと思っている。

プリンスはやがて人々が語る「彼」を信じるようになった。ケーフェイが現実よりも現実になったら——自分の中の真実とケーフェイとの区別がつけられなくなったら——それは自分の死を意味するのではないかと僕は考える。

一九七八年四月七日、ワーナー・ブラザース・レコードはプリンスの初アルバム『フォー・ユー』を発売した。

ジャンルの垣根を越えた新しいスタイルのアルバムで、ビルボードのソウルチャートで二十一位という悪くない順位につけたものの、ポップチャートでは一六三位にとどまった。予算を超過した制作費をかけたのだが、期待より売上は伸びなかった。アルバムのアメリカでの売上は十五万枚だった。

プリンスはミュージシャンとして、その生活だけでなく存在自体を作り上げていった。ただ自分のことを話したくなかったからという理由で記者を混乱させる嘘を話し、完全に作られた物語の中を生きていた。

アルバムの制作期間中、まだ選挙権もないようなこの若い少年に押し切られワーナーは渋々ながらも彼に制作の全権を託すことになった。プリンスは他のことすべてに対してもそうであったのだが、ただ干渉されたくなかったのだ。彼の強みであり弱点でもあった。

ワーナー・ブラザース・レコードとプリンスの契約が本当に新人として異例のものだったのかどうか、僕には分からない。ハリウッドは「統計でいかに嘘をつくか」というゲームが蔓延している場所だからだ。

初めての契約から十五年たったときの言葉だが、プリンスは会長モー・オースティンについて「モーはいい奴だよ。話も面白いし、真実を話す」と語った。

オースティンは一九九三年に「プリンスを見ているとフランクを思い出す」と話した（彼はインタビューを受ける人物ではなかった。なぜか僕のために十分間話す時間を割いてくれたのだが、きっと僕のことをプリンスの広報だと誤解したのだと推測している）。

オースティンは「ミネアポリスから来た少年」プリンスを気に入っていたし、少年もオースティンを気に入っていた。プリンスはまた、そのオースティンの忠臣であったレニー・ワロンカーのことも好きだった。二人とも実直で品位があり清廉潔白な人格者、爬虫類のように這い回り、器の小さい者たちが常に復讐の機会を狙っているような業界では非常に稀な資質を持っていたのだ。

この二人を凌ぐような資質を持った人物は、業界には他に見つからないと皆が思っていたし、しかも彼らは音楽を聴けば才能を見抜くことができた（プリンスやマドンナやトーキング・ヘッズがいい例だ）。そしてアーティストたちを甘やかしたり、丸め込んだりしながら、どのように彼らが才能を発揮できる環境を作ればいいのかを知っていた。

ワロンカーはアーティスト、特に真の才能を持つ者が何かを要求したり頼んだりしたときの対処法――彼らを信じるということ――を知っていた。

プリンスがワーナー・ブラザース・レコードと契約して、最初の数年間広報の責任者だったボブ・マーリスは、プリンスが音楽情報誌レコード・ワールドの女性記者と行ったインタビューについてこう語った。「彼らは、いろいろ話していた。その後（プリンスが）彼女に聞いたんだ『君のあそこの毛ってヘソにつながってる？』そのとき俺たちは思ったんだ。たぶん彼にあまりインタビューさせない方がいいかもってね」

またプリンスは一九八〇年、彼のバンドが『アメリカン・バンドスタンド』にゲストとして呼ばれたときに、ほとんど話さず、司会のディック・クラークを困惑させたりもした。バンドのギターを弾いていたデズ・ディッカーソンは「ディック・クラークが挨拶するために控え室に来てくれたんだ。彼は気さくでみんなをリラックスさせてくれた。彼が去った後プリンスの方をちらっと見て表情で分かったんだ、何か言うんだろうなって。彼は『決めた。今日ディック・クラークが話しかけても何も言うなよ』と言った。その瞬間気持ちが沈んだよ。でも結果としてあのやり取りはすごく注目を浴びることになったけどね」と語った。

そんなふうにプリンスが自分たちの隣人から王者に姿を変えていくのを、地元ミネアポリス住民たちは、ただ不思議な思いで見ていた。

その後もプリンスの躍進は続くのだが、ここはおそらく簡略にしていい部分だと思う。同じ情報がグーグル検索で山ほど上がってくるからだ。

・一九七九年十月、二枚目のアルバム『愛のペガサス（原題：Prince）』、そしてソウルチャートで第一位を記録した『ウォナ・ビー・ユア・ラヴァー』発売。
・『アメリカン・バンドスタンド』に出演し、司会のディック・クラークを困らせた。
・リサ・コールマンをキーボードに加えた。

・一九八〇年十月アルバム『ダーティ・マインド』発売。
・一九八一年十月アルバム『戦慄の貴公子』発売。

そしてプリンスはモーリス・デイ、競い合うためのライバルを必要とした。映画『ビッグ・リボウスキ』のウォルター・ソブチャック役（ジョン・グッドマン）の言葉を借りれば「戦う価値がある」者がいなくてはならないと思ったのだ。

スターとなるために、そして人々の記憶に残るためには敵対する者を打ち負かす必要があると、プリンスは直感的に知っていたのだ。ビートルズにはザ・ローリング・ストーンズ、ハットフィールド家にはマッコイ家、カシアス・クレイにはソニー・リストン、モハメド・アリにはジョー・フレイジャー、スーパーマンとレックス・ルーサー。だからプリンスにも敵が必要だった。けれども彼はプリンス、他に追随する者がいない天才なので戦える相手は自分しかいなかった。そこで、ケーフェイを使って戦う価値のある真の敵の演技ができる誰かを探したのだ。

「モーリス・デイ」が必要だった。

プリンスはデイを本当にうまく作り上げ、モーリス・デイ本人に『パープル・レイン』の中で「モーリス・デイ」を演じさせた。映画の脚本の中でデイの役は次のように説明されている。

「シャワーを浴びているモーリス・デイ。彼の顔から水滴が滴り落ちている。二十二歳のデイは大柄で漆黒の肌、女性を魅惑するセクシーな目をした魅力的な男だ。彼のバンド、ザ・タイムというテクノ・ファンクのグループメンバーは、スーツとつば広の帽子を身につけギャングのように格好良くきめている。彼は自画自賛をしながら人を笑わせることができる。鋭い感性と落ち着き、冷静さと愛嬌を兼ね備えて要領よく人生を生きている。デイは、鏡に向かってにやっと笑う。ドン・キングのように髪が跳ね上がっている。蒸気で曇った手元の鏡を手で拭い、歯を磨きながら臆面もなく鏡の中の自分の顔を見つめている」

鮮やかな彼の描写が続く。

「彼は歩道の方に向かう。ただ歩くのではない。膝でリズムを取りながら――見ている人が思わず合わせて指を鳴らしてしまうように――ゆったりと足を滑らすのだ」

11・『パープル・レイン』：暗闇で踊る（ダンシング・イン・ザ・ダーク）

映画『パープル・レイン』についてはすでに何冊もの書籍が出版されていて、それらが当時の状況をかなり的確に描写している。もし一冊を選べと言われたならば、僕は音楽雑誌バイブの元編集者アラン・ライトの『プリンスとパープル・レイン（原題：Let's Go Crazy）』を選ぶ。

彼が素晴らしい本を書いたことを同業者なのに羨む気持ちがないのは、『パープル・レイン』に関して僕にはもっと誇らしく思うことがあるからだ。事後承諾の形だったが映画の製作に関わったのだ。とはいえ創作に手を貸したわけでも何か重大な貢献をしたわけでもない。ただ撮影隊の一員、移動式カメラの台車を押してまわる役をプリンスに命じられたのだ。

名誉だと思うべきなのだろう。

僕の知らないうちにその仕事が僕の正式な役割となったことを知らされたとき、作家としてこれ以上誇りに思うことはないとプリンスに皮肉を言った。

僕が実際に僕の本来するべき分野の仕事をして、ひどい内容だが彼のロック歌劇『スリー・

チェインズ・オブ・ゴールド』の脚本を書いたときにも正式な貢献者として認めることなどまったくなかったのに。

　僕たちはアラン・ライトや他の作家たちが書いた『パープル・レイン』の解説によって、プリンスやザ・レヴォリューションがまるでビートルズ並みに扱われ、またミネアポリスが流行の先端を行く人々の注目を浴びた当時の状況を知ることができる。一方同じ作家である僕の『パープル・レイン』への貢献は、移動式カメラの台車を正しい方向に押してまわったことだった。

『パープル・レイン』は映画としてもアルバムとしても一位を取り、同時にアルバムの先行シングル『ビートに抱かれて』も売上一位を記録した。過去にエルヴィス・プレスリーとビートルズしか成し遂げたことのない偉業だ。アルバムはブルース・スプリングスティーンの『ボーン・イン・ザ・USA』を押しのけ、アルバム売上チャートで二十四週連続で一位を獲得。二〇一八年の時点で、世界で二千五百万枚の売上となっている。

　昔のハリウッド用語で言えば「あの映画はたくさんポップコーンを売った（副産物による売上が高かった）」という状況だ。

　けれどもプリンスにとってはこの時点がすでに終わりの始まりになったのだ。彼は自分の目指したゴールに到達し、ジャンルを超越したスターになってしまった。彼の好きな映画『アイドルメーカー』のレイ・シャーキーのようにスターを作り上げることに成功したのだが、一つ違ったのは、彼は他の誰かではなく、彼自身をアイドルに仕立てて無名の誰かから特別な誰かとなったことだ。

『パープル・レイン』はまた、昔のプリンス――圧倒的な自信で周囲を従わせ、まだ友達と呼べる人々もいて、地球規模の野望を持ち、自分より観客を喜ばせることに全身全霊をかける青年――の終わりの始まりだ。

プリンスは最も調子が悪いときでさえ、ある意味でスター、いやスーパースターではあったのだけれど、彼自身実際どこに向かっているのか分かっていないようだった。あらゆる楽器を弾き、声を自由に使いこなして歌い、ケーフェイのそれぞれの人格を誠意をもって演じていたことは確かだ。レインコートとビキニのパンツを穿いたひねくれた魔術師になったり、ヘビ革のスーツできめてギターをかき鳴らしたり、高級なベルベットを思わせる洒落た服装で、すべての音を今まで聴いたことのない美しい音色に変えたり、と変幻自在に滑らかに形を変え続けた。服装も人格もその瞬間が求めたものに応じて変わっていった。

『パープル・レイン』がロサンゼルスのウェストウッドにあるグローマンズ・チャイニーズ・シアター（現在の公式名はＴＣＬチャイニーズ・シアター）での公開初日を迎えるまでの期間は少なくともそうやってすべてがうまくいっているように見えた。初日にはプリンスの義理の父へイワード・ベイカーと息子を誇りに思ってやまないマティが姿を見せ、実父のジョン・ネルソンも、赤絨毯で待ち構える報道陣のカメラに手を振りながら劇場に入っていった。

映画が公開された週明けの朝の記録では、その週末の興行収入は七七〇万ドルに達し、アメリカで興行収入一位だった『ゴーストバスターズ』の記録を塗り替えた。

プリンスは後に雑誌ペイパーのインタビューでこのときの気持ちを語っていた。週末の結果を知って喜び、勝利に酔いしれていたのだろうと誰もが思っていた月曜日。「僕たちは周りを見渡して呆然としたんだ。ここからはどこにも行けない、ただ下がるだけだってね。あんなことの後に何をしたって世間は満足しないよ」

彼の言葉は正しかった。プリンスは芸術家で、彼にとってお決まりの特技を繰り返すことなど死と等しい。一方で、この業界の最も基本となるルールは「人々が欲しいものを与えること」だ。プリンスは人々が求めていることをやっと見つけ、そして提供した。今度は自分の求めているものを見つける必要があって、でもそれは、彼を有名で金持ちにしたファンが求めるものとは異なっていたのだろう。だから『パープル・レイン』のようなヒットは二度と出せなかったし、生前そして三十二年後に他界した後も、プリンスというと『パープル・レイン』しか思い出せない人が多く存在する。

プリンスには自分が誰かという質問に対する明確な答えがなかった。モハメド・アリは「俺は君たちが望むような自分である必要はない」と言って「自分」を定義したが、プリンスにとってはそれでは十分な答えではなかった。

アリは「俺は自分がどこに行きたいのか分かってる。自分にとっての真実は何かを知ってるし、自分がなりたい自分を選ぶ自由があるっていうことも」と言った。プリンスも自分の行く先を知っていたのだ。しばらくの間は。真実を知っていた。ほんの一時は。自分を一般社会にとどめようとする契約や文化的、対人的しがらみのすべてから自由になれたとしても、彼には自分自身と直面しなければならないという問題があったのだ。ケーフェイの人生を生きてきたプリンスにとって「自分」とは誰だったのか？

そしてプリンスは、自分が誰かという難しい質問に答える代わりに、人々が望み、そして彼を有名にしたものから離れないという決断をしたのだ。だから彼はまだ若かったのに年老いたミュージシャンのようにコピーバンドを結成し、本質的に言ってしまえば、彼を有名にした曲たちを模倣する方向に進むのだ。

俳優のジム・キャリーもプリンスと同じように、芸能で成功できずみじめな思いを抱えた父親の下で、家もなく金もない境遇で育った。そんな彼がドキュメンタリー『ジム＆アンディ』の中で、ケーフェイを分かりやすく説明している。キャリーは『マン・オン・ザ・ムーン』で故アンディ・カウフマンを演じたときに、役柄が自分の人格と混ざってしまうという体験をした。そこでドキュメンタリーという形をとって、そのときの体験をさらに探求していったのだ。

カウフマンは、コメディドラマ『タクシー』でラトカ・グラヴァスという奇妙な自動車整備工を演じ、彼がひどい訛りで念仏のように唱える「どうもありがとうございます」という言葉で一躍有名になった。

カウフマンはこの成功で金も名声も手にし、面白い訛りで「どうもありがとうございます」と言い続ければ老後まで安泰という立場だった。その後、プロレスの熱狂的ファンだったカウフマンは、ケーフェイの概念を用い、その奇抜な役柄のような自分の行動がケーフェイなのか実物なのかは視聴者に判断させる、という芸風を一貫して守り続けた。

プロレス界での男女格差に人々の関心を集めたいという名目で馬鹿げた行動をしてみせたこともあった。その方法は効果的とは言いがたく、結局本物のプロレスラーのジェリー・ローラーの怒りを買って、実際に業界から失脚させられそうにまでなったのだ。でも彼は「カウフマン」、実物ではなく、ケーフェイの役柄がしたことと考えれば、そんな行動さえ驚くべきではないと判断することもできたのだ。

カウフマンの初期のパフォーマンスは彼を有名にし、後に彼自身を追いつめていくことになった。キャリーはこう指摘している。「人気があるコメディで、アンディの『どうもありがとうございます』のような流行語を作り出すと、それが彼らを象徴するものになってしまう」

結局のところ彼らを有名にしたものが、彼らを苦しめるものになる。そこから離れ、愛されるか嫌われるか分からないけれども本当の自分を見せる、という危険な賭けをするか、または本当の自分を殺すという選択しかなくなる。自分を殺すということは、自分ではない人格と墓場まで一緒に連れ添うということを意味するのだ。

プリンスが『パープル・レイン』公開後につぶやいた言葉も、週末を経て突然スーパースターになり、自分がそんな決断を迫られていると気づいた、ということを示唆していると思う。キャリーはドキュメンタリーの中でカウフマンがなぜ役を演じ続けたのかを考察しているのだが、これはアンディ・カウフマンだけではなく、プリンス、そして有名になったすべての人々に当てはまると思う。

「真珠で飾られているものの中にはどんな汚いものが入っているのか？　真珠は、『もし自分が、取るに足らない魅力のない人物だと人々が気づいてしまったら終わりだ』という考えから作られた人格なのだ」

つまりそれは、自分の作り話に魅了されてしまうということでもある。役柄（たとえばプリンス）が劇場に上がる（たとえば『パープル・レイン』）ことでケーフェイが現実だと信じるようになる。映画は成功した。けれども同時にそれはプリンス自身の消滅とそして芸術家としての終わりを意味していたのだ。

プリンスの周囲の人々も同じように蝕まれていった。自分はザ・レヴォリューションのメンバーだ、自分はバンドと親しい関係だ、自分はバンドの関係者だ、そういった自分たちの物語の方を信じるようになっていった。

映画が予想以上に成功し、ミュージシャンとして急にスターの座を手にし、プリンスとザ・レヴォリューションは広大なアリーナで毎夜二万人のファンの叫び声に迎えられた。その中にいた彼らの自尊心が一時的にとはいえ急激に高まったのもまったく不思議ではなかった。

プリンスの人気は頂点を極めていた。クラッシャーやアリの傲慢さの模倣か彼自身の意見なのかは分からないが、プリンスはインタビューで、ジョニ・ミッチェル以外の誰の音楽も好きではなかったと言い始めた。一九八五年夏には「売れた音楽で好きだと言えるものはない。好きな音楽は僕が子供の頃聴いていた曲なんだ」と話し、一九九〇年代になってもその態度は変わらず、「何か曲が聞こえてくるとすぐに止めるんだよ（停止ボタンを押す仕草）。彼らの言葉を聞く気がしないんだ」と語った。

ビートルズは？　その当時は良かったと思う、「でも、今の時代に合っているのかは分からない」と答えた。

ボブ・ディラン？　「彼のことはあまり知らない」と答えたプリンスはあえて知らないふりをしているようにも見えなかった。一九六五年当時はディラン本人も、他のミュージシャンに対していつでもそんなふうに答えていたような記憶がある。プリンスはジミ・ヘンドリックスが『見張塔からずっと（原題：All Along the Watchtower）』をコピーしたことでディランを初めて知ったらしい。プリンスは「ディランの人気はすごいと思う」と言ったがローリング・ストーン誌では「彼をすごく尊敬している」と記載された。大きな違いだ。けれども一九八五年のジャン・ウェナー（ローリング・ストーン誌の創刊者）監視下の記事ではディランへの敬意が欠けた表現など受け入れられなかったのだ。

ヘンドリックスのことはどう思っていたのか？　僕には理解不能だが、プリンスはディランだけではなくあのヘンドリックスでさえ尊敬はしていなかった。「みんなが僕らを比べようとするのはただ僕が黒人だからだ。本当にそれしか彼との共通点はないよ……彼より（カルロス・）サンタナにずっと大きな影響を受けた」

プリンスはそう言ったのだが、サンタナにも大して敬意を払っていたとは思えなかった。一九七七年、最初のアルバム収録の合間に、プリンスはサンタナのサンフランシスコの家を訪問し、わざわざ泥だらけの靴で家に入り、足跡をそこかしこに残していった。まるで縄張りを示しているかのようだった。何のために彼がそうしたのかは僕にはまったく理解できない。

プリンスが尊敬した人など存在するのか？

「ブルース・スプリングスティーン」。彼が一度心からの称賛を込めて言った。

「そんなに彼の音楽が好みというわけじゃないけど、僕がファンを盗めないと思うミュージシャンは彼だけなんだ」と、「盗む」という言葉に感嘆を込めてつぶやいた。徹底主義のプリンスは他のバンドの観客の目を集めるだけでは十分ではなく、ファンを「盗む」、つまりそのすべてを支配したいと思っていたのだ。

プリンスが、スプリングスティーンをそのニックネーム「ザ・ボス」に値するとみなしていた一番の理由が、彼の圧倒的な影響力だった。プリンスが初めてスプリングスティーンのコンサートを見たのは舞台裏からだったらしい。「そこでバンドメンバーが演奏を始めたとき少し浮ついた音を出したんだ。そしたらスプリングスティーンがちょっと振り返って、バンドに目をやった。その一瞬でメンバー全員に緊張が走ったし、すぐに演奏が変わったんだ!」

二人は友達になり連絡も取るようになっていた。プリンスが他界した後、スプリングスティーンがプリンスに捧げるとして『パープル・レイン』でコンサートを始めたときの映像が、多くの人々に繰り返し視聴されている。ただいくら仲が良かったとはいえ、プリンスに張り合う気持ちがなかったわけではないらしい。

ミネアポリス・スター・トリビューン紙のウェンディ・メルヴォワンへのインタビュー。「プリンスはいろんな人に対して挑戦的な態度をとっていたわ。それが有名なミュージシャンであれば特にね。もし彼らが少しミスをしようものなら、それを分からせようとしていた。いきなりギターをつかんで彼らの目の前で激しいソロを演奏したりね。競争心から相手に恥をかかせようとする感じ。でも彼はうまくやり遂げてしまうのよ、『僕がすごいってことなんて分かってるよ』とでも言うようにね」

リサ・コールマンもこの意見に同意していた。彼女はスプリングスティーンについて同じスター・トリビューン紙のインタビューでこう語った。「プリンスが悪戯心でブルースを驚かそうとしてたのを覚えてるわ。ブルースがギターソロを弾いているときに、プリンスが見えないように私たちに手でサインを送ってきたのよ。彼らのいたちごっこみたいなのがしばらく続いたわ。みんながクスクス笑っていたけど、ブルースがプリンスの意図に気づいていたかは分からない。でも私たちには分かっていたから、『もうやめなさいよ、そんな意地の悪いこと！』と思っていたの」

プリンスはすごく楽しんでいたようだ。いろいろな意味で人より勝るということが彼のゴールだったからだ。現在に至ってもスプリングスティーンには一位となった曲はない。『パープル・レイン』からシングルカットされた『ビートに抱かれて』に阻まれて『ダンシング・イン・ザ・ダーク』は二位にとどまった。

プリンスは、それがたとえすごいと自分が認めた人物であっても挑戦的な態度を表に出さずにはいられないようだった。『パープル・レイン』ツアー、ロサンゼルスのフォーラムでのコンサートにスプリングスティーンが訪れたときのことをポール・ピーターソンがミネアポリス・スター・トリビューン紙とのインタビューで話していたのだが、プリンスがスプリングスティーンをステージに上げ、自分のギターを預けてギターのソロ演奏を頼んだそうだ。その後彼の肩からギターを取り戻すと何かおかしいとでも言うように少し音を確かめるように鳴らした。そうしてしばらく試した後、自分が弾けばいい音がするというような表情をしてみせたらしい。対抗心むき出しの態度だと思う。

『パープル・レイン』後、変化し続けなければ終わりだとプリンスは思っていた、または終わるかもしれないが変化せずにはいられない気持ちだった。最初のアルバムを作るときにレニー・ワロンカーに告げたように、ただの黒人音楽とみなされるのではなく様々なジャンルを網羅することを望んでいた。けれどもファンクを捨てるようなこともしたくなかった。そこで自分の分身としてのバンド、ザ・タイムと、欲求不満で空っぽの入れ物——モーリス・デイを使うことにしたのだ。

プリンスはデイをスターに仕立てた。デイが、虚栄心の強いミュージシャンとして素晴らしい喜劇的な演技を見せて『パープル・レイン』で主役以上の注目を集めたことは、プリンスが自分の目的のために仕組んだことなのだ。映画が発表された二年後、ビデオでデイの演技を見ながら「映画で誰よりもモーリスに注目が集まればと思ったんだ。僕にはそれが必要だった」とプリンスが話してくれた。

作り話であること、つまり映画の「モーリス・デイ」は役柄でモーリス・デイ本人ではなく、プリンスが彼にすべての音符をどう歌うかいちいち教えていたことなどは問題ではなかった。

カシアス・クレイには敵対者ソニー・リストンがいたし、モハメド・アリにはジョー・フレイジャーがいた。アリとフレイジャーの三度目の王者決定戦を観戦したスポーツ記者のジェリー・アイゼンバーグは感嘆してこう述べていた。「彼らは世界的王者をかけてではなく、目の前の相手を負かすということしか考えていなかった」

ただ一つの「強敵だと思えるバンド」と得意そうに宣言したザ・タイムとモーリス・デイの存在で、プリンスは「戦う価値のあるもの」を手に入れたことになり、自分の絶対的才能を示す準備が整ったのだ。

けれども『パープル・レイン』アメリカ・ツアーが始まると同時に、状況が急変していき、プリンスにとって重要だった様々な人との関わり合いが遮断されてしまった。

しかもボディガードが彼を売るという痛ましい事件も起こった。ボディガードとはチック・ハンツベリー。ハンツベリーはまるでポール・バニヤン（アメリカの民話に出てくる巨人）と、バイクを乗り回す無法者のギャングを足したような外見で、彼がそばにいることで周囲が——プリンスを理解し大切に思う人たちと、プリンスを自分の利益のために使うことしか考えない人たちが——プリンスに近寄れないようにしていた人物だ。

映画が封切られると、プリンスはもう自分のバンド、ザ・レヴォリューションと同じバスに乗ることさえできなくなり、そんな状況下で毎晩、まるで映画『マッド・マックス』のサンダードーム(闘技場)のようなアリーナで狂喜乱舞する観客を前に演奏し続けなければならなかった。そんな彼の隣に寄り添っていたのがハンツベリーで、その巨体で常にプリンスの楽屋のドアの前に立ちバンドのメンバーでさえ近寄りがたくなっていた。

そして問題が起こった。

プリンスは当時のことをこう語った。

チックはものすごくプライドが高かったし、仕事を失うんじゃないかと常に不安だったんだと思う。僕が何か言うといつも「なんで俺にあたるんだよ? どうした? なんで急に変わるんだよ?」って聞いてきた。だから僕は「変わってなんかないだろ」と答えてたんだ。そんな感じが続いて、ある日彼が「疲れた。もうたくさんだ」と。僕は分かったと返事をして彼はツアーから離れて家に帰ったんだ。数週間後に彼に電話した。まだ解雇していないし新しいボディガードを雇ってないと伝えたよ。そうしたら、ニューヨークに来たときに会おうと提案してきた。でも彼は姿を現さなかった。いい奴だったのに。

ハンツベリーはコカインを吸うようになって変わってしまい、ツアーから離れたのだ。プリンスは彼を解雇せず、新しいボディガードを雇わず、彼の戻りを待っていた。プリンスと電話で話した彼は、ニューヨーク方面のツアーで合流すると約束したのだが現れなかった。代わりにコカインの金のために、タブロイド紙ナショナル・エンクワイアラーに、世界的ビッグスターのお守りをしていた巨人として、その物語を売ったのだ。

ハンツベリーが売った情報は話としては興味深いものだ。周囲を執拗にコントロールする人格を妖精のように小さな体の中に隠したスーパースター、とプリンスを表現していた。他人の感情を考慮できない精神病的欠陥が何層にもなって複雑化していて、それがマリリン・モンローに対する執着となった、紫の家の内装すべてを彼女の写真で覆うようになった、と語っていた。

プリンスはそれでもハンツベリーを見放さず罪を見逃し、彼はただ情報を売る雑誌を間違えたとみなしていた。

「エンクワイアラーで読む記事は何一つ信じたことがない」とローリング・ストーン誌のインタビューで僕に語った。

十歳のとき、「UFOが来て強姦された。ここにいる赤ちゃんが証拠よ」という（エンクワイアラーの）記事を読んだのを覚えてるんだ。記者たちは彼（ハンツベリー）が話したことすべてを誇張したんだと思う。その方が面白いからね。彼らは彼らのいつもの仕事をしただけさ。それはそれでいいよ。ただ一つ嫌なのは僕が牢屋の中で生きているとファンが思ってしまうこと。そんなことないのに。

彼が牢屋の中で生きているなど、誰一人言っていなかった。それでもこの観念が彼の頭から離れたことはないようだった。彼が否定すること自体が、認めていることを意味していると思う。二十七歳の国際的スターはミネソタ州ミネアポリスの牢屋の中に閉じ込められていた。

彼は閉じ込められたままで過ごし、そうして三十一年後この世を去った。

一人で、自らが番人である牢屋の中で。

このような狂騒の中でも、ザ・レヴォリューションは、ずっとこのまま活動していくと信じて疑っていなかった。プリンス自身はすでに次の章に移ろうとしていたのだ。『パープル・レイン』ヒット後もずっと、プリンスはウェンディ・メルヴォワワンとリサ・コールマンを自分の姉妹と呼んでいた。すべてを管理しなくては気が済まない彼にしては珍しく、彼女たちはバンドとしての理想に基づいて、個々にそして一緒に、スタジオで好きなように曲作りをすることを許され、それをロサンゼルスから彼に届けていた。この環境が永遠に続くように思えた。

「バンドを終わらせて私たちだけで何かを始めたいなんて思わないわ。だって私たちがやりたいことって今していることだから」と、リサ・コールマンが一九八六年、ロサンゼルスのユニバーサル・アンフィシアター(ギブソン・アンフィシアター・二〇一三年に閉館)でのコンサート前の楽屋で話してくれた。「言われた通りに弾くだけの雇われミュージシャンだなんて感じはしないわ。プリンスはいつも私たちの考えを聞いてくれるから」

ウェンディ・メルヴォワンも「このバンドはこれから長い間続くと思う」と同意した。「三人がスタジオで一緒になったときに味わえる気持ちや演奏って言葉では言い表せないものなの。この三人でしかできないことよ」

彼らのライブも観客を極上の気分にさせるような、かなり良いものだったのだ。

一九八六年三月のライブのときに彼女たちにインタビューしたのだ。その一年前にプリンスは、彼とバンドはライブをしばらく行わないと宣言していた。けれどもこの夜ユニバーサル・アンフィシアターで行われるシーラ・Eのコンサートに続き、プリンスとザ・レヴォリューションが演奏を始め観客を驚かせるという段取りになっていた。

コールマンとメルヴォワンは午後のサウンドチェックまでの時間を使って、プリンスとの関係性を僕に説明してくれていた。スタッフがこちらに寄って来て「プリンスがすぐに来いって言ってる」と彼女たちに告げた。「私プリンスに『恐れ知らず(フィアレス)』ってあだ名をつけたの。『ロッキーとブルウィンクルの大冒険』(アメリカのテレビアニメ)のキャラクター、『フィアレス・リーダー』知ってるでしょ」そう言って、コールマンは階段を下りていった。

ステージ上ではコールマンとメルヴォワンが楽器と立ち位置を確認していた。コールマンは後ろの端の暗がりで首をやや傾げて少し笑みを浮かべて。メルヴォワンはにっこり笑いながら

11

『パープル・レイン』：暗闇で踊る

前の方で、プリンスのすぐ隣に。たくさんの照明が無人の観客席を明るく照らしていた。「フィアレス・リーダー」は、昔のように、実際のコンサートと同じ長さのサウンドチェックをバンドメンバーたちに強いたりしなかった。フリルのついた白シャツにキラキラ輝く黒のスーツを格好良く着こなし、バンドに向かって曲の指示を出していた。バンドが音を奏で始める。

「オーケー。ここでシーラが入る。シーラはもうここに来てる？」とプリンス。サングラスをかけトレンチコートを着たままのシーラ・Eが素早くステージに上がり左側に立った。プリンスは彼女と何か少し話をした後、大きな声で「『コントロヴァーシー』！」と言った。

演奏を始めたバンド。「音、少し遅れてる」「ちゃんとリズムとって」とプリンス。多少の調整の後、満足したらしく演奏はそのまま続いた。

「『ア・ラヴ・ビザール』（プリンスとシーラ・Eの共作によるデュエット曲）の終わり。見て て」そう言った彼は、ステージから飛び降りると客席間の通路を走り出した。バンドの音の確認、そして今夜の演出の練習だろう。

「そこの低音、何とか消してくれない？」「ベースの音聴かせて」とまた完璧さを求めた後、ザ・レヴォリューションの一位になった新曲『キス』。

演奏を一時止めて「フィンガーシンバルの方がいいな。ああ、明日ビデオ映像撮るときには演奏し続けて。そうすれば全員を画面に入れることができるから」そう言い残して、プリンスはステージ裏に向かった。メルヴァワンはギターを肩から下ろし、コールマンはキーボードの電源を切って、夕食をとるために二階に上がっていった。

彼らはバンドとしてしっかり機能していると感じた。けれども一九八六年十月——ローリング・ストーン誌の表紙を三人が飾った七ヶ月後——に、プリンスはバンドを招集しザ・レヴォリューションを解散するとメンバーに告げた。

それはまるでプリンスが『パープル・レイン』ツアーの最中に、古代カバラ（ユダヤ教を基盤にした神秘主義思想）で言うところのディブック、悪霊に取り憑かれてしまったかのようだった。悪霊が彼の体を支配し災いの方向へと導いていったような感じがした。

コールマンとメルヴァワンが、ローリング・ストーン誌の表紙でプリンスの隣に並び「プリンスの女性たち」と称されてから四年、一九九〇年までにプリンスは、キーボードのマット・〝ドクター〟・フィンクを除したザ・レヴォリューションのメンバー全員を解雇した。互いの合意のもとではない決定が作り出した嫌な空気感が漂っていた。

コールマンとメルヴァワンが自分たちの名前をタイトルにしたデビューアルバムを出した後の一九九〇年、プリンスのインタビューが雑誌に掲載された。プリンスは、このアルバムをまったくいいと思わなかった、と答えている。彼はアルバムについて二人に多少のアドバイスをしたが、それはまったく取り入れられなかった。たとえば彼女たちの最初のミュージックビデオについて。「何か派手なことをした方がいい。ステージ全体をドライアイスの煙で覆って、スピーカーの上から飛び降りるとか。何かだよ」とすすめたが、完成したビデオでは、メルヴォワンはただ椅子に座ってギターを弾いていた。プリンスは「これから売り出していこうとするときには、そんなんじゃダメなんだよ。もし子供たちがそれを見たら、チャンネルをすぐに変えるだろ」とリモコンのチャンネルを押すふりをしながら説明した。「コマーシャルでも見てた方がましだって思うよ、きっと」

プリンスは彼女たちの自分に対する感情にも本当に困惑しているようだった。「ウェンディとリサと話しても、こんな感じ」と両手を互いに反対の方向に動かしてみせながら言った。「今になっても彼女たちが傷ついているって話を聞くから、いい気分はしないよ。一緒にいたときは二人とも溌剌とした素晴らしい女性だったのに。正直に言って彼女たちが何に傷ついているのか僕には理解できないんだ」

プリンスの口調は、敵意を持っているというよりは嘆いているように聞こえた。「ウェンディとリサはもっと自分のことを見つめ直してどんな曲を書きたいのか決めないといけないと思う」彼はそう寂しそうに言ってから首を横に振った。「ウェンディとリサがそんなに傷つく理由が分からないよ。理解できればと思ったけど」

僕には、インタビューのきっかけを作ってくれた彼女たちに借りがあった。だから彼に「こういうふうには思わない?」と聞いてみた。「自分の行動がひょっとしたら裏切りと取られたのかもしれないって？　彼女たちは君の姉妹のようなものだっただろう？」お前ひどいな、という言葉を心の中でつぶやきながら。

そのときプリンスは予期していなかった質問をしてきたのだ。僕の言葉とは関連性のない質問のようにも感じたし、実際まったく別の話だったのかもしれない。「もし僕の周りのみんなが去ったらどうなる？　そしたら僕は一人残されて、味方が誰もいなくて自分だけになるんだ」


プリンスが『ヌード』ツアーをしたのも一九九〇年だった。彼のバンド、ザ・ニュー・パワー・ジェネレーションにはザ・レヴォリューションよりもっと幅広い背景を持つアフリカ系アメリカ人が集められていた。僕が特に好きだったメンバーは、ミネアポリス出身のドラマー、マイケル・ブランドだ。アメリカンフットボールのディフェンス選手のように強面で大きく太った彼は当時十九歳で、まだ実家で母親と暮らしながら地元のバプテスト教会の聖歌隊で歌っていた。真の独学者でもあり、コンサートを二時間後に控えた楽屋で、簡易版のニーチェの哲学書を読んでいる彼を目にしたこともあった。

僕はプリンスの周囲のミュージシャンや友達から様々な話を聞いたが、その中でもこのときのブランドの言葉は面白かったので印象に残っている。虚無主義の父を称えて「ニーチェもいいよ、だけどショーペンハウアーは別格だね。彼の辞書には希望という言葉がないんだぜ」と言ったのだ。

当時のプリンスは、彼の頭の中に淀みなく浮かんでくるアイデアに追い立てられるように、熱狂的に次から次へと創作し続けていた。半狂乱のヨーロッパツアー中の合間をぬっては滞在先のホテルで映画『グラフィティ・ブリッジ』の編集を続けていた。

バンドメンバーたちは、自分たちにザ・レヴォリューションのような終わりが来るなど思ってもいなかった。スイスのルツェルンでのコンサートの後何百人ものファンに囲まれたバスの中にいたブランドは、大きな笑みを浮かべながら夢中でファンに向かって手を振り返し「ビートルズみたいだな!」と同じバスに乗っていた仲間たちに向かって叫んでいた。「俺たちはビートルズだ!」

けれどもやはり彼らはビートルズではなく、この頃にはプリンスが近い将来また『パープル・レイン』のようなヒット曲を出すことがないと明らかになっていた。次に製作された『アンダー・ザ・チェリー・ムーン』と『グラフィティ・ブリッジ』では、三つのラジー賞(ゴールデン・ラズベリー賞——最低の映画に与えられる)を主演男優、監督、主題歌(『ラヴ・オア・マネー』)の部門で獲得しており、加えて二〇〇〇年に特別に加えられた「二〇世紀最低俳優賞」にまでノミネートされた。

次に出したアルバムも『パープル・レイン』の記録にはまったく及ばず、『アラウンド・ザ・ワールド・イン・ア・デイ』はシングル『ラズベリー・ベレー』がビルボードの「ホット一〇〇」で二位になったものの、三百万枚の売上にとどまった。

プリンスはアルバム『ラヴセクシー』のべた褒めの評を読んで文句を言っていた。またジミ・ヘンドリックスと比べられていたからだ。

「人を比べることなんてできないだろ、本当に比較って意味ないよ。明らかに誰かのまねしてるって場合は別だけどさ。しかもまねしてるかどうかだって、両方の曲を自分で演奏できなきゃ分かるはずないんだ」

「エレクトリックギターだってできることには限りがあるんだ。彼らが何を考えているのか分からないけど、こういう批評をする人たちはたいていギターなんて弾かない、いけ好かない奴(マンマ・ジャンマ)なんだ。ギターがいろんな音色を出せるといっても無限じゃないだろ。僕だって新しい音が欲しくてどれだけ試したことか」

九〇年代という時代が重たく這うように迫ってきていた。そしてプリンスは、ギターや他の楽器で新しい音を出すことが求められていた時代が去っていたことに気づくのだ。気づいたのはもう手遅れになった後だった。何が起こったか理解したとき、彼はうんざりとした調子で「奴らは僕の芸術を埋めてしまったんだ。そこに駐車場を建てやがったんだ」と、好きだったジョニ・ミッチェルの歌詞を言い換えて嘆いていた。

11

『パープル・レイン』：暗闇で踊る

12・孤独な世界

この人生では君は一人で戦うしかないんだ。

――『レッツ・ゴー・クレイジー』プリンス(一九八四年)

一九九〇年代になると、プリンスが注目を集めることは少なくなった。

二〇一六年四月プリンスが他界した日に、ローリング・ストーン誌は「九〇年代」というタイトルでカート・コバーンを表紙にした特別版を発売していた。二十五のグループと個人の名前が彼の写真の横に並んだが、プリンスの名前はそこになかった。

ただ、導入部分で短く「プリンスは自分の名前を『かつてプリンスとして知られたアーティスト』に変えるという奇行に走った。彼がすぐに『一時有名だったアーティスト』になってしまい、でたらめなアルバムを発表し続けたのは残念なことだ」と淡々と紹介されていた。

プリンスはヒップホップとラップの誕生、成長、そして成熟に関わった先駆者たちの流れには乗れなかった。ヒップホップの台頭は、アイク・ターナーが一九五一年に『ロケット88』で

12
孤独な世界

ロックンロールの創始者となって以来の、ポピュラー音楽に起きた最も重要なできごとだと言われていた。ただ実際のところ、プリンスがヒップホップ革命に乗り遅れたというのは語弊があるかもしれない。

彼は単純にヒップホップなど問題にしていなかったのだ。初めは。

常に流行りを察知し、時代に先駆け、表現の限界を超えていこうとするプリンスは、やがてこの時代の流れに乗らずにはいられなくなった。けれども否定していた期間が少し長すぎたのだ。しかもプリンスが流行を「追う」など商業的にも芸術としてもどんな利益があるというのか？

フランク・シナトラは（彼もプリンスと同様、モー・オースティンと深い関係のある人物だ。ただその関わり方はプリンスとはかなり異なっていた）、昔「ロックンロールは粗野で醜悪で無鉄砲、ひどい表現方法だ。こんな音楽を耳にしなければいけないなんて不幸なことだ」という意見を持っていた。

シナトラの盲点がロックだったように、プリンスは初めヒップホップをまったく視野に入れていなかった。

一九八七年三月に彼は、「曲を聴こうとラジオをつけたら（柔らかい表現に直すと）聴きたい曲が見つからなかった」と歌うシングル『デッド・オン・イット』を発表した。

曲の中ではヒップホップの中心地の一つであったブルックリンを、ミネアポリス発信の音楽と比べて嘲笑したりもしていた。

「『デッド・オン・イット』はプリンスがまったく分かってなかったことの証明だし、決まりの悪さを残す作品だったわ」とプリンスの黄金時代を支えたレコーディングエンジニアのスーザン・ロジャースがアレックス・ハーン著の伝記の中で話している。彼女は、プリンスと楽しく遊んでいる時代は終わりとでも言うように、ラップ音楽の勢いを攻撃するこの曲の後すぐにプリンスから離れてしまった。

プリンスは一九九〇年代の大半を最先端のポピュラー音楽を追いかけることに費やしていた。最終的にはラップやヒップホップを認めて自分の曲に取り入れてみたりしていた。ただ音楽が重要でなくなり、業界全体がひどいものになったという考えは頭の中から消えていなかった。スーザン・ロジャースのようにこの業界の変革を好意的に見ていた人たちにとっては、プリンスの態度は見ていて恥ずかしくなるものだったはずだ。

「俺がグループに入ったとき気づいたんだ。昔からのプリンスのファンたちはラップなんて興味ないってね」とザ・ニュー・パワー・ジェネレーションのダンサー、トニー・モスリーは言った。彼は、新しいリズムと音とヒップホップのラップを取り入れてほしいとプリンスに頼まれたのだ。

けれどもヒップホップのファンたちは、たいてい「プリンスなんてまったく興味がなかっ

12

孤独な世界

た」とモスリーは続けた。

一九九三年までにはもう僕はプリンスの記事を書くことをやめていた。それ以降の彼に関する仕事は、自立した記者という立場を保てるものをいくつか受けただけだった。自分を一人の記者として確固たるものにしたくて彼と距離をとったのだが、そんな僕でもプリンスがその頃彼のファンや周囲を驚嘆させるものを製作していないことには気づいていた。

一九九〇年にローリング・ストーン誌で彼の特集記事を書いた後に、彼が「夜明け」と呼んでいたロック歌劇の台本を書いた。これは『スリー・チェインズ・オブ・ゴールド』という題名に変わり、支離滅裂なロック・ビデオ・オペラのような形で発売された。


一九九三年の冬にプリンスの仕事を管理しているギルバート・デヴィソンから電話をもらった。彼は人当たりがよく落ち着いた声で話す男で、プリンスのボディガードから経営陣のトップまで昇進した人物だ。プリンスのインタビューをするためにすぐにロサンゼルスへ行くことができるかと聞かれた。

誰のために?と僕はたずねた。どの出版社かという意味だ。出版社が直接僕に電話をくれていれば、「プリンスの」記者として深みにはまるような仕事を簡単に拒否できたのにと思った。

「プリンスのために」と彼は答えた。

「何のために?」と僕。

「タイムカプセルだ。プリンスはペイズリー・パークの庭にタイムカプセルを埋めるらしい」

彼は言った。

「そうなんだ」僕は言ったが、まったく理解していなかった。

デヴィソンは続けて「彼はいろいろなことを変えようとしていて、それを説明したいらしい。そして君にまとめてほしいと言っている。プリンスが全部説明するよ。名前を変えたいみたいだ」

「そうなんだ。でも何に？」と僕は聞いた。

「彼が説明するよ。タイムカプセルなんだ、君がまとめた文書を庭に埋める。後に残すためだよ。ペイズリー・パークの庭にね」とデヴィソンが繰り返した。

僕はこの話を真剣には受け止めていなかった。


数日後に会ったプリンスは、彼のロサンゼルスの豪邸で憤慨し苛立っていた。有名なスターたちの大半が楽器が弾けず歌えず踊れないのにチャートを制覇し、自分がそうでないことに怒っていた。ループ素材やサンプル音源があれば才能がなくても業界のトップになれると。

そして続けて「プリンスは死んだ」と言い出したのだ。

何を言ってるんだ？

「プリンスは死んだんだ。だからタイムカプセルを作る。プリンスをタイムカプセルに入れて

12

孤独な世界

歴史にする。彼は過去なんだ。彼ができることは何もないし彼が加えられるものも何もない。彼は必要ないんだ」

名前を発音できない記号にし、そのときはまだ題名がなかったが、後に『ラヴ・シンボル』と名付けられるアルバムのジャケットにその記号を使う予定だ、とプリンスは続けた。彼はそのとき、男性と女性を象徴するようなその記号をネックレスとして身につけていて、差し出して僕に見せてくれた。

プリンスはそれから二時間ほどの間、この行動が意味することを僕に説明した。

僕は、これほどまでに多数の感情を同時に抱える人間をそのときに初めて目の当たりにした。彼は刻々と分裂していくように見えた。崩壊するというのではなく、自分が望む方向に従って細分化していくのだ。それまでも、プリンスには人よりずっと多くの矛盾が眠っているとは感じていた。けれども一つひとつの矛盾した人格がこのときのように息もつかせないぐらいの速さで表面化したことはなかったのだ。

素晴らしく頭が切れると思えば次の瞬間には救いようのないほどの無知を感じさせた。非常に多くの分野について間違った情報を持っていたりまたは知らないことが多かった。自分の興味のある分野の本だけを図書館で探して学ぶような独学者によくあることだ。けれども同時に存在の意義を考えさせられるような深い知識の源でもあったのだ。

なぜ名前を誰も発音できないものに変えるのかという質問に対して、一度自分の本質が汚されてしまったら、世界の力に抗うために自分を変えるしか他に方法がないのだと話し始めた。まるで哲学の教授が教科書に沿って人間の存在意義の講義をしているような雰囲気だった。

新しい名前を示したネックレスに目を落として触りながら、「『夜明け』を意味してるんだと思う。前は『夜明け』が何を意味するか分からなかったけど、今は分かるよ。静けさ、完全なるものなんだ」

ここまで話すとプリンスの調子が急に変わった。そして突然アイスバーグ・スリムのように（売春斡旋業から作家に。アフリカ系アメリカ人の読者を中心に多大な影響を与えた）甲高い声で猛烈に話し始めた。プリンスという名前をこれ以上使わないのはワーナー・ブラザース・レコードとの契約を回避するためだと。その声は静かだった大学教授から、路地で相手に決して出し抜かれまいとする男へと変わっていた。

次に彼は文化の歴史に視点を移し、自分の芸術性を過去やこれからの才能たちと比較して論じた。モーツァルトについての雑学をあげ、自分を同じ類の者として主張し、だから未来に生きる人々が過去の音楽史をたどれるようにタイムカプセルが必要なのだと説明した。

少し黙った後プリンスは突然、今はただ言われるまま、ワーナー・ブラザース・レコードの売上のために演奏しているだけだと語り始めた。

12

孤独な世界

「僕の曲はいつも売れるだろ。つまり、曲はいつもチャートで十位以内に入ってた。ワーナーは僕が何か発表すればいつでも売上が出るって知ってる」そこには他に誰もいなかったし、僕が彼を否定してもいないのに、彼は反論するように言った。

レコード会社の最高責任者は？　オースティンとワロンカーについてはどうなんだという質問をすると、またアイスバーグ・スリムの喋りになった。彼とオースティンの最近の契約交渉は――推定一億ドル（アルバム一枚につき一千万ドルの印税前払金）――単純な利益計算の結果だったらしく、争ったり口論や泥沼になったりなどは一切なく合意された。「僕はこう言ったんだ。『モー、僕は最高のミュージシャンだろ。だからそれに見合った額を払って。そうでなければ違うところに行く』」

けれどもこの契約には落とし穴のような条件が付いていた。一つ前のアルバムを五百万枚売らないと、次のアルバムの前払金は支払われないというのだ。単純な算数の概念からいっても疑問の残る条件が付けられていたのだが、プリンス本人は、経営のプロであるオースティンと彼の子分ワロンカーより自分が上手(うわて)だった結果だと主張していた。

突然プリンスの声は優しくなった。僕が質問する間もなく、話題を変える兆しもなく、その二人のボスのことを尊敬の念を込めて語り出したのだ。

「彼らは僕が『パープル・レイン』のコードを少し変えてまた別の『パープル・レイン』を作れるってことを知ってる。自分の曲をもう一度使ったってみんなに知られることなくね。でも、モーとレニーはそんなの僕がしたくないって分かってる。そして彼らは間違ったことを要求しないんだ」

どこを目指しているのか？という僕の質問に、史上最高の天才たちと同じ神殿に祀られること、と彼は少し考えて答えた。

クロイソス（莫大な富で知られる紀元前の王）のような富、それからミネアポリス市の端のハリエット湖で一族の長として暮らすこと、と続けた。ハリエット湖は裕福な人々の場所ではなく、野外音楽堂で消防団のバンドが演奏したり、夏の間イチゴ味のアイスクリームが売られたりする地元の家族のための憩いの場だ。

タイムカプセルに他に入れるものはあるのか？と僕は聞いた。

二つだけ、とプリンスは答えた。アルバム『ラヴ・シンボル』と遺言書。

彼がその夜話したすべての中で僕がまったく疑わなかったのは遺言書の存在だ。彼は死について、特に自分の死や遺産について、僕たちが子供時代以来再会して間もないとき（僕は二十六歳だった）から語っていたからだ。彼は慈善にとても強い関心を持っていて匿名で莫大な額の金を寄付していたし、政府が彼の財産から必要以上に税金を取ることができないように注意を払っていた。

プリンスにとって遺言書は重要で、『グラフィティ・ブリッジ』の話の中心に遺言書を持っ

12
孤独な世界

てきたりもした。彼が自分の遺産について、地下倉庫に眠る録音テープや、皆がプリンスはやがて破産すると推測していた間に投資していた金塊まで、どんなふうに処理するかの指示を記すだろうと僕は確信していたのだ。

広大なペイズリー・パークの敷地のどこかに隠された遺言書。それはこの摩訶不思議な男が残した最後のいたずらだ、と僕は感じた。彼の死と同時に繰り広げられる遊園地での宝探し。でも彼のいたずらは失敗なのかもしれない。彼の遺言書が見つかる頃にはおそらく遺産は何も残っていないだろう。タイムカプセルの話をしたときの彼は、話の筋も通っていなかったし、完全に矛盾する見解を同時に抱えているようだった。だから少しうまく隠しすぎたのか、きちんとしたヒントを残し忘れたのか、またはその発想があまりに凝りすぎていたのかもしれない。

彼の所有した土地はこの本を書いている時点ですでに売られてしまっている。僕は想像する。ペイズリー・パーク・マンションとかそんな感じのものが建った土地。将来のいつか、その広大な敷地の最後の分譲区画のために大きな重機が地面を掘り起こしていく。

そしてそこで遺言書が見つかるのかもしれない。彼の他の数々の冗談と同じように、遺言書は誤解され、理解されず、または単に馬鹿げたことだとみなされる。それでもいいと思う。複雑で混乱した人生を送った彼のことだから、そんな結末も彼らしさの表明だ。

13・壊れる 第一幕

一九九六年、プリンスは壊れた。

彼がそれまでの人生でダメージを受け続けていたことは確かだ。まだ名もないときも有名になっても、お金があってもなくても、どんな状態でも、良いときも悪いときも、または良いことと悪いことが同時に起こっているときでも。

その年の始まり、プリンスは幸せに満ち溢れていた。厳しいミネアポリスの一月をどうにか越えた一九九六年二月十四日のバレンタインデー、プリンスはマイテ・ガルシアとミネアポリスのパーク・アベニュー・ユナイテッド・メソジスト教会で極秘の結婚式を挙げた（ネルソンは息子が以前住んでいた「紫色の家」にまだ住んでいたが、プリンスはこの頃彼を再び嫌悪していたので、結婚式に招待しなかった）。

当時プリンスは三十六歳でマイテは二十二歳。彼女はプロのベリーダンサーだった。「気に入ってる子だからタンバリンを持たせてステージに上げよう」というような類いのダンサーで

13
壊れる 第一幕

はなく、正真正銘の実力のあるダンサーだった。マイテはプリンスと十代の頃に出会い、彼らは恋に落ちた。プリンスは性的な欲求をどこか他で、そして至る所で満たしながら、彼女がまっとうな年になるまで、そして彼の保護下で真摯に練習し周囲に認められるダンサーになるまで、手を出さなかった。

一九九三年、実際の結婚式の三年前、プリンスにはすでに彼女と結婚したいという思いがあったのだと思う。ちょっとした物語をまとめてくれないかと彼に頼まれたのだ。彼がだいたいの内容を創作して僕がまとめる、そしてそれは結婚式の贈り物の一つになると言っていた。

その話は『夜明け』という題名で彼によれば「ロック歌劇」に分類され、砂漠のお姫様が見知らぬ王子（プリンス）に救済されるという内容だった。プリンスの役はヴァレンティノ（イタリア系俳優、異国風な存在感が女性の人気を集めた）の巧みさと身のこなしを模倣し、それに謎めいた感じを足したようだった。

それから三年後彼らの気持ちは変わらなかったので、結婚式をして誓約を交わし教会の外で鳩が飛ばされた。起こることが起こり、マイテはすぐに妊婦となった。

もちろん彼は歓喜に酔いしれ、献身的に妻を愛し、父親になる期待で胸を膨らませ、すべてのことがうまくいっているように見えた。厄介なワーナー・ブラザース・レコードからもやっと自由になれそうだった。

ミュージシャンが（有名で金を持っていようが無名で貧窮していようが）レコード会社によって制約され身動きができなくなる状況についての彼の糾弾は間違ってはいなかった。ただ、不幸にもその方法とタイミングが悪かったのだと思う。当時公の場に姿を現したり演奏したりするときに彼は顎髭を「奴隷（SLAVE）」という形に剃ったり、マスカラでその文字を頬に書いたりしていて、漫画の中の馬鹿げた役柄のようにしか見えなかった。正直に言うと、ワーナーの経営者たちを痛烈に非難して自由を訴えている彼の様子は、漫画の中で無知なために暴れまくる男のようだったのだ。

数年前、責任者オースティンがプリンスの制作の自由を認め、新たなアルバム契約で同意したとき、プリンスはそれを、史上稀に見る寛大さだと誤解して勝利を噛み締めていた。彼の傲慢さと何よりも自分の見解をまったく疑わない様子にこちらが困惑するほどだった。

プリンスも敬愛していたオースティンと腹心ワロンカーは、この世代の最も信頼できる正直でアーティストを大切にする経営陣だった。けれども、ハリウッド企業のクーデターで一九九四年、ワーナー・ブラザース・レコードを去ってしまった。

二人はレコード会社を糾弾したプリンスに対して憤慨したりはしていなかった。けれども彼が自分たちを糾弾したこと、特に黒人に対して卑怯な手を使う悪役に仕立て上げたことに個人として心を痛めていた。

「昔はリトル・リチャード（ポップスに多大な影響を与えたミュージシャン）に新しい車と箱

いっぱいのフライド・チキンを与えておけば大丈夫だという感じだったかもしれない。でも、もうそんな時代じゃないだろ」とプリンスは彼のボスたち、業界を通じてアーティストに対する誠実さ、誇り、熱意で名高い二人を罵った。

プリンスはかつて二人のことが大好きだったし僕も彼らを心から尊敬していた。この態度の急変はウェンディ・メルヴォワンとリサ・コールマンに対する愛情の急変を彷彿させた。メルヴォワンとコールマン、活動的な二人をソウルメイトと呼んでいた頃から五年たった一九九〇年、ザ・レヴォリューション解散後に彼女たちが出した初のアルバムやビデオを、プリンスは意地悪く批評していた。彼の口調はあまりに冷たく、分析的、残酷で素っ気ないものだったので同じ二人のことを話しているのかと疑うほどだった。僕はメルヴォワンとコールマンの心意気や人格、温かさや才能を評価していたし、彼女たちがプリンスに僕と話すことをすすめてくれなかったら、彼をインタビューすることもできなかったという恩もあった。

だから僕とのインタビュー中、彼女たちを批判し続けていたプリンスを遮った。僕はいつも人の話に割って入ってしまう癖があるのだが、プリンスの話はそれまで一度も止めたことがなかった。彼を恐れていたわけではなくて、彼の口から出てくる言葉は何であっても、僕が言うことよりもずっと興味深いと知っていたからだ。

僕が話を遮ったことに彼はびっくりしているようだったが、僕は彼女たちの顔を立てる必要を感じたのだ。そして一九八五年のインタビューで彼が『1999』の頃の自分をどんなふうに話したかをもう一度彼に思い出させた。

「あの頃僕には怒りが溜まっていたんだ。仲間だった人たちとの関係を切って拒絶して二度と彼らと会わないようにしてた。僕はその頃よりずっといい人間だと思う」

プリンスは僕のむっとした顔を見ながら、「次の質問」と、まるでローリング・ストーン誌から送られた無能な記者を扱うような口調で言っただけだった。

「次の質問なんてないよ」

「そう、じゃあまた」と彼は言って立ち上がり、同じ階にあるホテルの部屋へと向かった。僕は「また会いたくなんてないね」とため息交じりに、声に出してつぶやいた。

僕は記事を書き上げて提出した。

彼ともう一度話すことがあるかどうかも分からなかった。彼は怒っていたし、僕も怒っていたのだ。

けれど、二ヶ月後に彼はミネアポリスにいる僕に電話をかけてきた。

それから三年後、僕は彼がどうしてオースティンとワロンカーという二人を糾弾できたのか理解しようとしていた。彼らはプリンスが仕事をしていく上で最も重要な仲間で、彼の芸術性と奇想天外な行動を尊重していたし、欠点もそのアーティストの一部なのだと理解していた。

プリンスのような人物は他にいなかったから、彼を天才とするものが彼の芸術性なのか、それとも狂気なのか分からないながらも、その両方の対価として最高額を支払うことも厭わなかった。

なぜ彼はそんな二人に対して戦いを繰り広げようと思ったのか？

僕がプリンスにその質問をしたのは、二人がワーナー・ブラザース・レコードを去って二年たち、騒ぎがやっと静まろうとしていた一九九六年だった。そしてプリンスの返答は、メルヴォワンとコールマンをバンドのメンバーから外し、彼の人生や影響下から抹消し、そして「自分が理解できる人たち」という分類からも外してしまった数年前と、まったく同じ答えだった。

「もし彼らが先に僕から離れたら？　僕は一人残される。そうしたら誰も僕を助けてくれないから自分一人で戦う羽目になる。僕はそれができるほど若くないよ」

「レニーとモー相手に戦いを挑んだことを聞いているんじゃないんだ。あの二人が皆を奴隷のように扱った張本人だとまで言って君が彼らのもとを去ったのはなぜかって質問なんだ」

「妻に電話しなくちゃ」そう言って彼は立ち去った。

一九九六年四月末にプリンスと弁護士のL・ロンデル・マクミランは契約上最後の二枚のアルバム『カオス・アンド・ディスオーダー』と『ザ・ヴォルト〜オールド・フレンズ・

フォー・セール』を提出した。

ワーナー・ブラザース・レコードの重役たちはこのアルバムを嫌悪し、発表されずに彼の倉庫で眠っていた曲たちの寄せ集めとみなした。彼らはプリンスがまだ名曲を隠しているかどうかなどにもう関心もなくなっていたし、プリンスと同じくらいこの契約から抜け出したかったのだ。

終わった。プリンスは自由になったのだ。彼にはもうレコード会社など必要なかった。

これからどうするのか?と僕が聞いたとき、彼は簡単だと答えた。僕は幸せな結婚をしていてもうすぐ父親になる。それだけだった。

それでも、彼はロックンロールの世界から離れたわけでも、聴衆を歓喜させることに対する興味がまったくなくなってしまったわけではなかった。プリンスとワーナー・ブラザース・レコードとがお互いに契約から自由になる少し前の一九九六年初期、ジャネット・ジャクソンがヴァージン・レコードと八千万ドルで四枚のアルバムという契約を結んだ。史上他に類を見ない有利な契約で、プリンスの一九九二年の一億ドルの契約さえ霞んでしまうものだった（しかも彼の契約は、一つひとつのアルバムがもし『パープル・レイン』のような売上をあげればという条件付きだった）。

プリンスの当時の音楽的傾向はまったく『パープル・レイン』と異なっていたし、一つのアルバムをあのように売り上げることにもまったく関心がなかった。もちろん彼は、その気になりさえすれば簡単なこと、つまりもし自分の気が向けば一億ドルも稼げると主張していた。

プリンスの元専任カメラマン、スコット・バッチェイットは「（プリンスが）ある日怒った様子でジャネット・ジャクソンの名前を憎々しげに繰り返しながらペイズリー・パークを歩き回っていた。だから芸術監督に『なんでプリンスがジャネット・ジャクソン？』って聞いたんだ。そしたら彼女が歴史的な契約を結んだから、って説明してくれたよ」と話していた。

ジャネット・ジャクソンはその後大ヒット曲を出して躍進した。その頃のプリンスの音楽はというと、「良くなかった」。この意見に異議を唱える人はおそらくほとんどいないだろう。一九九六年七月、プリンスはワーナー・ブラザース・レコードから『カオス・アンド・ディスオーダー』を発売。洞察力のある人々は、そして熱狂的なファンであっても、このアルバムには疑問を持たずにはいられなかったはずだ。ジム・ウォルシュもその一人だ。彼は十代のとき、校庭でプリンスと共にバスケットボールをして遊んでいた仲間で、いつでも熱心に彼を応援し理解してきた彼の大ファンだった。けれどもこのアルバムに関しては、セントポール・パイオニア・プレス紙で「即興演奏や中途半端な構想、つながりのない断片や残り物のような、なまぬるい平凡な曲たちを集めたもの」と消沈したように説明していた。トルーマン・カポーティがジャック・ケルアックの散文を「書いたのではなくてタイプしただけだ」と批評したのだが、ウォルシュはこのアルバムを「アルバム制作ではなくアルバム録音しただけ」と言い切っていた。

さらにこのアルバムは最近の「やっつけ仕事」である「慌ててまとめたような『ラヴセクシー』（一九八八年）や『バットマン』（一九八九年）より劣っている」と。そして『カオス・アンド・ディスオーダー』について「（彼の作品を聴くと）一度どこかで聴いたような気持ちが湧き起こる。このアルバムから愛やセックス、精神性や人間の権利、そして死後の世界に対する深い考えを感じ取るかもしれない。でも以前のアルバムの中で聴いたような気がしてしまうのだ。しかもずっと上質な形で」と言っている。

地元の仲間であり価値のあるものをきちんと識別できる人物からの誠実な批評だ。ローリング・ストーン誌はこのアルバムを、質が悪く粗削りと批評した。「デモに多少の調整を加えた曲を集めたようなアルバム。（このアーティスト（The Artist）は）かなり長い間音楽で本当に伝えたいことがないようだ」そして「同じことを下手な手段で繰り返した作品」と結論づけた。

アルバムはアメリカ国内で十四万枚の売上にとどまり、彼のキャリアで最低の結果となった。実は僕はこのアルバムを聴いていなかった。アルバムがいつ出たのか知らなかったのだ。

僕とプリンスは二ヶ月に一度ほど話していたが、彼から一度もこのアルバムのことを聞かなかった。彼の伝記の著者ロニン・ロは、プリンスが報道陣に対してこれは「暗くて不満げな」アルバムだと説明した、と記していた。

プリンスは『カオス・アンド・ディスオーダー』の宣伝で、この頃一度だけインタビューを受けている。ロサンゼルス・タイムズのエリサ・ガードナー。ワーナー社との契約が切れたことについて「気分が悪かったよ。でもやっと顔を洗ってすっきりした感じ。次に向かって動けるよ。自由だ」と語っていた。

この頃、何かがおかしいという兆候はあった。でも、明らかにおかしいことはなかったのだ。私生活ではマイテが妊娠中で、プリンスはペイズリー・パークの従業員やミュージシャンたち全員から鍵を没収したため、彼らを中に入れるときは、自分かマイテが応じなければならなかった。周囲を遮断したのは、特にこれから自分たちの生活が大きく変わろうとしているときに安全を守るための妥当な手段だったのだろう。

ロニン・ロの『プリンス：その音楽と素顔』の中でその頃の彼の私生活での一場面が語られている。キーボード奏者のリッキー・ピーターソンが、ある夜ペイズリー・パークのブザーを鳴らしたら、「裸足でお腹の大きい」マイテが玄関口で迎えてくれた。そんな彼女の様子に「心が温まる感じがした」。その後玄関のそばの階段から、大きなうさぎスリッパを履いたプリンスが下りてきた。

「『入りなよ』とプリンスに声をかけられた。彼はとても幸せそうだった」ピーターソンはそう話した。「彼女が妊娠していたときほどプリンスが幸せそうに見えたことはなかった」

すべてがうまくいっているように見えた。

だが一九九六年十月二十三日、彼は崩壊する。

「もちろん、生きるということは常に失敗や挫折の繰り返しだ」セントポール出身のF・スコット・フィッツジェラルドが雑誌エスクアイアに寄稿した有名な随筆は、そんなふうに始まる。この随筆（随筆集『The Crack-Up』に含まれている）で彼は自身の精神的、肉体的崩壊について詳細に説明している（ツインシティーズが彼を愛すべき息子と称えたのは、プリンスのときのように彼の死直後ではなく、五十年たってからだった）。

落ちぶれたこの小説家は、随筆の中で人間を崩壊させる二つの力について叙述している。その力は不運な人にも、人情味あふれる人にも、無名でも有名でも容赦なく働きかける。そしてフィッツジェラルドのような、漫画の悪役のように風刺される人々にも。二世代離れて彼と同じような評判を得ようとしているプリンスも例外ではなかった。

フィッツジェラルドがこの随筆を書いた当時、過去に彼を称えた業界は彼のことを頂点を極めた後落ちぶれてくだらないものを書いている作家とみなしていた。フィッツジェラルドは自身の小説で予期したように、『グレート・ギャツビー』のような素晴らしい作品を生み出した芸術家からこのような乱雑な告白文（と当時は思われていた）を雑誌エスクアイアに寄稿するみじめな男となった。

一方プリンスも「過去に知られていたアーティスト」などと陰口を叩かれ、この世のものとは思えない才能を持った世界中が知るスーパースターから、深夜テレビでお決まりのように冗談として使われる格好の標的に成り下がっていた。ジェイ・レノは『トゥナイト・ショー』で「かつてアルバムが売れたアーティスト」と彼を呼び観客を大笑いさせていた。

けれども一九九六年十月二十三日にプリンスが壊れたのは、何年にもわたり世界中で笑い者にされたり、アルバムの売上がずっと悪かったりしたことが理由ではなかった。

「一種類目の崩壊というのは、突然のできごとのように感じる」。フィッツジェラルドは、自身が精神的にも職業上でも急激な下降をたどったことを描写しながら叙述した。彼はすべてを包括した若き文学界のスーパースターから、先端を行くスターに、そして迷走し、目的を失ったまま走り続け、狂って同じ場所で回り続ける者へと崩壊していったのだ。

彼によれば、そんなふうに内面を破壊してしまう突然の打撃とは、たいてい名を付けて、「失敗した」人生の中で上手くいかなかったすべてのことの起因だと思えるようなものだ。「最大の打撃は突然自分の外側からやって来る、または来たように思える。記憶していて、そして避難することができる対象だ」とフィッツジェラルドは言う。

プリンスとマイテにとっての突然の打撃は、彼らの息子アミール・ネルソンが先天性の病気との死闘の末、生後一週間で他界してしまったことだった。彼はファイファー症候群、頭蓋骨の早期癒合という遺伝性の病気を持って生まれたのだ。この病気は脳を圧迫したり脳に水がたまったり、精神遅滞や形成不全を起こす可能性があるが、正常に生活している人たちもたくさんいる。

アミールは不幸にもファイファー症候群二型だった。二型と一型との差は著しいもので、無神論者に神を恐れさせたり、前世信仰者に疑いを持たせたり、熱狂的信者に信仰を捨てさせてしまうような、存在の意義を脅かす重病なのだ。

国中のメディアが「大惨事」という名目を掲げた醜悪な祝祭のためにミネアポリスに集まった。餌に集まってくる害虫のように、金目当ての記者が毎朝続々と到着した。プリンスはすべての報道陣を遮断したが、病院のスタッフは小児科診断の情報をつかもうとする陰険で巧妙な記者の対応には慣れていなかったのだ。また、はっきりした情報がつかめない状況で、記者たちは互いを相手にインタビューを始め、ありとあらゆる角度から噂話を並べ立てた。

アミールはその名前が一般には明かされなかったため、「グレゴリーという男の子」と報道されていた。彼はあまりに衰弱して生まれたために、人工呼吸器につながれたまま一週間に何度も手術を受けなければならなかった。医者がその後提案したのは、彼を呼吸器から外して気管切開手術をし、自分で呼吸できることを期待するということだったらしい。

そして、もう一つの提案。

「『えへん』という咳払い」とプリンス。医者は「えへん」という異様な咳払いをした、すべてが終わった三ヶ月後、電話で彼はそう僕に説明した。

「医者は僕が息子を殺したいかと聞こうとしたんだ。まるで漫画の一コマを決めるみたいな感じでさ」とプリンスは怒りながら言った。アミールに関して彼の怒りを表した言葉はこの一言だけだったし、このときかなり詳細に状況を語った以外には、その後一切話に出ることはなかった。

プリンスによれば、気管切開手術をしないで人工呼吸器の電源を切る、つまり諦めるという選択があると医者は言ったそうだ。

マイテが彼女の啓発的な著作『ザ・モースト・ビューティフル』の中で、プリンスが決めたと明らかにしている。でも僕はプリンスが、自分の中ですでに決断した後だとしても、彼女と相談したという事実を知ってほっとしていた。少なくとも、彼が二人でこの重大な決断をしたように振る舞おうとしたことが救いだと思った。

プリンスと僕はアミールが他界してから六ヶ月の間に二度、長い会話をした。でも僕は、彼が言葉にせずにはいられず話した内容をほとんど書き残してない。記者であることなど頭をよぎらなかったからだ。僕は自身の崩壊について語る男の話をただ聞いていた。そのとき僕が何よりもぞっとしたのは彼の情緒だった。

彼の声は抑揚がなく、時間を潰すためにつまらない映画の内容を場面ごとに説明しているかのような雰囲気だった。内容があまりにひどくて途中で抜け出したかったが抜け出せなかった映画だ。彼が鮮やかに何回か使ってみせたお気に入りの解決法――状況が変わるまで目を閉じて見ないようにしていよう――が、このできごとに関してだけは使えなかった。

それで、と僕は促した。彼は咳払いした医者のことを話し終わったところだった。

それから医者は他の選択があると彼に告げた。

そして彼はマイテと相談したが、彼の心は決まっていた。プリンスはアミールを諦めた。それは正しく無理もない判断だったのだが、彼はその後永遠に自分を許そうとしなかった。

この「自分は決して許されない」という観念は、プリンスを構成する様々な要素の一つとして、他の主要な人格――ポン引きで作家のアイスバーグ・スリムやプロバスケットボール選手のウォルト・フレイジャー、世界で最も孤独な男、鬱なプリンス、または彼のお気に入りの役柄の一つ、他の太陽系からの訪問者――と同じくらいしっかりと彼の中に根を張っていた。

この悲劇が起こる前は少なくとも、彼はいつも絶対的な何かを必死で求めそして許されるときが自分にも来るかもしれないと信じて行動していた。だから幼少期にセブンスデー・アドベンチスト教会の終末論的な聖書の神に罪の償いを求めたり、父がハネウェルでベトナム戦争のためのナパームを作っていたこと、その原料を創り出した神の存在に苦悶したり、真面目なエホバの証人に心を揺らされたりもしたのだ。

彼の一部、十五パーセントは信仰していた。それは彼の人生で十五パーセントの時間が熱狂的にその信仰に費やされたという意味ではない。彼はいつも十五パーセントほどエホバの証人の信者だった、つまりウォルト・フレイジャーやモハメド・アリやマルコムXの役柄と同様に、神の合図を読み取ろうとする一つの役柄が彼の中に存在したという意味なのだ。

とにかく、一九九六年の十月二十三日以前は、彼はまだ今回の難しい人生を何とかやり遂げるチャンスはあると思っていたのだ。僕が知っている彼の三十一年の間で二度、これが今まで一番大変な人生だと彼がつぶやいたのだが、前世はどんな人生だったのかを説明してくれたことはなかった。

その日の朝午前七時三十分、アミール・ネルソンが他界し、プリンスは壊れた。看護師は赤ん坊を真っ白な肌着に包み、人工呼吸器が外され、医者は十五分ごとに部屋を訪れ様子を確認していた。

自分の息子が死んでいくのを見たくはなかったプリンスは、その朝病院に二回電話をした。息子が自分で呼吸できることを祈っていた、と彼は言った。乳母の一人に「終わった？」と聞いたのだと言った。

そしてそれからまもなくして。

プリンスはその部屋にいなかったが、ある意味ではその後二度とそこから離れることはなかった。残りの人生をかけて、彼は息子の死で自分を責めた。不運な遺伝子のことではない。

彼の存在に根を張っている「許されない者」としての意識が彼を決して離さず、息子の死は自分がしてきた罪に対する罰であると感じさせていたのだ。性的描写の甚だしい曲をいくつも書いて歌ったこと、近親相姦を歌詞にしてダンス曲を作ったことなどがその罪に入っていたのだろうか?

彼の罪、物議を醸す曲に関して言えば、ティッパー・ゴア(ゴア元副大統領の元妻)がプリンスの楽曲の卑猥な歌詞をきっかけにして一九八五年にペアレンツ・ミュージック・リソース・センターを共同設立してペアレンタル・アドヴァイザリーの運動を始めるという騒動があった。彼女は、子供たちにふさわしくないと思われる音楽作品には、ジャケットにシールを貼って両親の注意を促すべきだという提案をしたのだ。対するプリンスの反応は、「妥当だと思う」。そんな騒動があっても、相変わらず彼のコンサートでは親と子供たちが一緒になって楽しんでいたし、ステージ上の彼に向かって問題の歌詞を歌い返したりして、彼の曲に熱狂していた。

彼の裏切りについてはどうだろうか。プリンスは実にたくさんの人を裏切ってきた。自分が心から愛した人や友達(スザンナ・メルヴォワン、アンドレ・シモン)や、家族のように思った人たち(ウェンディ・メルヴォワン、リサ・コールマン)など、彼らはほんの一例に過ぎない。また一方で彼は自分が愛し心を開いた相手に裏切られてもいた(彼の父親、元ボディガードのチック・ハンツベリー)。

この朝を境にプリンスは二度と以前の彼に戻らなかった。

彼の魂の大部分がアミールが他界した年に死んでしまった、または魂がどこかに姿を隠してしまったようだった。彼が持っていた一種の明るさ、たとえ最悪の時期でもいつも絶やさなかった小さな灯火が消えていた。普遍的な上昇思考、一種の楽観、最悪のときをやり過ごす生命力、終末的で運命論的な思想の中でも熱い石炭のように息づいていた希望がどこかに行ってしまった。よく見ていなければ気づかない違いだった。彼に雇われていて、彼のことをちゃんと見ている人などいなかった。だからそれから二年たち、もう戻れないほどに彼が変わるまで、変化に気づいた人はほとんどいなかったのだ。

プリンスにはもともと好きな人があまりいなかったが、その数がさらに減った。気づいた人もいたが、誰も何も言わなかった。

彼にはまだ喜べる心も残っていたし、不幸せだったけれど栄誉ある人生を生きていた。予期しなかった素晴らしい称賛も与えられた。ただプリンスが元に戻ることはなかったのだ。

アミールが他界した直後のプリンスはまだ事実を拒否することでやり過ごしていた。喪失を自分の神話の一節に加え、彼の人生で起きた他の様々な困難と一緒に荷物にまとめて旅人のようにずるずると、どこに行くときも引きずって歩いていた。彼はただ自分も含めて皆を騙していただけだった。『陽気なネルソン』（アメリカの人気番組で実際のオジー&ハリエット・ネルソン家を題材にした）一家のように、自分のネルソン家もうまくやっているように見せていた。

アミールの他界直後のプリンスにまつわる説明は様々だ。マイテの本の中では、アミールの遺灰は次の日に届き、プリンスはその後三週間深いショックと昏睡状態の狭間のような感じで家にいたと書かれていた。プリンスの専任ヘアスタイリストを三十年務めたキム・ベリーの説明によると、プリンスはすぐに彼女とボディガードを連れてマイアミへ飛んで何週間かそこで過ごした。ミネアポリスを離れて過ごしたその期間マイテやアミールのことは一切口にしなかったそうだ。帰宅したプリンスは息子の遺灰を何ヶ月も持ち歩いていた、ということだった。プリンスの居場所がどこであったとしても、彼の心は地球でないところをさまよっていたのだと思う。

プリンスが事実を拒否し続けることについに限界が来る。有名人の奇妙な行動は信号音を発し続け、人々の注目を集めるものだ。ゴシップ記者は、プリンスとマイテの息子の死またはひどい奇形の可能性を推測して不協和音を奏で続けた。アミールが他界して三週間がたった頃、オプラ・ウィンフリーは真実が隠されていることを嗅ぎつけて彼らを番組に出演させるため、ミネアポリスのペイズリー・パークに飛んで来てトークショーの撮影を行った。

このときの放送は、強固な人気を誇る彼女の番組の中でも最も高い視聴率を得た収録の一つ

13

壊れる 第一幕

となった。そしてこの放送で、僕はそれまで目にしたことがないようなぞっとする光景を見た。実際に何が起こったか、または起こっているかを知っていた人たちにとってこの映像は、性的欲求を満たすためだけに作られたわいせつ画像がテレビ番組を装っている感じだったと言ってもいい。

悲痛で呆然としているがケーフェイの温和さを装ったプリンスは、明るく家庭生活を語っている。そしてペイズリー・パーク内にある、豪華でまだ使用していない育児室と子供部屋、庭に作った複数の小学校の生徒を収容できるぐらい広い遊び場にウィンフリーを案内する。プリンスの体は、たくさんのおもちゃや積み上げられた絵の具や、値段を聞いたら驚嘆するだろう数々の物に囲まれ、ほとんど見えないほどだった。「完璧な育児室として必要な物はすべてあった。実際は完璧な育児室に必要なのは一つだけだった」マイテは彼女の回想録で触れていた。「そして私たちにはその一つが欠けていた」

ウィンフリーは育児室を見て感嘆の声をあげた。

「あら……すごい！」彼女は言った。「すごいわね！」

「ここが僕の一番好きな部屋だ」とプリンス。

「子供たちのための部屋ね」ウィンフリーは続けて「未来のあなたたちの子供たちの……？」

「そうだね」プリンスが答えた。

「あなたの中の子供心ということ？」彼女は追求し続けた。「それとも実際の子供たち？」

「ああ、実際の子供たち、そうだよ」とプリンス。

「あなたの赤ちゃん、男の子が健康上の問題を持って生まれたという噂が流れているわ」彼女は続けて、「ファンたちは心配しているわ」と言った。

「心配する必要なんてないよ。噂を信じないで」とまるでたった今人生の意味を見つけた人のように幸福そうに、けれども世界中で一番下手な腹話術師に操られた人形のようにプリンスがぎこちなく答えた。

ウィンフリーは間接的な質問を諦めて、最後にこの直接的な質問を投げかける。

「あなたの赤ちゃんの状態は？」

「僕たちは家族として存在しているよ。始まったところだ」とプリンスは返答した。

彼はこれまでいつもそうしていたように事態が変わるのを待とうとしたのだ。目を閉じて、見たくない状況が自分の前を過ぎ去っていくのを待ち、状況が変わったらまた目を開ける。これでいつも解決できた。誓ってもいい、いつもだ。

プリンスが子供の頃大好きだった本の主人公ハロルドは、現実を描き変えるために魔法の紫色のクレヨンが必要だった。悪いことを消すためにプリンスに必要だったのは、ふりをすることだった。そんな悪いことははじめから起きなかったというふりをすればいいのだ。一度も使っていない育児室と遊び場？　それらが解体され手放されることはなかった。プリンスがすべて燃やすように指示したからだ。

アミールが他界してわずか数ヶ月後にマイテが流産し、プリンスはついに現実に目を閉じ続けていることができなくなった。悲劇、フィッツジェラルドの言葉を使うと突然の不幸が重なって目を逸らせなくなったのだ。試練によってプリンスは強くも弱くもならず、またひどい経験から新しい存在価値を見出したわけでもなかった。彼は消滅した。たとえ彼が僕の目の前に立っていたとしても、彼はもうそこにはいなかった。

そのような悲劇に苛まれた他の多くの夫婦たちのように、流産はプリンスとマイテを引き離した。単純に妻と離婚するという形をとる代わりに、プリンスは結婚を無効にした。生まれた子供も生まれなかった子供も消えた。愛し合った結婚が、どちらの過失でもなく、言葉にできないほどの喪失をもたらし、ついには終わりを迎えた。プリンスはこの結婚も、ただ終わらせるのではなく、公式に抹消した。まるではじめからなかったかのように扱ったのだ。もし起こっていないことなら傷つけられるはずがないだろう、ということなのだろうか？

数年後、彼の父親が亡くなった。父親に嘲笑を浴びせることはあったが、彼は良い息子だった。ネルソンは住む家をもらっただけでなく、「作曲家」としての収入を受け取って自尊心を保つこともできた。一九八四年から一九八九年の間に、プリンスは五曲かそれ以上の数の曲『コンピューター・ブルー』（アルバム・映画『パープル・レイン』）、『ザ・ラダー』（アルバム

『アラウンド・ザ・ワールド・イン・ア・デイ』）そして『スキャンダラス』（映画・アルバム『バットマン』）などに作曲者または共同作曲者として父親の名前を加えた。慈善のつもりではなかったらしい。関わり合ったり疎遠になったりを繰り返す中で、それでも彼はネルソンにアドバイスを求め、または少なくとも求めているふりをしていたのだ。

プリンスはアミールが存在したという事実と、自分がどのように息子に死をもたらしたのかという記憶を頭の中から消すことができなかった。

「遺伝なんだ」その後何年にもわたってプリンスは繰り返したのだ。「僕から遺伝したんだ」

「医者たちがそう言ったのか？」

「いや」彼は五年後、そう答えた。「説明される必要なんてない。直感で分かることってあるだろ」

それから五年後、プリンスが『ザ・ソプラノズ 哀愁のマフィア』（プリンスが夢中になって見ていたドラマの一つだ）の再放送を見た後に電話をかけてきてアミールの名前を口にした。精神病質なマフィアのボス、ラルフィ・シファレットの若い息子が、遊びで放った矢の的となって深刻な怪我をしたという場面。仕事と喜びを兼ねて人を殺しているようなラルフィは茫然とし、息子は自分の犯した罪のために罰を受けたのだと確信する。端的にその話を僕に説明した後、「僕はラルフィなんだ」と言って電話を切った。

13

壊れる 第一幕

またその五年後、彼はＨＢＯの『ボードウォーク・エンパイア 欲望の街』を際限なく見ていた。禁酒法時代を舞台にしたドラマで、スティーヴ・ブシェミ主演、アナトール・ユセフが若いギャングのマイヤー・ランスキーを演じた。ランスキーは『ゴッドファーザー ＰＡＲＴⅡ』では「ハイマン・ロス」という人物としてリー・ストラスバーグが演じていた。プリンスはすぐにランスキーという人物像に惹きつけられた。

実のところ僕もランスキー、歴史上最も力のあったユダヤ人のギャングの虜だった。大叔父のオージーがプリンスの父親も日雇いミュージシャンとして働いたストリップクラブを所有していたことがあり、その頃のミネアポリスの繁華街の様子について本を書いている間にランスキーのことを調べるようになったのだ。だからプリンスがマイヤー・ランスキーに魅了されたと聞いたとき、僕を喜ばそうとしているのだと思ったが、人をおだてるなんてしない彼のことだから違ったのだろう。

プリンスが彼を気に入った一番の理由は、二人とも百六十センチに満たない小柄だという共通点があるからじゃないかと僕は思っていた。そしてランスキーの裏の世界の名称「小さな男」は、ほとんど神話的人物を尊敬するかのように皆がいつもささやく名前だった。プリンスは何年もの間僕と会うたびに「小さな男」を話題にしていた。けれども脳性麻痺を持って彼らの初めての子供が生まれたときに、ランスキーの妻が夫の様々な罪のせいだと責めたという伝記を読んだ後、プリンスが彼の名前を口にすることは二度となかった。

二〇〇六年以降プリンスからアミールという名前を聞いたのは一度きりだ。

二〇〇七年初期、スーパーボウルのハーフタイムショーで彼は歴史に残る素晴らしいライブを行った。グーグルで検索すればあらゆる記事が読めるし、ネット上でライブの動画を見ることもできる。ライブの視聴者数は一億人に達していた。プリンスは人々の数に、自分を見るたくさんの目に感動したと話していた。そしてそのとき、アミールが生きていた一週間のことを思い出していた、と。新生児は瞼から消化器系までありとあらゆる部位の手術を受けた。スーパーボウルで数え切れないほどの目に見つめられたプリンスは一人の小さな男の子の目に思いを馳せていた。

「彼は一度でも僕の姿を見たのかな」プリンスは静かにつぶやいた。そして、感傷的になった後の彼がいつもそうであるように、一瞬で元の口調に戻って「あれはひどかった」と言った。彼がまだアミールの誕生と死のことを話していたのか、スーパーボウルのステージの何かについての言葉だったのか僕には分からなかった。

13

◆

壊れる 第一幕

第二幕 ◆ 壊れる 124

ドキュメンタリーを見たんだ、そしたらみんながアリを「カシアス・クレイ」って呼んでた。それってまったく彼に敬意を払ってないってことだよ。それでアリがそう呼ぶ人たちを懲らしめると「彼は嫌な奴だ」と騒ぐ。彼がアーニー・テレルを滅多打ちにした試合知ってる？　アーニー・テレルは彼をカシアス・クレイって呼び続けたんだ。同じ肌の色の仲間だってのに。だからこの試合中ずっと、これはリストンを負かした後の試合だよ、アリは彼を殴って叫ぶんだ「俺の名前は何だ！　俺の名前は？」そして、バン、バン、バン、バン！

もし僕が「僕の名前は何だ！　僕の名前は？」って叫んだらみんなどうすると思う？　プリンスって呼ばれても返事はするよ。でもたぶんいい気はしないし態度に出すと思う。黒人たちはプリンスって呼んでもいいよ。そう呼ぶだろうね。彼らには僕のたくらみなんか通用しないからさ。たいていの場合(笑)

百六十センチ弱でとても小柄なプリンスが、バスケットボール選手として計り知れない能力、素晴らしい才能を持っていたという話は、ずっと長い間パープル・アーミー（プリンスのファンの呼び名）の間で語り継がれていた。けれども世界中の人々がコート上での芸術性を認めたのは二〇〇四年の二月十八日以降だった。ワーナー・ブラザース・レコードの広報が十七歳の少年と契約を結んだと発表してから（プリンスは十九歳だったが）ずっと、彼も彼の才能も過大評価された作り話に過ぎないと思っていた人たちが大半だったからだ。

プリンスが他界してからの数日間、彼のバスケットボールの才能を示す驚くような笑ってしまうような、ずっと昔の映像がユーチューブで六〇万回再生された。あの小さなプリンスが本格的なバスケットボール選手だったというのは信じがたい話だったが、二〇〇四年に『シャペルズ・ショー』でドラマ化、放送されるという、これ以上ない舞台で公式に確証されることになった。『シャペルズ・ショー』はしっかりと構成された質の高いショートドラマ番組で、制作と司会を務めるデイヴ・シャペルは本当に才能のあるコメディアンだ。

その夜、番組は「チャーリー・マーフィのハリウッドの真実」の第二弾を放送した。このシリーズはコメディ俳優のマーフィを中心にし、ハリウッドの裏側の奇妙な状況を誇張して批評や笑いに持っていく。第一弾は、かつて有名だったリック・ジェームス（歌手・作曲家）を取り上げ、彼がかつての栄光の影もなくドラッグにまみれ、ひどい態度で異常な夜遊びを楽しむ様子を風刺し、これによりジェームスのわずかながら残っていた評判も地に落ちる結果となった。

チャーリー・マーフィは二〇一七年に亡くなったのだが、エディ・マーフィの兄でもありエディが俳優として頂点にいたときに彼と常に行動を共にしていた一人でもあった。そんな状況があってハリウッドの数々のパーティに出入りするようになり、その世俗的な世界で見聞きしたことを放送が許される限界まで鋭く風刺した素晴らしいコメディに作り変えたのだ。

そしてマーフィがリック・ジェームスの次に選んだのが、プリンスだった。

ドラマではシャペル自身がプリンスの役になり、『パープル・レイン』時代を思い出させる衣装をまとい、リトル・リチャードとリベラーチェ、そして火星人のインテリアデザイナーを交ぜたような舌たらずで話す。マーフィはドラマの始まりで、プリンスの中性的な趣向を標的に軽蔑するようなせりふを次々と並べ立てる。

マーフィがドラマに使ったエピソードは、一九八〇年代中頃に彼が弟エディの取り巻きと一緒にロサンゼルスのナイトクラブに行きプリンス一行と出くわしたときに実際に起こったことだ。「君の映画好きだよ、エディ・マーフィ」とプリンス／シャペルは気取りながら言う。

そしてあんなことやこんなことが起こった後、マーフィ一座はプリンスのロサンゼルスの豪邸に呼ばれ、一緒にくつろいで音楽を聴いている。その後プリンスが彼らにバスケットボールをしないかと提案する。

マーフィたちはそれを聞いて大笑いだ。プリンス一行は彼らのキラキラした衣装を着たまま、そしてリーダーのプリンスは厚底ヒールの靴を履いたままだ。台本は次のように続く。

チャーリー・マーフィ：［プリンスがバスケットボールで対決しようと言ったら］シャツ対ブラウスだな。

［プリンスは今にも泣きそうになる］

チャーリー・マーフィ：彼がなんで泣くのか分かんないな。あれ買ったとき知ってたはずだろ。絶対男性用の店には売ってない。

けれどもプリンスは屈辱的な負けを味わうどころか、記憶に残るような手腕と力量を見せて攻撃と守備の指揮をとり、自分より数倍体の大きいマーフィ一座を完膚なきまでに倒してしまう。

「えーっと、正直に言うよ……いい試合だった」チャーリー・マーフィは試合が終わった後プリンスに伝える。これに対してプリンス／シャペルは「君と、君の取り巻きたちは大したことなかったな。強くてごめんな」と返す。

その後プリンスがみんなにパンケーキを振る舞うという結末だ。

すごい夜だったとマーフィは語り、視聴者に向かって、もしプリンスと会ったら「彼と試合してみるべきだよ」そして「仲間も連れてきて観戦させてもいいけど、たぶん君が恥をかくことになると思うよ」と言ってドラマを終えるのだ。

プリンスはこのドラマを気に入っていた。彼の伝説が認められたのだ。

その数年後、サミュエル・L・ジャクソンがロサンゼルス・レイカーズの試合のコート脇でプリンスの隣の席に座っている写真を、自身のインスタグラムにあげていた。プリンスの顔は向こう側を向いていてジャクソンが隣にいることさえ気づいてないかのようだった。ジャクソンはプリンスに、シャペルのドラマで使われた話、特に「教会用の靴」（ジャクソンの言葉だ）、いつもの厚底靴のまま試合をしたのは本当かと聞いたらしい（ゲームをするときはバスケットボールシューズに履き替えたと僕はプリンスから聞いていた）。

マーフィとシャペルのドラマは多くの人々の注目を集めた。これが放送される前のプリンスは、天才たちと同様に神殿に祀られるアーティストの位置から急降下し、音楽雑誌で冗談にされ騒がれるだけのその他大勢の有名人たちとあまり変わらない場所にいた。『パープル・レイン』は過去の栄光、彼は名前も才能も人生そのものも無にしてしまった頭の弱い男だと受け取られていた。この思いがけないできごとがまた彼の人生のパズルに加えられ、からかいの標的となる有名人という立場から予期せぬ復活を果たすことになったのだ。

プリンスはこのドラマを気に入っていると表ではずっと言い続けたが、真実を言えば半年後には見るのも嫌なものになっていた。

放送後しばらくたったとき「見てて悲しくなったよ」と言ったのだ。僕たちはバスケットボールのトゥエンティワン（主にストリートコートでプレイされ、21点先取を目指す個人戦）を始めようとしていた。

「昔よりずっと下手になった」彼は悲しそうに続けた。「悔しくなるんだよな」

それでも彼は伝説というものを愛していたし、彼のバスケットボールの才能が記録として残ったことをすごく嬉しく思っていたことは確かだ。

たまに彼が男らしさを運動能力で示そうという気分になったときなどに、僕たちはハーフコートで二対二や三対三で試合をした。プリンスは直後に体が悲鳴をあげると知っていても試合を決行することが多かった。彼は試合をしているとき、試合を自分の思うように操っているときの気持ちがこの上なく好きだったのだ。

このときだけは頭から騒音が消える、とプリンスは言った。頭の中で鳴り続く音楽が止み、自分を狂わせる悪霊ディブックが黙る。このときだけなんだ、自分がちゃんと正常だって思えるのはと言った。

プリンスが実際バスケットボールをしている様子を見ることができるのは、おそらくほとんどの人々が耳にしたことのない曲の、ほとんどの人が目にしたことのないミュージックビデオの中だ。『ザ・デイジー・チェーン』。ビデオの最後の部分で彼が滑らかに、左手を器用に使って遠くからシュートを決めたり、ゴールネットに向かって素早いレイアップシュートを入れたりしているのだ。でもちゃんと見るとカメラ使いと編集がうまいということも分かる。

ビデオは二〇〇〇年に撮影され、この曲は二〇〇四年に発売された。この年デイヴ・シャペルとチャーリー・マーフィによって、プリンスは「思っていたよりずっと格好いい」と、思いがけずもう一度神殿に祀られることになる。


フィッツジェラルドは「人の一生は崩壊していく過程である」そしてそれは二つのまったく異なる形で起こると説明している。

一つは、人生で突然見舞われる打撃だ。空から金庫が落ちてきたり、酔った運転手が人をはねたり、新生児がファイファー症候群二型を患ったり。「できごと」としての惨事は人が崩壊した明確な理由の説明になる。そこで悲しみに耐えられなければ、人は壊れ、生命力を失い、一生回復できなくなる。

この種の惨事は予告なしに訪れ希望を失わせる。プリンスの場合、息子を失って、今まで想像したことのなかったほど深い虚無感と静寂におそわれた。アミールの誕生と死という目を逸らせない現実と、彼の死をめぐる醜悪な経験を通して感情が麻痺し孤独に陥った。プリンス自身を死に至らせた原因の一つに、アミールの死を加えるべきだと思う。

自身の精神的、肉体的崩壊について記録した『The Crack-Up』で「二つ目の惨事は自分の内側で起こるものだ」とフィッツジェラルドは続けている。

プリンスはこの内側からの打撃にも見舞われていた。それは一つ目の惨事と同じように彼を破壊していったのだ。静かに執拗に魂を侵食し、やがて息子の死と同じような影響力で彼を死へと向かわせた。「踊ったりバスケットボールをしたりすると耐えがたいほどの苦痛に襲われる」という説明は死亡診断書に記すのに適したものではないが、プリンスの場合にはそう記載されるべきだったと思う。

「(内側からの打撃に)気づいたときにはもう対処するすべを失っている。良かった頃の自分に戻ることなど決してないと分かってしまった後なのだ。それは自分が知らないうちに起こっていて、そして本当にある日突然実感するのだ」とフィッツジェラルドは言う。

プリンスの息子の死後一年半ぐらいたったときだったと思う。僕は、この積み重なった「内側からの打撃」がとてつもない破壊力を持って彼の生活を支配しているのを目の当たりにしたのだ。長い間酷使された彼の体は今さら休ませようとしたところで、元に戻ることはなかった。彼が内にすむ悪霊ディブックの命に従って、ファンクの悪魔としてジェームス・ブラウンよりもうまく踊り、バスケットコートを仕切る魔術師として、ウォルト・フレイジャー以上のボールさばきを見せることももうできなくなっていた。ディブックは彼に休む間を与えず上を目指すことを強い、頭の中の騒音を静めようとするときの一時的な痛みのすべてを軽視そして無視させた。プリンスは一九八〇年代初期に、それは「俺が止まれと言うまで止まるな」という声だと語っていた。

プリンスにとって、踊れない、バスケットボールができない状況は悲しみではなく絶望だった。彼からは、幼い頃から積み重ね抱えてきたグランド・キャニオンほどの悲しみと喪失感が醸し出されていた。そんな彼を間近で見ると日々の鬱屈した気分など、魂の喪失というより月曜病が重くなった程度なのだと思ってしまうほどだった。

プリンスは一九八四年の『パープル・レイン』ツアー中、自分の体をひどく痛めつけた。「人の一生は崩壊していく過程である」というフィッツジェラルドの言葉を体現するように、彼が頂点に立つと同時に始まった痛みは、それからすぐに耐えられないほどになっていく。

十数年がたった一九九七年の二月。真夜中の電話でプリンスが、もう踊れない、と何でもないことのように僕に言ったのだ。

踊ろうと思えば踊れたが、ただ痛みが激しすぎた。体が限界を超えてしまっていた。腰と足首の痛みは十五年以上もやむことなく続いていたが、一九九七年まではまだ踊っていた。痛みより楽しさの方が勝っていたのだ。

プリンスは踊ることが何よりも、ギターやピアノを弾いたりドラムを叩いたり、歌ったり作曲したりすることよりも好きだった。彼が踊りについて話すときはあまりに熱狂的になったので、「踊りは彼にとってセックスより上なのかも」とまで僕は考えていた。

もちろんプリンスの性事情について僕はまったく何も知らないので、これはただの直感にすぎないが、それでも僕はこの解釈は間違っていないと言いたい。多くの人が彼の死後忘れてしまっていることがあると思うのだ。彼の生まれ育った地では大多数をしめる堅実な人たちが、不適切で疑問視してしまうような彼の趣向が、プリンスを構成する重要な要素だったということを。彼は天才だった、でもまた天才的な扇動者でもあった。僕はプリンスについて確信を持てることが少ないが、彼が自分のそういった要素を忘れてほしくないと思っていることは確かなのだ。

業界に入りたての頃プリンスは記者たちに対して、性的なことよりも踊りやピアノに先に興味を持ち適性を発揮していたという話を吹聴していた。だから僕の直感だって正しい可能性は十分にあるのだ。

また、十歳のプリンスが義理の父へイワードに連れられジェームス・ブラウンのコンサートに行き、そのステージ上でブラウンと一緒に踊ったという話もあった。いまだに繰り返し記事にされているが真実ではない。ただ武勇伝や神話としてあまりに良くできているので、真実とみなしてしまうべきなのかもしれない。

プリンスの体は静かに絶え間なく打撃を受け続け、ついに限界を超えてしまった。僕がそれを実際に目にすることになったのは、彼が踊っていた瞬間ではなく、ハーフコートでバスケットボールをしていたときだった。プリンスはペイズリー・パーク敷地内にいくつかあるスタジオの横にバスケットボールのハーフコートを設けていた。彼のダンサーたちがよく踊りの練習をしていた場所でもある。

一九九七年、僕はプリンスとバスケットボールをするために三回ペイズリー・パークに行った。僕はペイズリー・パークが好きではなかった。建設前でさえ、その場所にいると嫌な感じがしたのだ。なぜか彼はそこで一人で死ぬだろうとずっと思っていて、いつも持ち歩いていて、ふと思いついたことや忘れていた用事などを書いておくはがきサイズのインデックスカードにも記していた。プリンスが最も恐れていたのが一人で死ぬことだということさえ、そのときの僕は知らなかったのに。

一九九七年のその瞬間を思い出すと、いまだに背筋が凍るような感じがする。彼はひどい痛みがそれほど蓄積された状態であることを僕を含め誰にも話していなかった。これから彼がどのように回復しようとも、この職業病によってすでに一つのことが約束されていた。痛みはとどまることを知らずにやがて彼を崩壊させる主要な役を担うようになるということだった。人工股関節か両股関節置換手術を受けたとしても、あるいは手術などまったく受けなかったとしてもその未来を変えることはできなかった。

ツアーで体を痛めたことについては一九八五年から聞いていた。『パープル・レイン』ツアーで痛みがひどくなりすぎて「ステージ上で死んでも、誰も気づかないだろう」と言っていた。

二〇〇〇年頃からはプリンスが痛みについて語ることは少なくなっていたが、二〇一〇年に両股関節置換手術を受けたとは聞いていた。それでも彼の内なるディブックの声「痛みがあろうが関係ない。お前が疲れているかどうかは俺が決める。俺がいいと言うまで止まるな」が休む間も与えず彼を動かし続けたのだ。

一九九七年のその日の午後。それは何でもないことのようで、でもすべてを語っていた。プリンスが一対一でバスケットボールをする代わりに、ただシュートを打って競うことにしようと提案してきたのだ。地殻変動が起きて彼の中の何かを変えてしまったことに僕が気づいたのはその瞬間だった。

走り回ったり止まったり、そうやって争う一対一の試合ではなくて、トゥエンティワン。場所を決めてシュートを打って競い合うだけのゲームにしようと言った。

プリンスが僕とバスケットボールをしたがった理由は二つだ。まずは、彼がとてもうまかったからだ。彼を前にしては僕はただズルをするしか術がなかった。僕は高校に入って新入生のバスケットボール部員だったときに生き残るためにズルすることを覚え、続けていくうちにそれが習性となっていた。プリンスは僕の「ズルをして生き残る」作戦をあまり気に留めていなかった。彼は僕など軽くあしらえるぐらいうまかったからだ。

ものの数秒で僕をかわした後は、本当にやりたかったことをして楽しんでいた。プリンスは一九七〇年代中期、バスケットボールに夢中になっていたときに練習した、プロで活躍していたすごいシューティングガードたちの技の特徴を覚えていた。そして彼らの精密なシュートやドリブルやディフェンスのスタイルを披露してみせた。もちろん彼ならそんな遊びは誰とでもできたのだが、僕は彼と同世代なのでそれらのスター選手たちを知っていたし、しかも僕は昔、彼らの技術や特徴を記憶して皆に伝えることに熱中していた稀なおたくだったので、プリンスが誰のまねをしているのかすぐに分かったのだ。

一九七〇年代初期、ニューヨーク・ニックスの偉大なウォルト・〝クライド〟・フレイジャーはボールをコート左側に持っていき左手でドリブルをしているかと思えば、あっという間に右側の方向へ斬り込み味方に速いパスを回すか、自分でレイアップシュートを狙ったりしていた。「クライド!」まだ全身に痛みを感じていなかった頃のプリンスは、そう嬉しそうに叫びながら軽々とシュートを決めた。「ネイト!」と叫び一九七〇年代半ばのカンザスシティ=オマハ・キングスのネイト・〝タイニー〟・アーチボルドをまねながら大柄の男たちの間を素早く抜けてレイアップシュートを決めた。そんな選手たちの微妙な違いが分かるのはプリンスの知り合いで僕しかいなかったのだ。

プリンスがまだ十代になりたての頃にサンディエゴ（後にヒューストン）・ロケッツで活躍した一七五センチのカルヴィン・マーフィは後にバスケットボール殿堂入りを果たした、最も身長の低い選手となった。プリンスは、マーフィが遠くからシュートを打つときの様子をまったく同じように再現してみせることができた。彼が何をしているのかを分かる人間が必要だった、そしてそれが僕だったのだ。かつて有名で今では知る人の少ない人物たちをプリンスはただまねただけでない。彼らになりきっていた。

身震いしてしまうほどすごいギターのフレーズを感じることは誰にでもできるだろう。でもプリンスがディック・バーネット（ニューヨーク・ニックス）の名前を叫びながら両足を後ろに曲げてジャンプシュートをしたときに、僕以外誰が分かるというのか？

プリンスは思春期、まだこれらのスターたちの一員になれると思っていた頃に彼らを研究していた。それから二十年以上もたって、彼がそれを見せることができたのが唯一僕だけだったのだと思う。ゲームを学ぶ天才だったプリンスが〝ピストル〟・ピート・マラビッチを完璧にまねてドリブルしたり、素早いジャンプシュートを決めても、ピストルの繰り出すシュートがどんなふうだったか分からなければ意味がなかったのだ。彼が思いもよらないところからパスを出すので「ピストル」というあだ名になったなどと、他の誰が知っているというのだ？

そして彼が僕をバスケットボールに誘ったもう一つの理由。それは彼が僕のボール回しを気に入っていたからだ。僕は小さい頃、ボールを指の上で回したりするような様々な芸を練習していた。アルファベットを正確にタイプできる——記事という意味ではなく、単に正確にタイプを打つという意味だ——ことと、このボール回しだけが、プリンスより勝っていた僕の才能だったと思っている。

簡単には笑わないプリンスも僕のボール回しで笑わせることができた。僕は子供のとき黒人の子供たちに交じって遊んでいて、その頃同時にボールを使った技を学んでいた。ノース・ミネアポリスの祖父母の小さな家の隣にはデイリークイーンというアイスクリーム屋があって、そこが皆の溜まり場になっていた。家に帰っては練習し、バックでブラザー・ボーンズの一九四九年版『スイート・ジョージア・ブラウン』を何万回と繰り返し再生し続けた。この曲は「バスケットボールの魔術師」ハーレム・グローブトロッターズのテーマ曲だ。彼らはボールを使い魔法のような技を次々と見せるので、実際の試合がおまけのように感じられるぐらいだった。それは十歳にしてバスケットボールにおける自分の能力の限界を知った僕にはうってつけの方向転換だったのだ。父と一緒に彼らのパフォーマンスを見に行ったときにパンフレットを買って、テーマ曲のレコード盤も購入した。僕のボール回しはかなり上達した。

僕は二十代になってもボールに触り続け、それが一種の瞑想の手段にもなっていた。三十代後半で足を骨折して六ヶ月間ベッド生活を強いられてからはバスケットボールから離れていた。療養生活で体を鍛えようという気持ちが萎えただけでなく、やってみたいという気持ちさえも失った時期だった。

F・スコット・フィッツジェラルドは、自身の崩壊を記した随筆を書いた四年後の一九四〇年に心臓麻痺で他界した。崩壊によって彼は自分が「欠けてしまった皿」のように感じ、「オーブンで温められたり他の食器と一緒に洗浄されることは二度とない。友達との楽しい食事の際には使われず、ただ夜中にクラッカーを食べるときや残り物を載せて冷蔵庫にしまうときに使われるだけの皿だ」と表現した。

彼の葬式に訪れたドロシー・パーカーは遺体をじっと見ながら「本当に哀れな男」とつぶやいたそうだ。

15・壊れる　第三幕：「過去に有名だった人」誕生――一九九八年

僕がローラーブレードをして足の骨を五本折り、回復しても元のように歩けるか分からない状態だということを、どのような経緯かプリンスが聞きつけた。数週間後には松葉杖にすがって一瞬だけアパート内を動き回ることができるようにはなったが、六ヶ月の間ベッド生活を強いられることになった。

僕は窓の外に目を向けた。まるでミネアポリスの本物のきちんとした住民がするように、突然プリンスが日中に電話をかけてきて僕の怪我の状態をたずね、慰めの言葉をかけてくれたのだ。僕たちはおそらく四ヶ月ほど話していなかったと思う。嬉しかったし、でも、なぜ彼が急に僕と僕の悲しい状況にそんなに興味を持ったのか不思議に思った。

僕たちはそのときいろいろな話をした。ミネソタ・ツインズやミネソタ・ティンバーウルブズ（NBAチーム）、そして医者が術後の僕に大量のパーコセット（オピオイド鎮痛剤）を処方したこと。その後プリンスが、チャナッセンのペイズリー・パークから、三十キロ以上離れた僕のところにドライブして来ると言ったのだ。驚いた。プリンスはそんな人間ではなかったはずだから。

全然問題ない、アップタウンに行くよとプリンスは言った。

僕の住居はミネアポリスのアップタウン、彼が一九七〇年代に曲にし、かつては理想郷とされた場所だが、ジョージ・フロイドの殺人事件があってからすっかり変わってしまっていた。僕は、分譲マンションに住んで大手百貨店に勤めているようなエリート層の若者たちや、アップタウンの中心――レイク・ストリートとヘネピン・アベニュー――へ向かう郊外からの観光客に囲まれて暮らしていた。かつてカラフルで様々な人種が集まっていたこの場所だが、一九八四年に全面的再開発として突如カルホーン・スクエアというショッピングセンターが建設された。プリンスが曲にした昔の「アップタウン」は、彼の聖地だった。

彼が僕のアパートに来たことはあったが、それも数年前のことだ。彼がそんなふうに気を遣うなんて奇妙……興味深いと思った。

けれども奇妙なことではなかったのだ。

パーコセットだ。僕はその日（一九九七年だった）の電話で他の様々な話題と共に「パーコセット、制限なし」という処方箋をもらった話をしたのだ。錠剤は僕の回復を助けてくれるはずだったけれど、杖につかまりながらよたよたと壁にぶつかる様子を見た僕の父親によって、一週間以内に薬をやめることを命じられていた。プリンスがドアベルを鳴らしたので松葉杖に頼りながらどうにか彼を迎え入れた。水を飲むかと僕が聞く間もなく、彼は僕の居間で、薬局の容器に入った錠剤を見つけたようだった。

プリンスが容器の三分の一ほどの錠剤を、まるでエムアンドエムズのチョコレートを食べるようにあっという間に飲み込んだとき、僕の気持ちは沈んだ。ずっと噂は聞いていたが本当だったんだと思っていた。十年以上も前から、彼が強い鎮痛剤を常用したりやめたりを繰り返しているとは耳にしていた。『パープル・レイン』ツアーのあった一九八四年の秋からということだ。

でも僕はいつも彼の事務所が使う言葉、プリンスは聖職者のごとく薬物に対して潔癖だという説明を信じていた。彼のツアーに同行したときは薬物摂取が解雇を招くとされただけでなく、彼の周辺でタバコを吸うことさえ禁じられていた。最後に彼のツアーに同行したとき僕はまだマルボロ・ライトを吸っていて、彼の周りに行くときはスターを怒らせないように、いちいちシャワーを浴びるようにしていたほどだ。

チャーリー・パーカーやスライ・ストーンなどのスーパースターのミュージシャンたちの人

15

壊れる 第三幕:「過去に有名だった人」誕生——一九九八年

生が薬物で破滅したことをプリンスは見下していたし、知り合ってからずっとそんな彼の話を聞いていた。レイ・チャールズやマイルス・デイヴィスに薬物中毒だった過去があったことさえ軽蔑していたのだ。それは弱さだ、と。

そんな彼が今、まるでアップタウンあたりをうろつくみすぼらしい物ごいのように、切に錠剤を求め僕の家の居間に来ていた。

ここ二年ほどの間彼とは会っていなかった。彼と知り合い始めの頃の方が、実際に会って一緒に過ごすということが多かった。プリンスには冒険心のようなものがあまりなくて、ヨーロッパにいるときも観光名所や博物館などには興味を示さなかった。彼はただ仕事をするためにヨーロッパにいただけだ。実際、これだけの期間彼を知っていて、僕たちが訪れたたった一つの「観光名所」はソニー・リストンが埋められたラスベガスの古い墓地だけだ。

プリンスは彼の領域外の世界にあまり興味がないように見えたが、実際はいろいろ吸収していたことは確かだ。かつて彼は世界が好きで、出かけて行き、見て、聞こうとしていた。けれどもだんだんと周囲の世界に感覚を研ぎ澄ませることが彼にとってそんなに重要ではなくなっていった。学ぼうとすることや友達に意見を求めることが少なくなり、無作為な人生に満足するようになっていったのだ。

昔の彼はリサ・コールマンからクラシック音楽のすべてを学び、映画『テン（原題：10）』

のテーマがラヴェルの『ボレロ』だと知って驚嘆していた。僕は彼にあまりにたくさんの本を貸したので最後に貸した本が何だったか思い出せないくらいだ。どの本も、彼がその時々に見せた人格にちなんで選んだものだった。

プリンスが夢中になった『ホミサイド』は、著者デイビッド・サイモンが殺人事件担当の警官たちを実際に一年追ってから書いた作品で、彼がボルティモアの闇について知るきっかけになった。

プリンスの内に潜むだまし屋の精神が惹きつけられるだろうと思って、デイビッド・マウラーの『ザ・ビッグ・コン（原題：The Big Con）』――一九四〇年に発表された、だましの技術と科学そして裏に潜む観念についての社会学的研究をまとめたもの――や、映画『スティング』の原案となった『イエロー・キッド、ウェイル：アメリカの大詐欺師の自伝』を送った。もちろん、ニッコロ・マキャベリの『君主論』も。これは一五三二年に発行された君主としての思想を論じた本だ。そして『ピンプ：アイスバーグ・スリムのストリート売春稼業』、ゴーレムやディブックやカバラなどへの彼の興味を満たすためにジョシュア・トラクテンバーグ著『ユダヤの魔術と迷信（原題：Jewish Magic and Superstition）』。一九三九年のオリジナル版ではなく二〇一三年版だったので自分のゴーレムを作るための呪文も載っていた。

その他にも彼に送った本で理由も思い出せるものが六冊あるが、彼がどの本を読み、そして読んでいなかったのか確認したことはなかった。

15

壊れる 第三幕：「過去に有名だった人」誕生──一九九八年

僕のアパートにはたくさんの物が散在していて、プリンスはなぜ僕がそんな無秩序状態の中で暮らしていけるのか不思議に思っていた。僕は人生の節々でいろいろな物を収集していた。子供時代に集めたプロ野球カードやサイン色紙、一風変わったTシャツたち、アフリカ系アメリカ人の首振り人形の集団。驚くほど変なグループ編成で、一九六〇年代に野球場で一個一ドルで売られていたが今では一個千ドル以上の値がついていた。

高い金を払って買ったわけでもなく、ただいろいろなきっかけで手に入れた物たちだ。アーティストのマイク・ジャッジの初めてのアニメ『ビーバス・アンド・バットヘッド』がMTVで放送された後、彼をインタビューした。そのときに彼はバットヘッドが「ははは」と笑っている絵を描いてサインをして僕にくれたのだ。一銭も払ってない。ホロコーストに関する物だとか、アフリカ系アメリカ人やユダヤ人のボクサーに関する物とか、その他変な物がいろいろあった。

普通の人が株や債券に興味を持って集め出すように僕はこういう物を収集していた。

僕がベッドに寝そべり天井を眺めている間、部屋を探索していたプリンスは悪名高いトーニャ・ハーディングのサインが入った小さなバットを感心したように見ていた。ハーディングの元夫は、彼女のオリンピックでのライバル、ナンシー・ケリガンの足を小さなバットで打ち怪我を負わせたのだ。

それからプリンスは僕の風呂場にある額縁に入ったタバコの吸い殻を見て、

「何これ？」と聞いた。

「タバコの吸い殻」と僕は答えた。「サムかデイヴの」

「本当かよ？」

僕は彼に事の次第を説明した。高校のとき校内新聞の取材で『ソウル・マン』や『ホールド・オン（原題：Hold On, I'm Comin'）』が有名なR&Bのスター、サム&デイヴをインタビューすることになった。国内のあちらこちらでツアーをするため三組ぐらいのサム&デイヴがいるという噂もささやかれていたが、そんなことは重要ではなかった。

楽屋で椅子に座り、自分がその場所にいることに感激しながら十六、七歳の僕は彼らを待っていた。きょろきょろと周囲を見回していた僕の目に入ったのは、灰皿の上のニューポートメンソール一本。サムかデイヴどちらかのものに違いないと思った。

そのとき取ってきたこの吸い殻を、僕は失うことなく今までずっと持っていたのだ。

プリンスは壁に飾ってある物たちを順番に見ていた。僕もたまには物に金を使う。本の前払い金が入ったときなどはいつも、何かいい物を買うようにしていた。その中でも一番いい物（千ドル払ったと思う）は、ビリー・ホリデイのサインが入った『奇妙な果実（原題：Strange Fruit）』のSPレコード（蓄音機用レコード）だ。レコードの中心に貼られたラベル紙に彼女が銀色のマニキュア液を使って実際にサインした品だ。署名されて密封されて認証されている。

（少なくとも、しばらくの間は）僕の所有物だ。

「嘘だろ？　これ、本物なのか？」ビリー・ホリデイのサイン入りのレコードを見ながらプリンスが言った。「いまだに納得いかないよ。お前、あの古い記事で、僕の母親がビリー・ホリデイのように歌うって書いただろ。なんでそんなこと言ったんだ？　彼女の声は悪くないよ、でもおめでたすぎてブルースなんて歌える性格じゃないだろ」

「情報が少なかったんだよ」と僕は答えた。「君は母親がジャズ歌手だったと言っただろ。僕の一番好きなジャズ歌手はビリー・ホリデイだった。だから僕はただ、彼女の声にはビリー・ホリデイの『影響』を感じたと言ってみただけだよ」

「君の方が知ってるんじゃないのか？　彼女が歌うのを聴いてたはずだろ」と僕は聞いた。

「彼女が歌うのなんて聴いたことないよ」と彼は答えた。「五歳ぐらいの頃に歌ってと頼んだのを覚えてるんだ。そしたら母は父の方を見て誇らしげに言ったんだ『私はもう歌わないのよ。ずっと歌ってない』ってね」

彼の答えは少しできすぎていて、特に母親の言葉が映画のせりふのようだなと僕は思ったのだが、後に彼が本当に一度も母親の歌を聴いたことがなかったと知った。僕はマティに二度確認したのだが彼女は「歌ってない」と答えたのだ。皮肉なことだとは思っていないようで、「私はもう歌はやめたの」と言った彼女には苦々しさなど微塵も感じなかった。ただいつものように息子を称える母親で「うちの家族の歌手はプリンスよ。世界的な歌手」と言った。

ベッドの上の僕から彼の姿は見えなかったが、彼の沈黙を感じた。そして、ビリー・ホリデイについて「ぼろぼろだったよな」と言った。

「自分で破滅に向かっていったんだ。人の話を聞かなかったからね」と彼は続けた。

僕はその言葉が気になって「どういう意味だよ？　彼女が聞いてなかったって？」とたずねたがプリンスは何も言わなかった。

彼は壁際を歩きながら次に飾ってある物、おそらくレニー・ブルース（コメディアン）のサンフランシスコ・フィルモア・ウェスト公演のポスターを見ていたのだろう。一九六六年にヘロインの過剰摂取で他界する前、彼の最後となった公演のものだった。ポスターには「ビル・グラハム主催」とレジェンドの名前（ロックのプロモーターとして有名）も書かれている。プリンスの嬉しそうな声が隣の部屋から聞こえてきた。

ブルースの持ちネタは当時相当物議を醸し出したのだが、その中で僕が気に入っているものが一つあって、それを寝室から向こう側にいるプリンスに説明した。それはジャッキー・ケネディが、大統領で夫のジョン・F・ケネディが撃たれた直後リムジンの後部座席から這い出ようとした場面のネタ。

ブルースは、彼女は夫のために助けを呼ぼうとしたのではなく、ただ「夫をおいて逃げようとしたのだ」と言い放ち「人はいつも去っていくものだよ」と続けるのだ。

「それは真実だな」とプリンスが言った。

15

壊れる 第三幕:「過去に有名だった人」誕生——一九九八年

「それが真実だ」と僕も同意した。

プリンスは僕のアパートをぐるっと見回した。首振り人形たち、プロ野球カード、前世紀のアメリカの文化の浮き沈みを象徴する欠片たち。裏社会のユダヤ人ボス、マイヤー・ランスキーがサインをした小切手、サイン入りの初版本、一九六〇年代のボードゲーム「マウストラップ」と「ヤッツィー」。

「こういう物がそこら中にあってお前どうやって集中するんだよ?」とプリンスは僕に言った。

「集中するって大事だろ」

十九年後に彼は他界した。そして彼の死からほぼ一年たったとき、僕のアパートと中にあったものすべてが、消防署が言うところの「非意図的な電気系統の誤作動」による火事で焼けてしまったのだ。

僕はそのとき家にいなかった。残ったのは着ていた洋服とリュックの中に入っていたノートパソコンだけだった。プリンスの録音テープやノートはすべて家のパソコンからこのノートパソコンに転送済みだった。前の年からこの本の準備をしていたのだが、そのときはノートを読み直したり録音テープを聞き直したりすることに感情的に耐えられなかった。だから転送だけして、代わりにプリンスについて発売された本や記事のほとんどを読みあさっていた。

そうこうしているうちに、すべてが焼けてしまったのだ。ただ僕が生きていることが奇跡だった。ノートや録音が残ったのは……何を意味するのだろう？　僕は書くことを先延ばしにしていた。逃げていたのだ。

僕は亡霊の存在を信じていないから、プリンスに話しかけられていたとも思っていない。ただ因縁のようなものは信じていて、あの会話から二十年、彼が他界して一年後に、頭の中で「こういう物がそこら中にあってお前どうやって集中するんだよ？」という彼の言葉が響いた。「集中するって大事だろ」と。

火災の一週間後のことだ。焦げついた本棚から可燃性のプラスチックに包まれた、端は焦げているものの白い紙が一枚飛び出しているのに気づいた。本棚は電気事故の発端となった地点から一メートルも離れていないところにあった。僕はプリンスに関する書類すべてをコンピューターに保管していたが、原本は本棚に入れておいたので、それらほとんどは焼けてしまっていたのだ。

プラスチックに包まれていたのはプリンスの手紙だった。彼からの手紙の中で僕が一番気に入っているものだった。手元に残った彼の手紙はもう一枚だけ。僕の両親の家のスキャナーに記録されていたものだけだ。僕はやっと古い格言「焼け跡の灰の中に失ったものを見つける」の意味が分かった気がした。プリンスがどんなふうに表現していたとしても、僕がそのとき感じたのは「もう一度始めろ」という言葉一つだった。

15

壊れる 第三幕:「過去に有名だった人」誕生——一九九八年

もう少し的確に言えば「始めろ」だ。もし僕が魂の存在を信じていたとしたら、プリンスの魂が「いい加減に本を書けと言った」と説明するのだろう。

プリンスの死後一年たって「もうすべて焼けてなくなっただろ、だから今そこにあるもの、、、、に集中すればいいんだよ」と誰かに言われた気がした。僕は自分のノートパソコンを見た。そこにあるのは「プリンス」だけだった。

「ビル・グラハム好きだよ」一九九七年、僕の家でプリンスが言った。フィルモア・ウエスト公会堂のグラハム主催と書かれたポスターを見ながら「知ってた? 彼がいたから、僕はあのときザ・ローリング・ストーンズのコンサートに戻ったんだ」と話した。

そうだ。おそらくプリンスが最後に人のアドバイスを受け入れたときかもしれない。ザ・ローリング・ストーンズとJ・ガイルズ・バンド、ジョージ・ソログッドとプリンスが出演した二日間のコンサート。観客による公開処刑のような状況になりプリンスは初日のステージが終わったと同時にリムジンに乗り込みミネアポリスに飛んで帰ってしまったのは有名な話だ。二日後にもう一度ザ・ローリング・ストーンズとのコンサートが控えていたことなどお構いなしだった。

「そうなんだ?」と僕は寝室から叫んだ。

「ああ、そうだったんだ。ミック・ジャガーが電話してきても、僕は『いや、ごめんミック。

戻らないよ』という感じだったし、デズ・ディッカーソン（プリンスのバンドメンバー）も電話で戻るように説得してきたけど。その後ビル・グラハムが電話で言ったんだ『いいか、もし帰って来ないならお前それでこの業界では終わりになるぞ。誰もお前を呼ばなくなる。もしそうなってもいいと思うなら、いいよ。でも、後はどうするんだ？　俺は決めてるよ。イベントプロモーションの仕事がうまくいかなかったら、いつでもキャッツキルで給仕に戻れるんだ。すごく俺に向いてたから。お前は他に何ができるんだ？』」

「『これ』って言った。『これだけ。他の仕事なんてしたことない』」

「『それじゃ、お前』とグラハムは続けて言ったんだ。『ロサンゼルスに戻って来るべきだ。ステージに立てよ』。だから僕は彼の言った通りにしたんだ」

プリンスが昔のように独白劇調で語っていたので、嬉しくなった。

ただ、言葉に対して興味を失ってしまったのか、十五年間の度重なる鎮痛剤の摂取が彼の口調を平坦にしてしまったのか分からないが、彼の言葉は出会った頃のように滑らかに巧みに流れていかなかった。

プリンスの話し方は人を魅了するものだった。彼は批評家についてこう言っていた。「少し前ジョージ・クリントンと話したんだ。彼はファンクが何かを分かっていて、いい作品をたくさん残してる。ジョージが『アラウンド・ザ・ワールド・イン・ア・デイ』がすごく好きだって僕に言ったんだ。彼の言葉は、その辺のギターも弾けない、メガネをかけてワニのシャツを着てタイプライターに向かっているしょうもない（マンマ・ジャンマ）奴らが言うことより、ずっと意味があるんだ」

彼は面白い表現を使って説明するのが得意だった。「一度仕事を始めて間もない頃、ニューヨークの記者と喧嘩になったことがあったんだ。あいつ、痩せっぽちの小さな猫みたいなくせにさ、真のサイドワインダー（ヘビ、スラングで信用ならない危険人物）なんだ」と言ったこともあった。「奴が言うんだ、『秘密を教えるよ、プリンス。記者ってものは他の記者に向けて書いてるんだ、そしてだいたい嫌なことほど面白い』」

またプリンスは哲学的にもなった。「二十四時間ずっと自分らしくいられる人なんているわけない。その『らしさ』が何であってもさ」

彼は自分の自尊心の限界についても興味深い説明をしていた。『アラウンド・ザ・ワールド・イン・ア・デイ』の発売で初めて彼の写真がアルバムのカバーにならなかったことについてのインタビューだ。

> このジャケットになったのは、みんなも僕を見るのに飽きてると思ったからだよ。誰がまた僕の写真を見たいと思う？　僕だって恋人の写真をある程度見たらもう満足で、次は実際の彼女と触れたいよ。もう一枚別の写真じゃなくてさ、もう少し何か起こってほしいと思う

だろ（笑）。だからアルバムを聴いたときに僕がその人たちの中に現れるような体験にならないかなと願ってる。

火事が起こる二十年前、プリンスが僕の家に来たとき、骨折した足のために飲んでいた薬の副作用で僕は眠気に襲われていた。プリンスは僕の本を眺めていた。そして目が覚めたら彼はもういなかった。プリンスはウォルト・フレイジャーのサインが入った『ロッキン・ステディ：バスケットボールと格好良さへの道（原題：Rokin' Steady: A Guide to Basketball and Cool）』を見ていたようで、本がきちんと本棚に立てかけてあった。

二ヶ月後本を開いてみたら、プリンスが薄い鉛筆で下線を引いたり、ページの下の空いた部分に何か書き記したりしていたのを見つけた。まるで実際にフレイジャーが「格好良さ」を語り、プリンスがメモを取りながらそれを聞いていたかのように見えた。この本が出た当時十五歳だったプリンスは〝クライド〟フレイジャーを「格好良さ」の手本としていた。

プリンスの周囲の人々は、彼が僕の家を訪れたこの年あたりから、彼の態度や行動は悪化していったと話していた。かなりの量の錠剤を服用していると噂されていた。

フレイジャーの本には三ヶ所にしるしがついていた。

一つめは、「格好良さとは姿勢、どのように自分を保つかということだ。特に自分が痛みを背負っているとき、そんなときこそ格好良くあるべきなのだ。もしコートで戦い続けたいならば、相手に自分の痛みを悟られてはならない。相手が弱みにつけこんでくるからだ。まず自分をコントロールする。簡単でないことは分かっている」

二つめは、「コート内では感情は決して表さないというのが俺のスタイルだ。相手は俺を苛立たせようとするしそれは成功するかもしれない。けれども俺の顔はいつでも落ち着いている。だから誰も感情を判断できない」

そして三つめは、「ハエを捕まえるのはとまっているとき」という題で始まる段落だ。「ただ素早さがあればいいわけではなく、技術が必要なのだ。たいてい皆ハエを直接つかもうとするが、それは間違った方法なのだ。まず手をゆっくりと円を描くように後ろに動かしそちらへハエを誘導する。そしてくるりと体を回転させてハエの正面に回るのだ。注意深く忍耐強く、そして手を前に差し出すとハエは自分から手のひらに向かって飛び込んでくる」

フレイジャーとこの本を共著したのは、ニューヨーク・タイムズのスポーツ欄のコラムでピューリッツァ賞を取ったアイラ・バーカウで、一九七〇年代、彼がまだ若い記者だった頃だ。それから何十年もたって、バーカウは自分がピューリッツァ賞ではなく『ロッキン・ステディ』を書いた作家として人々の記憶に残るのではと述べていた。イェール大学のアフリカ系アメリカ人の経験について学ぶクラスでこの本が入門テキストとして使われていることを知ったからだ。オバマ元大統領の本棚にもこの本が並べられていたので嬉しかったとも言っていた。

「野球観戦に行ったら、オバマ大統領に偶然会った。お互い挨拶を済ませたら、『君があの本をクライドと書いたんだよね』と言った。彼は熱狂的なバスケットボールファンでもあり自分でもプレイするらしい。僕がはい、と認めると彼は笑って『服装とか、どのようにハエを捕まえるかとかについての本』と言うので、そうですと答えた。すると彼は『僕は十二歳のときにあの本を買ったんだ』と言った」

権力者は皆同じ教科書で学ぶようだ。

プリンスは紫という色を自分のものとして確立したが、ある年も自分のものとして表明していた。一九八二年に『１９９９』という曲とアルバムを録音したのだ。

千年紀の終わりを目前にした一九九八年、『１９９９』を再発売すれば利益が得られることは確実だった。ロニン・ロによるとワーナー・ブラザース・レコードは「たくさんのファンやメディアが懐かしく思う気持ちに応え」ラジオ局に曲を自由に流す許可を出した。そのためその一年の間にこの曲が各局で繰り返し流されることになった。結果として、このシングル曲は予想をはるかに超える売上を計上することになり、ワーナー・ブラザース・レコードでは、対応しきれずに回線がパンク状態となるほどだった。

広報のボブ・マーリスはロニン・ロのインタビューで「単純に時期に合わせて一曲メディアに提供したことでこれほどまでの注目を集めるなんて前代未聞の事態だった」と語っている。

一九九九年、プリンスにとっては、この地球のどこかにいるだけで光り輝くはずの年だったのだ。

けれどもプリンスはこの状況に憤慨していた。ワーナー・ブラザース・レコードが「ほとんどの利益」を持っていき、ただラジオ局の願いを聞き入れただけとはいえ『1999』を再発売するなど「道理に反した構想」で自分に対して挑発してきたとしか思えないと嫌悪感を込めて発言した。一方ワーナー・ブラザース・レコードは彼の発言など一向に気にする様子はなく、ただラジオ局の要望に応えただけで、宣伝もしていないと応対しただけだった。広報はこのように述べた。「私たちは契約上の権利を行使したまでだ。だからと言ってプリンスの行動を阻止しようなどと思ってもいない。彼は何にも拘束されていない。やりたいことをすればいい」

そこで一九九九年初頭にプリンスは『1999』を再発売した。彼自身のレーベル、NPG(ザ・レヴォリューションの後に結成した彼のバンド、ザ・ニュー・パワー・ジェネレーションからその名前をとった)からのリマスター版だった。誰もが特にプリンスが考えることをやめてしまったようだった。この頃の彼は衝動的に行動しているように見えた。しかもプリンスはワーナー・ブラザース・レコードとの契約下で制作した十七枚のアルバムすべてを新たに録音し直すと言い出したりした。もしそんなことをしていたら、同じ曲がまとめられた同名のアルバムなのに、聴いてみたらすべての曲が違うという結果になったはずだ。

契約から離れて自由になったが、プリンスの心は、また大きなレーベルに属し、主要ラジオ局に取り上げられ、チャートで上位につきたいといった方向に戻っていった。彼とワーナー・ブラザース・レコードの契約終了をまとめた弁護士ロンデル・マクミランは、次は新しいボスを探せと命じられた。

マクミランが探し出したのは高潔なモー・オースティンのような人格者ではなく、アリスタ・レコードの創始者のクライヴ・デイヴィスだった。彼がコロムビア・レコードを解雇された理由の一つは会社の金で息子のバルミツバー（ユダヤ教男子の成人儀式）の費用を支払ったからだ。「高潔さ」は、人に与えられる最高の褒め言葉だと思うのだが、そんな言葉から一番遠いところにいるデイヴィスはイディッシュ語で言えば「シャンダ」、すなわちモラルのない恥ずべき人物の典型だった。

デイヴィスが会社の金を盗み子供の成長過程を祝う儀式に使ったという事実は、単に自分の子供の聖なる宗教的儀式を台無しにしただけではなくその文化自体を否定する重い意味を持つ。

プリンスが著作権侵害者と糾弾したワーナー・ブラザース・レコードのモー・オースティンとレニー・ワロンカーは、旧約聖書の説く道徳をそのまま体現し、長く業界全体で崇められてきた人物だった。しかも彼らはアーティストの権限という聖域を守ることに尽力した経営者で、真実を言葉にした。

「昨日は嘘をついていたが、今日は本当のことを言うつもりだ」と言えば、正直な人だとみなされるような業界だ。ハンター・トンプソン（記者・作家）は「音楽ビジネスは残酷で、浅ましく金を奪い合う場所。プラスチックでできた長い廊下を盗人や客引きが自由に駆け回り、道理の通った人間は犬死にしていく。良い側面だけではない」と説明していた。

デイヴィスは当時七十歳近く、業界基準ではかなり年寄りの部類に入る。プリンスが新しいアルバムに入れる予定の曲いくつかを披露したとき、部下たちと相談などせず、彼をモーツァルトだと称え、アルバム一枚につき一一〇〇万ドルと原盤権という条件を出したと伝えられていた。

『レイヴ・アン2・ザ・ジョイ・ファンタスティック』。デイヴィスはこのアルバムからのシングル曲『ザ・グレーテスト・ロマンス・エヴァー・ソールド』を初めて聴いたときに気に入り、世界中で一位を獲得するに違いないとプリンスに伝えたらしい。この曲はビルボードのラジオチャート・トップ75にも入らなかった。

そして彼らの友好な関係は終わりを告げた。デイヴィスはプリンスが自身の可能性について虚言を並べ立てたと感じ、ロニン・ロのインタビューで「実際会って彼は記事などで書かれているような人物ではないと判断してしまったんだ。皆が私に気をつけろと言ったんだがね」と話している。

プリンスの熱心なファンや支持者たちは彼が再度レコード会社と契約を結ぼうという意思が

あったことに驚いた。キャリアを犠牲にしてまで自分の表現の自由と著作権をめぐる戦いを繰り広げたにもかかわらず、今度はさらに悪名高い奴隷使いとの契約、それもかなりの大きな金額だった。

一九九五年から二〇〇一年の間にプリンスはアルバムを六枚発表しているがヒットしたものはなかった。六番目のアルバムは、エホバの証人への傾倒とその意味を表現した『レインボー・チルドレン』なのだが、最高で全米一〇九位、その他の国ではまったく記録に残らない結果となっていた。

「父親に甘やかされて育ったら、次も同じような父親を求める」と、プリンスがアーティストとしての自由を捨ててまで手に入れたかったものを説明したのはアラン・リーズだ。

リーズはロニン・ロとの会話で「プリンスは俺が一緒に働いていた頃より今の方が金銭的利益を優先しているように思える。アリスタ・レコードがいい条件を持ち出してきたからって、盗人のようにすぐに話に乗るなんて。金に困ってるわけではないのに」と話した。

ジェームス・ブラウンのツアー責任者を務めた後プリンスに雇われたリーズは、何年もの間チームをまとめ、論理的思考や計画性や芸術性を持ち合わせていて、ペイズリー・パークやツアーやレーベルの運営を任されていたが、そんな彼もついにプリンスから離れることを決めてしまった。

15

壊れる 第三幕:「過去に有名だった人」誕生——一九九八年

ジョン・ネルソンは気難しい年寄りとなり、プリンスの誕生によって自分のチャンスを無下にしてしまったと確信したまま他界した。彼はプリンスが過去に住んだことで有名な紫の家を引き継いでいた。紫の家はプリンスがアルバム『1999』の大半を録音し、文化の神殿に神として祀られていた時期に住んでいた場所だ。有名人になったプリンスが最初に生活の場とした、ロックスターにはあまり似つかわしくない家だった。

その家でネルソンは印税を受け取って面目を失うことなく生活していた。プリンスが書いた曲への貢献者として洒落たスーツを買い続けることができたし、尊厳を守ることができた。プリンスは金銭的援助をしていただけではなく、作曲のクレジットを彼に与えることによって、ジョン・ネルソンが隠れたデューク・エリントンだ、というケーフェイを保ち続けたのだ。オスカー・ワイルドの言葉を借りれば、(ネルソンは)才能があったが聴衆が理解できなかっただけなのだ、ということだろう。

ネルソンには家があり、自尊心を失うこともなく、年をとって昔のキャブ・キャロウェイのような容姿ではなくなったが、その頃と同じように格好良く着飾って外見を保ち続けた。実際若い頃の彼はお洒落で踊れるジャズミュージシャンだったし、若い妻と子供たちを捨てて、さらに若い妻と子供たちのもとへと走る男だった。それはプリンスの祖父の行動の繰り返しでもあった。

プリンスとネルソンには友好な関係である期間が定期的に訪れた。そんなときは父親がいまだに洒落た服で着飾っている姿を満足そうに見て「上等な格好」（ウォルト・フレイジャーから十代の頃に彼が学んだ言葉）か「極上な格好」（アイスバーグ・スリムの『ピンプ』の言葉）という言葉で称賛していた。

もちろんその一方で、この父親と息子が敵対する時期も頻繁に訪れた。息子を虐待したひどい父親と虐待された有名な息子の関係は常に愛情と憎悪の間で揺れ動き、その関係性はグリニッジ標準時に合わせているかのようにきちんと周期的に切り替わった。

彼らの揺れ動く関係性も、ジョン・ネルソンが定期的にペテン師のようなことを仕出かすのを見ると、無理もないことだと思った。プリンスが「悪ふざけ」と呼ぶその一例が、何の前触れもなしに出演した一九九一年のゴシップ番組『ア・カレント・アフェア』だ。ネルソンはそこで家族のあれやこれやについて話し、ピアノの演奏を披露し、実は息子がまだ小さい頃に、自分が『パープル・レイン』を作曲したのだと話した。

フロイトは、抑圧され解決されなかった過去のトラウマは現在にも影響し続けると主張したが、彼らの関係性はまさにその表明だった。辛辣で自分の非など認めない父親。自分の子供が持って生まれた天賦の才に脅かされ、その才能を目の敵にし虐待する。そしてそんな過去があるにもかかわらず、また同じような状況に自分を置いてしまう子供。過去から学ぶことを拒否したプリンスは、過去を繰り返していく運命にさらされているように見えた。

ただプリンスが自分の中から過去を消していたというわけではない。時に彼は人生を驚くほど執拗に観察して、歌詞にし、曲にし、表現し、話したりしていた。

たとえば一九九四年の『パパ』という曲の歌詞。プリンスは、父が四歳の子供をクローゼットに閉じ込めて、その子供は理由も分からないまま泣いて許しを請うという状況を歌詞にしていた。

一九八五年のプリンスとのインタビューの後、彼の使う言葉がとても効果的で興味深いものだと気づいた。だから彼の父の車だったサンダーバードで彼とミネアポリスをドライブしているときに、僕たちの会話を録音していきたいと言ったのだ。その当時プリンスはまだ紫の家に住んでいた。そしてこの家で自分と父親の類似性に気づき父親への理解が深まったと話した。ネルソンも自分も、音楽や、ジャズのリズムが常に頭の中に鳴り響いていてその音と共に日常の生活をしていることに気づいたのだと。そんな心温まる話をしたのが一九八五年、それから二人は何度も愛情と憎悪という両極端の間を振り子のように揺れ、そんな関係性が二〇〇一年にネルソンが他界するまで続いた。プリンスのファンはボブ・ディランを神と敬うファンたちと同じくらい熱狂的なので、その紫の家を実際の価値の何倍もの値段で売ることもできただろう（実際ボブ・ディランが少年期を過ごした簡素な家は、ミネアポリスから三百キロほど北にあるミネソタ州のヒビングという町にあるのだが、地元新聞に掲載されるリストではなくイーベイで売買されていたのだ)。

けれどもプリンスは彼の昔の家、そして父親の住居をすぐに取り壊すことを命じた。二番目の妻マニーと住んだ彼女の生まれ故郷のトロントの豪邸もまったく同じ運命をたどった。五年続いた結婚生活が終わりを迎えた二〇〇五年のことだ。彼はそんなふうにいつも終わった過去を抹消してしまうことを望んだのだ。


ただ、母親マティ・ショウだけは消去したり彼女が存在しなかったように扱ったりということはしなかった。

ネルソンが他界した二〇〇一年まではネルソンとマティはお互いに連絡が取れる関係ではあったらしく、彼女は彼の葬式に夫のヘイワードと共に出席していた。プリンスがヘイワードに挨拶をし、友好的に接していたのを目にした。

そのとき彼女は腎臓の移植手術をしたばかりだった。そしてそのたった6ヶ月後に亡くなってしまった。プリンスはいつでも母親に相談し意見を求めていたし、母親もいつも息子のことを誰よりも誇りに思っていた。そんな関係だった。

プリンスが業界に入りたての頃話した嘘は、彼女についてあまりにひどい内容だったので僕は今でもなぜ彼がそれを口にできたのか理解できない。それらの馬鹿げた話の大半がしっかり記録となって永遠に残るということを彼女は知らないまま他界した。作り話は今でもささやかれ繰り返し語られていた。彼女はジャズ歌手でだらしない遊び人、わいせつなポルノを集め、子供を捨てて新しい男のもとへと去っていくような母親（そして彼女が薬物依存症だったというありもしない話まで。まったくの嘘だ）。

マティ・ショウは依存症を専門とし、ミネアポリス州内の学校で生徒の相談役として二十年勤続した後に退職した。たった五回ぐらいしか彼女に会っていないが、僕は彼女を好ましく思っている。客観視できていない可能性があるから、彼女については他の人の意見も聞くべきだとは思う。品位のある女性だった。

二〇〇二年に彼女が他界したとき、プリンスは途方に暮れていた。

この頃になると僕たちは会うより電話で話すことの方がずっと多くなっていた。僕の家は彼の行きつけのレストラン、ルドルフのすごく近くだったので、彼がそこに行くときには僕を誘ったりしていた。だからまったく会わなかったわけではない。でもたとえ一緒に過ごしていても、僕たちの関係は前と同じではなくなっていた。

二十世紀がついに終わりを迎えようとしていたが、一九九〇年代はプリンスにとっては厳しい時代だった。芸術や文化や音楽業界をサーカスにたとえれば、一九九〇年のプリンスは最も高い所にある綱を渡っている人物だった。けれども自分の年になるはずだった一九九九年の終わり、ローリング・ストーン誌は彼のこの十年間を次のような短い文章で言い捨てていた。「非合理的。二、三曲いい曲が入っているだけのアルバムを場当たり的に出し続けただけ」

プリンスは自分のケーフェイ生活を現実だと信じるようになっていた。ケーフェイが現実よりリアルに思えるというのは、何が自分にとって真実で何がケーフェイなのか分からなくなる状態を意味する。深遠なショービズの偽りの世界をずんずんと進んでいくことになる。プリンスと言えども例外ではなかった。

彼は自分のケーフェイに魅了され、自分の仕掛けた手品に自分が騙されてしまったようなものだ。彼は崇高な自分、つまりケーフェイの「プリンス」、中学の頃から自分が創造してきた人格が本当の自分だという幻想の中にいた。

幻想の中で彼特有に解釈した「悪」の概念から、いくつものファンサイトやファン雑誌相手に訴訟を起こした。音楽業界で敵を訴えることは日常茶飯事だが、自分のファンを訴えるなど前代未聞だった。

プリンスが彼自身を打ち負かしてしまったことは明らかだった。プリンスは自分の色を所有し、自分の年を所有し、一つの都市まで自分のものにした。彼の故郷が外部から注目を集めるとしたら、たいていの場合その理由はプリンスだったのだ（ミネアポリス自体もケーフェイと言っていいと思う。この頃彼は住居をスペインに移していたからだ。もちろん、後に彼はいつ

15

壊れる 第三幕:「過去に有名だった人」誕生——一九九八年

もと同じように戻って来たのだが）。

レコード会社が自分たちの利益になるようにプリンスの話を創作していたのではなかった。売春婦の客引きとして繁華街で悪事を働いていたアイスバーグ・スリムの『ピンプ』の人格で、彼が「プリンス」を自ら演じていたのだ。

プリンスはインタビューや公共の場で決して友好的には振る舞っていなかった。彼は意図的に無知を装い、まるで活動家ジョン・ハモンドのように自分の正しさを信じ他を非難した。ちなみにイェール大学出身のジョン・ハモンドはコロムビア・レコードで雇われていたとき、その稀に見る見識眼で名も知られていなかったビリー・ホリデイやボブ・ディラン、ブルース・スプリングスティーンなどのミュージシャンを世に出し続けた人物だ。

天才というものは必ずしも賢明であるとは限らない、それは誰もが知っていることだ。けれどもプリンスは、あまりに頭が良く、だから人々に彼ほど愚かな人間に会ったことがないと思わせることができたというのが僕の見解だ。音楽業界にいた三十九年で、彼が自分の活動と活動にまつわるビジネス面においてすごく浅はかな決断を何度かしたことは事実だ。けれど彼のそのような行動も「間抜けさ」ではなく、やはり天性の頭脳が働いた結果だと僕は信じている。プリンスは、いわゆる「ハッピーセットになるには少しフライドポテトが足りない」（頭が足りない）と思わせることができる人物だった。

かつてのように楽しそうにしているプリンスを見ることはもうなかった。彼は挑戦しては失敗もしていたし、非難され続けるのは構わないようだったが、笑われることは許さなかった。僕もかつてのように彼と笑い合うことができなくなった。気を許せる仲間といるとすごく面白かった昔の彼はもう消えていた。まるで手術室のベッドの上に横たわる彼の体から、誰かがまたは何かが少しずつ面白さという骨を取り除いているみたいだった。

この頃のプリンスは自身の天賦の才能、決して疑わなかったその天性のものだけを頼りに、再度頂点に立つことを心に誓っていたのだろう。けれどもプリンス自身がいくら自分を信じることを決してやめなかったとしても、彼に批判的な人々は、低迷しているのに何を言っているのかと、そんな彼をあざ笑い続けた。だからプリンスは必要不可欠なことと判断して、ラリー・キング（トークショー司会者として有名）と一時間対話するという企画まで受けた。ラリー・キングと一時間過ごす必要性など以前の彼はまったく感じていなかったし、面倒で恥ずべきこととみなしていたのに。

そして彼がエホバの証人に惹かれていったのもこの時期だった。

かつてプリンスに育て上げられた歌手ヴァニティことデニス・マシューズは自由思考の申し子のような生活をしていたのだが、敬虔なクリスチャンとして信仰に人生を捧げようともしていた。彼女も、啓示的な宗教を信じることがプリンスにとって良いことだと思っていたらしい。

彼は何かを信じる必要があり、それが何であってもよかったと。

一九九九年にラリー・キングの番組に出演した後、プリンスはスライ&ザ・ファミリー・ストーンのベーシストだったラリー・グラハムと親交を深めるようになった。グラハムはスラップ奏法を生み出しベースの演奏法に革命を起こした人物で、プリンスの永遠のヒーローだった。スライのときよりもグラハム自身が率いたバンド、グラハム・セントラル・ステーションの作品を好んでいたほどだった。

敬虔なグラハムを師と仰いだプリンスは聖書に再び戻っていった。ブラック・エンターテインメント・ネットワークのタヴィス・スマイリー司会のテレビ番組などでプリンスは自身の改宗時期を二〇〇〇年と話していた。グラハムの影響もあって聖書を学んで「真実」をやっと見つけたのかもしれない。

プリンスはこれまでずっとだましに人生を捧げてきた。悪意からか、記者たちを煙に巻きたかったのか、自分のことを話したくなかったのか、または単に楽しんでいたからそうしたのかもしれない。いずれにしてもそんな彼が「真実」を見つけたのならば、それは彼の人生を変える重要な発見だったはずなのだ。

16 新千年紀：エホバの証人とボブ・ディランのラビ

誰かに奉仕する必要があるんだ。

――『ガッタ・サーヴ・サムバディ』ボブ・ディラン

プリンスにも、もちろん人間的感覚があったし感情が深く揺さぶられることもあった。そうでなければあのような曲や素晴らしい歌詞――「でも君を愛してるんだ。君が僕のものだったときよりもね」（『君を忘れない（原題：When You Were Mine）』）や、「君の愛がなくなってから、十五日と七時間たったよ」（『ナッシング・コンペアーズ・トゥ・ユー』）――などが書けるはずがない。父親以上に、彼の中に存在する少年のままの心を傷つけた人たちがいたことは確かだが、それがいつ起こったのか、どうやって起こったのかは分からない。

ただ僕が分かるのは彼が他人の気持ちをどう扱っていたのかだ。彼が天才であり続ける時間があった一つの理由は、彼が他人の気持ちを考えることにあまり時間を費やすことがなかった

16

新千年紀：エホバの証人とボブ・ディランのラビ

からだ。少なくとも彼の人生の後半に差し掛かるまでは。

プリンスは気が向けばいつでも友好的になれた。以前よりそのような彼を見ることは少なくなっていたが、少なくとも彼を本当に知る人たちに対しては微かな人間的感情を示すことがあって、そんな彼と接するのは楽しかった。悲しいことだが、時がたつにつれて彼がそんな態度を見せる仲間は減っていき、代わりに彼を師と仰ぐ人たちが群がった。そして彼の仲間たちはお互いに顔を合わせることもなく、ただ直感的に自分がその数少ないうちの一人だと知っているだけだった。なぜ自分が選ばれたのかその理由はみんな分かっていなかったと思う。

天才であったこと、度重なる虐待、あまりに多くの痛みと有り余る才能がプリンスに圧力をかけ続け、彼を自己陶酔へと向かわせた。最初は生き残るためにだったが、やがて習慣になり、終いには彼の人生そのものとなったのだ。

四十歳前後のプリンスは、相変わらず自分が持ついろいろな人格や、ケーフェイとリアルとの間で自分の表現の仕方が分からずもがいているようだった。でも本当の意味で他の人たちが何を必要としているのかについて関心を持ったり学んだりするようになった。楽器やコンピューターを贈ったり、図書館や学校の慈善活動に対して寄付をしたり、毎年ミネアポリス・アーバン・リーグ（アフリカ系住民の生活向上に努める非営利団体）に百万ドル贈与したりしていた。彼の慈善活動は他の大部分の有名人のものよりはるかに規模が大きかったのだが、プリンスはそれがまるで知られてはいけない秘密であるかのように水面下で静かに行っていた。

また彼は少し努力して、旧友と連絡を取るようにもなった。時々昔を懐かしむように語り合ったりもした。そしてそういったことが彼の心の助けになっていたのだ。僕は彼の死は意図的か、少なくとも受動的な自殺行為だったと信じている。高揚感や幸福感のようなものを求めての過剰摂取ではなく、何もかもがあまりに痛かったのと大切なものをたくさん失いすぎたからだ。心から、もうどうでもいいと感じたのだと僕は思う。

体がぼろぼろになっていく一方で、彼の心は以前より回復し「人間」になっていた。自分に近寄る人が必ずしも全員、自分のものや自分が手に入れるべきものを奪い去ろうとしているのではないと知った。プリンスは、まるでこれが僕に対しての教訓でもあるかのように語っていた。子供の頃彼をいじめ「グレート・ガズー」と呼んでからかっていたのがクラス全員ではなかった、と彼は気づいたのだ。

大切なことに気づいたとはいうものの二十一世紀に入っても彼は問題になるようなことをまだいくつか仕出かしてはいた。あるインタビューで同性愛を中傷し（真実かどうかは分からない。その記者は会話を記録することを禁じられていたので）、またあるときはウェンディ・メルヴォワンに、同性愛者であることとユダヤ人の血筋であることを放棄しエホバの証人に改宗したら、ザ・レヴォリューションとの再結成ツアーを考えてやると要求したらしい。作り話とは無縁の人生を送ってきたメルヴォワンがそんな嘘を言うわけがないから事実なのだろう。

16

新千年紀：エホバの証人とボブ・ディランのラビ

直接プリンスとこの話をしたわけではないが、僕には彼が困惑しているように思えた。新たな素晴らしい真実を見つけた人間が確信を持って行動しているようではなかったのだ。いずれにしても、彼は新しい千年紀の初めに改宗したと語り、勝利したり膠着状態に持ち込んだり敵対者たちを怒らせたりしながら二〇〇四年、すべての戦いに勝ち、自由になったと宣言した。いかに昔の自分が傍若無人で、道徳心のかけらもなかったかに驚きさえ覚えると友達や聴衆に語ったのだ。

『ヘッド』や『ソフト・アンド・ウェット』などの曲を作ってみたり、『ジャック・ユー・オフ』という曲を、下着のような衣装と厚底靴で歌っていた彼からは想像できない姿だった。

けれどもそれはずっと昔のこと、一九八一年の話だ。プリンスは、プロレスの世界で言うならば、素晴らしい役柄設定が人々の人気を集めたといったところだったのだろう。彼の曲に対してティッパー・ゴアが抗議運動のための組織を設立し、子供にふさわしくない曲にシールを貼って両親の注意を促そうとした。プリンスが女性の自慰行為を称賛した曲『ダーリン・ニッキー』の名をあげ、「十五曲の汚らわしい曲」目録の中の一位にした（ちなみに第二位のシーナ・イーストンが歌った曲『シュガー・ウォールズ』もプリンスが作曲した。ティッパーの言う通り自分のアルバムにはシールを貼るべきだとプリンスは同意していた）。

そんなふうに悪の限りを尽くしていた時代から、プリンスは数え切れないほどの失敗と冷笑と非難を経て、二〇〇四年、最高の勝利を手にしたのだ。

ただの復活ではない。長い間よく分からない場所をさまよい続けた後の二〇〇四年、プリンスはローリング・ストーン誌の表紙を飾り、ロックの殿堂入りをし、ツアーではその年最高収益の九〇二〇万ドルを計上し、『ミュージコロジー』を発表した。

かつて自ら飛び降りた高い山、また山頂までの道を登り詰めたのだ。

それなのに彼は、この年最も感動したことは自分が歴史から消えたことだ、そう言ったのだ。

プリンスと出会った直後に彼の真実をすでに知っていたということに気づいていれば、どんなによかったかと思う。一対一で話し始めて三十分もたたないうちに、プリンスは本当の自分の物語を語った。それなのに僕はまったく気づかず、彼の死後二年たってやっと気づいた。相当間抜けだと思う。

僕は、本当のプリンスの物語を探すためのルビー色の靴（映画『オズの魔法使』でドロシーが履いている魔法の靴）を履いていて、魔法の鍵も首からぶら下げていた。ただそれに気づいていなかったのだ。僕たちの会話を記録した何千枚もの紙——何度も整理しようとした結果逆に順序などなくなってしまった紙の束——それが僕が知る彼のすべてだと勘違いしていた。

彼が他界して二年、僕たちが初めて話してから三十三年、僕はまだ困惑したままだった。

でもこれ以上記録の紙束を眺め続けるだけなんてごめんだと思った。僕たちの初めての会話、あのときプリンスが話したこと、彼に起こった過去が真実だと僕は知っているのだから。

16

新千年紀：エホバの証人とボブ・ディランのラビ

プリンスとエホバの証人について。仲間たちが集まって祈り聖書を論ずる集会所で、彼が慎み深い信者を演じることができるのは分かっている。「ふりをする」のではなく彼はその人格を生きるのだ。ただそれはおそらく彼の十五パーセントぐらいの時間だけ。つまり僕の前で真の友達という人格を短時間だけまとうのと同じことなのだ。

彼は罵り言葉用の罰金箱を家に設置していたが、よく罵っていた。エホバの証人は政治には関与しないはずだが、年をとるにつれて彼は政治に目を向けるようになった。エホバの証人は目立とうなどしないはずだが、有名でない「プリンス」など存在しないようなものだ。

彼の誕生日パーティは豪華に続けられたが、エホバを信じる人たちはどんな形であっても誕生日を祝うなんて考えないはずだ。エホバの証人なら輸血を必要とする手術は禁じられているが、彼は両股関節置換手術を受けていた。ただ、特別枠の信者なら（高い金を払えば）行ける病院があり、そこでは、裁判所が患者の輸血治療を病院側に命じたため、やむを得ず手術を行うことになるらしい。僕は彼に何も質問しなかったし、他の誰かが彼に真意を問い詰めたという話も聞かなかった。ただ、ペイズリー・パークで自身の音楽を録音するなど親交のあったジョージ・ベンソンが、敬虔なエホバの証人の信者の立場から、プリンスの信仰を疑問視していたというインタビューを読んだ。

プリンスのバンドのミュージシャン、リッキー・ピーターソンがミネアポリス・スター・トリビューン紙のインタビューで言及していたのだ。「（ベンソンは）『何を考えているんだろうな？　彼が本当に信者として尽くしているとは思えないよ』。『セクシーMF（原題：Sexy M.F.）』などの曲を作り、神への冒涜のような言葉を吐いてきたプリンスが敬虔な信者となるとは思えなかったんだろうな。プリンスが何を考えてるのか誰も分からなかったんだ」

僕はプリンスの宗教への傾倒を、彼が熱狂的になった他のものと同様に受け取っていた。つまりプリンスにはエホバの証人の信者という一面があり、それはケーフェイではないということだ。かなり長い間その側面を持ち続けたし、役柄だったとしてもそんなに長く演じ続けることなどできないはずだ。僕はラリー・グラハムや彼の妻や子供たちにも何度か会って、皆とても感じがいい人たちだったし、グラハムが教えを説くのを聞いて彼が真摯に信仰していることも分かった。

僕は自分の宗教以外はどんな教えに対しても批評できないのだ。自分が分からないことについては何も言えないからだ。エホバの証人の教義と言われるものを二週間丸ごと費やして勉強したが、ロバート・フロスト（詩人）が人の一生について要約した言葉のように「（それでも）人生は続いていく」ことぐらいしか分からなかった。

プリンスの人生の中で彼が何かに熱中する、または転向するときには、だいたい十五パーセントほどの彼がその新しい何かに忠実になるというのが僕の計測だった。中傷しているのではなく、彼の人格は細かく区分けされているので、一つのことに割り当てられる部分が限られてしまうのだ。だからすぐに矛盾も生じるが、誰も気づかないようだった。

16

新千年紀：エホバの証人とボブ・ディランのラビ

二〇〇三年。僕はカバラについての本を書いていてセントポールに住むユダヤ教ハシド派のラビの何人かに会っていたのだが、時々プリンスもついてきた。
「生まれ変わりを信じるか？」とプリンスは、顎髭を胸のあたりまで伸ばしたラビに聞いた。このラビは十人ほどの子供を持つ父親でもあって、しかもローリング・ストーン誌のゴシップ記事「雑記欄」で取り上げられたりもした人物だ。もちろんそんなハシド派のラビは彼一人しかいない。

そして彼はボブ・ディランを福音派キリスト教から、ユダヤ教に戻すことに貢献した人物だった。プリンスは、スミス・ブラザーズの咳どめ飴の箱から抜け出してきたような外見のラビが、革新的な考え方で世代の代表者となったディランのその魂を魅了したという事実に、まったく驚嘆した様子は見せなかった。

年長のラビに会いたいと言っていたプリンスは最初に試すように質問した。
「生まれ変わりを信じるか？」
「私は生きているうちに生まれ変われると信じているよ」

プリンスは彼の答えに満足した様子で、その後何週間かにわたってカバラと自分の人生を絡めた質問をしていた。たとえば自分はモーリス・デイの中に化け物、ゴーレムを作ってしまったのだろうか？という質問。ゴーレムはメアリー・シェリーがフランケンシュタインの創作を基にしたと言われていて、魂を持たず主人を破壊するカバラの怪物だ。

または現世をさまよう魂で人に取り憑き悪事を働くディブックについて。彼の頭の中で永遠に響く声、どんなに疲れて傷ついていようと構わず彼にもっと働けと叫ぶ声はディブックなのか？という質問だ。

そして彼は名声についてもたずねた。正真正銘のハシド派であり、現実社会に積極的に関わり奉仕活動を行うこのラビのもとへは、これまで複数の有名人たちが困難に陥ったときに助けを求めて訪れていた。「ロサンゼルスに引っ越して有名人たちのラビになろうとは思わないのか？」と本当に不思議に思ったのだろう、プリンスがたずねた。

ラビは髭を撫でながら、くだらない質問だというような視線でプリンスをじっと見た。僕はプリンスが誰かの沈黙で気まずい思いをしている姿など見たことがない。まったく動じないというのは彼の才能の一つで、このときも同じだった。

「ロサンゼルスは現実世界というものを体験するにはとても素晴らしい場所だ」とラビがしばらくしてから答えた。

「そう思う？　じゃあ、ロサンゼルスに住むラビは？」とすぐにプリンスが聞き返した。

ラビは彼をじっと見つめた。今度は七分と十七秒の沈黙。「ラビとしてとても良い訓練の場だ」と答えた。

それを聞いてプリンスは声を出して笑った。この年初めて彼の笑い声を聞いたような気がした。

16

新千年紀:エホバの証人とボブ・ディランのラビ

一方チャナッセンではラリー・グラハムとの聖書の勉強が続いていたらしく、周囲の人々にも訓戒してまわっていたようだ。そんな彼が僕には何も言わなかった。「本当の友達」という言葉が僕の心をよぎったのはそのときが初めてだった。彼は僕の血縁の九十八パーセントがホロコーストで亡くなったことを知っていて、さすがに僕に訓戒を与えることが不適切だと察したのか自粛したようだったのだ。

僕は基本的に腰抜けなのだがそうでないときも稀にはあって、ウェンディ・メルヴォワンがプリンスにユダヤ教信仰を否定されたという話を聞いたときは、その非道な行いに憤慨した。しかもコールマンとメルヴォワンの性的指向も強く非難したらしい。だから僕は彼が二ヶ月後に電話をしてきたときに聞いた。そう言ったのは本当か?と。

「言った」と彼は静かに答えた。

僕はすぐその場で電話を切った。

プリンスは電話をかけ直してきて、謝りの言葉を口にした。僕が彼から「ごめん」の言葉を聞いたのはこのときとその前に一度だけだった。

プリンスとラビは黙ってお互いを見つめていた。ラビは胸まで伸びた白髪の髭をゆっくりと撫で、プリンスは鋭い眼光で彼を威嚇しようとしているように見えたが、ラビは気にならないようだった。

僕たちはラビの書斎で、一九七〇年代の校長室なんかで見かけるような、飾り気のない灰色の椅子に座っていた。机のすぐ横にはファックス機があって、英語とイディッシュ語の新聞記事や何かが印字された用紙や手書きの伝言などが発信音と共に流れてきていた。

「君はどうなんだ？　生まれ変わったのか？」とラビが聞いた。

プリンスはその質問には答えず、「僕がいい人間なのか悪い人間なのか分からないんだ」と言った。

ラビは手のひらに顎を乗せて少し考えてから「君がいい人間なのか悪い人間なのかは重要じゃないんだ——君は君という人間で私たちは君と付き合わなきゃいけない」と答えた。

プリンスは笑った。

静寂と重苦しい雰囲気がまた部屋中に漂っていく。

「どうしたら償えるんだ？」とプリンス。

「償いたいのか？　何を？」とラビ。「笑ったり、踊ったりしなさい。自分のことを笑ってしまうのもいいし、もしそうしたいなら神を笑ってもいいんだ。間違った方法でなければね。そんなに堅苦しく考えない方がいい。皆真面目すぎて、まるですべての答えを知っていると主張しているようだ。もしラビのことを笑いたければ笑ってもいいんだ。私も含めてね」プリンスの気分を明るくしようとそう続けた。

16

新千年紀：エホバの証人とボブ・ディランのラビ

「僕は世俗的で冒涜的なことを言って、たくさんの金を儲けたんだ」とプリンスは言った。「世俗的だからと言ってその人たちが賢明でないことにはならないし、貴重なものを後世に残さなかったとは言えないだろう。君は何か良いものを残したか？」

「僕が何を残していくのか分からない。それが問題なんだ」

驚愕した。彼がこんなに心もとなげに自分のことを話すなんて初めてだったし、その後もこんなふうに話すことは二度となかった。

プリンスはラビのもとを訪れる自殺願望者についてもたずねていた。「ここに来て、自殺を考えていると話す人はたくさんいたと思うんだけど」とプリンスが言った。

ラビは頷いた。

「何て答えるんだ？」

「彼らはここへ来て、私にこう言うんだ。『私の人生には何も意味がない、家族なんてどうでもいい、私はひどい人間だ、何も成し遂げていないし』多かれ少なかれこんな感じだ。それで私は『それで終わりなのか？　もう少し掘り下げてみようじゃないか。君はつまらないし、不快な印象を与えるし、だらしがないし、良い友達でもないし、人を笑わすこともできないし……』」

プリンスが笑った。ラビは彼の反応を見て「彼らも同じように笑うんだ。そんなふうに並べ立てていくと、少し自分を客観的に見ることになって、世界は自分中心に回っているんじゃないと気づくんだ」と言った。

プリンスはそれから、ジョン・ネルソンについて、虐待について、そして自分が彼を頭の中から消せないことについて話した。ラビはたとえ話を始めた。

「息子が王である父親に対して激怒して去っていったんだ。王は使いを出して息子に戻ってくるように命じた。この若い息子は拒否して『そんなことはできない』と返答した。ついには王がまた使いを出すことになった。しかし今度の伝言は『お前が戻れるところまで来い。私もそこまで行く』だった」

少しの沈黙の後、ラビは「君の父親は君の方へ向かって来ただろうか？　途中で会おうとしたか？」と聞いた。

プリンスは答えなかった。やがて彼は話題を変えて、「どうやって善行を積むのか、もし自分の中に……人に取り憑く悪霊の名前なんだっけ？」と聞いた。

「ディブック」

「もしディブックがいて奴が良いことをするのを妨げていたら？」

「神は君の行為を必要としてるんだ。君なりに行動すればいいんだよ。間抜けなことばかりでもいいんだ、もしそれが君らしければね。自分ができる限りの善い行いをすることが大事だ。君は、何だっけ？」

「プリンス」

「王子(Prince)ってどこの？」

「僕自身、僕の作品の、僕の世界の」

「それで君はそれに満足しているのか？」

「もちろん」

「それはいいことだよ」とラビは続けた。「たった一つ冒涜というものが存在するとしたら、それは『もし……だったら』と言ってしまうことなんだ。『もしこんなふうに生まれていたら、もしこんな両親だったら、もし私が違う人物だったら！』とね」

「神は君に善い行いを望んでいる。けれど、君なりの方法でそうすることを望んでいるんだ」とラビは繰り返した。「そうやって生きることが君の人生の目的なんだよ。たとえ自分の『もし……だったら』という願いが叶ったとしても私たちは同じ疑問を持つのだから。完璧でないこの世界で道理の通った善い人になろうという同じ問題に苦しんでしまう」

ラビは続けた。「タルムード（ユダヤ教の聖典）にこんな記述がある。賢人たちが人間は存在するべきか否かについて投票した。その結果は『人は生まれない方がいい』となった。人生は困難なものだから、人はこの世の中に生まれない方が幸せだと考えた賢人の数の方が多かったということだ」

「だが、生まれてきたからには自分たちが各々善い人間であろうとするべきだ、と彼らは結論づけたんだ。そして生きることの土台となるのは、神は人間を一度に大量に生産するのではない、という絶対的な確信なんだ。彼は一度に一人だけ、一つの顔だけを作るんだ。すべての人生、すべての魂を彼が一つずつ選ぶ。つまり私たち一人一人に、他の誰も持たない使命があり目標があり機能が備わっている。この信念がなければ、人生の意味など議論してもどこにもたどり着けないんだよ」

プリンスは頷いて合意しているようだった。「どれだけたくさんの神が存在するんだ？　宗教によって違う神が存在するってことか？」と彼は聞いた。

「たとえば空港にいると仮定しよう。どこに行くにしても私の場合はたいていノースウエスト航空になる。だから誰かに『なぜサウスウエスト航空を使わないのですか？』と聞かれたら『サウスウエスト航空は素晴らしいだろうね。でもフロリダに行ってしまう。私はニューヨークに行きたいんだ』」

「各々の目的地を選ぶということなんだ。私にとってはそれはユダヤ教だったというわけだ。皆が『正しい宗教』を探しているが、私の意見ではすべての宗教は『正しい』。もし私が悟りに惹きつけられるなら目的地は仏教になっただろうし、そうしたら他の航空会社を選んだり、飛行機を乗り換えることで別の場所に向かう必要がある。もし単純に天国へ行きたいとか、悪魔の手の届かないどこか安全な場所がいいと思うなら、目的地はキリスト教だろう」

プリンスは何も言わなかった。そしてラビはこう続けた。

「最近何年も見ていなかったユダヤ人の少年とばったり会ったんだ。彼はもう立派な青年になっていて、私は『久しぶりだな。元気か、何してるんだ？』と聞いたんだ」

「そうしたら彼が『ああ、僕は仏教徒になったんだよ』と答えた。なぜかと聞いたら、彼は『神様にもっと近づけるからだよ、素晴らしいことだよね？』と言った」

「そこで私は『それはいいね。だけど彼が、君にもっとそばに来てほしいと言ったのかい？もう十分に近くにいるのかもしれないし、近くに来すぎて、彼がやりたいようにできないから、君にもう少し離れてほしいと思ってるのかもしれないよ』と言ったんだ」


新世紀。プリンスは少しずつ人を大切にしようという気持ちを表現するようになっていた。温かい態度で人を迎えるようになったし、旧友の名前を覚えていたし、少なくとも彼らに会ったときには挨拶をしていた。プリンスにまず必要だったのは、はじめからやり直すことだった。最低限のマナーとして嫌な態度をとらず、いろいろな場に顔を出し、人々を少し楽しませること。そして、グラミー賞などに出演すること。それなりの働きかけや少なくとも協力的な態度を見せなければロックの殿堂にも選ばれることはなかっただろう。


でもそれでも彼の頭の中のうるさい音は決して消えることはなかった。

「ずっと働いているんだ。だからそれ以外のことをする時間があまりない。頭の中でピンボールがずっと弾かれ続けていて、止めることができないんだ」

17・僕のギターは優しく泣いている

二〇〇四年、ロックの殿堂入り記念式典。プリンスは、名だたるスターが集められたバンドに交じってビートルズの『ホワイル・マイ・ギター・ジェントリー・ウィープス』を演奏した。彼の三分間のギターのソロ演奏は、一人の演者が、ステージに立つ他のすべての人たちを圧倒するという概念を最も分かりやすく具現化したような素晴らしいものだった。僕だけではなく多くの人が感じたことだ。プリンスのあらゆる格好良さのすべてが集約され表現されていた瞬間だった。

当時、ジョージ・ハリスンのための追悼ステージだったのにもかかわらずプリンスが勝手に自分のものにしてしまった、と非難する声が大きかった（プリンスは彼の音楽人生を通して、こういった歴史修正主義者であるがための糾弾を受け続けた）。けれども今となってはそんな批判など忘れ去られてしまったようだ。

演奏の映像が残されているのは幸運なことだ。この本を書いている時点で、ユーチューブでの再生回数が八三〇〇万回と記録されている。

17

僕のギターは優しく泣いている

二〇〇四年にロックの殿堂入りを果たした当時、プリンスは音楽業界の中心からまったく外れたところにいた。彼の選出も確実視されていた訳ではない。それまでにプリンスはあらゆる人を遠ざけてしまっていたからだ。

ジョージ・ハリスンが他界後にロックの殿堂入りをし、追悼としてハリスン作曲の『ホワイル・マイ・ギター・ジェントリー・ウィープス』を演奏するためのバンドにプリンスが加えられ、彼は歴史に残る素晴らしいギター演奏を見せた。当時の反応はと言えば、特に彼が演奏の最後でギターを無頓着に放り出したように見えたことで、賛否両論だった。

実は僕はそんな歴史的瞬間を直接目にすることができた幸運な人間だ。

僕が個人的にプリンスのステージを見に行ったのはそのときが初めてだった。

プリンスと僕は一緒にどこかに行って経験を共有するといったことはなかったが、その代わりに「コード」を共有していた。僕たちは『ザ・ワイヤー』の中に出てくる言葉「コード」をそのまま模倣していた。友好的で能力もあるが道徳的に問題があるボルティモアの黒人刑事バンクと、麻薬売人のオマールが人生の真実についてとりとめなく話しているシーン。オマールは、他の麻薬売人から麻薬を盗んだり彼らを撃ち殺したりして麻薬を横取りするが、決して一般市民に手出しはしないという彼なりの正義があるのだ。

オマールはプリンスの、僕の、そしてアメリカ国民大半の、このドラマで一番好きな登場人物と言えるだろう。二〇〇六年に放送されたその二人の会話の様子を見た後何年もの間、僕たちは自分たちの会話でそのせりふを繰り返し使ったものだった。

取調室で捜査員に麻薬売人を尋問させながら、「自分のルールってものに従って生きる必要があるよな」満足げにバンクがそう言うと、

「まったくその通りだね」とオマールが同意する。

僕がロックの殿堂の式典に行った理由、それは僕たちのルールに従うこと、「格好いい」を行動に移すことだった。「『格好いい』とはどんな場所に行っても、そこにいる全員を恐れずに真正面から見るということ」とプリンスは言った。

ロックの殿堂の式典会場には、僕が過去に目を逸らさずにはいられなかった一人の編集者が出席していた。彼が友人だった僕を裏切ったと思った事件があったのだ。僕はプリンスと共有するルールに従って、式典に出席しその彼と話した。

結局彼の行動は僕個人への感情が反映されたものではなかったと分かったので、僕がいかに間抜けかを示す一件となった。

それから式典のほとんどの時間を人目につかないように過ごした僕はバックステージに移動していた。だからプリンスがあの「ギターを空中に放り投げ、そのままギターが消える」瞬間を間近で見ることとなったのだ。ギターが落ちてこなかったというのは幻想ではなくて、実際

17

僕のギターは優しく泣いている

ギターはステージに戻って来なかった。

あれはケーフェイの人生のできごとで、もしかしたらケーフェイのギターだったのかもしれない。プリンスも実はケーフェイの友達だったのかもしれない。それでもある種の友達だからいいのだけれど。

舞台裏の僕に気づいたプリンスは、ただ早口でボソッと「終わった？」と僕に向かって聞いた。まるで『ザ・ソプラノズ』のトニー・ソプラノが殺し屋に、頼んだ仕事を終えたのかを平然とたずねているみたいだった。

「うん」と僕は言った。

「じゃあ、すっきりしたんだ？」とプリンスが聞いた。

「すっきりした」

「仕返しが必要なときもあるってことだな」と彼は結論づけた。ノース・ミネアポリスの溜まり場で、小柄だったが汚いだましの手口と逃げ足の速さで切り抜け、関わると面倒だと相手に思わせ、比較的負けることなく生き残った、そんな彼の一面はまだ消えていなかった。

僕たちの育ったノース・ミネアポリスは三十五年で随分変わってしまった。ヴァイスローズやローリング６６sなどのギャングによって大量の銃と薬物の金が近隣に充満した。ギャングたちの多くはシカゴから北に向かってこの地に集まり、同時にアフリカ系アメリカ人の死亡率が急速に上がった。ニューヨーク・タイムズはこの状況を一面に掲載し、ミネアポリスという単語をもじり「マーダーポリス（殺人都市ミネアポリス）」という見出しをつけた。

僕の祖父はその頃にはすでに亡くなっていたが、もし生きていたら住み続けるのは危険だっただろう。「ユダヤのワイン職人」の称号だってどうなっていたか分からない。彼は英語も話さない貧しい白人で、クリスマスイブに肌の色が濃い非ユダヤ人が大半を占める近隣の家々に、彼の作ったワインを配ってまわっていたのだ。

「祖父」は、モーゲンデヴィッド（ユダヤ教の戒律に従ったワインを製造する会社）のような昔からのレシピを使い、もともとはシナゴーグの聖餐用にワインを作っていた。だから偶然にも、禁酒法が施行されていた時代でさえ彼は作り続けることが許されたのだ。

そうして彼は少し残ったワインを――正直に言えば十分すぎる量の違法ワインを――キリスト教の隣人たちにクリスマスの善意のしるしとして渡していたのだ。

モーゲンデヴィッドが頭文字でMDと表示されるようになり、多くの人が「マッド・ドッグ」と呼ぶ時代になっても、僕の祖父がワイン作りをやめることはなかった。プリンスがロックの殿堂入りをした二〇〇四年、当時の祖父のそんな仕事ぶりを思い出させるものは、郊外に住む父の車庫に置かれたものすごく古いぶどう圧搾機だけになっていた。

祖父の他界後に彼の帳簿を見ていたら、毎年配るワインの贈り先名簿の中に「ジョン・ネルソン」の名前があった。

17

僕のギターは優しく泣いている

ノース・ミネアポリスの話はこの辺にして、本題に戻ろう。これまで僕が見た中で最高のものだったと思える演奏、そしてその反響の大きさについて。様々な雑誌が彼らの『ホワイル・マイ・ギター・ジェントリー・ウィープス』の演奏を取り上げ、まるでザプルーダーのケネディ元大統領暗殺の映像のように細部にわたり秒単位で分析が行われた。

週刊誌ニューズウィークはプリンス記念特別版を出版して、彼のソロ演奏時間百六十秒を「ジョージ・ハリスンをロックの殿堂に迎えた祝賀演奏で、彼は最高のギタリストの一人という称号を授与された」と称えた。

エンターテイメントニュースを伝える人気ウェブサイトuproxx.comは「動画の三分二十三秒で、ダーニ・ハリスン（ジョージの息子）がステージで横をちらっと見て笑顔になる。何か特別なことが起こると感じたのだろう」と報じた。

タイム誌の記事は「（映像を最初から見れば）三分二十四秒で真の神が現れて空気が変わることは明らかだ。そして彼はその演奏で見ている者を曲の終わりまで支配し続けるのだ」と始まり、そして、

三分二十四秒「この瞬間だ。とはいえプリンスは最初からステージ上にいたのだが」と続く。

UPROXX：

三分三十秒「プリンスはまるでディック・トレーシーを彷彿させるいでたちだ。ソロの最初の音だけで圧倒的な存在感を示したかと思うと、顔を上げて目は閉じたまま、思うがままに弦を操る。彼のギターは泣いている。完璧な流れだ」

三分三十七秒「プリンスは怒っているのか？　何かが変化している。まだオリジナルからさほど離れずに演奏しているが、大きな変化の波が迫って来ていることを感じさせる」

ヤフー・エンターテイメント：

三分四十五秒「プリンスはチョーキング（音の高さを変えるギター奏法）でゆっくりとブルース風な音色を奏でる。そこから音は素早く上昇し、うねるように下降する」

タイム誌：

三分五十六秒「そしてダーニ・ハリスンが自分の左側を見て笑顔を見せる。プリンスが一歩前に出た。そのあと三十秒はロックの殿堂として想定内の演奏が続く。そして……」

四分一秒「限界ぎりぎりで調和するような音を奏でている。彼は本気を示しているのだ。このようなソロ演奏は通常散々な結果に終わる。もし他の誰かがビートルズの曲で同じことを試みたら、最悪の結果になっただろうが、これはプリンスだ。信じられないくらい素晴らしい。その後彼はオリジナルのソロをなぞるようにチョーキングを響かせる。その音色は独特で、そして聴いている者の心に優しく深く語りかけてくる。そして彼は（トム・）ペティとハリスンの方に顔を向けた。まるで『びっくりした？　こんなの予想してなかっただろう』とでも言うように。その通りだ」

四分五十六秒「演奏が一区切りつくと、プリンスはペティの方を見る。その顔は、自分がどんなに素晴らしい演奏をしているか十分に分かっていると告げている」

五分五秒「ヴァン・ヘイレンを彷彿させるタッピング奏法で深く低く音を響かせるプリンスは史上最高のギタリストの顔を見せる。皆が感じていることを彼も感じている。その場にいるすべての人の興奮を。彼は観客と一体化している」

UPROXX：
四分十五秒「静かに泣いていたギターが、恍惚の叫び声をあげている」

ヤフー・エンターテイメント：

四分十八秒「ペティが『みんなを見ると』と歌い出しても、観客はプリンスから目を離せない。さらなるチョーキング、急速にそして自在に弦を操り、型通りの旋律を荘厳な音楽へと変えていく」

ＵＰＲＯＸＸ：
四分二十九秒「全盛期のオビ＝ワン（『スター・ウォーズ』のジェダイ騎士）のようだ」

タイム誌：
四分三十三秒「プリンスはギターをまるで銃に弾を詰め直すように構えた。以前他のミュージシャンが同じようにしたのを見たことがある。ブルース・スプリングスティーンがコンサートで『バッドランド』を演奏したとき。スラッシュ（ガンズ・アンド・ローゼズのギタリスト）がミュージックビデオで。格好いい人がやれば格好いい動きなのだ。プリンスは最高に格好いい男だ。だから彼ほど、この動きを格好良く見せる人物はいない」

ＵＰＲＯＸＸ：
四分三十五秒「プリンスが曲を完全に支配している。ステージを占拠し、伝説的ミュージシャンたちは、プリンスに招かれた客となった」

17

僕のギターは優しく泣いている

タイム誌：

四分三十九秒「ここからの十秒を見るたびに、僕は毎回泣きそうになる。何が起こるかというと

（一）プリンスがソロの途中でペティとハリスンの方に顔を向けて目を合わせる。

（二）ペティは一瞬むっとしたように見える。怒っているわけではないかもしれないが、でも嬉しそうには見えない。しかしそれから彼は笑顔を見せる。おそらくこれから何が起こるか感じ取ったからだろう。

（三）ダーニ・ハリスンは嬉しそうに笑顔を見せている。僕たちと同じだ。彼はプリンスの演奏から目が離せないのだ」

UPROXX：

四分四十三秒「プリンスは後ろ向きにステージからいかついボディガードの腕の中へ倒れ込む。リズムを外すことなく。ダーニが歯を見せて笑う」

四分五十七秒「プリンスはステージ上の共演者の方を見て笑顔を見せた。まるで、彼らのための演出だ、もっと驚かせてやるとでも言っているようだ」

五分七秒「プリンスを止められる者はもう誰もいない。彼自身も何をしているか把握していないだろう。誰もが恍惚状態に陥った。誰もが」

五分十二秒「しっかり目に焼きつけておこう」

タイム誌：
五分十五秒「プリンスは僕たちを山頂へと導き、今度はゆっくりと下山していく。スティーヴ・ヴァイ（ギタリスト）も舌を巻いてしまうほどの激しい演奏を二分余りも続けた後、彼のギターは静かに音を奏で始める。一つひとつの音をチョーキングで叫び声のように響かせ、ジョニー・グリーンウッド（レディオヘッド）のように、妙な協和音を作り出す。合うはずのない音同士が完全な調和をもたらして上昇していく。真逆の方向に引っ張られる感覚だ」

UPROXX：
五分二十秒「（プリンスがステージ上で）巨大に見える」

タイム誌：

五分四十五秒「ペティ、（ジェフ・）リン、そしてハリスンがコーラスに戻る。プリンスは泣き叫ぶような音を奏で始める。まだ終わりではないと表明しているのだ」

六分〇秒「プリンスのギターは勢いを増して最後の突風を巻き起こしていく。そしてバンドの演奏が終わりを迎える」

六分十秒「ここでプリンスは今まで見たことがないような格好いいことをする。GIF（ジフ：アニメーション）画像でもうネット上にあがっていたから、見た人もいるかもしれない。それでも、もう一度見てほしい。もしまだ見てなかったら、今すぐに見た方がいい」

18・ソニー・リストンの墓

ラスベガスの侘しい墓地にあるソニー・リストンの墓標は、真鍮が変色し見るのも哀れな状態だった。二〇〇七年、彼の墓の前に立ったプリンスは突然目が眩んだかのように呆然と、どのようにリストンが死んだのかと僕に聞いた。

「ヘロインの過剰摂取だ」と僕は答えた。「リストンは一九七一年になった週に、一人で死んでいるところを発見されたんだ。だから実際彼が死んだ年は不明なんだ」

プリンスは肩を落とした。そして自身についてあることを認め、それは僕を驚かした。プリンスが何かを認めるということ自体が稀だったし、あまり自分の気持ちを白状しない人間だったからだ。彼は一つだけ恐れていることがあると言った。それを聞いた僕は困惑した。

彼は一人で死ぬのが嫌だ、と言ったのだ。

幼少期、少しピアノを触っただけで暴力をふるっていた父と離れた後、彼はこの地球上の誰も恐れていなかったはずだ。プリンスはさっき戦闘を終えた兵士のような空虚な目で、足元のリストンの墓標を見下ろした。そこには、リストンの家族とラスベガス警察が推定しただけの

18

ソニー・リストンの墓

生没年が記されている。

プリンスは墓に刻まれている文字を声に出して読み上げた。「チャールズ・ソニー・リストン」「一人の男」

「まあ、アリにどんなふうに倒されたかを考えると」とプリンスがいつもの調子を取り戻して言った。「それでも自分を『男』って言えるなんてすごいよな」

個人的には、とプリンスが小さな声でほとんどささやくように続けて言った。一つだけ恐れているのは、たった一人で死ぬことだ、と。一度聞いた言葉なのに、僕はまた同じように動揺してしまった。

プリンスが自分の感情を人に話すこと、そして強い感情に揺り動かされる様子を見ることなど滅多になかった。しかも彼はたとえ誰かやできごとや環境に恐れを感じたとしても、脅かされ続けはしない人間だったのだ。その彼がはっきりと自分が恐れていることを認めたのだ。

その日僕たちはリオホテルからこの墓地にやって来た。このホテルで数ヶ月プリンスはレジデンシー公演（同じ場所で複数回のショーをする）をしていたのだ。ホテルは彼の細かな指示に従って特別なステージを設置し、それは『３１２１』と名付けられていた。朝からプリンスはかなり機嫌が悪く態度も悪かった。けれどもやっと僕たちがリストンの墓標を見つけたとき、彼の雰囲気が変わったことには気づいていた。

「一人で死にたくないんだ」と彼は繰り返した。

彼は「本当のことを話している」ときの沈んだ声で言った。こんな声で話すのは深夜の電話での会話に限られていた。彼があまりに消沈していてほとんど言葉も発せない状態のとき。そんなとき僕は、彼の顔が見えないからか冗談を言ったりして彼を笑わせ元気づけようとするのが常だった。

落ち込んでいるときの彼ほど沈黙で多くのことを伝えてくる人はいないと思う。そして今僕はいつものように電話の向こう側ではなく、面と向かってその沈黙を聞いているのだ。こんなことは彼と知り合ってから片手で数えられるぐらいしか起こっていなかった。彼は、いろいろな言葉で同じ感情、「一人で死ぬなんてことがあってはならない」を表現していた。

僕は、彼をいつもの「何にも動じない」態度に戻したくて冗談で返答した。映画『再会の時』でジョベス・ウィリアムズが、自分の葬式にいったいどれだけの人が来てくれるかと問い、ジェフ・ゴールドブラムがこう答えるのだ。

「馬鹿言うなよ」僕は言った。「（葬式に）僕は行くよ。そのときデートしてる相手だって連れて行くよ」

「お前、救いようのない阿呆だな。黙って」とプリンスは言い捨てた。

彼は罵り言葉を皆に禁じていたはずではなかっただろうか。

「僕もだよ」僕は、本当の気持ちを言った。

18

ソニー・リストンの墓

「僕も、何？」彼はほとんど噛みつくように聞いた。

僕が恐れることというのは本当にたくさんあるのだが、一人で死ぬことはその中でも常に上位にあった。

「一人で死にたくない」と僕はささやいた。「それは何か、知りたくなかった真実を突きつけられる感じ、真実であってほしくなかったことを言われてしまう感じだから」

「何言ってるかまったく分かんないよ。お前、間抜けなのか？」

これまでプリンスの周囲にいて彼が罵り言葉を使ったのを聞いたことがないなんていう人がいたら是非とも会ってみたいと思う。でも、実際僕以外の前で彼がどんな態度なのかまったく分からない。ラリー・グラハムの前でこんな言葉を使うとは思えないし、エホバの証人の同胞たちの前でもこんな話し方はしないだろう。十五、二十五、五十ぐらいの異なる「プリンス」が存在し、それぞれがまた区分化された多くの側面を持っているのだから、僕は何も知らないに等しい。僕が知っているのはただプリンスが僕に言った言葉だけなのだ。

「自分でも何を言っているか分からない」と僕は言葉を返したが、自分が何を言いたかったか、ちゃんと分かっていた。

「僕にも分からない」と彼は嘲るように言った。

僕は、彼の言葉が何を伝えているのか理解していた。

リンカーン元大統領がこの世を去ったとき、アメリカでもっとも権力のある十数人の政治家たちが彼を囲んでいた。大勢の人に囲まれ惜しまれて死んでいくことがその人の価値を示すわけではない。けれども一人で死ぬということは、最後に誰も来なかったということを意味する。結局みんな自分から去っていった、または自分が彼らを追い払ってしまったということ。

僕たちはそこに立ったまま、元ヘビー級世界チャンピオンのみすぼらしい墓を見下ろしていた。

「孤独で死ぬってことはあると思うか？」と、僕は今まで出会った中で最も孤独な人間にたずねた。

「お前、黙ってろよ」

「僕たちがってことじゃない」と僕は言ったが、そういう意味だった。僕はこのとき四十八歳になっていて様々な恋愛が失敗に終わり、自分の子供も甥も姪もいない。どこかに二、三人の親戚がいるらしいが連絡をもらったことはないし、生きているのかどうかも分からない。

プリンスは四十九歳で似たような状況だった。彼は金持ちで有名だから彼の親戚はおそらく彼と連絡を取りたがっただろう。ただプリンスのことだから、彼らの電話に応えているとも思えなかった。

「黙れって」と彼は繰り返した。

18

ソニー・リストンの墓

この会話の五分前、僕はプリンスの苛立ってギラギラした視線を避けながら、リストンの墓標を見つけようとしていた。リストンが眠るラスベガスのパラダイス・メモリアル・ガーデンはサウス・イースタン・アベニュー沿いでマッカラン国際空港のすぐ隣に位置している。ひっきりなしに飛行機が離着陸を繰り返し、一九七七年のチープ・トリックのコンサートよりひどい騒音だった。

「あのマンマ・ジャンマはどこに埋められてんだ？」と彼はイライラしながら僕に聞いた。足元にはいくつもの腐食した真鍮の墓標が並んでいた。日に焼けて色を失った雑草が痩せ地の所々から生えている、それ以外はほとんど何もない墓地に立つプリンスはうんざりしたように首を振った。

僕が墓を見つけられないのに苛立っていたし、彼はそれがローマであろうがロサンゼルスであろうが観光自体が好きではなかったのだ。忍耐強く探し続ける僕に対して彼は「あとどれくらいここにいるか分からないよ」と言った。これほど荒れていて、不快で、心が重くなる墓地は僕にとっても彼にとっても初めてで、あたりに目をやりながらプリンスが続けて言った。

「ここへ来て、彼の言葉をソニーに伝えるって（アリに）約束したんだ」

その約束は彼が十年も前にしたものだった。ここの墓標は地面に対して直角ではなく、平行に埋められていて見にくかった。その方が安く簡単だからだろう。しかも墓標周辺の雑草の処理もしていないようだった。

「でもソニー・リストンだったらどこかもっとぞっとするようなところに埋められているべきだ。こんなところではなくて」とプリンスが言った。「ぞっとする」は、彼が「壮大さ」を表現するときに使う言葉の一つだった。

プリンスは空を見上げた。飛行機が僕たちのすぐ頭の上を飛んでいったのだ。「もし彼の墓がどこなのか分からないなら——」

「今、彼の上に立ってるよ」とプリンスの足元を見て彼に告げた。プリンスは後ろに飛び跳ねた。体中に痛みがあるとはいっても、彼はまだスタミナとスピードそして堅固なハーフバックとしてのバランス、オリンピックの金メダル選手並みの運動神経を失ってはいなかったようだ。

「ソニー・リストン」と彼は墓標を読み上げた。「チャンプ（アリのこと）がここに来て謝ってくれと僕に言ったんだ」

それまでプリンスの謝罪の言葉を一度しか聞いたことがなかった。それは初めて彼とドライブしたとき。プリンスがまだ発表していなかった曲『オールド・フレンズ・フォー・セール』という裏切りについての曲をかけたのだ。

「少しやりすぎかな」と彼が謝罪するように言ったのだ。

「度が過ぎた、申し訳ないとアリが言ってたよ」とプリンスはリストンの頭が埋められている

18

ソニー・リストンの墓

だろう方向へ向かって話しかけた。アリはリストンに勝ったことを人生最大の業績とみなしていたが、当時リストンを威嚇しようとあまりにひどい態度に出たことを後悔していた。二十二歳の怯える子供だった彼は、リストンが醜く、才能もなく、役立たずの無用な代物だとわめき散らすことしか思いつかなかったのだ。

プリンスは、アリの頼みなら「彼の庭の芝生だって刈る」とインタビューで述べていて、実際アリに会った一九九七年に本人にも同じことを伝えていた。しかもアリはプリンスの髪をクシャクシャと撫でたりしていた。プリンスが、そんなことを許すのはこの地球上でアリだけだと思う。

プリンスはアリに何か後悔していることがあるかと聞き、アリは、リストンに恥をかかせ謝れなかったことと答えた。そして「もしベガスに行くことがあったら、俺が謝っていたと彼に伝えてくれないか？」とささやいたという。プリンスはその約束を十年たって果たしたのだ。

リストンはヘロインの過剰摂取で一九七〇年の十二月の終わりか一九七一年一月の初めの週に他界した。妻は旅行中で彼は家に一人だったので検死官は死亡時刻を確定できなかったし、その死亡原因も本人の意図しない過剰摂取だったのか、または噂になったように誰かに意図的に致死量の薬物を与えられたのかも分からない状態だった。

リストンはギャングに属して悪行を働き、そしてボクサーとなり、ラスベガス界隈での噂では、引退後何か法外なことに手を染めようとしていたらしい。

読み書きができず、話すときもだいたい一言で終えていた。そんな彼が一九六〇年に言ったとされる言葉があまりに素晴らしいので、僕は今でも本当に彼の言葉なのか疑っている。

「いつか誰かが戦う者たちのためにブルースを作曲するだろう。ゆっくりしたギターと優しいトランペット、そして鐘の音だけが流れる」

「いいな、それ」。「一人の男」と刻まれた伝説的人物の墓標から目を離さずにプリンスが言った。「もう一回言ってみて」


「それじゃあ、ギャングが彼を殺ったのか?」とプリンス。

そして僕はアリ(当時はカシアス・クレイ)とリストンの最初の試合の広報を担当していた故ハロルド・コンラッドから聞いた話をした。両者が信用した白人はコンラッドだけだった。

「僕は彼を信用してなかったよ」とプリンスは言った。「どの白人もみんなソニーの賞金を目当てにしていただろ」

「そうだろうね」と答えて、コンラッドの話を続けた。彼は一九九一年に八十歳で逝去しているが、ローリング・ストーン誌の寄稿編集者だったときに僕にこの話を教えてくれたのだ。ギャングがリストンを騙し賞金を盗み取ったらしく、彼は憤慨してビバリーヒルズ・ホテルのレストランにいたモー・ダリッツを問い詰めたらしい。ダリッツは老齢で小柄なギャングだが、

18

ソニー・リストンの墓

ラスベガス市民の指導者としての地位を築くことによって、半合法的な事業を展開し、少なくとも昔より闇の世界での存在をうまく隠していた人物だ。

リストンは小さなダリッツ——プリンスとまったく同じ身長だ——を今にも殴りそうな勢いだったが、彼はまったく怯まずにこう言った。

「黒人くん、もし私を殴るんだったら、ちゃんと殺さなきゃダメだよ。そうでなければ私はこのテーブルの上の受話器を取ってしまうからね。君は二十四時間以内に殺されるよ」

リストンはそれを聞いて拳を下ろし何も言わず去ったらしい。

「今まで聞いた中で、最高にみじめな話だな」と言った後、プリンスは明るく「ダリッツ、小さい奴だよな！　他には？」と聞いた。

「ハロルドがリストンについて書いた記事の中ですごくいいものがあって」と僕は続けた。「彼の父親は小作農民で、二人の女性と結婚して二十五人の子供を作った。毎日ソニーに暴力をふるっていた。彼に希望なんてなかったんだ。だからハロルドは一度こう書いたんだ『ソニー・リストンは生まれた日に死んだ』」

「僕もそうだ」とプリンスが抑揚のない声で言った。

「何？」と、彼が父親のことを言っているのだと知りながら聞いた。

「話したくない」と彼は答えた。そして、こう続けた。

「でもまさにそうなんだ。プリンス・ロジャーズ・ネルソンは生まれたときに死んだ。そして僕たちは誰が彼を殺したか知っている」

そうだ、僕たちは知っていた。

けれども次の瞬間彼を覆っていた重苦しい空気が急にどこかに消え、プリンスは笑って言った。「考えてみたら、父親はいい仕事をしたのかもな、僕の人生をそんなふうに素早く取り去るなんてさ」

「いい仕事？」

「そうだよ、もし死んでいるのなら、もう殺されることはないだろ」プリンスは、お気に入りのホラー映画『怪人ドクター・ファイブス』、ヴィンセント・プライスの歴史に残る非道なせりふを引用した。

僕は笑った。

「それからさ」とプリンスが言った。「僕もソニーには謝るよ。チャンプがさ、ソニーを言葉で破滅させてそれから試合で滅多打ちにしただろ、それを見て僕（プリンス）になる方法を学んだだから」

プリンスにとってアリとリストンの試合は、単純にお気に入りの闘いのシーンという以上のもので、演出方法や、人の楽しませ方、怒らせ方、完全なる支配を見せつける方法、そして敵対者に対する狂気が持つ潜在的な力、その証明方法を学ぶ教科書だったのだ。何年にもわたって何百回も繰り返し見直していた。

18
ソニー・リストンの墓

「リストンのボクサー人生は、あの試合でもう終わっていたんだ」とプリンスが言った。「誰かが彼にそう告げるべきだったんだ。でも、彼自身それを分かってたんじゃないかな」

ボクサーたちは自分の限界を感じることができないようだ。アリでさえも。アリのような選手生命の終わりを迎えるようなことはしない、とプリンスはいつも言っていた。一九八〇年、ラスベガスのシーザーズ・パレスでの試合で、アリはリングの上で目も当てられないほどぼろぼろに打たれ続けた。相手はラリー・ホームズ、アリのスパーリング・パートナーで友達、彼は当時のヘビー級世界チャンピオンだった。

ホームズはリング上ですすり泣き、アリに、倒れてKOで試合を終わらせるように懇願していた。この試合でKO負けになったからといって、アリが永遠のチャンピオンであることは変わらない。けれどもアリは倒れようとしなかった。ホームズは、彼を救うたった一つの方法は自分が彼を倒すことだと悟り、何度も何度もパンチを繰り返した。この試合が身体的にそして心理的に両選手に与えた打撃はあまりに大きすぎて、二度と回復できない傷を残すことになった。

プリンスは少し黙ってからこう言った。

「誰かがチャンプに『アリ、やめろ』って言うべきだったんだ。彼の周囲の誰かが『アリ、リングには戻るな。もう終わったんだ』ってね。あまりに打たれすぎたから、話もろくにできない状態になったんだ。彼の使う言葉は魅力的だったし、圧倒的に強かった。でも僕が会ったときにはもう会話もままならなかった。誰も『やめろ』って言わなかったからだ」

「そうだな、イエスマンしかいなくなる。やめろって言ってくれる人が必要だよな」と僕は同意した。

「そうだよ、そういうことなんだ」とプリンスが言った。「いつでもそういう奴が周りにいなきゃいけない」

「君にとって今、誰がそういう奴なんだ?」と僕は聞いた。

「分からない」とプリンスが答えた。「気にするべきなんだけど、気にならない。なぜかどうでもいいことに思える。みんな僕という存在に脅威を感じている。あの町とか友達や親戚とかみんな、最初のアルバム契約を結んだときからずっとだ。黒人があの町からスターになった。ハリウッドやニューヨークに行かなくたって成功したんだ。僕が成功したから居心地の悪さを感じるんだ。もうそういう言い訳が使えないから、行動しなきゃいけないだろ」

「誰がそんな僕に『もういいよ、終わりにしようと言うんだ?』」。それは誰もたずねることなどない質問、けれども彼を含め瀕死の状態である多くの有名人たちが考えるべき質問だ。答えは明らかで「止める人は誰もいない」のだけれど。答えが分かっているのにプリンスは少し考えているみたいだった。

すぐにその瞬間は過ぎ去り、彼は「ああ、僕はミュージシャンだ。ボクサーじゃない」と嘲笑するようにつぶやき「真のミュージシャンには、才能が尽きるなんてことないんだ。僕の力尽きた様子なんて見たことないだろ？」

「ない」

それは本当だった。僕は彼のエネルギーが尽きたような様子を、たとえ短い間でさえも見たことがなかった。実際プリンスと知り合ってから一度も、僕は寝ている彼を見たことがなかった。ベーブ・ルースの伝記の決定版とも言える一九七四年出版『英雄ベーブ・ルースの内幕』の著者ロバート・クリーマーは、この本に関して記者として一つだけ後悔があると出版後に語っている。それは、一九四八年に五十三歳で逝去したルースとベッドを共にしたことのある数々の女性たち——社交界で輝く貴婦人から売春婦まで——と話せなかったこと。

僕は、プリンスとベッドを共にした、たくさんの女性たちと会ってきた。それなのに彼が眠っているのを見たことがある人と話せなかったこと、それから彼のツアーに同行していた長い期間に一度も彼が眠っている場面に居合わせなかったこと、それが記者としての心残りだ。

この男のエネルギーは尽きることがないだろう。そう僕は思っていた。

それは間違いだったけれど。

「そうだよな」とプリンスが言った。「やめろと誰も言えないなら、やめろと言わなくてすむような生き方を僕がするしかないんだよな」

「違うよ」

「何？」と彼は聞いた。

「そうじゃない。君がそうする必要はないんだ」僕は言ったが、自分が彼を止めるのにふさわしい人物とは思えなかった。さほど親しくもない知り合いの僕に許される役目ではないと感じたのだ。

プリンスはまるで視力検査で見えにくい文字を読み取ろうとするように、妙に真剣に僕の顔を見ていた。


次の日プリンスが電話をかけてきて、もう一度パラダイス・メモリアル・ガーデンのソニー・リストンの墓まで行きたいと言った。

少し離れたところで僕を待たせ、彼の墓標の前に立ったプリンスは下を向いて何か言っていた。その後ずっと手に持っていたレターサイズのクッション付き封筒を墓標の上に置いた。

「あれ何だ？」と僕は聞いた。

「お前の情報、正しかったよ。調べさせたんだ」とプリンスは答えた。「ソニーの言葉。『いつか誰かが戦う者たちのためにブルースを作曲するだろう。ゆっくりしたギターと優しいトランペット、そして鐘の音だけが流れる』」

「作ったのか？」

プリンスはそのまま僕のレンタカーに向かって歩き続けた。
その曲を聴きたかったなと思う。
このラスベガスの小旅行の後、僕がプリンスと話すのは十ヶ月も後のことになる。

19・笑い、嘘、そして人から学ぶということ

プリンスとの最後の会話となった電話、その前に一度プリンスと偶然会ったときのこと。それはとても楽しかった時間として僕の記憶に残っている。多くの人が「プリンスはユーモアセンスが抜群だった」と話すが、実際彼がどんな冗談を言ったかというと思い出せる人はいないようだ。ザ・レヴォリューションのボビー・Z・リヴキンが、バンドの初期にプリンスが口にした冗談を一つ覚えていたぐらいだった。

僕はその日、二十四年前に彼が意地悪い態度をとった仕返しとしていたずらを仕掛けた。僕にとって最後にプリンスの顔を見た日になり、いたずらに気づいたときの彼の笑顔は忘れがたいものになった。

二〇一五年、夕食時のレストラン、ルドルフ。入り口に近いテーブルで、僕はブリスケットのステーキを食べていた。一緒にいたのは友達のクリスタル・グランドラド、綺麗な女性だ。ふと見上げるとプリンスが僕の横を通り過ぎていった。ケーフェイの衣装できめた彼は今にも

ステージに上がりそうな雰囲気で、ボディガードのビーエヌたちを連れていた。

プリンスは僕の足元に向かって微かに頷いてみせ、そのまま奥の方へ歩いていった。そのとき僕の頭の中で何か大きな音が鳴り響き、四半世紀待ち続けていた復讐をする機会は今しかないと告げた。二十四年前ローリング・ストーン誌の特集記事のためのかなりの量のインタビューを、録音することもできず、ノートに記録することもできず書き上げる羽目になったのは彼のせいだった。

本当に大変だったのだ。一九九〇年。数え切れないほど行ったインタビュー、そして一回に何時間もかかるインタビューの間、僕はトイレに五分ごとに逃げ込み覚え書きを残していた。プリンスは僕のそんな行動を知っていた。嗜虐的だと思う。

復讐は時間を置いて綿密な計画を練り実行した方が満足度が高いという。僕の場合は時間を置きすぎた感はあったが、それでも。

プリンスが奥の部屋に入り、ボディガードの二人が部屋の入り口の脇に立った。僕はプリンスに、初めてのそしてたった一度きりの嘘の頼みごとをするために、そちらへ向かった。クリスタルは僕の単なる友達で恋人ではなく、そして彼女はプリンスのファンでもなかった。彼女はボブ・ディランではなくレナード・コーエンがノーベル賞を受賞するべきだったと考える、厄介なエセ音楽通だ。

仕掛けたいたずらの発案者は僕ではない。どんな有名人でもこけにしてしまうコメディアンの故ドン・リックルズが使った手だ。人々から「ミスター愛嬌」とあだ名をつけられた彼は、同じ手で半世紀前にフランク・シナトラを騙したのだ。

一九九〇年代にリックルズをインタビューしたことがあって、そのとき僕はコメディアンのヘニー・ヤングマンと共同でヤングマンの自伝を書いていた。これは僕が関わった初めての本となったのだが、リックルズはヤングマンをよく知っていたので、インタビュー時にたくさんの裏話をしてくれた。

彼はそのときに、このいたずらの話もしてくれたのだ。一九五〇年代初期、リックルズは好意を持っていた若い女性と一緒にラスベガスのレストランで食事をしていた。そこへシナトラが、がっしりしたイタリア系の取り巻きたちを連れてやって来た。シナトラはリックルズがまだ売れていない頃に彼を知り支援し続けていたそうだ。

リックルズはその女性に良い印象を与えるために、席を離れてシナトラのテーブルへ行き「フランク、僕は君に一度も頼みごとなんかしたことないよな？　僕はあの女性を愛してるんだ。もし君が僕たちのテーブルに来て僕に『やあ、ドン』って挨拶してくれたら、どんなに僕の株が上がることか」と言った。

僕はリックルズの言葉をそっくりそのまま借用した。ただ「フランク」を「プリンス」にして「ドン」を「ニール」にして。そんな僕に向かってプリンスは生返事をしただけだった。だから彼が僕の偽りの頼みに応じてくれるのか分からなかった。それから一時間ほど待つとプリンスが部屋から出て来た。そして取り巻きたちと出口に向かう途中、彼はクリスタルと僕のテーブルの横で足を止めたのだ。

「やあ、ニール」と演技がかった声で共謀者の笑みを浮かべた彼はささやいた。「元気か?」

僕はロックスターの方を向くと、リックルズがシナトラにしたように、ぶっきらぼうに言った。「元気か?」

「やあ、プリンス」思ったよりも大きい声が出てしまった。「見て分かるだろ。今この特別な女性と話してるんだ、君はそこで少し待っててて」

その瞬間に僕は水を打ったような静けさというものを真に体感した。プリンスが憎々しげに僕を見ていた。僕が彼のこの「死の睨み」の直接の対象となったのはこのときが最初で最後だった。彼が凝視すると、それがあまりに強圧的なのでどんな船でも沈められるのではと思えるほどなのだ。どんなミュージシャンでもこの目で見られると震え上がって彼の要求通りに演奏しようとしていた。

僕はまた、その表情に五、六歳の頃のプリンスを見ていた。父親が母親に乱暴する様子を見て、かばおうとして自分も殴られる。次の日学校へ行けばいじめの標的になり「グレート・ガズー」といびられる。そんなただのチビだった彼が感じていた苦悶を見たのだ。彼の後ろに立ってまったく表情を変えていないボディガードたちが、僕を面影がなくなるまで殴る準備ができているのも確認していた。彼らはプリンスが「飛べ」と言えば即座に「誰に飛びかかって殴ればいいいんだ」と返答するような恐ろしい一団に見えた。

静まり返った沈黙を破ってクリスタルが「監督、いい演出だったわ」と僕に言った。

するとプリンスが大きな笑顔を見せ、「マンマ・ジャンマ、お前仕組んだな！」と言って僕の背中を叩いた。

誰もが笑っていた。

映画『グッドフェローズ』のジョー・ペシのような、まさにプ、リ、ン、ス、ら、し、い、シーンだった。もしプリンスを怒らせていたら、僕は彼のボディガードたちによっていとも簡単につまみ出されボコボコにされていたに違いない。

プリンスは笑っていた。いつもの侮蔑的な冷笑とはまったく違う、腹の底からの爆笑だった。アンドレ・シモンは、中学校時代プリンスがいつもノートを持ち歩いていたと話してくれた。後に歌詞を書くために使われるようになったノートに、当時彼は一発ギャグを思いついては書き留め、特にいじめの場面でここぞという瞬間に使っていたらしい。何日も前から敵を観察し、どんな言葉が彼らの神経を逆なでするかを学んでいた。

そして虚をついてすぐその場から逃げ去るというわけだ。シモンが「それより奴の顔にただパンチを食らわせればいいじゃないか」と彼に言うと、プリンスは「馬鹿言うなよ、あいつ六人も兄弟いるんだぜ」と答えたらしい。

プリンスの一番の強みは「まね」ができることだった。「まね」という言葉はふさわしくないのかもしれない。本当に的を射ていて実物のようだった。ものまねではなくて、その人として行動できたと言うべきか。

プリンスがまだ十代だったとき、スライ・ストーンになりきってチャカ・カーンに電話をし、初めてのアルバムを録音しているからスタジオに遊びに来ないかと彼女を誘ったらしい。カーンは本当にスタジオに現れ憤慨したそうだ。

彼はそれぞれの人格になりきることができるようで、二次元の人物でもそれは変わらなかった。最高だったのが、コメディドラマ『となりのサインフェルド』の弁護士ジャッキー・チャイルズ。チャイルズの役柄は、O・J・シンプソン裁判の弁護士の一人で、口の達者なジョニー・コクランを模倣している。コクランはその有名な最終弁論の中で、バプテスト教会の牧師のような口調で「もしこの手袋が（シンプソンに）合わなければ、（彼を）無罪にしなければなりません！」と言った。

チャイルズはコクランのまねなので牧師のような調子で形容詞を並べ立てて感情の高まりを表現するのだが、プリンスはそのチャイルズを完璧にマスターしていた。たとえばチャイルズはある行動に対して、「みだらで、好色、わいせつで、言語道断！」とまくし立てる。彼が弁護するコスモ・クレイマーがコーヒーで火傷を負ったときに「言葉も出ない、ひどすぎる、馬鹿げている！」と消費者の権利の侵害を訴えたりするのだ。

プリンスはコクランではなく、そのまねをしているチャイルズを題材にした。「いや、違うんだよ。コクランは簡単すぎるだろ。ただ教会で流暢に話してる黒人の調子を出せばいいだけだ。ジャッキー・チャイルズの方がずっと面白い。チャイルズは優等生じゃなくて、でも何とかして抜け道を探すって役だろ。奴とクレイマーはチームなんだ、一緒にやり遂げる。分かる？」

プリンスは「チーム」という言葉をまるで外国語のように、まるで彼にとって異質な概念であるかのように発音した。

彼のまねはコメディだけではなかった。たとえば、『ザ・ワイヤー』の登場人物オマール。彼のオマールは傑作だった。演じるのではなく、その瞬間オマールの人格になった。オマールはストリートを生きるアンチヒーローだ。ボルティモアに集まる精神病質で殺人も厭わないドラッグ売人たちを相手に盗みを働いて生計をたてている。そしてオマールには生きる上での「コード」――神聖なるコード――があった。ウェスト・ポイント（陸軍士官学校）卒業生が絶対的で強固なルールに従うようにオマールは無慈悲な暴力を本当に人道に反した相手に対してしか使わないルールに従って生きる。オマールを演じる役者、マイケル・ケネス・ウィリアムズの顔の真ん中にある実際の傷痕のように、決して変わることのないコード。

プリンスはオマールの人格になりきり、「コードってものが必要だ。本当に」というせりふをよく口にしていた。

プリンスがストリートを生きるオマールのルールで、有名人としての自分の世界を生きたのは皮肉なことだと思う。

「ゲームは始まっているんだ、自分が相手を倒さなければ、倒されるだけだ」とオマール。プリンスはタヴィス・スマイリーのトーク番組で音楽業界について語ったときに、これをまるで自分の言葉であるかのように使っていた。

オマールの「すべてがゲームの一環なんだ、分かるか、すべてだ」も、プリンスが気に入っていてよく言っていた言葉だった。

証言に立ったオマールは、自分がひどい目に遭わせたドラッグ売人が雇った弁護士に屈辱を与える言葉を放つ。「俺はショットガンを持っていて、お前はそのブリーフケースを持っている、それだけの違いだ」「ゲームをいかに戦うかだろ、違うか？」プリンスはこの言葉の通りにレコード会社の経営陣と戦い彼らを憤慨させた。

「すべてはゲーム、そうだろ？」「お前は王者を目の前にしている。失敗すれば命を失うぞ」と言うオマールをプリンスは完璧に模倣し、ワーナー・ブラザース・レコードの会長モー・オースティンに「モー、僕は最高のミュージシャンだろ。だから最高額を提示した方がいいよ」と告げたのだ。一九九二年の業界史上最高と噂された契約の交渉時だった。

オマールは言った。「金に所有者はいない。ただ使う奴がいるだけだ」

プリンスはコードに従って生きていた。


彼はたとえ白人の役柄でも完璧に演じた。

彼以上にフォンジー（『ハッピー・デイズ』）やテレビ番組『OK捕虜収容所』のウィルヘルム・クリンク大佐の話し方をそのまま再現できる人に会ったことがなかった。

プリンスのコロンボ刑事もかなり良かった。十点満点で七点半か八点はつけられると思う。イタリア系刑事コロンボの口癖「ああ、もう一つだけ聞きたいことが」をよくまねていた。そういえば初期のインタビューで、半分イタリア人の血が入っていると戯言を言っていた。

彼が唯一まねできなかった白人たちといえば、『ゆかいなブレディ一家』（コメディドラマ）と『パートリッジ・ファミリー』（ミュージカルコメディ）の登場人物たち。子供の頃のプリンスは僕と同じように、スーザン・デイ（キーボードのローリー・パートリッジ役）の虜になっていたらしい。デイは一九九〇年代に放送された『LA ロー・七人の弁護士（原題：L.A. Law）』で女優として再起を果たしている。

そしてせりふといえば罵り言葉。プリンスは生涯をかけて罵り言葉、特に「くそ野郎（motherfucker）」という言葉を使うのをやめようとはしていたが、彼がこの言葉に愛着を持っていたことも否定できない。公民権を奪われたアフリカ系アメリカ人たちにとって威厳を保つためにこの罵り言葉が必要だ、と語ったのはドン・キングだがその演説を一語一句暗記して完璧に再現した。

「俺たちは黒人だ。何も持っていない。高いスーツも大きな家もないし、贅沢な旅行もできない。貧乏だ。ただ一つ持っているのは言葉だ」

「俺たちが作り上げたものの中で残っているのは、この言葉一つ。『くそ野郎』。誰もこの言葉を俺たちから奪えないし、これは俺たちの、黒人の言葉だ。俺たちの血統だ。ビルのてっぺんに立って、俺たちの言葉を叫ぼう――『くそ野郎』！」

それから、これはたぶん彼の最高傑作と言えるだろう、映画『パルプ・フィクション』でサミュエル・L・ジャクソンの演じる殺し屋ジュールス。ジュールスは人を殺す前に、アジアの武術映画に出てきそうなせりふと旧約聖書の宣告を交ぜて暗唱するのだが、それをプリンスがまねてみせるのだ。

心正しき者の歩む道は心悪しき者の一方的な利己と暴虐で阻まれる
愛と善意の名において暗黒の谷で弱きを導く者に幸あり
彼こそ兄弟を守り迷い子を救う者
我は怒りに満ちた懲罰と大いなる復讐をもって、兄弟を毒し滅ぼそうとした者に制裁を下す
そのとき彼らは我が主であることを知るだろう

――エゼキエル書二十五章十七節（ジュールスによる改訂版）

プリンスはコメディにおいてはコンビならではの面白さがあると認めていて、ローレル＆ハーディからスマザーズ・ブラザーズまで、まるで専門家のように分析していた。だからパロディ映画の『フライングハイ（原題：Airplane!）』の一場面を僕に再現してみせたときなどには、涙が出るほど笑っていた。飛行機の座席で苦しんでいる二人の黒人。スチュワーデスを呼ぶ。彼女は普段黒人と接することもないような典型的な白人なので、彼らの俗語、学校では黒人英語として知られる彼らの話し言葉をまったく理解できないのだ。

プリンスはまず、乗客の一人で彼らの言葉を通訳するバーバラ・ビリングスリーから始めて次は白人女性乗務員のランディになり、そしてさらに乗客の黒人二人もそれぞれ裏声と低音で演じ分けた。

通訳の女性：スチュワーデスさん、私ハーレム語話せます。彼はお腹がすごく痛いそうで、助けてくれないかと言ってます。

スチュワーデス：分かりました。彼にリラックスしてくださいと伝えてくれますか？　私、薬を探してきますから。

通訳の女性：ちょっと楽にして待ってな、兄ちゃん。この姉ちゃんがすぐ兄ちゃんの薬持ってきてくれるってさ。

ジェームズ・アール・ジョーンズ（ダース・ベイダーの声で知られる俳優・声優）の「神の声」も、プリンスは本当にうまくまねた。

またはアボット&コステロの漫才のようなシーンを映画『パープル・レイン』に加えると話していたこともあった。プリンスが書いたと公式に記録されているかどうか確認はしていないが、このシーンはかなり笑えるしプリンスが考えそうな設定だった。

モーリス　：分かった。パスワードは何、何？
ジェローム：それにしよう。
モーリス　：それって？
ジェローム：パスワードだ。
モーリス　：パスワードは、何、何？
ジェローム：その通り。
モーリス　：「その通り」がパスワード？

彼の数々のレパートリーの中で僕が一番好きだったものをあげるとしたら『ジ・オフィス』のスタンリー・ハドソンになるだろう。プリンスはいろいろな場面のハドソンを再現してみせてくれた。

たとえば会社の同僚たちが管理職をめぐって馬鹿げた抗争を繰り広げる。スタンリーは別に役職などに興味はないものの「ここの誰かの部下になるぐらいなら、箒を逆さにしてバケツを頭にしたやつのために働く方がまだましだ」と宣言する場面だ。

また、憤慨して叫び出すスタンリーを再現するプリンスも最高だった。スタンリーを見ると、家で暴れていたときの父親を思い出すとも言っていた。このシーンのスタンリーは、営業担当の新人が自分の中学生の娘にちょっかいを出していると勘違いして叱咤するのだが、プリンスが特に気に入っていてよくまねをしていた。

プリンスが叱る様子はたとえ演技だとしても恐ろしくて、地面が揺れているかと思うほどだった。スタンリーになったプリンスが「あの子はまだ小さな子供なんだ！」と若い営業の新人に叫ぶ。「今日の午後、あの子に一切近づくなよ。分かったか？」彼の声が地響きのように鳴り響く。「お前気は確かか？　俺が正気に戻してやるよ。どこ見てるんだ？　誰もお前を助けになんて来ないぞ。たとえジーザスがドアを開けて入ってきたって助けてなんてくれない、お前が俺の娘から離れるまではな」

19

笑い、嘘、そして人から学ぶということ

プリンスには、人を皮肉る詐欺師というレパートリーもあった。ミレニアムが近づくにつれて、彼は詐欺師の本を読んだりして嘘のつき方について学び始めたのだが、それはただ趣味としての興味があるだけではなく、金の亡者で溢れる音楽業界で自分を守るためだ、と彼は言っていた。辛辣な笑いとよくできた嘘はプリンスにとって人を支配するために使う道具だったのだ。

彼はモー・オースティンとレニー・ワロンカーという正直で清廉潔白な二人の下で芸術的に多産な時期を過ごし、成長し、素晴らしい成功を手にしたのだが、それを少し残念だとさえ感じているようだった。

「どんなレーベルのどんな奴だって僕を騙そうとするなら見抜いて糾弾してやれる自信があった。けれど、そんな僕のところに送られてきたのがレニーとモーだったってわけさ」と彼が言ったのは二〇〇二年だった。

プリンスは本当に嘘がうまかった。僕が出会った人たちの中で一番だったと言える。嘘をつくときの微妙なさじ加減、いつ大胆な嘘をつき、そしていつ真実が少し必要なのかを分かっていた。沈黙することで、または少し表情を変えることで嘘がつけることも知っていた。

一九九〇年代の商業的にも批評的にも恵まれない時期を経て、ノミネート資格を得たその年にロックの殿堂入りが決まったことは彼にとって驚きでもあり嬉しいことでもあったはずだ。

復帰を果たすためには、以前のプリンスを少し変えて適切な人物像を設定すればいいのだと分かっていた。音楽業界というゲームに参戦したというだけのことなのだが、彼は偽装しているのだと自分を厳しく批判していた。

ロックの殿堂入りに関連して、彼がこれまで意図的に軽んじてきた批評家や、彼を疑問視する人々を静かにさせるためとはいえ、「良い態度」を見せなければならないことをプリンスは恥じていた。「モンキーズがイメージを作り上げて、アルバムを売ったのと同じような感じなんだ」と、痛烈な批判と皮肉が交じった彼独特の口調で僕に言った。「これが伝統的な正しい態度だ、従えってね」

そんな気持ちを内に秘めながらもプリンスは、「僕が金を払ったとしてもローリング・ストーン誌の表紙は買えない」と言った二年後の二〇〇四年、鋭い批評で一目おかれている記者アンソニー・デカーティスのインタビューで、ローリング・ストーン誌に特集された。

ロックの殿堂記念式典の歴史的なギター演奏については、「式典の最後、同じステージに並んだ他のミュージシャンなどお構いなしにギターをかき鳴らすなんて、下品で傲慢だ」とロニン・ロに語ったアラン・リーズに同意するような声も多かった。けれども称賛する人々も少なくなかった。プリンスはこのとき、嘘の話を広めることで扇動的な天才という自分のイメージを確固たるものにもしていた。ジョージ・ハリスンはビートルズの中で最も好きなメンバーで、ハリスンの弾くすべての音をまるで微小分子を解明するかのごとく学んでいたのに、この曲を聴いたことも練習したこともないとインタビューで言ったのだ。

プリンスは嘘をつくのがあまりにうまくて、二〇〇五年に自分でも自慢げに語っていた。「僕の嘘はよくできてて自分でもその嘘を信じてしまうほどなんだ、ほんとに。だからうまくいくんだって思う。僕自身が信じているなら、他の人だって信じるはずだろう?」「あと、その嘘が大きければ大きいだけ、嫌なものであればあるだけうまく騙せるってことも分かった。みんな、いくらなんでもそんな嘘はつかないって考えるからだと思う」

けれどもそこにケーフェイ——プロレスの役を演じること——の危険性が潜んでいる。プリンスは「自分の嘘を信じた」、つまり演じている人物を本当の自分だと信じた。そして同時に彼はそれを分かっていた。矛盾のように聞こえるが、自分がそんなふうに自身をも騙せることを誇りに思っていたのだ。

プリンスは嘘に対して罪悪感というものがなかったようだ。彼が夢中になった本『ホミサイド』は一九九〇年代の人気を博したテレビドラマの原作で、僕がこの本をプリンスに送ったときには、彼はすでに嘘をつく経験をかなり積んでいた後だった。プリンスは僕に本を送り返してきたのだが、バスケットボール選手フレイジャーが書いた格好良さについての本と同じように、そこには長い段落のいくつかに下線が引かれていた。

その一部を紹介する。

殺人捜査課の仕事は犯人を見分けることだ。どうやって判断するのか。まずは、この箇所。

誰が嘘をついているか、より多く嘘をついているのは誰か、この中で誰が最大の嘘つきなのか……彼らは嘘をついているのか？　もちろん。誰もが嘘をついている。この人物はいつもよりもっと嘘をついているか？　おそらく。その理由は？　殺人捜査課にとって世界とは、すべての人が騙し合い、それを否定することによって成立しているものなのだ。

次に、この箇所。

誰もが嘘をつく。それは絶対的な真実で、この基本原則に基づき次の三つの結論が導き出せる。

A：殺人犯が嘘をつくのは、そうしなければならないから。
B：目撃者や共犯者が嘘をつくのは、そうしなければならないと思うから。
C：その他の人間が嘘をつくのは、それが楽しいから。

そして、

この人物が犯人だと、どのように判断するのか？　神経質になる、怖がる、混乱している、敵意を見せる、話が変わるかまたは矛盾する、これらすべてが取調室にいる人物が嘘をついているというサインになる。特に刑事のような、日頃から疑いの目で人を見る人間はこれらを見逃すことはない。ただ、極度にストレスを感じていれば誰もが陥る状態でもある……。（殺人捜査課の）テリー・マクラーニーは容疑者を試す最も効果的な方法として、すべての取調室の壁に、嘘のサインとなる態度を書き並べて貼るということを考えた。

協力的でないこと
協力的すぎること
話しすぎること
話さないこと
話が完璧であること
話の道理が通らないこと
瞬きが多い、目を逸らすこと
瞬きをしない、凝視すること

プリンスは嘘をつき続けた。彼はヴィーガンだった。でも気が向くと、僕の家のすぐ近くにあったルドルフというレストランで骨付き肉を食べていた。彼はエホバの証人の信者だった。でも自分の誕生日に数々の有名人が来る豪華なパーティを開いたり、神聖とはかけ離れ、名声を追い求めることもあった。

彼は自分についての作り話や間違った概念やバカバカしい話をどのようなバランスで広める

べきか、その微妙なバランスを熟知していた。信じやすいガールフレンドや記者やミュージシャンたちなどの状況を一瞬で理解して、大嘘をつくべきか、半分ぐらい嘘を盛り込むか、または何もせずただ真実を少しだけ変えて話せばいいのかを的確に判断できるようだった。彼はそうして人を支配し自分の欲しいものを手に入れてきたのだ。彼は言葉ではなく沈黙で、態度でどのように嘘をつくのか知っていたし、威圧的な笑い顔や相手を震え上がらせる不機嫌な顔まで、どのように表情を変えればいいのかを分かっていた。

秘密を打ち明けることが自分に有利に働くのならば使うべきという哲学を持っていたので、まるでその聞き手だけが彼の秘密を知っているかのように振る舞うこともあったし、また逆に人の秘密を漏らすことも厭わなかった。

彼が嘘をつくときはたいてい何か目的があった。たとえば怒っている彼女を落ち着かせたり、ミュージシャンを威嚇したり、記者をからかったり。

だからプリンスは、

母親について嘘をついた。

家族について嘘をついた。

自分の生まれについて嘘をついた。業界に入りたての頃に記者に対して、黒人と白人の血が入っていると話した。彼の両親はどちらもアフリカ系アメリカ人だ。

性的指向を曖昧にした。僕の知人の中で彼ほどストレートな男はいなかった。

レコードレーベルについて嘘をついた。

ミネアポリスについて嘘をついた。トロントやロサンゼルスやスペインに住もうとしていた期間に、ミネアポリスを決して離れないと宣言していた。

アミールについて嘘をついた。そして僕について他の記者に嘘を話した。

それでも彼は僕との縁を切らなかったし、僕も彼と相変わらず電話で話したり会ったりした。二人の人生の時計は刻々と時を刻み続け、そして不意に止まった。共時性とは時には皮肉なものだ。

フィッツジェラルドとは異なり、プリンスはほぼ不可能のように見えた復帰への岩山を登りきった。彼に対する世間の印象は世界的なスターから救いようのない間抜け、そして最後にはまた聖なる芸術家の神殿に祀られるまで決して定まることがなかった。彼の情熱的な人生劇は驚きの結末を迎えたと言えるだろう。

この復帰によって彼は、自分のキャリアや人生において最高と言える多くの瞬間を味わい、救済された。自身は崩壊したままだったが、二〇〇四年にロックの殿堂入りをし、式典の夜には歴史に残る衝撃的なギターソロを見せた。

そして二〇〇七年。スーパーボウル、その年世界が最も注目した行事のハーフタイムショーで過去最高と称賛されるパフォーマンス。続く約十年間、最も素晴らしいライブを行うミュージシャンであると誰もが認めて称えざるを得ないスターだった。

けれども、プリンスは壊れたままだったのだ。まったく良い作品が書けなくなった後年のフィッツジェラルドぐらい、または、つらい思いをしアルコール依存で何度も自殺を試みたドロシー・パーカーぐらい壊れていた。自分が面倒な仕事と感じていた脚本を書くという状況に陥っていたパーカーは、当時ハリウッドの多くの名士が滞在していたガーデン・オブ・アラー・ホテルのバーで「昔は詩人だったのに」と嘆き悲しんでいたという。アミールの死による打撃と体の痛みが限界まで達して、プリンスは引きこもるようになっていた。

プリンスがもう外部からの情報を吸収しようとしていないことに僕が気づいたのは一九九七年だった。人の感情を大きく動かすものを学ぶのがそれほど大事ではなくなったからか、または痛みを乗り越えて生きることに大部分のエネルギーが使われていたからだと思う。

仕事を始めた十代の頃の彼はクリス・ムーンからスタジオ録音のすべてを学んだ。ムーンやオーウェン・ハズニーの妻やリサ・コールマンから、ジョニ・ミッチェルについてのありとあらゆることを教わった。コールマンによって幅広いクラシック音楽の世界を知るようにもなった。出会った頃コールマンが初めてプリンスの前で弾いたのがモーツァルトだったらしい。その頃一緒に仕事をした人、そして生活の中で密接に関わった人すべてから、自分の成功にとって重要なことや、スターとしての振る舞いを学んだ。

アンドレ・シモンのアイスバーグ・スリムのような態度を模倣し、一九八〇年にリック・ジェームスのコンサートのオープニングで演奏していたときには、衰えていく伝説的なファンクスターと彼の弱さを観察していた。サクソフォン奏者のエリック・リーズによってジャズとマイルス・デイヴィスの荘厳なトランペットに興味を持つようになった。ウェンディ・メルヴォワンとプリンスは精神的にそして知的に共鳴し合い、僕には計り知れない本質的な何かを共有していた。

そんなプリンスが、だんだん内にこもるようになって生活をさらに区分化するようになっていった。彼が会話の中に出す人物を僕が知らないということが多くなっていった。そして昔は文章だった彼の会話が、切れ切れの文の集まりのようになり、彼が実際何を考えているのか僕にはほとんど分からなくなった。彼は自分が誰なのかを問い、自分を責めているようだった。死んでしまい、自分に痛みを与えるだけの赤ん坊をなぜ授かったのかという質問に苦しんでいるようだった。

「ドロシー・パーカーがいつも恐れていたのは自分が心を開いた相手に拒否されることだっ

た」と、ジェイムズ・R・ゲインズは『ウィッツ・エンド』（一九七七年）で書いている。

『ウィッツ・エンド』には、パーカーをはじめとして、ニューヨークのマンハッタンにあるアルゴンキン・ホテルに集まって機知に富んだ会話を楽しんだ伝説的才人たちの様子が描かれている。

「パーカーは恐れから多面的な人格を作り上げたために、親しい友達同士でさえ彼女がどんな人物かについて異なる意見を持つようになってしまった」

プリンスも同様だったのだ。

プリンスをまた「知る」ことなどもう誰にもできなくなっていた。まだ人を受け入れていた一九九九年までの彼ではなくなっていた。

笑い、嘘、そして人から学ぶということ

20・ミネソタ・ナイスと裏の顔

ベン　：（離婚していがみ合う自分の両親に婚約者を紹介する前に、彼女と作戦会議をする）。やっぱり、彼らが興味を持つ当たり障りのないことを話して気を逸らすのが一番いいよ。

レズリー：そうね、たとえば？

ベン　：そうだな、彼らはミネソタ州出身の白人。だから、アイスホッケー、釣り、スキー、ヨットってところかな。少し酒がまわってきたら、プリンスのアルバムをかけて。グリーンベイ・パッカーズやアイオワ州の名前は厳禁だ……。

――『パークス・アンド・レクリエーション』シーズン5・エピソード6「ベンの両親」から

ミネソタ州のナンバープレートには「一万の湖がある土地」という標語が記されているのだが、もう少し正確にミネソタ州の気風を表現するならば「みんなで、ふりをしよう」になるはずだ。

20

ミネソタ・ナイスと裏の顔

ミネアポリスでは本当に多くの人がふりをしているように見える。たいていの場合、それは悪意のない嘘をつくということで、人の気持ちを傷つけたくないと思うからだ。

けれども、この土地を囲む一万の湖の水面下を見るように住民の仮面の下を覗いてみれば、欺瞞の精神が深く根を張っていることに気づく。どんなに状況が深刻だとしても、とりあえず今は考えずに見ないふりをしておこう。そんな精神がミネアポリスの伝統となっていて、人々は現実を直視するより拒否しようとする。

・アルコールや薬物依存の友達に何か助言しようなどと夢にも思わない。
・同性愛者は、異性愛者を装う。
・「面白おかしい叔父さん」が四世代にわたって十代の姪たちにいたずらをしている状況を、身内が見て見ないふりをする。
・ある夫婦の夫が休暇中の親族の集まりに何年も姿を見せないが、誰一人理由を聞かない。
・自殺願望がある人がいても、カウンセリングをすすめない。

ここでは皆が何事もなかったように振る舞い、波風を立てるべきではないと思っている。ふりをして過ごす。そうして事態は悪い方向に進んでいくのだが、それでも話題にはしない。プリンスに関しても同じ態度だった。彼は他界していないふりをしよう、難しいが昔を思い出していればいいと考えているような雰囲気がある。

プリンスの運転でミネアポリスのアップタウン近隣をドライブしていた一九九三年。彼は僕の方を向いてこう言った。「父が半分本当のようなことを話した日には、今日の彼は正直だったな、と思うんだ」

「それは、そう思うふりをしてるってことだろ?」と僕は言った。

「そうかもね」と彼は答えた。

「そうだって。君は誰よりも演じるのがうまいし。自分自身を演じてるときもかなり上出来だよ」

「そうだろ?」と彼は返した。

「自分のふりをしてるとき」と僕はもう一度言った。

思わず噴き出したプリンスは「簡単さ」と返答した。


とにかくこのあたりでは、プライベートな話を避ける傾向がある。それはプリンスを知っているということに関しても同様だった。

僕はニューヨークから帰ってきて十年ほどの間、ベルモントの古くてなかなか味のある居住用ホテルに住んでいた。ミネアポリス版チェルシーホテルと言ってもいいかもしれない。

そこで僕は隣人のステイシア・ラングと友達になったのだが、彼女がプリンスの衣装デザインの責任者だったことなど長い間まったく知らなかった。一九九〇年代にずっとペイズリー・パークで働いていたらしい。ラングは一九九一年のMTVミュージック・アワードでプリンスが着て話題となった「尻パンツ」の考案者だった。彼は自分の尻が見えているようなパンツを穿いて、官能的な『ゲット・オフ』を演奏したのだ（ずっと後になって、尻の部分には肌色の布が縫い付けられていたことが明らかになったが）。

彼女とは何年も友達としてよく会っていたし、デザイナーとしてフリーで仕事をしていたのは知っていた。プリンスとも働いたのではと推測していたが、確信はなかった。彼女も何も言わなかったのだ。それに僕たちが出会ったとき、僕はすでにプリンスについて書くことをやめ、異なる分野の仕事を受けていた。だから話が出にくかったとも言えるだろう。

ラングはミネソタ州の小さな町出身、僕はミネアポリス出身だ。だから僕たちはプリンスについて話さなかったのだと思う。彼を知っていても、または彼と働いていても、口に出さない。彼に対する忠誠心から喋らないというだけではない。

それは僕たちがミネソタ州出身だからで、ここでは、疑ったり不安に駆られたり、または嬉しかったとしても、そんな気持ちは言葉にしないのだ。

プリンスは他界したとたん、ミネアポリスのモダンカルチャーの神殿で君臨するゼウスのように、まるでいつもその位置にいたかのように祀られた。けれども生前は決してそんなふうな扱いではなかった。実際ミネアポリスの住民の大部分は彼に対して、大げさでいつも態度の悪いスターという印象を持っていたのだ。

ミネアポリスという自分から遠くて格別に異なる銀河系でプリンスのような人間が成功し、称賛され、（遠方にいる限りは）最高の息子という位置を獲得したことが不思議でしょうがない。

ミネアポリスの十戒は北欧の社会通念である「ヤンテの掟」だ。人より秀でてはいけない、身の程を考えるべき、変わっていると言われないようにすることが大切だとする社会構造。こんな土地がどうやって「プリンス」のような人物を生み出すことができたのか？

ミネソタ州も、国際的と称されるミネアポリスでさえも、彼のような唯一無二の才能を生み出し育てるような環境ではないのだ。

もちろん例外はあって、この土地にもプリンスに忠誠を誓い、彼のいいときも悪いときも変わらず応援してきた何千人もの熱狂的ファンがいることは確かだ。プリンスのフェイスブックグループが水面下で運営されていて、中でも僕が「紫の人々」と呼んでいる彼らは、おそらく十ぐらいのグループに属していたりする。皆とても優しく相手を尊重する人たちの集まったグループだ。僕もその一員であると誇りを持って言っておきたい。

プリンスが同じ地区にいることを単純に嬉しいと思っているファンもたくさんいた。たとえばトレンドの最先端を追いかける地元のラジオ放送局89・3FM「ザ・カレント」は、プリン

20

ミネソタ・ナイスと裏の顔

スが後年皆の「最高の息子」でなくなっていた時期にも、彼を変わらず支援し続けていた。
また、この町には驚くほど才能のある物書きたちがいて、またはこの町に訪れてプリンスの様々な記事や批評を世に送り出したことは彼にとって幸運だった。リチャード・アボウィッツ、ジム・デロガティス、キース・ハリス、ウィル・ハーミーズ、ジェシカ・ホッパー、マーティン・ケラー、メリッサ・マエルツ、ミケランジェロ・マトス、ロス・ライハラ、クリス・リーメンシュナイダー、アンドレア・スヴェンソン、ジム・ウォルシュなどの記者や音楽評論家たちだ。

それでも、プリンスのような人物がこの町にとどまっていたことを僕は不思議に思う。この町では僕たちは自分をどんなふうにだって表現できる——ただし、画一的なヤンテの掟に従ってさえいれば、の話なのだ。

この十戒はノルウェーに移住したデンマーク人作家、アクセル・サンデモーセの風刺小説『逃亡者は己が轍を横切る』に出てくる。一九三三年出版の小説の中では、架空の町ヤンテで協調して生きるためとしてこの教義を広める。波風を立てず、驚くような物事を起こさず、目立つような行動を避け、他の人と違う態度をとらない、そんな気風がスカンジナビア諸国では好まれたのだろう。

ヤンテの掟は共同体の中の個人がどのように行動すべきかという精神的な教義を次のように

列挙している。

一　自分が特別な存在だと思ってはならない
二　皆と同様に有能であると思ってはならない
三　人より優秀だと思ってはならない
四　優越感を持ってはならない
五　人より知識があると思ってはならない
六　皆より重要な存在だと思ってはならない
七　自分が何かに秀でていると思ってはならない
八　人のことを笑える立場だと思ってはならない
九　自分のことを誰かが気にかけてくれると思ってはならない
十　自分が人に何かを教えられるなどと思ってはならない

そしてこの気質がスカンジナビア諸国から、外の世界へ広がり、たとえばミネソタ州のような外界の行政区にも持ち込まれるのだ。一九六〇年の人口調査、ミネソタ州の九十九パーセントを占めたのは白人。大部分はノルウェー、スウェーデン、デンマークの血筋を持った人々だった。つまりヤンテの掟を伝道し、教え、実行する集団だったのだ。

20

ミネソタ・ナイスと裏の顔

僕は、自分も含めたミネアポリスの人々が、生前と死後両方のプリンスに対して見せた感情が恥ずかしげもなく偽善的だったことを指摘したい。僕個人の意見だが、極めて悪質と言える気風だと思う。

ミネソタ州全般、特にミネアポリスがいかにプリンスとは異質の世界であるかを説明したい。一九七三年、タイム誌は「ミネソタ州の素晴らしい生活」と名付けた特集記事を掲載した。記事は、この地区の商工会議所の要求に合わせて書かれたような内容で、非ユダヤ系白人で攻撃的なミネソタ州知事ウェンデル・アンダーソンがたった今釣ったという魚を掲げている写真が表紙を飾った。この記事では、目立つことはしない画一的スカンジナビア諸国の精神がいかにこの地に深く広く根付いているか。また、全人類の悲哀とも言える攻撃性の存在についてもまったく触れていなかった。

ミネソタ州とミネアポリスはここ半世紀で少しだけ多様性を増したが、大きく変化したわけではない。ミネアポリスはアメリカ国内の十五都市の中で最も有色人種の人数が少ないと記録されている（二〇一八年にミネソタ州で黒人と自己申告した人は全体の七パーセントだった）。また白人とアフリカ系アメリカ人の平均所得の格差、そして高校卒業資格の保有率の差が最大なのがミネソタ州だ。

ヤンテの掟の影響はミネソタ州の北欧系以外の移民にも広がっていった。ミネソタ州を舞台にしたコーエン兄弟の映画『ファーゴ』は――この兄弟は一風変わった頭脳を持っていてなぜかノース・ダコタの土地「ファーゴ」を題名にしたのだが――映画の中でユダヤ系の会計士やミネソタ州の高校のベトナム系の卒業生たちが、気風をしっかり引き継いでいる様子を見事に描写している。ミネソタ州の風習や社会的習慣を風刺し一九九六年に公開されたこの映画は、アカデミー賞の作品賞にノミネートされてニューヨークやロサンゼルスで人気を博した。劇場を出てくる観客が、アメリカ中西部訛りの映画のせりふを練習していたぐらいだ。

一方で、ミネソタ州ではと言うと、人々の評価は「変わっている映画」だった（「変わっている」という言葉のミネソタ州独特の使用法については後で詳しく書く）。コーエン兄弟は地元では以前から変わっているとみなされていたので、『ファーゴ』のウィリアム・メイシーの役が「ミネソタ・ナイス」を象徴し、社会病質の殺人者という設定だったのも驚きではなかったのだろう。しかも、ミネアポリス・スター・トリビューン紙の映画批評家の名前をその役名にしていた。この批評家は、彼らが皮肉を含んだ逆説的表現を試し始めた『ブラッド・シンプル』以降ずっと、国際的に多くの称賛を得ていた作品たちを痛烈に批判し続けていたのだ。

ミネソタ州で育つ黒人の少年たちがどんな違和感を感じているかを垣間見られるのは、『ザ・ワイヤー』シーズン2・エピソード1「引き潮（原題：エブ・タイド）」だ。麻薬売買組織に属す二人の少年が盗んだ車の中でラジオをかける。そこではミネソタ州出身のギャリソン・キーラーが、彼自身が創造した架空の、アメリカ中西部の田舎レイク・ウォビゴンについて延々と長談義を続けている。実生活でのキーラーは、わいせつ行為で何人もの被害者に訴えられた卑劣な人物だが、ミネソタ州では神格化されている。とにかく、そのレイク・ウォビゴン（ミネソタ州中部にある田舎という設定）の何もない様子についての独白を、目を丸くしながら聴いていた少年たちは一言「そこに住もうと考える奴の気が知れない」と言うのだ。

ヤンテの掟は基本的には「出る杭は打たれる」ということわざと同じことを意味している。うぬぼれてはいけない、少なくとも身の程を知っているふりをしていろ、ということなのだ。

このような場所をプリンスが愛していて、そして住民たちからも愛されていたと言うのか？僕はどうしても疑ってしまうのだ。もちろん音楽専門家たち、熱烈なファン、そして単純に音楽で解放され踊りたい人たちは存在したが、それ以上に広い範囲でこの場所と彼の感情が通じ合っていたとは思えない（ただ踊りたくても、どのように踊るかによって、ヤンテの掟に違反する行為になり得る場所だ）。

一九八五年、会って三十分もたたないうちにプリンスが僕に言った言葉を聞いたら、住民はどんなふうに反応するだろう。

「みんな結局こう考えてるんだと思うよ。『プリンスはうぬぼれてるんじゃないか？』って。みんなに言いたいね。僕はずっと昔から、自分が特別だと思ってたって。そうでなかったら、この業界に入らないよ」

これはヤンテの掟やミネアポリス市やミネソタ州やフィィヨルドの精神性ではない。彼には並外れた自尊心があった。

そしてそれは本当にこの場所としては変わっていることだったのだ。


真のプリンスファンは、プリンスが生存中一貫として故郷でキング（王）として尊敬されていたと信じて疑わないファンたちのことを、トゥエンティ・ファースターズと呼ぶ。また、彼らの中には二〇一六年四月二十一日を境にして彼の大ファンになったのにも関わらず、他のトゥエンティ・ファースターズを蔑視する人もいる。彼らと一緒にするな、自分たちはずっとファンだった、プリンスがこの世から去ったと聞いた瞬間にファンになったのではないと心から信じているのだ。

「自分たちは昔からずっとそうだったと信じ込んでしまう」というのは特異な現象だと思う。そしてこの現象はミネソタ州だけに限らない。

一九六三年にケネディ元大統領が殺された後、国民の六十四パーセントが一九六〇年の選挙で彼に投票したと答えたが、実際の投票結果を見るとケネディと共和党の候補者リチャード・ニクソンとの間には〇・二ポイントにも満たない僅差しかなかったのだ。

プリンスが他界した夜のミネアポリスも同じだった。ファースト・アベニューというクラブは一晩中店を閉めることなくダンスパーティをしたし、ミネアポリス繁華街の建物や橋は紫色のネオンで輝いていた。数え切れないほどの人が集まり、見知らぬ人同士で抱き合い、踊り、『パープル・レイン』を歌い、大泣きしていた。一人一人が本当に悲しんでいたのが分かったし、僕はあれほど皆が一緒に心から哀悼している様子を見たことがなかった。

どうしてこんな状況になったのか？　ミネアポリスは、プリンスへいつもこんなふうに敬意を払っていたのだろうか？　ミネアポリスは彼の曲がラジオでかからない場所ではなかったか？『リトル・レッド・コーヴェット』、彼の初めてヒットしたシングル曲が全米ポップ・チャートで六位になっても、このあたりではまったく聞くことがなかった。あんなに競争心が強く、簡単に怒り、蔑視されることを何よりも嫌うプリンスがなぜ気にしていなかったのか？

「別に」と彼は平然と言った。「ここ以外では他のどこに行っても僕の曲が聴けるからさ」

それは本当だった……それでも僕は何か釈然としなかった。ミネアポリスのマスコミも彼をまるで厄介者のように扱い、名前を変えたことをからかい、態度を軽蔑していた。ニューヨークやロサンゼルスではわりと普通とみなされる彼の横柄な態度は、ミネアポリスの基準では正真正銘の変人と判断されていた。それなのに彼は他界したと同時に神話化された。他界するまでの何ヶ月もの間、プリンスはペイズリー・パークという彼自身の「ザナドゥ城」に閉じ込められていたようなものだったし、多くの野次馬が群がるせいで外に出て買い物をすることもままならなかったのだ。

「最後に試したときには、たくさんの人たちが興奮して叫びながら飛びかかってきた」と、彼は言っていた。

一握りの数の地元の記者と放送関係者たち——素晴らしい才能を持ち、その何人かは全国でもよく知られている人物だ——と、僕が紫の人々と呼ぶ何千人もの熱狂的なファン（僕もその一人だと言いたい）を除くと、ミネソタ州全体とミネアポリスの大部分で住民たちはプリンスに敬意を払っていなかった。それが正直な僕の意見だ。彼を奇人とみなし、そして『パープル・レイン』後の曲名をあげることもできない人たちばかりだったのだ。


実際のところ、プリンスにとってミネアポリスは天国ではなく、安息の地でさえなかった。

「誰もプリンスを聴かないのね」と、エミリー・ゴールドバーグ。彼女は公共テレビ放送の『ミネアポリス・サウンド』という影響力のあるドキュメンタリーを撮ったプロデューサーだ。

プリンスがすでに二枚のアルバムを出していた頃東海岸からミネアポリスへ引っ越してきた。

「オハイオの田舎で一緒に住んでた大学の友達と、クリーブランドのラジオ局でかかる『ダーティ・マインド』を聴いたの。私たち夢中になってたし、アルバムを一日中かけてた。だからこの『プリンスの震源地』に来るのを本当に楽しみにしてたのよ。でもここで彼の音楽について夢中で話しても、相手は私のことをぽかんと見てるだけ」

一九七〇年代後半から一九八〇年初めまでプリンスの素晴らしい写真を撮り続けていたアレ

ン・ボーリュウは、プリンスがミネアポリスの人々の反応を一笑に付していたことを覚えていた。「ミネアポリスの人たちは彼の音楽にまったく興味がなかった。彼に忠実なファンは確かにいたけど、ミネアポリスの人たちがプリンスを世に出てなかった頃からよく聴いていたなんて作り話だね」

『パープル・レイン』のヒットから間もないある土曜日の夜に、プリンスとファースト・アベニューに一緒に行ったときのことだ。彼は白のキャデラックのコンバーチブルをクラブの真正面の歩道にとめた。ロックスターらしき振る舞いと言うしかない。彼は護衛なしで混み合ったクラブの中に入っていった。バスビー・バークレーの振り付けかと思うほど、その場にいた人々が綺麗に左右に引けていった。

そしてオズワルドを襲ったルビーのように、いきなり目の前に音楽番組に出演するかのように着飾った男がプリンスに近づいた。彼はプリンスに『パープル・レイン』は裏切り行為だと告げた。「お前は黒人だろ」とその白人は主張し、命令した。「それらしく振る舞えよ！」

プリンスの返答は「そういうお前は何かすごいことしてるのか？」。彼に絡んでくる人間に対して、当時のプリンスはたいていそう言って対処していた。そして当時地球上でそんなふうに彼が絡まれるのはミネアポリスでだけだったのだ。

この町で有名とされる報道関係者たちもいつもペイズリー・パークについて悪態をついてい

た。

彼らはプリンスの曲と彼自身をまるで喜劇オペラを見るように面白おかしく批評していた。たとえば地元の女性記者の一人。執念深く彼を挑発し誘惑してくるので、きっと前世で付き合ってたガールフレンドか何かだったに違いないとプリンスは推測していた。そしてみじめだが影響力のある道化師のような男性記者もいた。彼は四十年以上も、まるで音楽評論家界のバーナード・ベレンソン（美術評論家、ルネサンスの研究で有名）かのように振る舞っていたが、実際は『スパイナル・タップ』の間抜けな宣伝担当アーティー・ファフキンのような男だった。

プリンスは、通称C・Jという「前世できっとひどい目に遭わせたガールフレンド」記者が、彼を最も苦しめる二種類の人間を交ぜたような人物だと言っていた。アフリカ系アメリカ人の女性、そしてゴシップ記者だ。彼の名前が発音できない記号に変わったとき、彼女は自身のコラムでプリンスを「記号ちゃん」と呼び彼を憤慨させていた。

プリンスは、有名なオーティス・レディング&カーラ・トーマスのデュエット曲『トランプ』はおそらく彼らの前世を歌っているのだと言っていた。そして彼女への不満を並べた曲を書く、という彼にしては珍しい行動に出たりした（『ビリー・ジャック・ビッチ』というこの曲、あるバージョンでは彼が『C・J』とつぶやく声も聴ける）。

道化師記者のジョン・ブリームはさらにたちが悪かった。プリンスはたいてい彼を煩わしい

20

ミネソタ・ナイスと裏の顔

間抜けとみなして対処していたが、ブリームの行動によって、その感情が憎悪になることもあった。だからブリームが一九九〇年代に引退すると発表したとき、アーセニオ・ホール・ショーのステージで彼の写真に火をつけたりしたのだ。ブリームはプリンスに関してひどいことを書いただけではない。彼の記事には品格も正確さも欠けていた。

一九八四年にブリームはプリンスの伝記を無許可で出版した。その中で、母親の趣味だった際どいポルノ映画を見て育ったというプリンスの作り話も、史実として繰り返し言及している。

そしてプリンスの母親で公立学校のソーシャルワーカーをしていたマティ・ショウに偶然会ったブリームは、誇らしげに彼女に、そんなマルキ・ド・サドの小説のような家庭生活を書いた本を手渡した。

ただ、プリンスの人生歌劇はとても悲しい物語なので、ブリームは少なくとも多少の笑いを提供してくれたという点で必要な存在だったのかもしれない。

腐敗した音楽業界の基準でさえも不正とみなされること、彼は一九九二年の秋から一九九三年の初期の頃に、自分の曲を書いてくれとプリンスに頼むという奇行に走ったのだ。もちろんプリンスはその要請に応えなかった。

この話を聞いた僕は開いた口がふさがらなかった。そんなことをアーティストに頼むということは、ジャーナリストとしての倫理を完全に無視した行動で、即クビになるような重罪なのだ。

曲というものには、特にプリンスの曲には金銭的価値がある。『ビリー・ジャック・ビッチ』のC・Jのときのように彼が曲を書けば、ジョン・ブリームの名はプリンスの熱烈なファンに広く深く知られることになっただろう。つまりブリームの名前の商業的価値がもっと上がっていたということなのだ。

「音楽評論家がアーティストに曲を書けと頼むなんて言語道断だ」と言ったのは、ビルボード誌の元編集長だ。彼は現在ロサンゼルスの大学で教授として高く評価され、音楽業界でも道義心のある指導者として活躍する一人だ（彼の名前を記すべきなのかもしれない。僕は人を批判するときにはブリームのようなやり方ではなく、常に正々堂々と名前を出して行うということをマナーとしている。何度か他の記者に記事で意地の悪い攻撃をされたので彼らと同じマナーで仕返しをしたことはあるけれども）。

妙なことなのだが、正直に言うと僕はジョン・ブリームを好ましい人物とも思っている。でも同時に彼を嫌悪しているのだ。

僕が彼を名指しで非難するのは、彼が数多くの若くて新しいバンドやミュージシャンたちを潰し、泣かせ、そしてその夢への道を閉ざしたからだ。ミネソタ州では大好きな息子や娘たちを激励する習慣がないようだ。

オーガスト・ウィルソンはおそらくここ半世紀で最高と言えるアメリカ劇作家で、彼の作品はアメリカに生きるアメリカ人、そしてアフリカ系アメリカ人たちを独特で複雑な視点から描いている。彼はセントポールに十年ほど住んでいる間に『フェンス』『マ・レイニーのブラックボトム』『ジトニー』などの傑作を書いた。だが、一九六〇年代初期から地方興行の素晴らしい劇場の一つとして世界でも認められている有名なガスリー・シアターは、彼の作品より、悲劇を集めた毎年恒例の東ヨーロッパフェスティバルを優先した。町の反対側、常に財政危機に陥っているようなブラック・ペナンブラ・シアターが彼の作品を上演しただけだった。

市の役人たちがウィルソンにふさわしい敬意を払わないまま、彼はシアトルに去ってしまった。彼が他界した二〇〇五年には国中が嘆き悲しんだ。そしてミネソタ州は彼が逝去したとたんこの州からずっと愛され続けた人物として称賛し始めたのだ。僕はプリンスも近い将来同じように語られるのだろうと予想している。

この土地から無視され蔑視されたのは黒人だけではない。ツインシティーズから六十キロほど離れたところに劇作家シンクレア・ルイスの生まれ育ったソーク・センターがあるのだが、彼は故郷を風刺した『本町通り』や『バビット』を出版したことで、地元の人々に冷たい目で見られるようになり、それは彼が一九三〇年にノーベル文学賞を受け取った後も変わらなかった。けれども現在ソーク・センターでは「本町通り週間」という毎年恒例の夏のフェスティバルを開催している。

セントポール出身のF・スコット・フィッツジェラルドは、彼の初の小説『楽園のこちら側』の出版が決まったとき、嬉しさのあまり叫びながらサミット・アベニューを走り回ったらしい。彼もルイスと同様に小説の中で故郷を飾ることなく描写し「失敗した建築の博物館」などと表現していた。

フィッツジェラルドはプリンストン大学に入る前に格式高いセントポール・アカデミーを飲酒で退学になったが、僕の調べでは彼はその後一度もミネソタ州に戻っていない。しかし、驚くべきことに彼が逝去して五十四年後の一九九四年、セントポールの繁華街にあるワールド・シアターは、フィッツジェラルド・シアターと名前を変えた。しかもその二年後、生存中はまったく彼のことを認めなかったこの町には実物より大きい彼のブロンズ像が立てられたのだ。

この地に軽視されたのは男性だけではなかった。ジュディ・ガーランドは生涯ミシガン州のグランド・ラピッズ出身と言い続けたが実はミネソタ州のグランド・ラピッズで生まれた。本名はフランシス・ガムだった。映写技師の父親が複数の男性を性的に誘惑していたことが明るみに出て、家族は住民から蔑視され、この地から去る以外の選択肢がなかったのだ。

そのような経緯があったにもかかわらず彼女が逝去した後、ミネソタ州のグランド・ラピッズは当然のようにジュディ・ガーランド博物館を建てた。隣の「黄色いレンガ道」というギフトショップでは驚くほど高い値段がつけられた商品が売られている。二年前までは毎年、初期の『オズの魔法使』に出演した小人たちによってそこで再会の集いが開かれていた（この伝統が終わりを迎えたのは、生きながらえた小人たちも老衰し、旅をするのが大変になったからだ）。

ボブ・ディランは一九四一年にミネソタ州ダルースで生まれ七年過ごした後、一家でヒビングに移った。ダルース・シビック・センターを囲む道を彼の名前にするか否かという論争は、彼がノーベル賞を取るかどうかの議論よりずっと激しいものだった。彼は一九六〇年代初期にミネソタ州から去ったが、この地に残った家族や親類（現在大半がツインシティーズに住む）や幼なじみたちと連絡を絶やすことなく密な関係を保っている。彼の母親が数年前に亡くなったときに、彼女に向けた詩をグランタ誌でもパリス・レヴューでもなく、セントポール・パイオニア・プレス紙に寄稿した。

それでもミネソタ州では、彼が生きている間は「ボブ・ディラン？　それで？」とぞんざいに扱い続けるのだ。

なぜなら彼も、プリンスやフィッツジェラルド、ルイスやウィルソンそしてガーランドと同様に、「変わっている」からだ。自分が特別だと信じていたからだ。

ミネソタ・バイキングスはプリンスが他界した後、ハーフタイムショーで彼を追悼した。このチームの応援歌は一九五〇年代から変わらない高校の校歌のような時代遅れの曲なのだが、プリンスがその代わりにと送りつけた曲が拒否された、という事実を僕は知っている。

ミネソタ大学はプリンスの死後、彼に名誉博士号を贈った。関係者は生存中から計画していたと話し、当時大学内のいろいろな部署や学科が彼に博士号を贈りたいと僕に提案書を書く依頼をしてきたからそれは真実なのだが、彼らは実に二十五年ほど考えていたことになる。

博士号はプリンスも喜んだ名誉だったはずだ。もし音楽で成功しなかった場合に彼には一つ代替案があったのだ。ミネソタ大学に行って学位を取り高校で音楽を教えること。結局死は彼に莫大な売上だけでなく学位までもたらしてくれた。彼が他界してすぐに、大学は彼に関連した記録をまとめて展示会を行った。フランク・ゲーリーによってデザインされた大学の美術館で行われた展示会には、「ミネアポリス出身のプリンス」という題がつけられていた。

二〇〇〇年代半ば。ミネアポリスのアップタウン近隣をドライブ中に、プリンスが僕の方を見て「ここではみんなが、いつも嘘をついているって気づいてた？」と言った。

プリンスは相手の身振りと癖から嘘を見抜く方法を身につけていた。腐敗した音楽業界で人の話の何が少なくとも真実と推測できることなのか自分で判断するためだが、ミネソタ州の人々の会話にも、業界と同じくらい裏があると言える。

真実ではなく「真実と推測できること」しか存在しない。

それでも、僕が今まで出会った中で最高と思える人々、そして最悪と思う人々はどちらもツインシティーズ出身だ。ここに住む僕を救ってくれたのは友達である彼らだし、また一方で最悪な方法で「友達」の意味は人によって違うことを教えてくれたのもここの人たちだ。「悪い友達を持つなら、良い敵を持つ方がましだ」というイディッシュ語の格言の通りだと実感した。

ただこの土地だけを裏表があるとして非難するべきではないと思う。

プリンス自身、生涯をかけて彼が「プリンス」であるふりをしていた。それはとてもうまくいったし、彼がすごいのは彼のふりがミネアポリス内にとどまらず世界中で受け入れられたことだ。

彼は敬虔なエホバの証人の信者だったのに、ハシド派のラビからカバラの教えを受けたりもしていた。この世界では何か疑うことはたやすく、一心に信じることが難しい。そんな世界でプリンスはプロレスの世界での「ギミック」、つまり自分の役柄や演出に入り込みそして自分についての報道も現実だと信じ始めた。

そして魂と音楽とスタイルすべてがギミックになった彼にとって、ミネアポリスが最高の隠れ家になったのではないか。もちろん彼は他の場所をいくつも試していた。ロサンゼルスにしばらく滞在したことも何回かあり、二番目の妻と数年トロントに住んだこともあった。スペインの豪邸にも滞在していたが結局それは別荘となり、最初の妻との結婚を無効にした後は彼女が住むようになっていた。二〇〇六〜〇七年にリオホテルでレジデンシー公演をしていたときはラスベガスに住んでいた。

なぜミネアポリスだったのか？　プリンスは「ふり」というゲームが、おそらくバスケットボールよりも好きだった、そして「ふり」はミネソタ州全土、特にミネアポリスにしっかり根付いている競技だからだ。

また、この土地の人々は「ふり」に加えて独自の哲学である「ミネソタ・ナイス」という気風を持っている。

「ミネソタ・ナイス」というのは笑顔の下に裏の顔が潜んでいるということ。笑顔に隠されたその極めて腐食した受動的攻撃性は有毒で、ここに住んでいることを嫌悪してしまうほどだ。けれども僕は本当に長い間この地にとどまっている。もし僕がこの場所をこんなに愛してそしてこんなに長く住んでいなかったら、きっと明日にでも引っ越しているだろう。ウォルト・ホイットマンは、私たちは矛盾した行動ができる生き物だと言った。その通りだ。僕たちは矛盾しながら生きている。

プリンスも、ミネアポリスも。僕はこの場所で、最も偽りがなく寛大でまっとう、慈善的で友好的、正直で賢明で心の広い人々に出会った。

そしてまた、最も非道で嘘ばかりで、自己愛が強く自分勝手、自己陶酔型の偽善家たちに出会った。

「ミネソタ・ナイス」とミネソタの裏の顔。この場所は表と裏の顔を同時に持っている。だからプリンスもミネアポリスを愛し、同時に嫌悪することができたのだと思う。この地は生命力や魂や音楽に満ちた場所ではないが、少年期に自分を狂わせ同時にスターの人格を作り上げた事件現場に彼の魂はいつも引き戻されたのだ。プリンスは「(人からの)妬みは愛に寄生する偽りの感情でしかない」というフランスの哲学を固く信じてもいた。

ミネアポリスの二〇二〇年現時点の人口は四十二万四千二百五十六人。プリンスが昔この場所があまり好きではなかったことは記録として残っている。彼の初のインタビュー、セントラル高校の校内新聞で、自分は「あいにく」ミネアポリス出身だと語った。彼は十代の頃シャンペンというバンドを組んでいた。地元のバンドとしてはうまくいっていたが、この町を出て成功する夢を持っていたのが自分だけだと気づき、バンドを辞めた。そして高校を卒業するとすぐにニュージャージーの異母姉のところに移り、レコードレーベルに売り込み始めた。これが彼にとっての現実のミネアポリスだ。

そして彼は神話的なミネアポリスも創造した。ケネディ大統領時代のホワイトハウスは「キャメロット」(アーサー王の伝説に登場する華麗で希望に満ちた都)と呼ばれたし、ミュージカル『フィニアンの虹』には神話上のグロッカ・モーラ、ソーントン・ワイルダー(劇作家)は『わが町』を創作し、ミュージカル『ザ・ミュージック・マン』ではリバー・シティがあった。だからプリンスも現実ではない架空の都市「ミネアポリス」を維持した。

ミネアポリスという小さな池には大きすぎる魚だったプリンスはその中で戦う気などまった

くなかったし、そして巨大な池であるニューヨークやロサンゼルスでも彼に文句を言おうなどとする者などいなかった。レコード会社では彼の訪問の知らせを受けるとすぐに、密かにスタッフ中にメモが回されたのではないだろうか、できるだけプリンスと目を合わせず穏便にことを運べと。

それなのに故郷ミネアポリスではプリンスがかなりの成功を収めた後でさえ、赤の他人が彼に面と向かって暴言を吐いたりしていたのだ。

プリンスは彼らを無視しなかった。ただ殺意のこもった目でじっと見つめて、いつも「そういうお前は何かすごいことをしてるのか？」と返答していた。

実際、ミネアポリスでは大部分の人は何も達成していなかった。ハスカー・ドゥやザ・リプレイスメンツやソウル・アサイラムがいたが、それは特異な時期だっただけだ。ミネソタ州はもともと流行の中心になるような場所ではないし、一九八〇年代、ミネアポリスが歴史上ただ一度流行の中心となっていた十年間、自分が住んでいなかったことを嬉しくさえ思う。それは本当にミネアポリスらしくない状況だったのだ。

ニューヨークの批評家がプリンスの音楽について何を言っても彼は気に留めていなかったし、悪い批評を喜んでもいた。けれども地元の記者がからかったりひどい批評を書いたりすると激怒していた。それでも彼はここにとどまっていたのだ。

プリンスは、気持ちが落ち込むことが多々あったのだが、それを彼が言葉にするのは稀だった。自分が弱いと思われるのが嫌だったのだろう。たとえ家にいるときでさえホームシックだと言っていた（コメディアンのサラ・シルバーマンが鬱な気持ちを表現するために使った言葉だと思う）。その感情は、ひどいドラマを彼の頭の中で延々と再生し続けるボタンを押すのだ。ドラマの内容は「素晴らしきプリンス・ロジャーズ」に対峙する息子プリンス・ロジャーズで、永遠に繰り返され終わりは来ない。たとえ自分が天才で捨てるほどの金を持ち、罪悪感や孤独や引け目など感じる理由など一切なくても、そのドラマからは抜け出すことができなかった。なぜなのかを追求しようともしなかった。

自分自身から隠れることに夢中になった彼にとっては、ミネアポリスが快適な場所だったのだ。虚構の世界、仮面をかぶったこの土地が彼の居場所だった。

どんな代償を払っても快適さを優先すること、それはもちろん人間の本能だ。けれどもミネアポリスの問題は、人々がこの気風に極端に比重を置いていることだ。

間違ってというか変則的というか地理的な偶然によってミネアポリスは孤立した場所にある。最も近い大都市はシカゴだが、六百五十キロメートル弱、車で六時間、飛行機で二時間弱、つまりすごく離れている。

だからここでプリンスは自分の存在を消すことができた。そしてそれが彼の望んだことだったのだ。音楽が世界中に届き、金が入ってくる限り彼にとって問題はなかった。

この土地は閉ざされている。

そして白いものしか存在しないようだ。

少しの間この地に住むだけで——ただ車を止めてよろめきながら玄関へたどり着くまでの間でも十分だ——ホワイトアウトを経験することができる。まさかこんな現実があるわけないと恐怖の感情まで湧いてくる。

境界はなくなり、空と地面が一体化し、目安にするものが何もない。最も慣れ親しんだ場所なのに方角が分からなくなったりする。だから玄関先から外へ出て、どこへ向かっているかも分からず何時間もさまよって、暖かい恰好をしていなかったら凍死してしまうことだってある。上っているのに下っていて、どこにも何も見当たらない。目的地がないのだ。

そしてそんな閉じられた、そして何もない世界ではすべてが可能になる。

「ミネアポリス・サウンド」と呼ばれる架空のジャンルまで創造された。

実際にはそんなジャンルは存在しない。

一九三〇年代、ミネソタ州のアフリカ系アメリカ人の数が人口の一パーセントに満たなかった頃のジャズと言えば、プリンスと同じノース・ミネアポリス出身のオスカー・ペティフォードがいた。ベースを学び、やがてチャールズ・ミンガスと並ぶほどの最高のミュージシャンになった。そしてジャイヴトークとポークパイハットで有名なレスター・ヤング。彼もミネアポリスに住んでいて、テナーサックスの演奏法に革命をもたらした。

一九三七年にアンドリューズ・シスターズが『素敵なあなた（原題：Bei Mir Bist Du Schön）』をイディッシュ語――東ヨーロッパのユダヤ系農民が使っていた言葉――で歌った曲が世界中でヒットした。彼女たちもミネアポリス出身だ。雑誌ニュー・パブリックの編集長で、当時社会学者として指導的立場だったキャリー・マクウィリアムズは一九四八年、この北部の町をなぜか「合衆国内の反ユダヤ主義の中心地」と表現した。

雑誌の読者にとっては驚きでしかなかったはずだ。まず、「ミネアポリスってどこ？」そして「中心地？」そして「ユダヤ人のイディッシュ語で歌ったアンドリューズ・シスターズの生まれた場所だ、反ユダヤ主義？」という疑問が次々に浮かんだことだろう。

これというものが何もない世界では、何でも起こり得るのだ。

次にミネアポリスからヒットが出たのは一九六三年。ザ・トラッシュメンが『サーフィン・バード』を地元のソーマ・レーベルで録音し、ポップチャートで二位を獲得した。アニメ『ファミリー・ガイ』のキャラクターのピーター・グリフィンがこの曲が大好きだと発言したことで、さらに人気に拍車がかかった。

ちなみに、ザ・トラッシュメンのメンバーは誰もサーフィンができなかったし、曲がヒットする前には海を見たことさえなかったが、それも大した問題ではなかったのだろう。ザ・ビーチ・ボーイズも実際にサーフィンができたのはデニス・ウィルソンだけだ。ザ・ビーチ・ボーイズが初めてミネアポリスに来たのが一九六三年だった。ザ・トラッシュメンは、それを記事にした地元の新聞からサーフィン用語を集めて歌詞を書いたのだ。

次にヒットしたのは歌手デイヴ・ダッドリーだ。同じミネアポリスのスタジオで録音した『シックス・デイズ・オン・ザ・ロード』は、おそらくトラック運転手の気持ちを表現した曲としては史上最強と言えるだろう。

それから一九八〇年に二十一ヶ国で一位を獲得した『ファンキー・タウン』。ミネアポリスのスティーヴン・グリーンバーグがツインシティーズから才能ある人材を集めて制作した曲だ。ミネアポリスがいかにファンキーであるかという曲ではない。同じつまらない日常が続く町から早く抜け出さないと、という僕たちにはなじみ深い感情を表現した曲だ。世界中のラジオ局がこの曲を喜んでかけたが、ミネアポリスのラジオ番組では一度も聴かなかった、とグリーンバーグが話していた。

そして一九八四年、映画『パープル・レイン』のサウンドトラックからの『ビートに抱かれて』。チャートで一位を獲得した。

現実のミネアポリス・サウンドは、オスカー・ペティフォードのベースとレスター・ヤングのテナーサックス、ユダヤ人嫌いの町出身のグループが歌うイディッシュ語の旋律、海を一度も見たことのないバンドのサーフィン・ソング、トラック運転手の歌、人当たりのいいユダヤ人の青年がミキシングしたディスコのリズム。そして『ビートに抱かれて』。

マイアミとニューオリンズとニューヨークはアメリカではない、とはよく言われることだが、実はミネアポリスは同じ銀河系に存在してさえいないのだ。

ニューヨークやワシントンでは、敵に刺されるときは少なくとも正面からと言われる。ロサンゼルスには「成功すると勘違いしている間に人生を終えてしまう」という格言がある。ツインシティーズではどうかというと、笑顔のままゆっくりと死んでいく。ここでは、魂は生涯続く偽りの心地よさによって蝕まれ、強固に押しつけられる受動的攻撃性に病み、他人を非難したり他人に向かい合ったりすることを避ける気風によってぼろぼろになっていくのだ。

何千年もの間、宗教家たちは敬虔な信者を惑わせようと、悪魔は神の衣装を着て現れるかもしれないと警告し続けているが、間違っていないのかもしれない。

ミネアポリスでは誰が嘘をついているか誰も分からないので、噂話はたいてい悪意を感じるほど間違っている。そして芸術作品の感想では多少のごまかしは許容されるとはいえ「まったく馬鹿げた作品だ」と思っているのに「それは興味深い」や「とても変わっている」と表現される。少なくともロサンゼルスでは誰が嘘をついているのか見当をつけることができる。僕の幼なじみで現在はハリウッドで名を連ねている人物が、ミネアポリスでは「みんなが嘘をついているると決めてかからなければいけない。嘘ではない、とはっきり言われてない限りはね」と言っていた。

ミネアポリスで嘘を見抜くのはとてつもなく難しい。ここでは誰もお互いに目を合わそうとしないからだ、セックスの最中でさえも（冗談だ。僕には知る由もない）。

皆が上辺だけの言葉で話すと知っているから、料理や赤ちゃんなどに対する褒め言葉を伝えるときにも誇張しなければ伝わらないことが多い。

去年の秋、赤ん坊の両親が本音だと信じるまでに、僕は褒め言葉を四回も繰り返した。とても可愛い。とても可愛い。可愛いよ。可愛いって！

嘘はついていなかったのにひどい疑われようだった。

「ミネソタ・ナイス」とは矛盾を意味する。誰かが「えーと、実は本当のことを言うと……」と語り出したら、これから嘘をつきますということ。誰かから「大丈夫、すべてうまくいくよ」と励ましの言葉をかけられたらすべてうまくいかないと確信すべきで、「心配しないで」と言われたら、心配するときだと思わないといけない。

上辺を取り繕う、お世辞を言う、気分を害さないために言うべきことを言わないことがここでは重要視されているので、素直な褒め言葉を一度言ったところで信じる人は少ない。

「可愛い赤ちゃんだ」という簡単な褒め言葉が「猿がバナナを食べたがってるみたいだね」を

意味すると思われる可能性があるということなのだ。

だから信じてもらうために「わあ、可愛い赤ちゃんだ。本当に、可愛い。本当に本当に本当に、可愛いよ」と言わなくてはならない。

偽善に満ちていて受動的攻撃性や陰口の文化が存在する場所。なぜ僕は何十年も住み続け、そして残りの人生も間違いなくここで過ごそうとしているのか？

それは僕がこの場所を心から愛しているからだ。僕が世界中で一番大切でかけがえのない人たちが住む、本当に本当に本当に美しい場所なのだ。

本当（4real）に。

「ミネソタ・ナイス」を嫌っていた僕の祖父母ならこう言うだろう「ザ・エメス」。

真実だ。

21・楽章終結部（コーダ）

尊厳のある生き方とは、自分がなりたいと思った人間になることだ。

――ソクラテス

僕はプリンスを、彼が他界するまでの三十一年間知っていたが、その間一度も彼を友達と呼べると思わなかった。厚かましい感じがしたのだ。

何十年もの付き合いの中で実際彼が僕に対して友達という言葉を使ったときでも、その概念を真剣に受け止めたことはなかった。

（謙虚を装った自慢話（ハンブルブラグ）ではないと強調しておく。ハンブルブラグは、素晴らしいコメディ作家の故ハリス・ウィッテルズが自虐ネタを隠れ蓑にした自慢を指す表現として生み出した言葉だ――たとえばツイッターで「昨日と同じ間抜けな僕なのに、そんな僕が今日アカデミー賞に指名されるなんて！」とつぶやくなんてことだ。僕はそうじゃない。プリンスの他界後でさえ、彼を僕の友達と呼んだことはない）。

21

楽章終結部

もし彼を知っている人間かのごとく振る舞っていたら、きっと自分はペテン師のような気分になっていただろう。

二〇一六年、他界する三週間前のメロドラマ調の彼との会話がまだ僕の頭から離れない。でも彼の声がどんなだったかもう思い出せない。抑揚やリズム、どんな笑い声だったか、どんなふうに他の人に皮肉を言ったか、どんな調子で自虐的な笑い話をしたか。


僕の弱さの象徴で、プロと言えない態度だということは分かっているが、プリンスとの会話を録音したテープをまた聞き直すなんてできなかった。この本を書くために繰り返し確認していたインタビューや会話の記録を見るのも、もうたくさんだった。彼の声をもう一度聞くなんてあまりにも苦痛で、言葉通り聞くにたえない。罫線入りのノートになぐり書きされた膨大な記録も、靴箱から頭を覗かせているインデックスカードの数々も、居間のくたびれた二つのスーツケースも、もう見たくなかった。

そこにいるのは亡霊たちだ。二十代半ばから、中年と言える年齢まで年を重ねた僕たち、過去の亡霊。今の僕は彼らを理解できないし、したくもない。テープの声を聞くことに耐えきれなくなった。一緒に過ごすようになった初めの頃の、二十代半ばの二人の声は希望に満ちていた。当時の僕たちは、大成するとかそういうことを話していたのではなく、永遠に続くはずだった恋の話をしていた。いろいろな経験を共有し、いつか一緒に家族を作っていく、夢見ていたおとぎ話のプリンセスと出会ったと信じていた。彼の相手はスザンナ・メルヴォワンだった。

まったく馬鹿げてる、何十年もたった今なら分かる。人はいつも去っていくものだ。相手が去らなかったとしても、間抜けな僕が自分から勝手に立ち去った。僕もプリンスも自分の作ったおとぎ話を信じ込み、気づいたときには二人とも年をとって一人になっていた。

そしてこれが、正直に言ってひどく哀れな話だが、彼が他界するまでの十年間僕たちが電話で話したことの大半を占めた。この本にそんな話の詳細を入れないという判断力がまだ僕にあったことは幸運だったと思う。どうしようもない中年が二人、チャンスを与えられても無駄にしてお互いをそして自分をかわいそうだと思っているような会話の引用など誰も読みたいと思わないだろう。

年を重ね、自分たちが若かった頃の生命力のようなものを完全に失った僕たちは、お互いそう離れていない場所に住んでいた。彼は非凡な天才だったし――非凡という言葉では十分に表現できないほどの天才だった――国際的に有名なミュージシャンだった。そして僕は……そうではなかった。けれども、僕たちには共有するものがあった。僕たち二人の人生には妙な共時性があったのだ。特に一人の女性と落ち着き、そして家族を作り、または少なくともまっとうな生活をすること（それが何を意味するのであれ）において。他人の人生について何か気づくことはあまりなかったプリンスでさえも僕たちの共時性には気づいていた。

21
楽章終結部

録音テープを聞いたり会話のノートを読んだりすることをもう二度と繰り返したくなかった。少し前までは神とか死とか、自分ほどすごい奴はこの地球上にいないとかいうプリンスの話の断片を友達のために送ったりしていた。でももう僕はテープを聞くことに耐えられなくなった。そしてプリンスの声を思い出せなくなった。彼が喜んでいるときや落ち込んだときにどんなふうに話したか。ミネソタ・バイキングスのクォーターバックの状況を語る彼の声も、もう覚えていなかった。

プリンスには自分の積み重ねてきた過去を消すという習慣があった。特に過去に出会った人々に対して、それが男性の友達であろうが女性の恋人たちであろうが、顕著だった。だから彼と話すときはいつもこの会話が最後になるのではという感覚を持っていた。一ヶ月半の間一週間に一度の頻度で真夜中に電話をしてきたかと思えば、一年半何も連絡をしてこない。僕でなくとも同じように思うだろう。人間の性質について明確な認識があったプリンスは、驚くほど自分の性質に気づいていなかった。

モーリス・デイが『パープル・レイン』の後にプリンスを辛辣に非難したことについて聞いたことがあった。デイはプリンスのバンド、ザ・タイムを辞めて、ファンク音楽と映画そして喜劇のスターとして活躍した。プリンスは分析するようにこう答えた。

「モーリスは最初からずっと個人として活動したい、スターになりたいと思っていたんだ。でも、金もなくてどっかの店で靴の販売員をしてるような奴には、そんなこと言えないだろ」。そしてプリンスの映画によって彼の名が売れて商品価値が出たから「モーリスは自分を確立させようとしたんだと思う」。

プリンスは「自分を確立させる」という言葉を「バカバカしい」というような感じで発音した。

一瞬苛立ったように、そして静かに「(自分を確立させる)一つの方法が、過去をなかったことにするってことだった」と言った。

数え切れないほどの回数同じことをしてきたプリンスから出る言葉とは思えなかった。彼は過去と、過去に自分を助けた大半の人々を抹消してきた。二十代半ばになったプリンスは、この自分の習性に気づいてもいて、若い頃の話として語ることもあった。それでもまた脱皮するように過去を——実際周りのほとんどすべての人を——脱ぎ捨てている最中には、この習性にはどんな付帯的損害があるのか忘れてしまうようだった。

「僕は若い頃いつもイライラしてた。誰に対してもすぐ嫌になって、そうするともう二度と会わないようにしてた」と昔を思い出すように話したプリンスは、その一ヶ月後、まったく同じことを繰り返したりするのだ。

そんな彼だがなぜか僕を消そうとはしなかった。彼としては時にそうしていたのかもしれず、

21

楽章終結部

ただ僕が気づかなかっただけかもしれない。僕は彼に雇われていたわけではなく、何も要求しなかったからかもしれない。何も欲しいと思っていなかった。彼の周囲の人たちと違って彼のことをあまり気にしていないように見えたからかもしれない。だが実際、僕にとってこの世で友達以上に大きな意味を持つものはない。友達によって何度も僕は救われたし、友達がひどいことをされたら全力でその加害者にとっての最悪の敵になっていた（と僕は信じている）。

僕の友達、実際僕が自然に友達と呼べる人たちは、一ヶ月半毎週一度電話してきて、その後一年半姿を消したりしなかった。プリンスはまるで、そういう関係性のために僕が存在するかのように、必ずそういう頻度で連絡してくるということを繰り返した。そんな僕に、友達の多くが、プリンスについて本当の話を書くことが僕の使命だと言ったのだ。彼と出会ってから一度も、彼の真実など理解したふりさえしなかったのに。

彼らは、プリンスが（空想科学小説の『スター・トレック』から）「トレッキー」と呼んだような、ウィジャボード（降霊術に利用する文字盤）や霊的な波動やオルゴン集積器（エネルギーで病気を治すとされた）を信じる種の人間ではない（もちろん僕にはそういう友達もたくさんいる。プリンスが僕に何を伝えたがっているのかを、独自の方法で受信して僕に教えてくれる）。

地に足がついている友達と、ついていない友達も含めて僕が信頼している人々が一様に、プリンスは僕に彼の伝記を書いてほしかったと主張した。そうでなければ、彼は三十一年間も僕が会話を録音したりノートを取ったりすることを許してはいなかったはずだ、と。

僕はプリンスに彼の伝記を書いてみたいと思ってるなどと匂わせたことは一度もなかった。プリンスとの最後のインタビューの後、僕は八冊の本を出版した。ヴォードヴィル、野球のマイナーリーグ、ユダヤ教ハシド派などを主題にした。プリンスについての本など、提案したことさえなかった。僕だけのプリンスの話などないと思っていた。

うまくいったとしても、僕にはせいぜい真実の一部のそのまた断片を伝えられるだけだと分かっていたから興味がなかったのだ。プリンスの人生の中で僕たちはそれぞれ違う役割を与えられていて、僕以外の誰か、彼のことを書くべき人たちが存在するはずだと思っていた。彼が他界する前の数年間、僕は彼の真夜中の電話の相手、彼の気分が沈んでいるときに話す男、それがすべてだといつも自分に言い聞かせていた。

彼が逝った後、彼のことを実はすごくよく知っていたのだと気づいた。でも、まっとうな歴史家のように彼の人生を扱うには早すぎると感じていたし、彼についての個人的な思い出を僕がまとめることは、映画スタジオの食堂でジュディ・ガーランドと二回すれ違っただけなのに、カンザス出身のドロシーとの友人関係について書いたマンチキンの一人と同じくらい信憑性を欠くだろう、と考えたのだ。

プリンスが深く低い声でまねたスタンリー——『ジ・オフィス』のセールスマンのアフリカ

21
楽章終結部

系アメリカ人――のせりふのように、本を書くなんて僕にとっては「あり得ないね」だったのだ。

そしてプリンスも、一度もそんなことを期待しているような態度を見せなかった。

「人は行動するときに分かりやすい理由をつけるものだが、そこには同時に本当の理由というものも存在する」十九世紀、アメリカの大富豪そして悪徳実業家のアンドリュー・カーネギーの言葉だ。

プリンスという人物は、たいてい「本当の理由」などなしで行動していた。ただ気が向いたときは、理由があって何かをすることもあったのだ。それに気づかなかった人たちは、彼のことなどまったく知らなかったと言える。「プリンスのふり」というゲームを世界中の人々と休むことなく続けたプリンス、それ以外の彼を少しでも知る機会があった人なら分かるはずだ。

本当はどうだったのかプリンスが答えてくれるわけじゃないし、今さら考えてもしょうがないことだ。

だから僕は真実だけを書こうと決めた。自分が経験したこと、実際目にしたから真実だ、少なくともそう保証できることだけをまとめようと。ありとあらゆる人々、最大の敵から彼本人までが突拍子もないことや嘘を話し、自己肥大や欺きによってプリンスの話をとてつもなく混乱させた（させている）。

プリンスとは誰だったのかを僕なりに理解したいと思った。

プリンスとの個人的な思い出を書くときには十分な注意が必要だ。たとえ明確な目的があって彼との直接的な関わりを語るのだとしても、人は時がたつにつれ自分の良いように信じそして記憶としていくものだ。ロシアには「人はまるで目撃者のように嘘をつく」ということわざさえ存在する。目撃者の証言は信じてはいけないということだ。

僕はどのように彼の話を書くべきなのだろう?

プリンスの言葉、僕にとって最も大切で意味を持つことになる彼の言葉が頭に浮かんだ。あの『ブラック・アルバム』を、文字通り発売直前にして取りやめた一九八七年。アルバムが悪魔の手仕事と判断したからで、何年かにわたってその結論に至った経緯を話してくれた。

「僕はこの頃いつも何かに対して怒っていたんだ。だからアルバムにはそれが反映されてる。そして突然気づいたんだ、僕たちは今この瞬間にも死ぬかもしれないって。そしたら自分が最後に残したもので判断されるだろ。怒って嘆いているような曲を最後に残したくないと思った」

初めてプリンスと話したのは二十六歳のときだ。この本を書いている現在、僕は六十歳で、かつて希薄な概念でしかなかった人間の死を現実味を帯びたものとして感じるようになった。僕と同じ年で亡くなった人だって少なくはないし、その可能性はもちろん僕にもあるということとだ。だから最後の作品で自分という人間が判断されるという彼の言葉が、深く僕の心に刻まれていた。

プリンスの死から二年後、ザ・ファミリーのライブを見るためにザ・ダコタに行った。収容人数が最大数百人ぐらいのくつろいだ雰囲気のクラブで、プリンスが後年人知れず静かに、新しいけれども騒がしくはないミュージシャンたちの演奏を特別席から楽しんでいた場所だ。

ザ・タイムを解散した後、『パープル・レイン』で頂点に立ったプリンスがその影響力を駆使して作ったザ・ファミリーは、彼の想像力という源泉から魔法のように呼び起こされ、彼の個性そして彼が持つ複数の人格を表現するまた別の手段として命を吹き込まれた素晴らしい派生バンドだった。

当時のプリンスは誰よりもアルバムを売り上げていたので、彼がザ・ファミリーやマザラティ、ミント・コンディションその他のバンドをつくることを否定する人などいなかった。プリンスがそんなふうに多くのアルバムを制作していた横で、『パープル・レイン』の重要な貢献者だったはずのザ・タイムは、その成功とさらなる発展を十分に味わう間もなく破滅的に解散した。プリンスは、『パープル・レイン』でのモーリス・デイの素晴らしい喜劇的演技には素直に驚嘆していたが、デイが自分一人で大成したいと真に有名になる直前のバンドを抜けたことに関しては、間抜けな決断だと思っていた。

モーリス・デイ——そばかす顔でみんなの使いっ走りだった、あのモーリス・デイ——はその後突然テレビ番組『デイヴィッド・レターマン・ショー』に、売春宿の客引きのような盛装で、ステッキを携えて出演した。レターマンを相手に、いかに多くの女性にもてるかという自慢話をしていた。プリンスは、デイの成功は、そしておそらく彼の今後の成功も自分の存在あってのものだと言っていた。そんな明快な事実に彼は気づいていないのか？と。

『パープル・レイン』とモーリス・デイの成功と共に、ザ・タイムは一部のメンバーを残し解散、そして新たなメンバーを加えたザ・ファミリーが結成された。ザ・ファミリーは、黒人ミュージシャンがほとんどだったザ・タイムをそのまま白人版に設定し直したような構成だった。プリンスの独裁的指導によって育てられたザ・タイムは強力なバンドに成長し、プリンス自身も彼が恐れる唯一のバンドだと称えたほどだった。そしてザ・ファミリーは同じような期待を背負って誕生したバンドだった。

ザ・ファミリーのボーカルはスザンナ・メルヴォワン。彼女はザ・レヴォリューションのウェンディ・メルヴォワンとの一卵性双生児で、魅力的な人だ。

スザンナは明るく笑う、気骨があって頭のいい女性で、プリンスの恋人だったが一九八六年に彼のもとを去った。彼が他の女性と遊び続けたので関係に終止符を打ったのだ。あのプリンスをふった。約束に反して貞節を守れなかったプリンスと別れたスザンナは、ミネアポリスを

21

楽章終結部

去りサンフェルナンド・バレーのウェンディとリサが住むアパートに戻っていった。

初代のザ・ファミリーがアルバムを一枚出した後に解散したのは、スザンナが去っただけではなく、スザンナと一緒に歌っていたポール・〝セイント〟・ピーターソンがプリンスと金銭的にもめて辞めたからだ。ミュージシャンたちは、一週間に三百ドルという少ない給与だったらしい。アルバムには『ナッシング・コンペアーズ・トゥ・ユー』の初めての録音が収められていた。シニード・オコナーがカバーし一九九〇年に国際的ヒットとなった曲だ。

ザ・ファミリーはその後再結成して数枚のアルバムを出し、ここ何年かはツアーも行っている。現在はほぼ初期の頃と同じメンバー構成で、ジェリービーン・ジョンソン、ピーターソン、プリンスがジャズの様々な様式を学び模倣したエリック・リーズ、そしてスザンナ。

一九八〇年代半ばにプリンスと話すようになったきっかけを作ってくれたのが彼女だが、僕は彼女と直接会ったことがなかった。当時の僕はニューズウィーク社で四年間働いていたもののまだ二十六歳の駆け出しの記者でしかなく、適切なタイミングで依頼を試みるには愚かすぎた。プリンスは、ローリング・ストーン誌の表紙写真には写るが何も話さないということで同意していた。だから話さない彼の代役として、僕はウェンディとリサにインタビューした。

その頃の僕は、クラーク・ケント（『スーパーマン』）と共にデイリー・プラネット新聞社で働くジミー・オルセンのように、機会を狙って成功しようなどと思っている記者ではなかった。おそらくインタビュー後にウェンディとリサが僕のことをスザンナに話してくれたのだろう。

そしてスザンナがプリンスにインタビューを受けることを、または少なくとも僕に会ってどんな人間か自分で確かめてみることを提案してくれたのだ。僕のことなどまったく知らなかったはずなのに。

プリンスが他界したとき、スザンナからリンクトイン（ビジネス特化型ソーシャル・ネットワーク）を通じてメッセージをもらった。書かれていた言葉は僕にはとても特別な意味を持つものだった。その思いがけない言葉から僕は、プリンスが僕を「時々役に立つ男」以上に思っていたのだと知った。共に過ごした何十年もの時間が、そして僕が、または何かが、彼にとって意味があったのだと思えたのだ。

ニール、プリンスは数え切れないほど何度も、あなたのことを尊敬と愛情を込めて話していたのよ。彼から本当に愛されたと言える人はすごく少ないでしょう？　ここであまり嘆くのはやめるわ。でも私も彼から本当に深く愛されてたと感じていたのよ。今度会いましょう。
愛情と感謝を込めて――スザンナ

プリンスとの最初のインタビューのとき、またはその後も僕がスザンナと会うことはなかった。でも彼女はプリンスが僕に孤独について話したことを知っていて、そんな会話がその後何年も僕たちの間で繰り返されることを分かっていたのだろう。

僕たちが最初に話したとき、プリンスはこう言った。

「時々ここは（彼の悪名高い紫の家）すごく孤独な場所になるんだ。正直に言うと、もっと友達が来てくれればと思うよ。たいていみんな、僕が彼らを邪魔に思ってるって考えるんだ。スザンナにお前が来るって言ったら、『何か私ができることある？ ここに寄った方がいい？ そうすれば訪ねてくる友達がいるように見えるでしょ？』って言った。僕は『いや、大丈夫、それは嘘になるから』って答えたんだ。そしたら彼女はうなだれてた。だって彼女は知ってたから。自分が望むほど、というか僕がそう望んでいると思うほど、ここに来ていなかったから。だからお前少しいいことしてんだ。知らなかっただろう？」

プリンスからの褒め言葉だったと言っていいと思う。僕が彼から褒められるなんて滅多になかったが、僕には十分すぎるほどだ。

三十四年後、僕はザ・ファミリーの見事なライブの後の、ステージ裏にいた。すべてのきっかけを作った人であるスザンナ・メルヴォワンと、バンドのメンバーたちに挨拶した。若い頃一度彼らが練習している姿を見たことはあったが、きちんと会ったのは初めてだった。

僕は彼女に感謝してもしきれない思いを持ってそこに立っていた。そんな僕に向かって彼女は最高の褒め言葉をかけてくれたのだ。

「あなたの記事だけよ。彼が本当に喋った言葉だと思えたのは」

すごく嬉しかった。何か魔法を使ったわけでも特別な才能があったわけではなく、単純にテープ起こしをし、自分の手書きの文字を読むことができた結果だった。けれども三十年以上もの間僕は、彼が会話の録音や記録を許した記者の一人でしかないと思い続けてきたのだ。

「ありがとう、スザンナ」と答えて、それ以上何も言えなかった。そのうちバンドは夜のミネアポリスの街へと去っていった。

僕は頭の中で彼女の言葉を何回も繰り返していた。

「あなたの記事だけよ。彼が本当に喋った言葉だと思えたのは」

プリンスと話したのが大昔のことに思えた。彼が他界してからもう三年がたっていた。だから僕は何度も『ラズベリー・ベレー』のミュージックビデオや、二〇〇四年のロックの殿堂入り記念式典で彼が『ホワイル・マイ・ギター・ジェントリー・ウィープス』のギターをかき鳴らしている映像を見た。いつも美しい女性が列をなし最強の男たちに囲まれていた彼。プリンスが孤独だったと言うと、驚きを隠せない人が大半だったけれど、そんなふうに彼らが反応することが僕にとっては驚きだった。

僕はまだプリンスを探していて、彼が誰か分かったわけでもなかった。スザンナは僕が彼の喋った言葉を書いたと言ったけれど、僕はもう彼がどんなふうに話したかも、彼の笑い声や苛立った声も覚えていなかった。彼がどのように話して歩いていたかを忘れ、どんな姿だったかさえ時には思い出せない僕が、きちんとした回顧録など書けるわけがないと思った。

そしてこの言葉に、プリンスの自分自身に対する評価の真実が表れていると思う。彼はミネアポリスの人間でその気風が彼の中から消えていなかった。だからどんなに普通とはかけ離れていても、自分を普通だと表現するのだ。

「本当だよ、僕は普通なんだ」と世紀が変わる頃にプリンスが言った。プリンスはたまにメディアを前に真面目に正直に語ることがあったが、そんなときの口調だった。「少し神経が過敏なところがあるかもしれないけど、たぶん。でも普通なんだ」

たとえばミネアポリスでは嫌な人に対して「変わっている」と言う。「ひどい奴だ」と言う代わりに「変わっている」と表現するのだ。そして普通とはあまりにも違う場合は「個性的」という言葉を使う。

「個性的だ」はブルックリンやポートランドだったら素晴らしい誉め言葉だろう。けれどもミネアポリスでは「変わっている、普通ではない」は「変人」を意味する嫌な言葉で、「個性的だ」はそれよりさらにひどい感情を表現している。

これは単なる言葉の問題ではなく、黒人やユダヤ人や（近年増えてきている）ソマリ人などの出生にかかわらず、ミネアポリスの住民が共通して持つ世界観なのだ。自己犠牲と自己嫌悪というスカンジナビア諸国の画一的な精神が、現代性によってあまりにも歪められた結果として、住民たちは国内最大のショッピングモールと、一人の人間が巻いた地球上で最大の麻ひものボールが町にあることを同時に誇りに感じるようにまでなってしまった。ミネアポリスは矛盾している。

そして、プリンスのように鮮やかに破砕した人格を持つ芸術家が、この場所を心地よく思えたことこそが究極の矛盾だ。

彼はかつてミネアポリスを「僕が出て行っても人々が飛びかかってこない」ところと表現した。ジョージ・フロイドが同じ場所で結局どんな目に遭ったかを考えると、同じアフリカ系アメリカ人住民として悲劇的にも皮肉な言葉に聞こえてしまうけれど。

プリンスは他界するずっと前から一人を好むようになり外に出なくなった。一人で死ぬのが嫌だという気持ちは変わらなかったのに、いつも自分の生き方を決めてきた彼でも、死に方を選ぶことはできなかった。

プリンスにとってミネアポリスはやがて「出て行くと人々が飛びかかってくる」場所になり、「僕がいると周りの人は引け目を感じる」から一人でいることを好むようになった。自分の間近に迫った死を予期していたのかもしれないと思ってしまう。

この町で「普通」と言えば傑出していないこと、そんな場所でプリンスは「格好良さ」を追求していた。つまり悲しいことなのだがプリンスのような人物はこの場所で「普通」にはなれないし、ここで「格好良さ」を手に入れるのは不可能だったのだ。

芸術家で「格好いい」を追い求めるなど、ミネアポリスで一番敬遠されること。プリンスがその非凡な才能で成功し、そしてここにとどまるという二つを共存させた事実に感嘆する。もちろん僕たち（ミネアポリス住民）にとっては幸運なことで、かつて彼を疎んでいた地元の人たちも彼が他界した今となっては、同意してくれるだろう。

プリンスは偉業を残すということに没頭していた。「格好良さ」の限界を目指し、何を成し遂げたか、何をするかを考えていた。誰かに「本当の自分」を知ってほしいなんて頭をよぎりもしなかったし、誰もそんなことに興味がないと決めつけているようだった。

だから彼は嘘をついたのだ。彼の言葉で言えば「からかった」、ドン・キングの言葉で「策略」。

超越したアーティストで、同じアフリカ系アメリカ人のジェームス・ブラウンも同じような態度をとっていたようだ。ジェームス・ブラウンの卓越した伝記『キル・ゼム・アンド・リーブ』の著者ジェイムズ・マクブライドは、次のように説明している。

（ブラウンは）白人が黒人である自分に何を求めているかを本当によく理解していた。彼らが自分のことや黒人の歴史、音楽について、自分の話すことにさえも興味がないことを知っていた。踊って歌って楽しめることがすべてで、自分が何をしようとしまいと気にしないと。自分は歌を売って金をもらう、それだけ。結局どちらにしても彼らは信じたいことを信じるのだ。だから記者に何を言おうが問題ではない。彼はその信条通りに行動した。

そしてさらに「（彼については）異なる話が多すぎる。白人版、黒人版、レコード会社版。彼の自伝でさえも公式版（とその他）が存在する……それでは何が真実なのか？」と述べている。

人々を困惑させたいという願望があったり必要性を感じたりするのは黒人だったりミュージシャンだけに限らない。

一九八四年に作家のフィリップ・ロスは文芸誌パリス・レヴューのインタビューで次のように語った。

「実際に体験したことを基に、偽りの伝記や歴史を書いたり架空の人物をでっち上げたりするのが私の仕事だ。人生には何か楽しみがなければならない。そしてこれが私の楽しみなのだ」。ロスはまた、作家によって「自分をいい人に見せる人もいれば逆の人もいるが」芸術的観点から言えば「そんなことは問題ではない。文学とは道徳的かどうかを競うものではないからだ。

権威と大胆さで、その役柄を成立させられるか、信じさせる力があるかどうかが問われるのだ」

プリンスが望んでいたのは、彼の音楽が完全な形で歴史に残ることだけだった。自分の人生にまつわる伝説、ありとあらゆる伝説が残ってしまうことではなかった。彼はブルース・ミュージシャンのロバート・ジョンソンを敬愛していた。彼の作品がほとんど残っていないことを嘆いていたが、同時に、彼についての情報が非常に少ないことを称賛していた。

二〇一八年にニューヨーク・タイムズは「見落とされた人々」という題名の連載を始めた。主に人種や性別や性的指向または無関心から、与えられるべき称賛を受け取ることのないまま他界した人々の死亡記事を、一八五一年を始まりとして順に掲載したのだ。

二〇一九年九月二十五日、ロバート・ジョンソンが他界して約八十年、彼の略歴が掲載された。これだ！と思わず新聞を叩いてしまうほど、まさにプリンスが欲しかった略歴だった。

レジー・ウグウは記事を次のようにまとめていた。

二十七年の間で短い生涯を終えたロバート・リーロイ・ジョンソンについて分かっていることは少ない。生まれは一九一一年の五月頃、一九三八年に原因不明で逝去したという記録は残されている。出生の届け出が提出されたかどうかは不明で、見つかっていない。

彼については、はがきサイズの紙にまとまってしまうぐらいの情報しか残されていない。一九一一年五月ミシシッピ州で婚姻関係を結んだ両親の間に生まれ育つ。そして……歴史上で最も有名なギタリストの一人となった。（ミシシッピ）デルタブルースの先導者という未来のために自分の魂を悪魔に売った預言者だという疑わしい説もある。

これこそ格好いいってことだよ、とプリンスなら言っただろう。

プリンスについては数え切れないほどの記事が掲載されたが、それでもそこから本当の彼を見つけ出すのは難しかった。記事というものは、記者の動機と考え方によって変わることが多いからだ。一匹の象と発見した盲目の男たちのたとえ話を思い出す。各々が象の体のほんの一部、牙だったり脇腹のあたりだったりを触ることによってどんなものか解明しようとする。目も見えず限られた知識しかない男たちは、お互いの矛盾する情報を基に巨大な象を思い描こうとするのだ。

たとえばプリンスとザ・レヴォリューションのバンドメンバーのウェンディ・メルヴォワンとリサ・コールマンの友達関係について。聞けば聞くほどよく分からなくなった。プリンスに初めてインタビューしたとき――まだ『パープル・レイン』ブームも冷めやらない時期だった――彼はザ・レヴォリューションについて熱心に語っていたのだ。「今まで一緒にやったどんなバンドよりも気に入っているんだ。メンバーそれぞれが何をすべきか分かってる。僕も自分の役割を分かってるしね」

ミュージシャンとしての素晴らしい才能はもちろんのこと、メルヴォワンとコールマンは彼をさらに輝かせてくれるような存在でもあったのだ。「ウェンディがいるとステージ上の僕まで、いい感じに見えるんだ。彼女はいつも笑顔だからさ。僕が睨んでても彼女は笑ってる。意識してそうしてるわけじゃないんだ、ただそれが彼女で、その対比がいいんだ」と彼は言った。コールマンに関しても「僕の妹みたいな感じ。彼女は、普通の人と同じように演奏しないんだ。指一本で二つの音を押さえるからコードに広がりが出るんだ。複雑な音が出せるんだよ」と説明してくれた。

一年後、彼らの関係はさらに密度を増したようだった。「バンドの最新アルバム『パレード』にはリサとウェンディと共作した二曲『スノウ・イン・エイプリル（原題：Sometimes It Snows In April）』と『マウンテンズ』が収められた」当時ローリング・ストーン誌に書いた僕の記事だ。「彼女たちはまた、プリンスの三番目の映画のための曲も書き始めた。それがどんな映画なのか分からないが、プリンスは彼女たちの曲に合うように映画を作ると言っているらしい」

数ヶ月後、プリンスはザ・レヴォリューションを解散した。しかもその後彼女たちが作った初めてのアルバムを、そして彼によって傷ついた彼女たちの気持ちを、冷たく却下していた。彼女たちを音楽的には業界の流れから、そして心理的には固く結ばれた（ように見えた）友達という関係から、絶望的なまでに離れてしまった単なる知人であるかのように扱ったのだ。

そんなプリンスを理解する手段として結局僕はヴァージニア・ウルフの考え方を利用することにした。鏡に映ったものが理解できないのなら、壊れた鏡を使って、その破片一つひとつにどんな基本的な真実が映っているか集めてみればいいと思ったのだ。ウルフのこの考え方は、サミュエル・テイラー・コールリッジというロマン派詩人に関する彼女の文章の中でとても分かりやすく表現されている。リチャード・アーマーの『コールリッジ・ザ・トーカー』に収録されている。

「立派なアメリカ人の編集者二人が（コールリッジについて）人々がどんな印象を持ったかというコメントをまとめた。そしてもちろん、印象は様々だった」とウルフは書き出す。

けれども、真実を追求するたった一つの方法は、真実をたくさんの鏡の破片で映し出す、そしてその中から判断する。コールリッジの話によって天国にいるような至福を味わった聞き手もいれば、退屈でその場から消えたいと思った人たちもいたようだ。彼の目の色が茶色だったと言う人がいるかと思えば、灰色だったとか、とても明るい青だったと言う人もいた。けれども一つだけ彼の話を聞いた人たちの中で共通していたことがあった。誰一人として彼の話した言葉を、一言でさえも思い出せなかったのだ。

21

楽章終結部

粉々になった鏡の破片に映ったものを集めれば、プリンスの全体像が見えるかもしれない。そうすれば、彼の声が録音されたテープを聞いたり彼の言葉をもう一度読み直したりするより、もっと包括的に彼を理解できるかもしれない。録音テープをもう一度聞いてもそこに彼を見つける自信が僕にはなかった。それより本当の彼の一部を映している破片を並べてみれば、もっと明確な像を見ることができるかもしれないと思えた。

だから彼が好きだったものを子細に見ていくことにした。自分の作業部屋にプリンスの写真ではなく、彼が好きだった物や人、尊敬していた人、一時期でも影響を受けた人の写真を貼り、そして思い出の品を持ち込んだのだ。

Ａ４の紙より少し大きめの白黒写真に写っているのは、大学バスケットボール時代にいくつもの得点記録を残した〝ピストル〟・ピート・マラビッチ。彼のいつものスタイル——だらりとした靴下を穿き、ヒッピー少年のような髪の毛をなびかせて——ジャンプシュートをしている瞬間の写真だった。一九六〇年代後期、ルイジアナ州立大学時代だ。

彼の父親で大学チームの監督でもあったピーター・〝プレス〟・マラビッチは息子を育て上げ、同時にぼろぼろにした人物だ。〝ピストル〟・マラビッチの大学時代の見せ場を集めたＤＶＤをプレイヤーから取り出しながら、プリンスは彼を「初めて黒人のようにバスケットボールをした白人選手」と表現した。ピストルが大学時代に作った一試合平均44・2得点はいまだに破られていない記録だ。

隣にはピート・マラビッチの一回り小さいカラー写真。上半身を写した近接写真で、物思わしげにボールを胸に抱えた彼はとても悲しそうな表情をしている。

ジョン・ネルソンのプリンスへの態度とは異なり、プレス・マラビッチは自分の成し遂げられなかった夢を叶えようと努力する息子の邪魔をしなかった。プレスは自分の失敗した経験を基に、息子を技術だけではなく見る者を魅了するバスケットボール選手に育て上げた。

父親は息子をコート上で舞うようにバスケットボールをする完璧な選手に育てたのだが、一方で彼から人間的な生活を奪ってしまっていた。「ピストル」は四十歳のときに心臓発作で逝去している（心臓の冠状動脈にもともと欠陥があったと言われている）。

それからA2サイズの大きなポスターに写ったウォルト・フレイジャー。身長二百センチ以上、巨大なウィルト・チェンバレンがフレイジャーを止めようとしている。フレイジャーがジャンプしたチェンバレンの足の間を抜けるパスを出した瞬間の写真だった。フレイジャーは十代の頃のプリンスが大好きだった本『ロッキン・ステディ』の著者だ。

「人は皆、ドリブルするときに独自のリズムを持っている」とフレイジャーは述べた。プリンスは一つや二つではなく何十ものリズムを持っていた。

プリンスは僕の部屋でこの本を読み返して、気になったところに下線を引いていた。理由は一度も説明してくれなかった。

21

楽章終結部

「いいプレイをしている時期はあまり寝ていられず、目が覚めるときを待ち遠しく思う。わくわくして、次の日が、次の試合が待ちきれない。また動き出したくてたまらなくなる」

若いプリンスは、超絶的な格好良さを持ったウォルト・〝クライド〟フレイジャーから、自分の気分と洋服のスタイルを一致させることを学んだ。

今、四時三十分か五時ぐらいだろう。今日試合に着ていく服を決めよう。どんな気分か？やる気に満ち溢れているなら「クライド」っぽい揃いのスーツを着て行く。あざらしやミンクの毛皮コートを合わせてもいい。気分がいいときはそうやって完璧にきめて外に出る。でも、うまくプレイできていない時期などは他のことにはまったく興味がなくなる。洋服とか、女の子たちとか――すべて意味がない。

プリンスにとっては音楽に意味がなくなることなんてなかった。昼も夜もスタジオやコンサートホールやライブハウスで音楽を奏でていた。

『ダーティ・マインド』の頃、僕は落ち込んだり具合が悪くなることが多かったんだ。バンドの状態が原因だったと思う。メンバーがそれぞれ自分の役割を分かっていれば僕たちはバンドとしてすごい演奏ができるのに、それを彼らに理解させられなかったから。あとは、好きだった人の気持ちが僕に向いてなかったことが大きかったな。それに、父親や妹ともあまり話をしてなかった。

プリンスはどのようにこんな「クライドらしくない」感情に対処したのか？

当時ペイズリー・パークはまだ建設前だったが、彼はそれを何かの象徴にしようとしていたようだ。「ペイズリー・パークがあるから乗り越えられるんだ。それは、自分の魂の中にある場所。一人になったときにたどり着けるところなんだ」

一人になったときに訪れる、自分の魂に再会するための場所なんて、僕にはまるで自分の棺桶が欲しいと言っているように聞こえた。フレイジャーの写真の隣に大判のモノクロ写真「ザナドゥ城」を並べた。映画『市民ケーン』で、チャールズ・フォスター・ケーンはその広大な邸宅に自分を閉じ込めて暮らし、そして死んでいった。プリンスにとってはまさにそれがペイズリー・パークだったのだ。

次はプロレス界のヒーローたちの写真だった。並べてみたら壁のかなりの場所をとられたが、彼がプロレスの概念であるケーフェイで人生の大部分を作り上げていたことを考えれば無理もないことだろう。ケーフェイ。リング上での役柄の裏に現実を生きる人間が潜んでいることを、観客に決して感じさせてはならないという概念。疑問の余地が残る芸術と言えるだろう。

21

楽章終結部

MTVで妙な態度を見せるプリンスや、全仏オープンやロサンゼルス・レイカーズの試合を観戦するプリンスは、外界で生きるプリンス、つまり彼の頭の中で創造されたプリンスだったのだ。

そして悲劇的にも、彼を消耗させて破滅に導いたのが、プロレス用語で言うところの「ギミック」を信じたことだったと言えるだろう。彼は役柄である「プリンス」を完璧に演じ、それが実際の自分であると信じるようになってしまった。後年の彼は以前どのように「役柄が人気者に」なったかを思い出したので、ただその場所へ戻ればいいと理解したのだ。

彼は判断通りに行動し、再び表舞台に立った。舞台というものは三幕構成（設定・対立・解決）が基本とされるのだが、プリンスの物語も悲劇のままでは終わらなかったのだ。彼は自分の中の様々な人格、つまり本人、プリンス、プリンス・ロジャーズ・ネルソン、スキッパー、その他の多くの人格をそれぞれ役柄として演じて生きればいいと悟ったのだ。ただ問題は体一つで、あまりに多くの役柄を演じなければならなかったことだった。

プロレス写真の一枚目は大判のカラー写真。下前歯がなく、唇を開いてしかめ面で威嚇しているマッドドッグ・バションと約百三十キロの弟ブッチャー・バションだ。一九六〇年代、百三十キロという体重がまだウリになった時代だった。モントリオールが生み出した最強のフランス系カナダ人兄弟は、それぞれ世界タッグチーム王者の金色のベルトをつけて今にも飛びかかってきそうな様子でこちらを睨みつけている。

彼らは悪役の中の悪役で、しかもスズメバチでも飲み込んでしまったかのようながらがら声でインタビューに答えた。プリンスはこの兄弟のまねが恐ろしいほどうまく、特にマッドドッグは本当に似ていた。プリンスのものまねもすごかったのだが、マッドドッグで僕が思い出すのは彼の「格好良さ（Sick）」にプリンスが感銘を受けていたことだった。変わっていることや途方もないこと、単純に新しいことをするときにプリンスが最も重要視する要素は、いかにそれが「格好いいのか」だった。

「格好いいっていうのは誰もしようと思わない何かをすることなんだ」と一九八五年に彼は言った。

「自分の義足を別のプロレスラーに剝ぎ取らせて、それで相手の頭を打たせたのか！」僕がマッドドッグの最後の演出ニュースを伝えるとプリンスは興奮して「とてつもなく格好いいな」と感嘆した。

プロレスを引退した狂犬（マッドドッグ）が、最前列で試合を観戦していた。リングから試合中の選手が下りてきて無理やり彼の義足を剝ぎ取り対戦相手の頭をそれで殴った。マッドドッグが最後の演技をして観客を喜ばせたのだ。僕の説明を聞いていたプリンスは腹の底から笑っていたし、彼がそんなふうに笑うことは珍しかった。「芸のためなら自分を喜んで犠牲にできる男なんだ」とプリンスは言った。

21

◆

楽章終結部

バション兄弟の写真の隣には、彼らの永遠の敵役だったクラッシャーとケーフェイの従兄弟ディック・ザ・ブルーザーこと、ウィリアム・フリッツ・アフィルスの写真が並んだ。アフィルスはアメリカンフットボールのプロ選手からプロレスに転向した。一九五〇年代に撮られたこの大判の写真の中で、クラッシャーとブルーザーの顔は血まみれだ。憤慨した形相を浮かべ、折りたたみ椅子を高々と掲げてリング中央に立っている。すでにリング上で倒れている名もない相手選手の頭を殴るためにこの椅子が使われるということは一目瞭然だ。次に彼らがどんなことをするとしても人道に反する行為なのは明らかだが、そんなことは問題ではない。彼らはクラッシャーとブルーザーなのだ。プリンスはクラッシャーのまねもうまかった。

なぜプリンスはクラッシャーが好きだったのか？

「彼らはクラッシャーでヒット曲を出したよな」とプリンス。ザ・ノヴァズが一九六四年に発売し、少しの間ヒットした曲のことだ。彼のリング名をそのままタイトルにした『ザ・クラッシャー』はハンマーロックをかけろとか目の玉をえぐれとかいうような歌詞だった。

プリンスはボクシングのプロモーター、ドン・キングにも惹かれていた。キングとクラッシャーにはどんな共通点があるのだろうか？　キングは、重力に逆らったような髪型の悪質なボクシングのプロモーターで、クリーブランドの街角で男を蹴り殺した過去を持つ凶悪な人物だ。シェイクスピアに出てくるような仰々しい言葉を使って人前で演説するのが好きだった。

「彼はすべてを新しいことのようにしてみせたんだ」とプリンスは言った。そして少し黙ってから、「たとえそれが古いことだったとしてもね」と続けた。

プロレス写真の最後は、リベラーチェが着るようなミンクの毛皮を羽織った悪役ゴージャス・ジョージ。流れるような金髪を「ジョージのピン」と呼ばれるようになったピンでまとめている。試合中観客が怒って彼に対し罵声を飛ばすと、まるで社交界デビューの舞踏会で男らしさを見せつけているかのごとく、そのピンを彼らに投げつけるのだ。ジョージは人々に非常に大きな影響を及ぼした。彼に触発されて、モハメド・アリはスポーツ界で最もやかましく大口をたたく男を演じると決め、リトル・リチャードはロック界で最も傍若無人なミュージシャンを目指し、ジェームス・ブラウンは傑出した人物となることを決心したのだ。多くの人に嫌がられても理解されなくても、ジョージなら分かってくれているはず。たとえ嫌悪されても、未知のもの、常軌を逸したものだったら観客は見たいと思い、会場は人で埋め尽くされるとジョージから学んだのだ。

モハメド・アリは彼がカシアス・クレイだったときに、嫌われることによって多くの観客を会場に集めたゴージャス・ジョージを見た。ジョージと、会場に集まって激昂して叫ぶ一万五千人の観客を目にして、クレイはその熱狂の虜になったのだ。独創的な伝記『アリ』の著者ジョナサン・アイグは、アリが「すごいアイデアだ!」と驚嘆していたと記している。

21
楽章終結部

一九五〇年代のジョージが意気揚々と振る舞うことでファンを興奮させたように、アリはリング上で詩を披露し、プリンスは「プリンス」という役を演じたのだ。

そしてプリンスという役柄はロックロールの世界で最大の成功を収めた。無名だったプリンスに必要だったのは注目を集めるということ。彼には才能があったし、そして自分のヒーローだった人たち――ゴージャス・ジョージが影響を及ぼした人たち――から聴衆を引きつける重要性も理解していた。

ゴージャス・ジョージの写真の隣に並んでいるのは、縦横五十センチ以上あるポスター。一九六七年のボブ・ディランのドキュメンタリー『ドント・ルック・バック』のもので、僕の最も好きな映画の一つだ。監督のD・A・ペネベイカーが一九六五年の英国コンサートツアー中のディランを追って撮ったドキュメンタリーだ。

ドキュメンタリーには、実際に起こった時代錯誤的な人種差別事件を批判した『ハッティ・キャロルの寂しい死(原題:The Lonesome Death of Hattie Carroll)』を、南部の田舎の小作農民とその家族を前に歌っている場面が映っている。まだ業界に入って間もないとても若い頃の彼だ。そんなことを話してプリンスにこの映画をすすめた。

「どう思った?」と僕が彼に感想を聞くと、「彼はあそこに撮影隊がいたことをちゃんと知ってた。だから歌ったって気づいた?」と答えた。

正しい指摘だった。報道関係者は、ディランやプリンスが作り上げたケーフェイの一面的人格をすべてだと思って扱っていた。ディランもプリンスもそんな報道陣をうまく利用していたということだ。僕たちの考えの及ばないずっと先を歩くことで、多くの偉業が成し遂げられるということを証明していたのだ。

ディランのポスターの隣はA4サイズのカラー写真、ザ・レヴォリューションだ。『パープル・レイン』の頃のものでウェンディとリサに対してだけではない彼の「裏切り」を象徴している。ドラムのボビー・Z・リヴキン、キーボードのマット・ドクター・フィンクとリサ・コールマン、ギターのウェンディ・メルヴォワン、そしてプリンス。この部屋で彼の写真はこの一枚だけだ。

バンドは、ザ・ニュー・パワー・ジェネレーションの前兆としてなどではなく、ずっと続いていくかのように見えた。

このバンドに終わりは来ない、思ってることを話し合うバンドだから、とプリンスは言っていた。

時々バンドメンバー全員が集まって長い時間をかけて話し合うんだ。回数も少ないし、滅多にやらない。僕がたいてい一番喋ってる。それで、終わるといつもメンバーの中の誰かが僕の方へ寄ってきて言うんだ。

「ちゃんと休んで。あなたのこと、とても大切に思ってる」

彼らにすごく大切にされてると思うし、僕もメンバーに対して同じ気持ちだ。でもこういう話し合いを頻繁にするなら僕もメンバーも態度が変わってくるだろう。いろいろ考えて、それをみんなが持ち寄って話し合いをしている感じだからいいんだと思う。理想的な状態だし、これ以上のバンドが想像できないんだ。他に新しい何か、なんて考えてもないよ。

男たちの写真ばかりが並んだが、次の写真はビリー・ホリデイ。彼女はステージ上のマイクの側に立っている。プリンスは彼女が自己消滅していったことを軽蔑していた。「彼女は周りの人の話を聞かなくなって、中毒でおかしくなった」と侮蔑を込めて言った。仕事と生活を犠牲にしてしまう薬物中毒者に対する侮蔑は、彼が自分を救えたかもしれないときに、自身への羞恥心となって助けを求められなくした。

壁に貼った顔写真のコラージュ。プリンスが時に犠牲者または裏切り者に仕立て上げた人々を再度眺めていたら、犠牲者ではなかった女性とは誰だろうという疑問が浮かんだ。彼の母親マティの写真。ジョン・ネルソンと結婚し、まだザ・プリンス・ロジャーズ・トリオで歌っていた頃のものだった。プリンスが彼女の生存中ずっと言い続けたような、性的に奔放で野性的な女性とは程遠い人物だった。そんなふうに彼女について作り話を続ける一方で、人生における重要な決断の際にはいつも彼女の意見と助言を求めて相談していた。

彼の嘘がどんな被害をもたらしたかを示す例として、長い間彼の美容師だったキム・ベリーの写真も並べた。プリンスについての彼女のインタビュー記事はいつも面白い内容だった。中でもプリンスの他界後に美容雑誌に掲載されたインタビュー記事は、かなり良いものだったと思う。彼女とプリンスとの関係は、おそらく僕と彼との関係と同じくらい長く続いていて、しかも彼女は彼の美容師だったからほとんど毎日彼に会っていたのだ。

そんな彼女にさえプリンスは嘘を話していたので、二〇一九年に出版された彼女の著書『ダイヤモンド・アンド・カール（原題：Diamonds and Curlz）』の中で、マティは薬物依存から抜けきれない悪霊のような母親として描かれ、それがこの本の価値を落とした。

彼女の本の中ではマティ・ショウは救いようのない薬物依存症の女性だ。それはもちろん、プリンスが母親について話した他のすべてのことと同様に、真実ではない。現実の彼女は青少年の中毒問題を専門とし、長い間学校に勤務していたソーシャルワーカーだったのだ。ベリーは次のように書いている。


プリンスは母親が薬物依存だったと言っていた。彼女のお金が底をついてプリンスの義父にも金を無心できなかったときに、プリンスの部屋に忍び込んで彼のお金を盗んでしまったそうだ。部屋にはプリンスが新しいギターのためにずっと貯めていたお金が置いてあった。

そのできごとが、まるで魚を揚げた後の油の臭いのようにずっと頭から離れない、そしてそれが女性に対する不信感、彼女たちに対する自分の態度や、音楽やお金を必死に守ろうとする態度につながっていると話していた。

プリンスの嘘をベリーが鵜呑みにしたことで、彼女の著書が歴史的記録としては信憑性に欠けるものになってしまったのだ。「プリンスは自分の母親が薬物を買う金のために男を渡り歩いていることを知っていた。子供の頃（そしてその後も）与えられるべき母親からの愛情を与えられなかった。その結果、彼は出会う女性たちに敬意を払わなくなったのだ」と説明は続く。

マティ・ショウは薬物依存者ではなく、ただ中毒問題を専門とするソーシャルワーカーだった。シンディ・ストーヴァーは、かつて生徒として一日に二時間ほど学校の事務所でマティと一緒に働いていた。そして自分の母親がビンゴゲームにはまっていることをマティに相談したと話してくれた。「すごく心配になって、それでマティと話したのを覚えてるわ。彼女に言ったの。『うちのお母さんが依存症かもしれないと思うんだけど。ビンゴゲームにはまってるの、どうすればいいの？』って」彼女は続けて次のように話をしてくれた。

（そしたら）マティが説明してくれたの。依存症のサインは、するべきことをしないで気づかないふりをしていないか？　いろいろなことをさぼるようになっていないか？　大切なとのためのお金を使ってしまっていないか？　お金を使いすぎて請求書がたまっていないか？　とても具体的な答えだったわ。

マティはそういうふうに話す人だった。いばるのではなくて、思慮深くて頭も良かった。「こうしろ、ああしろ」とは言わず話を聞いてくれた。それに彼女はいつも生き生きとしていた。

母親は堕落した薬物依存者だというプリンスの嘘を信じたキム・ベリーは、本の中でそれが彼の人格に及ぼしたダメージについての説明を続ける。彼の母親は自分の欲求を満たすことしか考えずあんなことやこんなことをした、それが彼にこんな悪影響を与えた、と。また、プリンスが惹かれる女性は皆、そんなふうに彼を苦しめたはずの母親に似ていたと気がついたようだ。

「プリンスは女性の好みがはっきりしていた。彼は小柄な女性に惹かれた。そして、ヴァニティ（彼が初めて真剣に恋した人）と別れた後、彼がデートしていた女性や結婚した二人は、みんな同じような外見だった。彼女たちはみんな『ヴァニティに似た感じ』だった」

もっとはっきり言うと、彼女たちは「マティ・ショウに似た感じ」だったのだ。彼の女性に対する態度にはどこか復讐的な要素があったのかもしれない。でもそれは中学や高校時代に、誰かに興味を持つと友達や異母兄（と思われていた）デュアンにからかわれ、いつも奪われ負

21

楽章終結部

けてきたことが原因のようだ。バンドで演奏し始めてからは女性たちの方から追われる立場になり、選り取り見取り、来る者は拒まずになっていったのだけれども。

プリンスを知るための反射鏡として僕の仕事部屋の壁一面に広がった写真。まだ他にもある。ミネソタ・バイキングスのクォーターバック選手、ジョー・カップ。プロフットボールの殿堂入りをしたセンター選手ミック・ティンゲルホフから試合開始のボールを受け取る瞬間の写真だ。一九六九年だった。

この年ミネソタ・バイキングスはスーパーボウルに出場し、カンザスシティ・チーフスに圧勝すると予想されていた。僕は十歳でプリンスが十一歳。この試合でバイキングスが見るも無残に負けたことがどのような影響を彼に与えたか、僕は一度もたずねたことがなかった。僕自身はあの日を境に二度と昔の自分に戻ることはなかったのだ。23対7で自分のチームが惨敗するという試合が、人生は悲劇だという観念を子供だった僕に植え付けた。どうでもいい話かもしれないが。

プリンスはずっとバイキングスを応援し続けた。彼らの新しい応援歌まで作ったほどだったが、提案はチームに拒否された。生まれ故郷からの拒絶をこれほどはっきり象徴するできごとはないだろう。

それなのにバイキングスはプリンスが他界した後の試合のハーフタイムショーで、百人以上の演奏家で構成されるミネソタ・オーケストラを呼んで、『パープル・レイン』をフルオーケストラで演奏し、ネット上で大注目を浴びていた。プリンス本人がチームのためにただで応援歌を作って送っていたこと、天才的なミュージシャンが作った曲は、プロや大学スポーツで他に類を見ない素晴らしい応援歌として有名になったであろうこと、そしてバイキングスはその曲を却下していたこと、これらの事実を探り当て記事にしたのは数社の新聞社だけだった。

それがミネアポリスという場所だ。

プリンスの人生は矛盾に満ちていて、時に彼自身が自嘲するほどだった。たとえば、エホバの正義と尊崇の道に転向したときに真意を疑った人々についてどう思ったか聞いたことがあった。彼は憤慨して「そうなんだよ。まったく同じ奴らが、プリンスはキム・ベイシンガーと一度も寝てないって、物知り顔に喋ったりするんだよな」と言っていた。

事実かどうかは重要ではなかったのだ。彼がセブンスデー・アドベンチスト教会の信者として育ったかどうかを知りたがった記者もいたが、それなら彼の幼なじみアンドレ・シモンに連絡を取って二人が通っていた教会の名前と場所を教えてもらえれば分かることだ。けれども調べた記者などいなかった。

彼の神殿ペイズリー・パークの鍵を誰が持っているのかということに関しても相反する話が

21
楽章終結部

あった。他界する三年前にペイズリー・パークで些細な事件があり、警察が呼ばれた。報告書には「プリンスだけが鍵を持っていて、彼が鍵を開け閉めして人を出入りさせていた」と記されていた。けれども、ペイズリー・パークに駆け込んだ医療関係者が、夜明けよりずっと前にこの世を去ったプリンスをエレベーターの中で発見したときには、すでに数名が家の中にいてヒステリー状態になっていた。だから鍵がどんな仕組みになっていたのかは分からないままだ。

　そして彼の死因についての矛盾。死亡証明書の死亡原因にはフェンタニルと記されていたが、僕はそこに「恥辱」も同じくらいの重要性を込めて記すべきだと思っている。全国放送のテレビ番組で自分の尻を誇らしげに世界中に見せて演奏できる男の死亡原因の一つが「恥」なのだ。

　ロサンゼルス・コロシアムでザ・ローリング・ストーンズの十万人のファンが罵声を浴びせ、アルコールが入った瓶を殺人ミサイルのように投げてくる中、細く中性的な体つきのプリンスは平然とステージに立っていた。そしてヘッドライナーが『ストリート・ファイティング・マン』を演奏するのを待つ観衆を前に、下着のような衣装を着た彼は堂々と性的に曖昧な『ジャック・ユー・オフ』を歌った。そんな人物の死亡原因が、薬物に依存したことへの恥ずかしさであるわけがないと思うだろう。

　彼が魂を失った、または精神的に死んだのは、二十年前に息子アミールが生後すぐに他界したこと、ダンスができなくなったこと、遅かれ早かれギターはもちろんピアノさえ弾く力がなくなることが複合的に影響した結果であるのは確かだ。

それでも助けが必要だと認めることを恥だと思い恐れたことが、彼の実際の死につながったのだ。鎮痛剤中毒は、厚底靴のまま九メートルの高さのスピーカーから飛び降りたりするなど、仕事で休むことなく体を傷つけ続けたことから派生した結果だ。何十年もの間、ファンに対してコンサート代よりずっと価値の高いものを与え続けていた代償だ。マイケル・ジャクソンが眠るために必要としていた麻酔薬を過剰摂取したり、エルヴィスがデメロールやアミタールやコデインを含む十四種類の薬を薬局チェーンの流通センターの在庫ぐらい大量に服用し、トイレで倒れたりすることを恥じるというなら納得がいくのだけれど。

エリック・クラプトンやパール・ジャムのマイク・マクレディのようにヘイゼルデンに行けば助かったかもしれない。それが後の彼らの仕事に不利に働いたようには思えない。しかもヘイゼルデンは僕たちの住んでいる場所の本当に近くにあったのだ。

でも治療を受けるには本人の意思が必要で、そしてプリンスにその意思はなかったのだろう。彼はずっとバンドメンバーや従業員たちに薬物を固く禁じてきたし、それが原因で解雇もしてきた。健康的な生活や菜食主義の生活について、小柄ながらまったく睡眠を必要とせず制作し続ける超人的な体力について、麻薬で一日を切り抜けるなんてもってのほか、そんなふうに何

21

楽章終結部

十年もメディアで語ってきた。

だから「恥辱」が彼を殺したのだ。プリンスの周囲のスタッフは、キーストン・コップス警官隊の喜劇のシーンかのごとく助けられる人をやみくもに探し、西海岸在住の医者にたどり着いた。医者はまずは状況を見ようと、医学部予科の学生であった自分の息子にナロキソン（オピオイド拮抗薬）を持たせてミネアポリスへ向かわせた。息子が到着したときには、プリンスはすでに床に倒れこの世を去っていた。

プリンスと薬物摂取は、彼の人生の他のすべてと同様に理解できない矛盾のようにも思える。けれども中毒を知っている人ならば分かるはずだ。それは、下着姿で一本のギターだけを手にした二十三歳の黒人に罵声を浴びせる十万人の猛々しい白人の男たちなどと比較にならないほど、強力な支配力を持つ。

そして誰かがあまりに傷つき、生き続けるのを恥じて自殺を望んでしまっている場合には、止められる手段など何もなかった。

頭では理解できたが、彼が他界して数年たつまでこの厳しい事実を認めることができなかった。

彼が亡くなる数週間前の電話での会話。

プリンスが会話の中で僕を「マンマ・ジャンマ」と呼んだとき、ロイ・ジェンキンスが語った気持ちと同じものを感じたのだ。一九六三年にケネディ元大統領のリムジンが急にスピードを上げたとき、ロイ・ジェンキンスはダラスのラジオ局で中継放送をしていた。ジェンキンスはマイクに向かって「何かがおかしい」と、不安に駆られた緊張した声で言った。「何か非常にまずいことが起こっている」

僕の前にマイクはなかったが、同じように動転していたのだ。動転すると論理的な思考はできなくなり、だから間抜けなことを思いつき、普段の僕からかけ離れた行動を起こした。そしてプリンスの数少ない昔からの友達もそれぞれ同じようなことをしていた。

考えられるただ一つの方法を試すしかなかったのだ。

アンドレ・シモンは、妻に激怒され家を追い出されたという話を作り上げ、ペイズリー・パークに泊めてくれというメッセージをプリンスに送った。アラン・リーズは、かつてプリンスのために働き彼の周囲の人間たちとも親しかった人物で、モリーンで起こったことを聞いた後にペイズリー・パークに電話したが、「ここは、すべて通常通りだ」とあしらわれ、心配するなと言われた。リーズが友達だと思っていた電話口の相手は、死の影が見えていたプリンスの状態について大嘘をつきリーズの助けを遮断した。

広い人脈を持つわけでもない僕ができることは限られていた。それは新聞でプリンスの名前を出し彼が連絡してくることを願うというものだった。もしかしたら効果があるかもしれないと願う気持ちだった。

僕には大学の頃一緒に部屋をシェアしていた友達がいた。そして彼の兄、ベーシストの故ジョン・ベイカー・ソーンダースと知り合いになった。ソーンダースはヘイゼルデンでリハビリ後に復帰した、ツインシティーズ周辺ではよく知られている人物だった。ヘイゼルデンを退院し、昔の悪い仲間や習慣を避けて復帰しようとする多くの人たちにとって、彼の存在は大きな助けになっていた。

ソーンダースはヘイゼルデンでパール・ジャムのマイク・マクレディと友達になり、一緒に演奏するようになり、まもなくパール・ジャムに雇われツアーに同行したりしていた。バンド内でも彼は賢明なアドバイザー役を務めていて、ホテルに着くと真っ先にマクレディの部屋のミニバーからアルコールを撤去したりもしていた。ソーンダースはその後マクレディがパール・ジャムと並行して作ったアルコールフリーのバンド、マッド・シーズンにも参加しヒットアルバムにも関わっていた。

また僕は音楽業界についての本を書いていたときに、妙な縁でカート・コバーンと出会い、彼が妻のコートニー・ラブと娘のフランシス・ビーンと住む家で一晩過ごしたことがあった。その日の彼には薬物中毒の様子などなかった。けれどもそれから一年もたたないうちに、彼は入院していたカリフォルニアのリハビリセンターの壁をよじのぼり、シアトルに飛び、そこで数日さまよった後散弾銃の銃口を自分に向けた。

そのとき僕はソーンダースに、自殺の危険がある人に連絡が取れたらどうするべきなのかとたずねた。

「彼らを呼び出すんだ。どんな手段を使ってもいいから、彼らがこっちに連絡してくるようにする」とソーンダースは答えた。

コバーンがリハビリセンターを抜け出した後、世界の半分が彼を探していたが見つからなかった。そんな状況だったらどうすればいいのか？　「彼らの関心を引いて、こっち側に連れてくる。どんなことをしてでも」

僕の頭に浮かんだただ一つの手段が、新聞社の知り合いに頼んでプリンスが僕に連絡してくるような記事を書いてもらうことだった。プリンスは怒ったときに最も行動的になり、なりふり構わず動くということを知っていた。だから僕は唯一のコネを使って、彼の大敵であるスター・トリビューン紙のゴシップ記者C・Jとのインタビューを設定した。僕がプリンスについて話すのは数十年ぶりだった。

インタビューで僕は彼を非難した。また彼と働かなければならないとしたら、それは「悪夢のようなもの」とミネアポリス住民に向かって嘘をついた。タイムカプセルのことや、それに添えた文書を僕がずっと前にまとめたこと、そして彼についてあまり公表されてないこと。全国向けの週刊アドウィークが、ゴシップコーナーでそのインタビュー映像を二回に分けて流すほど注目を集めた。

そして、ヘイゼルデンの知り合いにも連絡を取った。依存症からの回復についての記事を書いたときに知り合い、またタバコをやめるために一週間滞在して彼らのクラスに参加したこともあった。クラスは（依存症からの回復手法である）十二ステッププログラムに従ったものだった（まずグループのみんなを前に「僕の名前はニールです、僕はニコチンに依存していまず」と自己紹介をし、みんなが一斉に「こんにちは、ニールさん」と返答してくれるといった感じだ）。

プリンスが再度オピオイド過剰摂取で倒れる数日前、僕はヘイゼルデンで働く友達に電話をしていた。有名人がそこに行く必要があるかもしれないが、空いてるベッドはあるかと聞いた。彼ははっきりと可能とも不可能とも言わなかったし、プリンスからもインタビューに対して何の反応もなかった。

それから数年後。プリンスの死について調査してまとめてある本（ジェイ・コーン著）を読んでいるときに僕は言葉通り吐き気を催すほどショックを受けた。

プリンスが他界した日の朝——実際彼はすでに死後硬直の状態にあったのだが——カーク・ジョンソン、プリンスの個人秘書メロン・ベクレ、ハワード・コーンフェルド医師が送り込んだ学生の息子アンドリューは、ペイズリー・パークのそばのホテルで一緒に朝食を楽しんでいたのだ。

「ジョンソンとベクレは二人とも『プリンスの様子をしばらく確認していない』と大したことではないように、平気な顔をして言った」とアンドリューは憬然と後に語ったらしい。

「彼は一人なのか?」と驚いたアンドリュー。ジョンソンとベクレはぼんやりと「そうだ」と答えた。嫌な予感がしたアンドリューは、プリンスを探した方がいいと彼らを促した。

コーンの本にはこう記されていた。「カーク（・ジョンソン）とアンドリューが朝食をとっている間に二度、午前九時二十分と九時二十一分に、ヘイゼルデンの患者受け入れ部署からと思われる着信があった。どちらの電話も取られなかった」

僕がヘイゼルデンの友達と話したことが、この二回の電話と関係しているのかは分からない。僕はジョンソンとベクレの電話番号を知らなかったし、ヘイゼルデンの友達に伝えてないから、おそらくまったく関係がなく他の誰かが何らかの行動を起こした結果だと思う。

それでもやるせない気持ちは消せなかった。

アンドレ・シモンが家を追い出されたふりをしてプリンスと連絡を取ろうとし、アラン・リーズがペイズリー・パークにいる友達だと思っていた人たちにプリンスの状態を聞いてまわり無下にされ、世界的に有名なリハビリセンターがプリンスに接していた側近に電話をしたというのに、その三人は電話にも応えずにのんきに朝食を食べていた。それで結果が変わったわけではない――プリンスはすでに何時間も前に他界していたはずだから――けれども問題は、彼が価値のある人間で、こんな扱いをされるべきではなかったということだ。

プリンスは言葉通り致命的に孤独を感じていた。彼は関わったすべての人を自分の使用人にしてしまったから一人になった。作家のサミュエル・ジョンソンはこう述べている。

自分の弱みを使用人に見せてしまうことは危険である。しかしそれを彼らから隠し通すのは不可能とも思える。だからこそ弱みを見せないということが、正常な……生活を送るための一つの原動力となるのかもしれない。使用人に屈してしまうのは、何よりも恥ずべきで嫌悪感を催すものだからだ。

彼の見解が正しいのかは分からない。でもプリンスという人物は音楽業界で愛されていた誠実なモー・オースティンとレニー・ワロンカーの下で形式的な雇用者であったときでさえ、その状態を嫌悪していた。そんな彼にとって、自分の秘書やペイズリー・パークの管理をしていたカーク・ジョンソン、または名もない医大予科生のアンドリュー・コーンフェルドの監視下に自分を置くなど許しがたいことだったのかもしれない。

プリンスは、あまりに扱いにくくて他人に屈することなどできない人間だった。それが皮肉にもこんな結果を招いたのだ。

彼が他界して三年以上がたった。再結成したザ・ファミリーとスザンナ・メルヴォワンに会って、僕はプリンスがどんなふうに話したか思い出そうとしたが、思い出せなかった。時間がたって、伝記の中の彼が本当の彼の代わりに僕の頭に居座っていた。

パソコンの電源を入れて、初めて彼に質問をしたときの録音を聞いた。一九八五年、僕はいつものようにインタビューを始めていた。僕のインタビューの始まりは質問と言えるようなものではない。延々と僕がわけの分からないことを話し続け、たいてい相手が僕を遮って意味のない話をやめさせようと話し始めるという結果になる。

「みんな結局こう考えてるんだと思うよ。『プリンスはうぬぼれてるんじゃないか？』って。みんなに言いたいね。僕はずっと昔から、自分が特別だと思ってたって。そうでなかったら、この業界に入らないよ」

僕の知っている声。

友達の声だ。

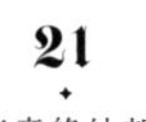

楽章終結部

後記　プリンス文学

ドン・デリーロは、不条理主義を語った素晴らしい小説『ホワイト・ノイズ』を一九八五年に出版した。主人公で物語の語り手となっているのは大学教授のジャック・グラドニーで、国際的にもまったく新しい「ヒトラー学科」の創設者という設定だ。同僚の一人がグラドニーに尊敬の念を込めて「あなたがヒトラーを一つの分野として確立させたことに感銘している。いつか私もエルヴィスで同じことができたらと思っている」と言う。

これを現実の世界が模倣した形になったのが二〇〇六年。ニューヨーク・タイムズのリチャード・サンドミアが「ミッキー（・マントル）文学」という新しい分野を加えるべきだと言ったのだ。ミッキー・マントルはニューヨーク・ヤンキースのホームラン王で一九五〇～六〇年代国民から大人気だった選手。サンドミアはマントルの人生の詳細を調べ分析し研究する多くの本が出版された現象を指摘したのだ。

マントルと野球との関係はプリンスと音楽との関係に似ていた。両者とも芸術的で精励であまりに自分のスタイルを確立しているので、既存の枠を飛び越え文化の象徴となって神格化した。彼らは自分の選んだ道であり得ないような才能を発揮し、本人の想像さえ超える結果を生み出していった。そして僕たちは、彼らがずっとそうあり続けることを望んだ、または永遠に変わっていないふりをすることを望んだのだ。

マントルの逝去後十五年、二〇一〇年までの間に推定三十冊もの伝記が出版された。すべて本格的な伝記で実生活での彼がかなりみじめで苦悩に満ちていたことを伝えている（そのうち五〜六冊には、本人と彼の野心家の家族たちも熱心に協力している）。昔を懐かしむように彼の球場での活躍について分析している本もあれば、彼の人間的欠陥に焦点を当てているものもあった。

そして二〇一〇年、ジェーン・リーヴィが最も完全で決定的と言えるマントルの伝記『ザ・ラスト・ボーイ』を出版した。ヒーローの仮面をかぶり続けた悲劇的な彼の人生を、鋭い視点で包括的にそして創造的にまとめた作品だ。

決定的な伝記が出版されたとはいえ、それがこの「ミッキー文学」の最後の作品となったわけではなく、それどころか一層勢いを増したのだ。リーヴィは文庫版の前書きで次のように述べている。「作家たちは（マントルに関する）記憶を修正したり回想録を再生利用したりする。だから彼の記憶のパッケージ化や再パッケージ化、構築と解体の作業は収束することなく続いていく」

リーヴィはこの素晴らしい作品のために五百六十三人もの人々――マントルが新人選手だったときに彼のプロ野球カードをデザインした人から二〇〇〇年にノーベル生理学・医学賞を受賞したエリック・カンデルまで――に話を聞いた。

マントルのホームランを打つ超人的能力、科学的観点からは不可能とみなされていた能力について、カンデルの見解を求めた。マントル自身も説明することができなかったらしい。カンデルは軽妙に答えている。「『どうしたらモーツァルトはモーツァルトのようになれるのか？』と聞いているようなものだよ」

今から数十年後、プリンスはモーツァルトのような天才と同等に扱われているのだろうか、それともルディ・ヴァリーのようになっているのか？　ヴァリーは一九二〇年代後半から一九三〇年代にポップスのスーパースターの先駆けとなったのだが、今となっては覚えている人はほとんどいない。僕はプリンスが天性の才能を持った人間だったと信じているが、時がたたなければこの質問の答えは出ない。だから答えを待つ間は、彼に関して出版されたそして出版され続けるであろう多くの書物を「プリンス文学」と分類してしまってもいいと思う。

一九八四年の『パープル・レイン』のヒットから、プリンスについて驚愕するほどの数の本や記事が出版された（他界後も彼の生前の話や作品の分析が定期的に復刊されている）。すべて十分な価値のある記録だ。

ルポタージュや批評、伝記や回顧録、口述記録、報復的な大作や愛情の込もった思い出話。彼の歴代の作品の再分析、コミック本や大人のための塗り絵本。いわゆる病理学の観点からプリンスのありとあらゆること——たとえば彼の小さなイボから不作法、公的な場での失敗、彼に関する事実または想像上のできごと——を分析している記事もあった。そして数々の聖人伝。聖人伝だからもちろんプリンスは神だという結論になっていた。

プリンスは神ではないと僕は思うけれども、とてつもない矛盾を抱え、数多くの人格を持っていたことは確かだ。まったく違う世界に存在したリンドン・ジョンソン元大統領に関する記述だが、プリンスの表現として適当なので引用したい。ジョンソンはケネディ元大統領が暗殺されたときに副大統領から大統領に昇格した。そしてリチャード・ニクソンが就任式で聖書に手を置いて理想主義、未来像、権力、狂気の交じった宣誓をするまで政権を支配した男だ（プリンスにとってザ・レヴォリューションの副次的な事業といえばザ・タイムになるのだが、「偉大な社会」政策を掲げたジョンソンにとって副次的事業というとベトナム戦争だった。人にはそれぞれの領域というものがあるのだ）。

ジョンソンの補佐官を務めたジョセフ・カリファノが一九九一年に彼についての回顧録を出版し、ロサンゼルス・タイムズがジョンソンの多面性を知ることができた、と次のように称賛した。

「ジョンソンはマキャベリであり、ファルスタッフ（自堕落だが機知に飛んだ架空の人物）でもある。時には、フェイギン（『オリバー・ツイスト』の盗人）であり、ロベスピエール（恐怖政治を行った）、ロビン・フッド（伝説的英雄）、そして典型的なアメリカ人でもあった」

モーリス・ヘイズはザ・ニュー・パワー・ジェネレーションで二十年間キーボードを担当していた。プリンスがザ・レヴォリューションの後に集めたこのバンドで、メンバーが頻繁に変わっていく中彼は誰よりも長く続けた。ヘイズがプリンスの日ごとに変わる人格を察知できたからだ。

「僕の持論だとプリンスには五つの人格があったよ」とヘイズ。二〇一八年ミネアポリス・スター・トリビューン紙、ゴシップ記事でプリンスを悩ませたC・Jによるインタビューだ。

僕は様々なプリンスを見分けようと観察してたんだ。まずは、「パープル・レイン・プリンス」。これは、映画の中のプリンス。はじめプリンスはあんな感じだと思ってた。でもバンドに入って彼がバンドリーダーとしてすごく厳しくて、「この男かなり意地悪いし、言葉もきつい」って感じたのさ。それが二番目のプリンス。三番目は、バスケットボールをしたり、お互いのガールフレンドのことを話したり悪ふざけしたりしているプリンス。それから次は、気持ちが沈んでいるプリンス。何か嫌なことがあって機嫌が悪いから、当然僕たちも楽しくない一日になる。そして最後は、持ってるものすべてを与えようとするプリンス。僕は必ず今日はどのプリンスか判断してたんだ。そうすると何か彼に言う前に、「分かった。今日は二番だな。自分のベスト以上の演奏をしないと嫌な日になるぞ」とか分かるわけだ。それが本当に役に立ったと思う……。彼が話してるだろ、それで僕は「今日はこのプリンスなのか、分かった」って判断して、それでバンドを続けてきたんだ。

いったい彼はいくつの人格を持っていたのだろう？　知っている人はいないということを僕は確信しているし、本人さえも分かっていなかったと思う。彼が他界して二週間過ぎた頃だったと思うが、ニューヨーク・タイムズが、プリンスは意図的に自分のすべてを知る人を作らないようにしていた、という真実を解明していた。「プリンスは多くの取り巻きや日常の様々な事務を行うスタッフに囲まれていたが、他の大スターたちと異なるのは、彼が驚くほど自主的に行動する人物でもあったことだ。友達や関係者たちは、プリンスが自ら車を運転してスタッフの知らない間に約束を取り付けてしまうことも度々あったと話した。プリンスがそのように独立性を保っていたからこそ秘密も守りやすかったのではないかと言った」

プリンスはルービックキューブのように永遠に相反し続ける人格たちの集まりだったが、その数はあまりに多く、「多面的」という言葉が過小評価に聞こえるほどだった。そしてこのような人物によく共通する要素が、生身の人間としてはまったく理解されないということなのだ。彼らの存在は絶対的に知られているし、おそらく世界最高の人物と見られているかもしれない。人々は彼らを本当に知っているのだろうか？　理解しているのか？　でもそれは伝説的人物に必要な要素ではないのだ。

(リンドン・)ジョンソン元大統領も、プリンスと同じように秘密を守ることに熱心だった。彼は晩年、大学の卒業アルバム四百冊から、恥だと思った自分の記録を取り除くように命じたという。

そして彼らのような大衆に囲まれた孤独な人物たちは、自分の中の矛盾を自然なことだとみなしていることが多い。補佐官だったカリファノはジョンソン元大統領を次のように説明している。「勇敢で粗暴、情け深く残酷、信じられないぐらい聡明で、腹が立つほど無神経で……仲間や敵の弱点を察知する鋭さと異常とも思える直感を持っていた」

彼らは「誰であるか」として知られるのではなくて、「何をしたか」で知られたいと思っていたのだろう。

プリンスは他界する少し前に、自伝を出版するという二五〇万ドルの契約をランダムハウスと結んでいた。自分のことを知ってほしいと思う気持ちの表れかと思えるが、それも自伝の種類によるだろう。

ジェームス・ブラウンの伝記の著者ジェイムズ・マクブライドは、ブラウンについて調べていくうちに、彼がまったく真実を伝えたいなどと思っていなかったことに気づいた。逆に自分の自伝にどんな嘘が詰め込まれるのかということに興味を持っていたようだったらしい。四十一年間彼のマネージャーだったチャールス・ボビットは、「ブラウンは自伝本を出したいなんて思ってもいなかったから、私は笑っていたんだ。彼は（ゴーストライターが）書きたそうにしていたことをただ喋っていたんだ」と言った。「彼には話したくないことがたくさんあったよ。家族とか家庭生活とかね」

プリンスも似たようなもので、何年か前に僕に、自分の人生についての本を出したいと語ったが、その内容は半面だけの真実とまったくの嘘ばかり、過去の大部分が欠けていて結局小説になってしまうものと言っていたのだ。

彼の意地の悪さとでも言うのだろうか、プリンスはたった二十九ページの手書きの草稿を残していた。素晴らしい回想録の材料だけは提供していったのだ。そして実際『ザ・ビューティフル・ワンズ』が表面的にはプリンスの自伝として、実質的にはダン・パイペンブリングが芸術的にイラストや文章を編集して出版された。プリンスが、本を書いたことのなかった若干二十九歳だった彼を指名し、彼らは共同で本を仕上げることになっていた。

パイペンブリングは素晴らしい選択だったと思う。彼がプリンスと時々電話で話したり会ったりできたのはたった三ヶ月の間だったが、それでもプリンスの残した研究論文のような物語に洞察と活力を加え本を完成させた。この本には、彼の人生にまつわるとても興味深い写真や、手書きの走り書きや、その他がらくたのようなものまでがつまっている。

プリンスが本当に様々な人格を持っていたとはいえ、規則に従って真面目に生活するという人格は想像しがたい。二〇〇三年に公開されたラモーンズの見事なドキュメンタリー『エンド・オブ・ザ・センチュリー』の中で、ジョーイ・ラモーンの兄弟が彼について話すシーンがある。もしジョーイがジョーイ・ラモーンになってなかったら、おそらく精神病院かまたは介護施設みたいなところに行っていただろう、彼は「ジョーイ」で……普通とは違っていたからと。

プリンスも同じだと思う。スターじゃないプリンス？　彼にそんな人生が送れただろうか？　伝記ドキュメンタリー『ビートに抱かれて』の最後でクリス・ムーンが彼なりの意見を述べていた（ムーンはプリンスの最初のプロデューサーと言っていいだろう。彼は青臭い十代の少年にミネアポリスにある自分のスタジオ、サウンド80を自由に使わせたのだ。一九七〇年代中頃のことだった）。

「プリンスを有名にして彼が夢を叶える手助けをしたって言われるけれど、本当にそうするべきだったのかなとも思うよ。僕が彼にただ可愛い女の子でも紹介してたらな、とか。そしたら二人ぐらい子供が生まれて彼は工場に仕事に行って。年をとって、ロッキングチェアに座ってリラックスしてさ。まったく有名なんてことはなくて……それでも俺はそれを誇らしく思うだろうってね」

でも僕にはスターのプリンスしか想像できなかった。

そうでないプリンスなど存在しない気がする。

スターの称号にふさわしく「プリンス文学」にはたくさんの書籍と記事が揃っている。一番好きなプリンス本を選べと言われても、他の価値のある五冊ほどを無視しなくてはならないから難しい。また、ロック音楽の批評に対してあれこれ言いたくないという気持ちもある。批評家の中で僕が知っている人はごくわずかだが、部外者から何か言われるのを快く思わない集団だということは分かっているからだ。だからプリンスのお気に入りのテレビ番組『ジ・オフィス』の支部マネージャー、マイケル・スコットをまねて「ダンダー賞」――ダンダー・ミフリン製紙会社が毎年恒例で従業員それぞれに何らかの賞を与える――の形で紹介しようと思う。

まずは僕の大好きな映画『パープル・レイン』を思い出させてくれた本、アラン・ライト著の『レッツ・ゴー・クレイジー』。彼は映画と共に成熟し頂点に達した人々を追い、当時の状況を見事に捉えていた。リチャード・リンクレイターの『バッド・チューニング（原題：Dazed and Confused）』が僕の高校時代のドキュメンタリーと言えるように、この本はその時代の空気感を絶妙に表現していたと思う。

ベン・グリーンマンの『ディッグ・イフ・ユー・ウィル・ザ・ピクチャー』は旧約聖書に込められた哀歌のようにプリンスの死によって失われたものを嘆くと同時に、新約聖書の人類愛賛美のように、プリンスの音楽と演奏に込められた歓喜と、そして単純に踊らずにいられなくなる気持ちを褒め称えている。

テュレー著の『アイ・ウッド・ダイ・フォー・ユー』。予感はしていたことだが、読んだときには、ポパイがほうれん草を食べた直後のように怒りで鼻息が荒くなった。でも僕がいくら認めたくないと思っても結局は彼が正しいと認めざるを得ない。

アレックス・ハーンとローラ・ティバートが共著した『プリンス：栄光と躍進』は、プリンスが爆発的に売れるまでの真実をつかむために不可欠な基礎知識を提供してくれた。対して、ジム・ウォルシュの『ゴールド・エクスペリエンス』はプリンスの九〇年代の下降状況を追っただけでなく、その原因を鋭く追求していた。ロニン・ロとミック・ウォールは音楽ジャーナリストとしての経験を生かし、起きたできごとをまとめて適切な批評を加えることで、プリンスの人生と業績をより良い形でまとめていた。

奇妙なことだがいろいろな意味で最も洗練されプリンスを率直に表現していると感じたのは、ジェイムズ・マクブライドがジェームス・ブラウンについて書いた本だった。もちろん二人は異なる人間だが、両者とも同じようなプレッシャーを感じていたからだと思う。

プリンスの音楽については、素晴らしい批評もひどい批評もすでに十分すぎるほど残されているから、これ以上加えられることはもう何もないのではと思えるほどだ。プリンスの真の友達であったクエストラブは先見性を感じさせる回想をしている。当時の音楽業界全体は、痛々しく結局のところ無駄な努力をして時代に追いつこうとしていた。サンプル音源を使える時代に、二十九の楽器をその各々のプロ奏者よりうまく弾ける能力など誰が必要とするのかという風潮だった。クエストラブは、プリンスがそんな業界の常識に従わなかったから不当に非難されたのだと言う。

（プリンスの）心は誰よりもヒップホップだったよ……プリンスは無法者（アウトロー）だった。彼は『ライト・オン！』（若者向けの雑誌）のシンシア・ホーナーのインタビューを定期的に受けてたんだけど、すらすらと嘘ばっかりついてた。それはヒップホップだよね。外見や彼特有のスタイルを守るためのスタッフが集められてた。まさにヒップホップだ。彼には戦うべき天敵がいたし（リック・ジェームス）、自慢のレーベル（ペイズリー・パーク・レコード）も持ってた。親たちが彼の曲の内容に激怒したから、注意を喚起するためのシールなんてものまで作られた。ヒップホップ以外のなにものでもないよ。

ロック評論家のロバート・クリストガウが四十年前、一九八〇年に書いた『ダーティ・マインド』についての批評。クリスガウは情熱的に（かなり性的な俗語を多用して）批評した。

他に類を見ないファルセットで歌うこの男は一九七九年のヒットアルバムを出した後、曲作りを手がけ人格を変え、ギターをかき鳴らし、ボーカルを強化し、ロックステディやファンク色を帯びた四つ打ちに激しく傾倒する。テーマとしているのは――ほとんどすべてセックスだ。彼はここ十年間で最も商業的成功を収めたアーティストで、パティ・スミスやジョン・〝ロットン〟・ライドンのような強圧的なヒーローたちにその座を譲った反逆者たち、レノンやディラン、ヘンドリックス（そしてジム・モリソン）を彷彿させる高い創造性を感じさせる。典型的な恋する男性像を歌った『内気なボーイ（原題：He's So Shy）』がヒット曲となっている状況下で、彼は臆面もなく卑猥、ポルノ映画のような幻想を作品の主題にする。少年が自分の姉とやって興奮するとか、女友達の彼氏と寝るとか寝ないとか、教会に向かう花嫁のあそこを舐めるとか。

プリンスが誰なのか、誰だったのかそして誰になるのか、という質問に対しての僕の結論は本人の言葉を引用することにする。僕はずっとしつこく彼に、自分が誰だと思うか、誰が自分に似ていると思うか、誰にまたは誰のようになりたいのかという質問をしてきた。そして三十一年間で彼が一度だけそんな僕をうるさいハエのようにあしらわなかったときがあったのだ。彼はいつも自分は独自の存在だと言い続けていた。

そして「僕は特別なんだ」と言っていた彼は、父親から暴力を受けていたときに、同じ言葉をまったく反対の意味で使って自分を責めていたことに、気づいてもいなかったはずだ。

一九九四年の四月十九日、プリンスが誰と似ているかについて興味深い認識を示す言葉を口にしたのはこのとき一度きりだった。彼の運転で僕のアパートから四区画ほど先にあるアップタウンのルドルフに行ったときのことだ。僕はお気に入りの一九七〇年代のブラックスプロイテーション映画（アフリカ系アメリカ人の集客を目的として作られた映画のジャンル）のサウンドトラックを持って行った。

一度も認めなかったが、プリンスはずっとジョン・シャフト（映画『黒いジャガー（原題：シャフト）』一九七一年）のような役柄に少し憧れを持っていた。ヒーローだったバスケットボール選手ウォルト・〝クライド〟・フレイジャーの『ロッキン・ステディ』という本から多大な影響を受けていることを認めずに、まるで旧約聖書のようにクライドの言葉を引用していたのと同じだった。

ジョン・シャフトはアフリカ系アメリカ人の私立探偵で、プリンスはシャフトを「格好いい」の象徴と定義していたのだ。そのとき僕が彼に聴かせていたのは、アイザック・ヘイズが作曲した一作目の独特で壮大な『黒いジャガー』のテーマ曲ではなかった。シリーズ二作目の『黒いジャガー・シャフト旋風（原題：Shaft's Big Score）』のテーマ曲『ブローウィン・ユア・マインド』。O・C・スミスが歌い、悪くないけれども傑出しているわけでもない曲だった。

僕たちは座ってジョン・シャフトのことを歌っているこの曲を聴いていた。

彼はいつも落ち着いて
状況を完璧に把握している
敵にしたくない黒人（スペード）だ
命が欲しかったら刃向かうな
素晴らしい同胞
恐れを知らない男
最高に格好いい男
そして彼は何でも貪り食うのさ

「僕が誰か知りたいって？」とプリンスが聞いた。「これだよ、彼が歌っている男」と言った。
僕は顔を上げて彼の方を見た。プリンスは、すべてを支配下に置き状況を把握している男だった。敵にしたくない黒人（尊敬を込めてこの言葉を使っている）だし、彼に刃向かおうなど馬鹿な奴だけが考えることだろう。彼は最高の同胞で本当に肝が据わってる。格好いい男、もちろん正しい。

そしてプリンスはよくがつがつと食べていた。でもそうでないときは、あまりにゆっくり食べるので、彼が終わるのを待っているだけで僕の頭が破裂するかと思うほどだった。

プリンスがもっと多くの人を好きになれたらよかったのに、と思う。

プロレスのケーフェイの精神で、作り上げた役を信じる人生を選ばなければよかった、と思う。

アル・ニューネスが、セントラル高校一年のチームで彼を試合に出していればよかった、と思う。

たった一度でいいから、君は僕の友達だと伝えておけばよかった、と思う。

プリンスの同胞、F・スコット・フィッツジェラルドはこう記した。

「ヒーローと呼ばれる人を連れてきてくれ。悲劇を書けるから」

謝辞

この本を書いている間、積み重なったトラウマの波に何度も生きたまま飲み込まれそうになった僕を救ってくれた、本当に多くの人たちに感謝している。彼らの恩恵と愛情がなかったら僕もこの本も存在しなかった。

執筆中の現時点で世界はパンデミックの真っ最中で、自分の小さな悩みなど醜悪な自己陶酔に感じてしまう。『カサブランカ』のハンフリー・ボガートのせりふを借りれば、一人のみじめな作家が対面している問題など「この狂った世界において豆粒の山にも満たない」小さなものなのだ。ミネアポリスで寒い日が続くと、運命に助けられて自分が生存しこの本を書き続けられたということを忘れがちになってしまう。僕の姉妹のような存在のエミリー・ゴールドバーグはゴー・ファンド・ミー（クラウド型資金提供）で資金を募ってくれた（彼女は決定版ともいえるドキュメンタリー『ミネアポリス・サウンド』の製作者だ）。この資金があったから、やめてしまいたくなるたびに書き続けるという勇気のある選択をすることができた。彼女と、貢献してくれたすべての人に感謝している。

長々と一人一人に対する思いを語ると他の五十人ほどのことを書けない事態が生じるので、

僕の傾向である余計な話をするのを控えて、単純にこの本に直接関わった人たちの名前をあげていきたい。

まず、長い間僕の出版エージェントをしてくれているウィリアム・モリス・エンデヴァー社のスザンヌ・グラック。彼女が知識のない僕を導き、ニューヨーク中の編集者たちに作品を説明し、この本を出版まで持ち込んでくれた。また頼まれてもいないのに彼女に力を貸してくれた、友達のサーシャ・エマーソン。スザンヌの素晴らしいアシスタント、クリオ・セラフィムとアンドレア・ブラット。どうもありがとう。

初めてセント・マーティンズ・プレス社の編集長エリザベス・バイヤーに会った瞬間に、彼女がこの本とプリンスを「理解してくれている」ことが分かった。それは僕がまったく想像していなかった反応で、そんな彼女がこの本の出版に関わってくれたことに感謝と誇りを感じている。編集補佐のハンナ・フィリップスは長い間本当に多くの問題にも辛抱強く対応し、快く賢明な助言をし続けてくれた。しかも彼女はプリンスのファンクラブ、パープル・アーミーの一員だ。

セント・マーティンズ・プレス社のチーム全員にも感謝したい。素晴らしいという言葉を多用したくはないが、それ以外の言葉は見つからない。校正者のジェナ・ドランとスーザン・ルーエリン、進行管理のエリック・C・メイヤー、弁護士のローリー・フリーバー、制作責任者のヴィンセント・スタンリー、本文デザインのケリー・トゥ、表紙デザインのロブ・グロム、販売戦略部長のマーティン・クイン、そして広報で傑出した能力を持つレベッカ・ラング。君たちは素晴らしい。マクミラン・オーディオ社のディレクター、ガイ・オールドフィールド、エリーシャ・シャーヴ、ミネアポリスのスタジオ・エンジニア、ヘザー・ベネソン、そしてウィリアム・モリス・エンデヴァー社のサブリナ・タイツにも感謝したい。

プリンスのポッドキャスト関係者では、手品師のようなクリステン・ヴォーリオとベスト・ケースのみんな、そしてアリー・ギャロ、ケヴィン・ファム、アダム・ピンカスにありがとうと言いたい。

僕の周囲で支援してくれた人たち。マーリャ・ホーンバッカーの編集の才能と言葉に関する知識には助けられた。シカゴでは、アリソン・マンスフィールドが編集に関してアドバイスをくれた。クリス・ブルーノとベス・ボウマンはソーシャルメディアの繊細な部分に関して助けを必要としていた僕を救ってくれた。西海岸に住むハンナ・カンプは僕に出版についての知恵を与えてくれたし、僕にとっての初めての広報役を務めてくれたマルカ・F・マーゴリーズは、僕にはもったいないくらいの素晴らしい友達でもある。チェンジ社のリチャード・マメンとジェームズ・ネルソン牧師からミネアポリスの北側の状況についていろいろ学んだ。もう亡くなってしまったが、そこで生まれ育った僕の父マークル・カーレンにも様々な話を聞いた。ペギー・オレンシュタインは、いつも変わらず友情と愛情を持って僕に接してくれる人。編集の指導もしてくれた。エリザベス・エスはプリンスの研究者・解説者としていつでも快く時間を割いてくれた友達だ。

アビー・ケインは、仕事部屋兼寝床として彼女の家の一部屋を貸してくれた。長い間ミネアポリスに住み続け音楽状況の移り変わりを体験してきた一人で、彼女の洞察はとても興味深いものだった。他にもたくさんの人たちに仕事をする部屋を提供してもらった。シカゴ在住のとても親切な友達へンリエッタ・ソーンダースとリチャード・デイ、マイアミにいるチャック・ストルスとソラヤ・ストルス、地元の慈善団体ホープ・ストリートで働くジョナサン・リーヴァイとキャロル・カッツ。アート・サイモンとバーバラ・バージャーは、ノートでいっぱいになったスーツケースを置く場所をニューヨークとミネソタのグランド・ラピッズに作ってくれた。僕の姉妹のボニーにも彼女の昔のベッドルームを仕事部屋として借りた。

いつも変わらずそこに存在してくれたカフェのセバスチャン・ジョー（そして週末の夜中まで開いていていた）。僕は出版した九冊の本のほとんどをここで書いている。その空間と気持ちのよい雰囲気を作り出してくれたペリッツア兄弟とグレッグ・ヘフェランに感謝したい。ジェマ・ヴェネビッツ、アルフレド・バレラマルティネス、オースティン、クロエ、メレディス、ソフィア、その他のみんな。リン・カサールとロフト・リテラリー・センターの優しい仲間たちは一流の空間と良いエネルギーを僕に分け与えてくれたし、フィリップ・エドワーズとへネピン郡図書館の友達はいつも明るく協力的だった。

プリンスを専門にしていたり、音楽全般に関連した仕事をしている作家、編集者、専門家たちも常に親切に助けの手を差し伸べてくれた。リチャード・アボウィッツ、ローラ・ビリング・コールマン、優秀なアレックス・ハーン、そして素晴らしいローラ・ティバート、クリス・ヒース、スティーヴ・ホフマン、ジェフリー・メイフィールド、デュアン・トゥダール、他にも多くの人に助けられた。ツインシティーズからは、コーリー・アンダーソン、フランク・ビュレス、ティム・キャンベル、スージー・イートン・ホッパー、ニール・ジャスティン、マーティン・ケラー、ジョッシュ・〝いい加減終わらせろ〟・リーベンサール、スティーヴ・マーシュ、ティム・ノラン、ロビン・ロビンソン、ジョッシュ・ローセングレン、ジム・ウォルシュ、そしてブラッド・ゼラー。彼らは信じられないほど優しく、その情報はとても役立つものだった。そしてダラ・モスコビッツ・グラムダール——君には前回の借りもある。

バドリナス・コネティ医師、僕を救ってくれてありがとう。ベス・ボウマン、ソーシャルメディアを仕切ってくれた。アーツ・ディストリクト・イメージワークスのマーク・ジョーンズ、写真を解像できたのは彼の英雄的な仕事のおかげだ。クリスティ・デスミスは聖人で、僕はいつも借りを作ってばかりだ。

写真に関して。素晴らしい芸術家のクレイグ・ヘルゲソン、トミー・スミス、そしてヴァージニア・ターベット。ヘネピン郡図書館の特別蔵書を扱うエドワード・ハサウェイにはザ・プリンス・ロジャーズ・トリオ活動期の写真を見つける手伝いをしてもらった。ミネソタ州歴史保存会のパトリック・コールマンからは専門家としてのアドバイスをもらった。

アンドレ・シモンとキャサリン・アンダーソン。本当にいろいろと協力してもらった。写真提供から事実確認、そして専門的な評釈まで。ベルモント・アパートメントに住んでいたときの友人でプリンスのデザイナーでもあったステイシア・ラング。彼女から聞いた話をもっとたくさんこの本に入れたかった。ミーリン・ストーン・プール、彼女の話も書けなかった。協力してくれたのに申し訳ない。

バーニー、クリスティ、マイケル、ケイト、そして僕がインタビューしたのにもかかわらず、その言葉をこの本に入れることができなかったその他の人々にも深くお詫びしたい。初期の原稿の読み合わせをしてくれた友達のリチャード・マメン、マイク・ゲルファンド、トム・バーテル、クリス・ヘニング、クリスティ・クジャワ、ジュディ・ブランズウィック、そしてファウン・バーンハルド・ノーヴェル。ジョー・ヴォイルズ――僕の言いたいことは分かってるはずだ。FOJそしてベースボール・バディーズ・キャラバンにも感謝している。

そして、リッツホテルぐらい大きな感謝の気持ちを僕のソウルメイトのミシェル・カシモール・シュトライツへ送りたい。彼女は僕に希望と、昼夜問わず働ける場所、数え切れないほどの食事も提供してくれた。プリンスと過去に働いていたため彼の専門家として、内容を編集的そして心理的観点から見てアドバイスしてくれた。情報を収集してくれたり必要ならば写真を撮ったりもしてくれた。何よりも、絶対的な愛情を持って支えてくれたことに感謝している。

それから最後になったが、誰よりもプリンスへ。ありがとう。

プリンス年表

一九五八年六月七日

プリンス（プリンス・ロジャーズ・ネルソン）ミネソタ州ミネアポリスのマウント・シナイ病院で生まれる。父親のジャズバンド、ザ・プリンス・ロジャーズ・バンドにちなんで命名された。

一九七八年四月七日

プリンスのデビューアルバム『フォー・ユー』が発売され、全米チャートで一六三位。アルバムに収録されたシングル『ソフト・アンド・ウェット』が九十二位となり、初のトップ100入り。

一九七九年十月十九日

セカンドアルバム『愛のペガサス（原題：Prince）』発売。百万枚以上の売上で彼の初めてのプラチナアルバムとなった。アルバムにはR&Bチャート一位の『ウォナ・ビー・ユア・ラヴァー』や、後にチャカ・カーンがカバーしたことで有名な『アイ・フィール・フォー・ユー』が含まれている。

一九八〇年十月八日

三枚目のアルバム『ダーティ・マインド』発売。アルバムタイトルが示唆するように『ヘッド』や『シスター』などの扇情的な曲が含まれている。最大のヒット曲となったのは、アルバムの中では控えめな曲ともいえる『アップタウン』。R&Bチャートで五位となる。

一九八一年六月二日
ロンドンのライセウム・ボールルームで公演。プリンスはこの後五年間イギリスには戻っていない。

一九八一年十月九日、十一日
ロサンゼルスでザ・ローリング・ストーンズのコンサートの前座を務めるが、観客の反応はひどいものだった。プリンスは二度と他のバンドの前座をしないと誓った。

一九八二年十月二十七日
五枚目のアルバム『1999』発売。彼と時代が交差し始める。収録曲の『1999』と『リトル・レッド・コルヴェット』の人気によって、アルバムは世界で五百万枚以上を売り上げる。

一九八二年十一月十一日
『1999』ツアーが始まる。オープニングを務めたのはザ・タイムとヴァニティ6。

一九八三年五月二十一日
『リトル・レッド・コルヴェット』が全米チャートで六位、プリンスにとって初めてのトップテン入り。

ミュージックビデオはＭＴＶでも注目された。当時ＭＴＶで黒人のアーティストが取り上げられるのは稀だった。

一九八四年七月七日

映画『パープル・レイン』公開の少し前、シングル『ビートに抱かれて（原題：When Doves Cry）』発売。一位を獲得。

一九八四年七月二十七日

映画『パープル・レイン』の公開。架空の世界の中でプリンスは「プリンス」を演じる。

一九八四年八月四日

『パープル・レイン』のサウンドトラックが全米一位。二十四週連続で一位を守るという驚異的な記録を作る。

一九八四年九月二十九日

プリンス＆ザ・レヴォリューションの『レッツ・ゴー・クレイジー』が全米チャート一位を獲得。

一九八四年十一月四日

『パープル・レイン』ツアーがデトロイトで始まる。前座はシーラ・E。プリンスが作曲した彼女の『グラマラス・ライフ』は全米チャート七位。

一九八五年三月二十五日
アカデミー賞で映画『パープル・レイン』の歌曲・編曲賞を受賞。

一九八五年四月二十二日
七枚目のアルバム『アラウンド・ザ・ワールド・イン・ア・デイ』発売。ペイズリー・パーク・レコードからの初のアルバムで、主にペイズリー・パークのスタジオで録音される。

一九八五年六月一日
『ラズベリー・ベレー』や『ポップ・ライフ』が入った『アラウンド・ザ・ワールド・イン・ア・デイ』が全米チャート一位を獲得。

一九八五年九月十二日
ローリング・ストーン誌がプリンスのインタビューを掲載。プリンスは三年間インタビューを受けていなかった。

一九八六年四月十九日
プリンスの『キス』が全米チャート一位。彼が作曲したバングルの『マニック・マンデイ』が二位となる。

一九八六年七月二日

プリンスの二番目の映画『アンダー・ザ・チェリー・ムーン』が劇場公開。プリンス自身が監督を務めた。

一九八七年三月二十九日

第七回ゴールデン・ラズベリー賞で映画『アンダー・ザ・チェリー・ムーン』の最低監督賞と最低主演男優賞を受賞。『ハワード・ザ・ダック　暗黒魔王の陰謀』と共に最低作品賞、そして『ラヴ・オア・マネー』で最低主題歌賞も受賞。

一九八七年三月三十日

九枚目のアルバム『サイン・オブ・ザ・タイムズ』発売。高い評価を得る。

一九八八年五月十日

十枚目のアルバム『ラヴセクシー』発売。イギリスで初の一位を獲得したアルバム。

一九九〇年八月二十日

『シーヴス・イン・ザ・テンプル』を含むアルバム『グラフィティ・ブリッジ』発売。

一九九二年七月二十八日

プリンスが様々なアルバムジャケットや販促物に使用していた、男性と女性を融合したような記号の商標を登録。後にこの記号をデザインし直して、「発音できない記号」として使うようになる。

一九九二年八月三十一日

ワーナー・ブラザース・レコードとの契約を更新。一億ドルの契約と報道されたが事実とは異なる。

一九九二年十月十三日

「発音できない記号」をジャケットにしたアルバムを発売。この記号が後に彼の名前となる。アルバムは『ラヴ・シンボル』として知られるようになる。

一九九三年六月七日

三十五歳の誕生日に名前を「発音できない記号」に変え、自分を言葉通り、偶像（アイコン）化する。

一九九四年二月二十二日

名前の代わりに使っていた記号が商標として認可される。

一九九六年二月十四日

モデルでベリーダンサーだったマイテ・ガルシアと結婚。プリンスは三十七歳、ガルシアは二十二歳。

プリンスは三年後結婚を無効とし、ガルシアはその後モトリー・クルーのトミー・リーと付き合う。

一九九九年二月二十五日

無許可の音楽ダウンロードを防ぐため、プリンスが九つのファンサイトに対して訴訟を起こす。法律上彼をいまだに「プリンス」とみなせるかという問題もあり、複雑な法的議論となる。

二〇〇〇年五月十六日

ワーナー・ブラザース・レコードとの契約終了。同時に「プリンス」を自分の名前として再び使用するようになる。

二〇〇一年二月十四日

公式ホームページ、ＮＰＧミュージック・クラブを立ち上げてファンとの直接交流を可能にする。二〇〇六年に閉鎖。

二〇〇四年三月十五日

ロックの殿堂入りを果たし、ニューヨークで行われた記念式典で演奏。プリンスの歴史的なギターソロは、同じステージ上の錚々たる顔ぶれを圧倒した。

二〇〇四年三月二十七日

ネバダ州を皮切りに『ミュージコロジー』ツアー開始。コンサートチケットにはアルバム料金も含まれており、値段は平均で六十一ドルだった。ビルボードチャートではこの売上枚数も計上され、アルバム売上三位となる。ツアーの収益額は二〇〇四年の一位を記録。

二〇〇七年二月四日
マイアミで開催されたスーパーボウルのハーフタイムショーに出演。大雨が降り注ぐ濡れたステージで素晴らしい演奏をし、『パープル・レイン』で最後を締めくくった。ユーチューブのコメント：「プリンスが『パープル・レイン』を演奏したときには、雨も濡れていた」

二〇〇七年七月十五日
イギリスのデイリー・メールの日曜版、メール・オン・サンデーの付録として、アルバム『プラネット・アース』が無料で配布される。型破りな方法にレコード販売店からは非難されたが宣伝効果は高く、ロンドンのジ・O2・アリーナ二十一回の公演チケットは完売。

二〇〇八年四月二十六日
コーチェラ・フェスティバルに出演。レディオヘッドのカバー曲を演奏。

二〇〇九年三月二十四日
ウェブサイト Lotusflow3r.com を立ち上げる。彼のすべての音楽やビデオをネット上で鑑賞できるようにした。年会費は七十七ドルだったが、サイトは一年しか続かなかった。

二〇一六年三月十七日
マイテ・ガルシアがプリンスとの思い出の品々をオークションに出品。

二〇一六年四月十四日
アトランタでのコンサートを『パープル・レイン』で締めくくる。彼の最後のコンサートとなった。

二〇一六年四月二十一日
五十七歳で他界。死因はフェンタニルの過剰摂取で事故死と判断された。

二〇一六年五月七日
訃報によりプリンスの曲が再び売れ出す。ビルボードのアルバムチャートで一位と二位を獲得し、十位以内に三枚のアルバムが入る。『ザ・ヴェリー・ベスト・オブ・プリンス』が一位、『パープル・レイン』が二位。死後数日で彼の音楽の売上は四万四千パーセントの増加を記録。

二〇一六年十月六日
ペイズリー・パーク・ミュージアムが開館。

二〇一七年八月十四日
プリンスがかつて使用した「発音できない記号」にちなんでパントンが「ラヴ・シンボル #2」と

名付けた新しい紫色を発表。

ニール・カーレン
NEAL KARLEN

ローリング・ストーン誌、週刊誌ニューズウィークで記者として働く。ニューヨークタイムズにも定期的に寄稿。著書に『ベイブス・イン・トイランド：あるロックンロールバンドの発掘と成功への道』。他にもマイナーリーグベースボールから宗教原理主義者、言語学など幅広いテーマで執筆。ブラウン大学卒業。生まれ育ったミネアポリスで暮らしている。

大石愛里
OISHI AIRI

千葉県市川市出身、成蹊大学文学部卒業。オーストラリアのメルボルンで、会社勤めと翻訳家という二足の草鞋を履く生活を送っている。

プリンス FOREVER IN MY LIFE

2022（令和4年）年6月30日 初版第1刷発行

著者 **ニール・カーレン**
訳者 **大石愛里**
発行者 **錦織 圭之介**
発行所 **株式会社 東洋館出版社**
〒113-0021 東京都文京区本駒込5-16-7
営業部 TEL 03-3823-9206／FAX 03-3823-9208
編集部 TEL 03-3823-9207／FAX 03-3823-9209
振替 00180-7-96823
URL http://www.toyokan.co.jp

ブックデザイン **水戸部 功＋北村陽香**
印刷・製本 **藤原印刷株式会社**

ISBN978-4-491-04848-2 ／ Printed in Japan